·格致人文读本·　　主编↗陈恒

罗马世界

[法] 维克多·沙波（Victor Chapot）∕著　　王悦∕译

格致出版社　　上海人民出版社

编辑的话

《易》曰:"观乎天文,以察时变;观乎人文,以化成天下。解天之文,则时变可知也;解人之文,则化成可为也。"对"人文"的关注和反思,无论中外和古今,是人类文明史上"永恒"的话题。然而20世纪以来,人类往往因掌握了引领时代发展的科学技术而沾沾自喜,物质生活日趋丰富的同时,精神活动空间却日趋褊狭。反映在学科教育上,即教育趋向职业化、工具化,无法传递人文关怀、人性之美。耶鲁大学教授安东尼·T.科隆曼(Anthony T.Kronman)认为,人文教育的本质就是通过阅读伟大的文学和哲学作品而去"探究生命的意义"。今天,我们重提人文学科,再次发掘人文学科的魅力和价值,目的也就在于为久浸于科技文明喧嚣的读者,营造一方"解人文,思自我,通古今,知天下"的精神家园。

当今的人文学科,超出了传统意义上文史哲的范畴,涵盖了艺术学、教育学、语言学、社会学、考古学等各个专业。学者对人文学科旨趣、致思方向和思维方式的探讨,使得人文科学的知识体系更加宏大,研究对象愈发复杂,研究方法日趋多样。近年来人文科学的发展,更是取得了举世瞩目的成就。为方便读者便捷、有效地了解古今中外杰出的研究成果,我们遴选了20世纪以来人文研究领域中兼具学术性和普及性的经典著作,汇集为"格致人文读本",其内容涵盖了人文及社会科学理论的探讨和各领域的具体研究,且每一种都有相对独立的研究范围和专业性,但又不同于普通的专业教科书,兼具可读性和学术性。

"心理东西本自同,文明新旧总相宜。"我们希望以这套丛书的出版为契机,为广大高等院校师生和爱好中西文化的社会大众,提供开拓视野的路径、思考与批判的平台、点染启迪心灵的气韵,进而在整个社会,尤其在高校中培育深厚的人文精神滋养。

目　录

序　罗马帝国与世界

　　本书续写了列昂·霍莫（Léon Homo）的《意大利的原始社会和罗马帝国主义的肇始》，我们在此会回想起该书的序中所言："本丛书的首卷及末卷的主题，将是我们所知的意大利原始社会，罗马建成与崛起，罗马扩大征服，先是对意大利人、随后对地中海各民族的兼并。"

　　再者，《罗马世界》告诉我们统一人类的不懈努力，那也是 P. 茹盖（P. Jouguet）的《马其顿帝国主义》的主旨所在。[1]维克多·沙波将这一恢弘的帝国描绘为享誉古代的最强大的机构。[2]

　　罗马人出身农民，热衷于传统制度，却乐于吸取经验，尊重其他民族，乃至采纳维持社会秩序的一切方法为己所用，罗马人被引领着在数量日众的人类中建立起有序的关系。我们发现他们的帝国起初只是因环境所迫——防守战、对据有"掩护"位置的渴望、经济需要、尚武——而非因任何帝国主义的期盼或遵照任何预先计划而扩大。我们已经论证了甚至在有绝佳机会时，元老院有时却慎之又慎——直到个人野心、对荣誉或财富的渴求（必然有某种影响）终见分晓并扫除所有障碍的一天："罗马实力的持续扩张是任何个人统治的先决条件。"[3]然后帝国主义变为自觉——却是由颇为不同的因素构成的帝国主义。我们可以在恺撒身上看到这点，让人联想起亚历山大。就像这位马其顿征服者，他同时被自私自利和慷慨大度的意愿左右——"对废除种族差别并破除民族隔阂的世界之君的雄心壮志"[4]。沙波在对该帝国连续补充的简要概括中，从其发展的某一角度出发，说明了罗马不单以征服扩大统治：在把和平撒播到被征服世界时，这一和平的吸引力及一个强大机构所赋予的优越性促使几位国王在临终前把自己的王国遗赠给罗马。[5]

在元首制的草创阶段之后，L.霍莫所称的"多米纳特制"(Dominate)开创了一套显然为服务帝国主义目的而设计的政府体制。这个罗马统一体，如果不是最终扩充到了整个已知世界，至少也扩张到了无法超越的地步，极为迫切地感受到新的需求。霍莫在《罗马政治制度》中追溯了制度的发展，清楚说明了诸位皇帝以国家取代城市，或换个说法，以领土国家取代城市国家——一个微型国家——并完善这一制度，有东方的君主制为范本。霍莫考察了中央政权机器：沙波在本书中专注于指出政府机器是如何受到行省特定环境的影响，进而断定各地广为接受的或由国家设立的那些本地制度发挥了怎样的作用。因为罗马总是尽可能少做创新[6]："缺少整齐划一的性情；以慎之又慎和灵活应变为先，兼顾既已确立的事实和习俗。"[7]霍莫和沙波均注意到它给予每个民族与帝国的安全和经济利益相一致的最大自由度和特殊性的事实。

本书的正题不在罗马而在罗马世界(orbis romanus)。本卷以2/3的篇幅从其所有面向来描述。这是一项浩繁的任务，自约50年前蒙森扛起这项任务，此后再无人尝试。沙波在落笔时，已有纵然模糊却日益丰富的文献供他运用，他懂得如何将之巧妙利用。他所描绘的画卷要比那位德国历史学家更显出沉静周全，在某些方面更准确，这幅画卷的兴趣广博，堪比其重要性。

我们按他的指引大致以被征服的顺序来游历这个"大全"帝国的各个行省。在每个实例里，我们了解到各行省抵抗的时长以及其中的主要事件(有时抵抗无望[8]，有时罗马诉诸残忍或奸诈的手段以便将其制服)；从人种学和地理学的观点来看(至于土壤气候的影响和经济可行性，卢西恩·费夫尔[Lucien Febvre]提供了饶有趣味的证明)地区特性；行政部门及政府和开发的方法(我们记述了这些截然不同的灵活应变方法)。我们看到道路和运河网蓬勃发展，将各民族联系在一起并便利之间的商贸往来，但设计初衷最主要是保证首都安全，让世界成为罗马的货栈，让罗马成为世界的市场。[9]罗马是条"章鱼"[10]。各行省物产的详细清单使我们能估量出帝国中心享受到的舒适富足——民族道德因之沦丧。[11]
另一方面,技术改进以及各类便利——引水渠、桥梁、浴场、水库、蓄水池、舒适居
所[12]——都来自罗马;宏大的纪念建筑——剧院、神庙、凯旋门,世界随之生色,
其壮丽遗址保存至今,有时甚至是在沙漠地区;传播拉丁文学知识的学校几乎随
处可见——尽管只在城镇[13]和社会上层中间,因为即使在意大利,罗马也没有
大力扶持教育[14]:对帝国事业的所有这番概括说明了不同行省在罗马文明中占
有怎样的比重。[15]

　　这幅画卷的特殊价值来自我们的作画者尽可能努力重建每一地区的生活,
并由此区分掩藏在相对统一性、持久性或虽有杂质却具特殊性的"地方天赋"
(genius loci)复兴之下的真正差别。[16]

　　有实难驾驭的民族:有些一起分裂出去,如闪米特人——阿拉伯游牧民、无
敌而狂热的犹太人;有些只是表面屈服,像埃及人和柏柏尔人,或帝国另一端的
布立吞人(Britons)。说到埃及,沙波称那里根本没有罗马化;实际上仅局部和临
时地希腊化了:"沟通几个世界的通道",旅游胜地[17],那里土生土长的人注视着
世界各地的人来来往往,却没有任何突变;即使今天"我们看到那里的人在耕犁
旁、在桔槔(Shadoof)或三角帆船上,颇似法老壁画里他们的祖先,过去的世纪没
有在一贯不变的农夫灵魂上留下丝毫痕迹"[18]。

　　在东方,通常来说,罗马保持乃至接受的多于给予的。以我们所知罗马拥有
的同化力量,它自然而然地继承了希腊的遗产。它视希腊几乎与"没落后代保存
的一座文物博物馆"无异[19],但并不反对"希腊人秉承民族传统的这一趋
势"[20];壮观的公共赛会和雅典学园,纵然已是"拜占庭"的,却仍旧声名远扬。
希腊人在东方各地独享特权。罗马人在小亚细亚、叙利亚和西西里,像在埃及一
样,仅是希腊文化——却往往是表面上的希腊文化——的保护者[21]。在很大程
度上,东方依然是东方;如 P. 茹盖清楚表明的,东方甚至入侵了西方。[22]

　　不必赘言,在现在被称为"罗曼语族"的国度,罗马留下了最深的印迹——也
就是在意大利、西班牙、高卢和罗马尼亚。意大利是罗马的延续,而"当地生活遵
循着自然进程,趋向于蕴藏在事物本质中的特殊性,因为这块狭长土地,尽管今
日政治上一体,却总表露出北部和南部地区间的差异,就连浅薄的观察者也不能
视而不见"[23]。在达西亚,罗马化受军队影响,若在那块土地上仍有一个"罗马

尼亚",那似乎因为保留了罗马因素。[24]在西班牙,罗马化在艰苦卓绝的斗争之后甚为彻底,以致首都的皇帝和学者就有出自该行省的,尽管他们多数来自移民家庭的确属实。罗马的语言和某些制度的传承是由于蛮族国王和教会:"罗马甚至没有实现西班牙的统一,西班牙如罗马一样缺少共同的制度或文化中心;这一半岛上分裂为两个王国,大的被地方主义逐渐削弱,天然形成的所有分区存续到今日,我们怎能为此吃惊?"[25]

另一方面,罗马实现了高卢的统一。在制度、文化、手工业、宗教、教育以及高卢各民族的品位方面都产生了真正而深远的影响;而且,这种影响在南部建立在希腊化的基础之上。高卢人斗志昂扬、雄心勃勃、快人快语,得到恺撒的尊敬和仁慈相待,他们没有过多反抗便臣服罗马,他们有意为之,认识到这样可以在帝国中取得一个重要位置。是高卢人、从前的职官总监(magister officiorum)和城市长官(prefectus urbi)卢提利乌斯·纳玛提亚努斯(Rutilius Namatianus),在5世纪以罗马赋予灵感的响彻天际的颂词为世俗的拉丁文学画上了句点:

> 你将一个共同的国家给予不同民族;在你的治理下,作恶者品尝自己失败的苦果。你承认被征服者分享你的法律,你让世界变成一座城……移转不停的繁星再没有照见更加伟大的帝国。("Itinerarium",63—66,81—82)。[26]

总之,本书为我们清楚说明了接纳是与兼并迥然有别的历史现象。在罗马影响力的这些事例中,区别只能说对于表面的东西和达到质变的东西至关重要。某些制度,更不必说某些生活风尚或休闲方式,可以从一个人类社会传给另一个,而不深刻影响受众的心理,重要的是缓慢对之发挥影响。除非两个社会之间有特殊的亲和力,抑或受众的可塑性极强,没有保留原来的特征。如果这些条件都不具备,只能通过移民的大批杂居或长期的教育过程改变其特征。举例来说,通过理性思想的发展,来削弱集体感受力和想象力的影响。

在罗马的活动领域,如沙波阐明的,判断罗马是否带来令人愉悦且富有成效的影响是个问题。传统观点长久以来毫无保留地把赞美献给罗马的事业——罗马和平,但只是因为这是约定俗成便反对这种赞美多少会掺杂不公。沙波援引像利特雷(Littré)的"苛刻评论家"的话,称"恺撒除了造成以一场大灾难终结的衰落之外毫无成果"[27]。韦尔斯(Wells)所著有趣却有失偏颇的史纲提出了一份真正的公诉书控告罗马：所有帝国中，这个帝国是最无知的、最欠缺想象力的。它毫无前瞻性……其价值尚待考察的组织机构……没有灵魂的帝国。[28]

无可否认的是，罗马具有道德品质、司法力、管理天赋。其影响有助于和平与统一：它把文明带到西方。它应不应该在征服东方前征服西方——如霍莫阐述的[29]，东方以奢侈与娇弱腐蚀西方？如沙波指出的，是东方为罗马提供了扩大征服的不可或缺的手段。罪恶胜过所带来的益处吗？这个问题没有意义，是个无解的问题。

似乎同样无聊的是询问倘若那个帝国无存，构成罗马帝国的各民族会变成什么样。然而，就特征演进而言，罗马扼杀了创造性，"最终毁灭了各民族的灵魂"了吗？[30]我们在与沙波一起试着定义实现统一的实质、罗马影响渗透的深度时已经回答了这个问题。

正视事实时，再争论灾难是否可以避免、瓦解是否可以延后没多少意义；以突然崩溃而终结的帝国的逐渐瓦解却是一个有益的、引人瞩目的研究主题。《人类发展史》中的一卷将以大篇幅讨论这一重要主题[31]，我们自然会发现本书也有所涉及。罗马领土外围格格不入的所有地区，沿边境线多少有些软弱的防御工事[32]，我们看到野蛮险恶的蛮族游牧民虎视眈眈。他们日益嚣张，不断骚扰入侵，并与民众杂居，直到边墙倾覆、入侵正式开始的那一天到来。

我们知道治史的恰当办法是严谨区分事实和假设，体谅无法启蒙的和仅是临时性的无知，信手利用补充、纠正或取代我们的书面文献的考古证据，以及在运用所有可用史料时指出那些还未考察的东西。沙波从没想隐藏他的无知或他的疑问。他刻意强调其史料不足。[33]他指出有太多的过去深埋地下，会"通过挖掘者的发掘"真相大白[34]："考古调查方兴未艾，从那而来的光亮最终会照见我们。"[35]

要是挖掘工作开启了我们将对细节问题更多了解的无限前景，那么我们就不太可能期待今日有任何"伟大发现"[36]。本书以严谨的结论和清晰的结构给出不可能大幅修正的对罗马世界的总体看法。

关于细节，以心理学观点来看很丰富，有个人的，也有集体的，那为我们朴素地勾勒出许多伟大人物的肖像——恺撒、庞培、安东尼、奥古斯都、提比略。在补充茹盖所著部分内容的插图页里，画页幻想出许多城市的外观和精神状况——

雅典、安条克、亚历山大城。在我们已指出其特殊价值的行省画面里,三个地区尤为重要:埃及、西班牙、高卢。关于埃及的一章是莫雷(Moret)和茹盖的研究的有趣点缀。关于西班牙和高卢——在一些方面"已是法国"——的两章里,沙波鞭辟入里的分析使我们能够预见未来各国的一些情形。[37]

本书具有双重价值——其内在价值与作者的技巧。

亨利·贝尔(Henri Berr)

【注释】

[1] the Preface.

[2] Homo, *op.cit.*, p.vi, Grenier, "Roman Spirit", *Preface*, Declareuil, "Rome the Law-Giver", p.ix.

[3] Chapot, p.36.

[4] Chapot, *ibid*.

[5] "民族自决权"是现代概念,古代民族——尤其是其中最先进者正处在帝国主义似乎有益之时——往往乐于顺从,尽管没有一点点深切的热爱(Chapot, p.416)。孟德斯鸠在图书目录里,在提到自己的《沉思录》后,从苏尔皮基娅(Sulpicia)的讽刺诗中援引了这一段:—Duo sunt quibus extulit ingens—Roma caput, virtus belli et sapientia pacis。

[6] Chapot, p.220.

[7] Chapot, p.399.

[8] 维里亚图斯、努曼提亚人、维尔辛格托里克斯、阿米尼乌斯、塔克法里纳斯、德凯巴鲁斯。

[9] 关于这一点,参见 L.Homo, "L'Empire romain", pp.304, 306。

[10] 参见 F.Lot, "La Dislocation", etc., p.81。

[11] Grenier, "Roman Spirit ", and Colin, in "L' Hellénisation du monde antique", p.370; Lot, *op.cit.*, pp.85—86.

[12] Chapot, p.408.

[13] 迦太基、锡尔塔、马达乌拉(p.410)、波尔多、欧坦(pp.331, 333)媲美安条克、亚历山大城和雅典。

[14] Chapot, p.168.

[15] 我们随处可见城市的兴起,有些兴盛一时,有些因得天独厚的地理位置,如巴黎和伦敦,拥有璀璨的未来。Lot, *op.cit.*, p.132 *et seq.*

[16] 有关复兴还是打破舶来的建筑、艺术和文学的千篇一律的革新,参见 Chapot, pp.168, 217, 324, 336, 361; Lot, *op.cit.*, p.12。

[17] Chapot, p.254.

[18] p.292.

[19] p.191.

[20] Chapot, p.184; M.Croiset, *op.cit.*, vol.II, pp.92, 93, 97.

［21］Chapot, p.191. M.Croiset, *op.cit.*, vol.II, p.88.

［22］有关希腊思想，参见 Jouguet；Robin, "Greek Thought"；M.Croiset, *op.cit.*, vol.II, p.104。

［23］p.129.

［24］p.382.

［25］p.170.

［26］Fecisti patriam diversis gentibus unam；Profuit injustis, te dominante, capi. Dumque offers victis proprii consortia juris, Urbem fecisti quod prius orbis erat … Omnia perpetuos quae servant sidera motus Nullum viderunt pulchrius imperium.

［27］p.420，note 2.

［28］"The Outline of History", pp.243, 244.韦尔斯夸大了罗马人的无知，但他们确实欠缺思考力。卢克莱修和马尔库斯·奥勒略是例外。

［29］Homo, "Primitive Italy", Conclusion.

［30］Chapot, p.424.

［31］F.Lot, *op.cit.*

［32］帝国的边墙，参见 L.Homo, "L'Empire romain", pp.180—258。

［33］pp.129, 130, 214, 247, 259, 261, 383, 389.

［34］p.129；pp.384, 397.

［35］p.384.参见 p.167 有关在西班牙的考古挖掘。

［36］Chapot, p.413.

［37］pp.151—152, 320, 323.

导　言

　　"我们拥有一个比过往更加庞大的帝国。"这是大英帝国广泛传播的豪言壮
语,甚至印在邮票上,在并不十分遥远的某个时候,当帝国主义作为一种荣耀政
策而非其他国家的苦难来源时。罗马可能选择了相似的策略。在罗马帝国之
前,没有哪个帝国横跨如此广大的地区,波斯阿契美尼德帝国犹不及,存在时间
相对较短,人口不多,一半领土为沙漠。亚历山大帝国不在考虑之列,因为几乎
一建立便四分五裂,而罗马帝国保持统一,完整程度几乎延续了三个半世纪。阿
拉伯人的入侵使伊斯兰教统治了辽阔疆域,却是在几位哈里发之间分享的短暂
统治。中世纪的神圣罗马帝国只是日耳曼联盟之外的虚构。就近代的殖民征服
而言,将分散却庞大的领土带入一个欧洲国家的统治:在一些领土进行移民,就
像是从祖国脱去的碎片;而其他地区反抗兼并,展现出了各种社会类型,在这样
的社会里,主人与臣民有天壤之别。这样的殖民国家可能树立缩小这一差距的
理想,但我们未见亚洲人或非洲人在主要城市里发挥领导作用,甚至在卡拉卡拉
授予帝国所有居民以公民权之前,就有西班牙人图拉真和努米底亚人塞维鲁登
上皇帝的宝座,叙利亚籍和伊利里亚籍皇帝步其后尘。作为完全融合的序幕,罗
马无论如何从一开始便以开放的胸襟迎接最优秀的行省人士。

　　另外这个罗马帝国,像阿契美尼德帝国和今天的俄罗斯一样,在地理上是相
连的;但不包括荒芜的领土。撇开明显孤立、居民与高卢有血缘关系的不列颠不
论,罗马帝国的组成部分皆有一些经济价值,帝国居民要么住在地中海边,要么
住在距其不远处。这就是帝国将之合围的中心;其海岸皆被占据,而且事实上,

从奥古斯都时代起,罗马控制着周围所有地方。一片内海的这种吸引力是显而易见的。这并不意味着拉丁民族确实听到大海的召唤,因为本能没有驱使他们海航。腓尼基人和大多数希腊人以海为家,有如陆地安家般惬意;但罗马人惯居陆地,赞美海神尼普顿及其战车的那些诗人只是在模仿希腊罢了。共和国在尚待完全成熟、稍显虚弱时调整自身以适应特殊环境,尖锐冲突促使其与迦太基一战。然而海军技艺刚起步;科学的奥秘还没有令海战复杂化,罗马快捷地装备起不可替代的战船。不过这场大战在陆上定下胜负。与希腊的战争亦然。赫勒斯滂海峡为将在亚洲参战的军队提供了通道。

2   我们却不能以为罗马没有认识到海上霸权至关重要。根据阿庇安的记载[1],执政官森索里努斯(Censorinus)现身迦太基,向迦太基使节宣布元老院的决议,条文如下:迦太基人必须离开他们的城市,该城将被摧毁,他们将迁居距海80斯塔德(15千米)以外的地方。森索里努斯具有讽刺意味地吹嘘元老院是为其不走运的敌人着想:是大海酿成了他们的不幸;滨海的城市与其说是一块地产,不如说像条船;土地上的生活更安稳;务农带来的收入要比经商更少,但更稳定;此外,眺望变幻莫测的大海会让他们的伤口开裂并孕育危险的愿望。

希腊本土被解除武装,不再拥有任何舰队;曾经的"海上运输者"罗得岛人现在只是良民;塞琉古王国从陆上被征服。唯有海盗势力增长的事实表明罗马完全攫取地中海各要地已至何种程度。元老阶层的政府高估了自身的稳定,认为别国海军没有哪个能构成威胁,不把单纯的抢劫者放在眼里,粗心地任由舰队疏于修缮。随后西里西亚和腓尼基的强盗开始行动并攻陷了许多沿海城市,每一次都利用某次紧张冲突的有利时机,诸如密特里达提战争。不必回顾庞培是如何奉特殊使命清剿海盗的,海盗无论如何是令人畏惧的力量。在他的时代之后,仅少数海盗尚存,抓捕这些人十分困难。

在共和国末期的所有内战中,胜利眷顾能最快且轻易地从地中海一端转移到另一端的人。这也是恺撒的一大优势。拥有重要的海军力量使塞克斯图斯·庞培(Sextus Pompeius)得以连续发动反对三头同盟的战争,甚至在意大利海岸之外,是屋大维的坚韧和阿格里帕的天赋才阻挠了他的成功。最后,我们必须记住,之后进行的、确立起帝国统治的殊死之战是由一场海战决定胜负的,在这场海战中,屋大维与安东尼的舰队在亚克兴交锋。

对于事件教训,奥古斯都看在眼里。他忙于其他事务,一得空便创建常备海军,既保证了对意大利粮食供给至关重要的小麦运输,又巩固了自己的实力。海盗们趁着拖延不绝的内战,在一些地方重又蠢蠢欲动;这些强盗中的许多人,即达尔马提亚人或西西里人,却被抓去编入帝国军队中,海上安全得以重建。两个世纪里,海上风平浪静,除去黑海的一些地方,罗马在黑海几乎没有利益。但在 3 世纪,罗马国家急剧衰落,助长了海盗重新滋事,他们巧妙地与蛮族的行动保持同步。海盗的历史与入侵的历史紧密联系。在海陆两方面,帝国政府既表现出魄力,又表现出混乱;然而在海上从未遇过其资源难以招架的困难——太多时候没被认识到或无声无息地被忽略掉的珍贵资源。

3

我们有理由认为,在罗马拥有的地方,留下它所独霸的地中海是为了必要时偶尔惩罚一下私人强盗。但如果我们不考虑这点,据估计帝国在扩张最广时仍地跨约 400 万平方千米的领土——面积为法国的八倍。估算其人口难上加难,除了不同时期差别会很大的事实外,有关这一主题的准确信息少之又少。得出人口密度约为每平方千米 15 人的一些估算[2]似乎并不够,至少在繁荣时期绝不止于此。8 000 万的数目[3]给我们与伟大帝国更吻合的想法。

现代史学家在记述帝国的兴衰变迁时,以过多篇幅记述罗马自身是个令人讨厌的习惯。首都并不是一个国家的一切,这个首都很大程度上靠行省维持。本书中我们反而打算以多数章节及其最详细的内容来描述行省生活。自 40 年前蒙森的权威性著作问世[4],一直无人尝试绘制全景;不管怎样,我们比他有优势,我们掌握着增量可观的文献资料——仍远远不能满足我们的好奇心,但这与我们对中央权力的了解有什么不同? 文献资料有着无可争辩的价值,比历史普遍出自其中的那些记述更客观。绝大多数在当场收集的每个问题的相关资料,让我们不再依赖于书面的传统记载,后者因派系成见而多有歪曲。

【注释】

[1] *Punica* , 86.
[2] XLIX, p.10.
[3] CXXXIV, p.156.
[4] CLXII, IX—XI.

第一部 罗马的扩张及兴衰

第一章　内战之前(公元前146—前96年)

4 　　当然没有哪个公元前 2 世纪的罗马人可以描绘出如前一卷的一幅大致地图[1]——即使形状和比例严重有误——为我们展现出公元前 146 年的罗马国家。但统治阶级无论如何对地中海世界有着足够清晰的概念,这使他们理所当然地为所在位置而自豪,这份草图中现代人对其位置看得更清。这片浩瀚内海的整个周边地区——不包括黑海——旋即屈服于罗马或屈从于其外交手段的指挥;在朝帝国主义方向首次行动后仅三代人的时间,明日帝国的地中海本质特征显露无遗。但在那时,感受到罗马威力势不可挡的广大地区,多数仅由被保护国或势力范围组成,如南部和东部地区,事实证明,兼并这些地区最快速、最轻松。

　　罗马却不心急:它有充分的理由表现出耐心。当法律上或事实上的附庸还没有让它焦头烂额时,完整意义上的行省将需要持续关注。我们将在别处看到它为恢复秩序而被迫发动了哪些战争,例如在西西里,秩序被它代理人的勒索行为打乱了。然而,进一步说来,科西嘉、撒丁岛和西班牙并不是从原住民手里赢得的土地:是迦太基的殖民地,迦太基不得不在失败后拱手相让。罗马霸占这个对手所拥有的东西用时较短,而它迫使凯尔特人受其摆布则耗时两个世纪。科林斯和迦太基的毁灭紧接下来便是维里亚图斯(Viriathus)帝国时期。需要兵

5 力、大批的兵员来镇压如此大规模的起义,以及制服北方的抵抗,那里可归结为一个词——努曼提亚(Numantia);士兵可从几乎各地区征召的那一天还没到来,伟大远征的整个重担不得不压在拉丁农民肩上。

　　史无前例的运气却落到罗马头上,罗马平白无故得到一块如意大利联邦一

般大的领土。对塞琉古王国构成不利的一个繁荣兴旺的国家已在小亚细亚西部兴起——阿塔罗斯(Attalid)王朝或帕伽马王国。我们没有忘记这些国王对罗马言听计从,近来被罗马操纵。罗马要求他们为自己服务,先是制衡马其顿,而后制衡叙利亚,他们出色地发挥了作用。我们已经看到[2],元老院完全不把他们中的欧迈尼斯(Eumenes)放在眼里,欧迈尼斯空有为他们着想的热情似乎是不够的。他的继任者阿塔罗斯二世(Attalus II)获得了罗马人的帮助,反抗背信弃义的近邻——比提尼亚(Bithynia)的普鲁西亚斯(Prusias),借给罗马人一支分遣队帮助合围科林斯作为回报。在公元前 138 年,他的侄子阿塔罗斯三世继位,此人患有疑心病,发病时近似疯狂地迫害他人,经常怀疑他的臣民和朝臣,他钻研雕塑、植物学、医学、农学和园艺以求慰藉。五年后两条消息传到罗马:阿塔罗斯三世驾崩,让罗马人民成为其继承人。证明这件事[3]的许多证据很久后才见之于世,因此这份遗嘱的真实性引来不少怀疑。事出蹊跷,长久以来令评论家们颇为怀疑,尽管帕伽马统治者拥有凌驾于其臣民的绝对权威绝不亚于古波斯国王,波斯的传统习俗在安纳托利亚仍大有影响,这使阿塔罗斯有权随意定夺。依赖弗罗鲁斯(Florus)所记载的套语[4] *Populus Romanus bonorum meorum heres esto*①是没有意义的,这是罗马套语,而非希腊的;编纂者会按自己的方式对内容做编排。可以确定,罗马没有专门计划费力地瓦解并搅乱这些希腊东方君主国,清楚地预见到这些国家有朝一日会归属它;归属的确切形式并不重要。

当时阿塔罗斯三世的健康状况堪忧,极有可能突然亡故而无现成的继承人,他会问自己他的王国将去向何方。根据一个极有可能的推测[5],欧迈尼斯二世的私生子名叫阿里斯托尼库斯(Aristonicus)——阿塔罗斯血脉中唯一在世的王子,垂涎这份祖产,伺机加快王位更迭。玷污这一王朝最后岁月的残酷之举在那时是这个觊觎王位者阴谋夺权酿成的;阿塔罗斯会迫害此人真正或认定的同谋,会采取最有把握的手段剥夺这个可恨又难缠亲属的继承权。我们应该对罗马公开攫取继承权存疑。罗马之手不可能随心所欲地制服反抗,因为围困努曼提亚仍在进行。

实际上这是一笔数量可观的意外之财。罗马人最需要从东方国家得到的就是财富,财富在指定的时间里落到他们手里,为诸多远征和在此前兼并的地区不

6

---

① 罗马人将是我们财富的继承人。——译者注

得不进行的工作埋单。阿塔罗斯王朝长期以来以富有自诩;他们的财富、他们的巨额收入来自以租金形式收缴的希腊各城市,来自王室领地[6]、农田、森林和草场,来自驰名远近的作坊,那里唯一的开销便是偷来的多于买来的奴隶劳动所需的寒酸衣食。

这份遗嘱实实在在解放了此前一直进贡的一些城市[7],有些城市已经通过盟约和友好关系与罗马联系在一起了,但是这一让步并非永久生效。事实上,新所有者必然将自己《公共法》(Public Law)的原则和规定落实到这些城市,这些特权在亚洲像在别处一样可被随时撤消。一切皆由武力决定,在元老院和保民官就阿塔罗斯之财使用的争论中,是元老院最后定夺。[8]不论自治与否,许多重要的人口聚居地更加完全地归入罗马在亚洲、色雷斯包括色雷斯半岛①的势力范围,如我们从塞斯托斯(Sestos)的实例中所见,该城为一件事困扰,不能再依赖自帕伽马国王驾崩而解散的雇佣军的保护来还击临近的蛮族。[9]除了希腊城市,众多当地人显然必定向绝对统治权低头。

阿塔罗斯的这份遗嘱牵涉面如何之广?我们手头的文本没谈到这个问题,但告诉我们阿里斯托尼库斯没有放弃自己的要求:如此的馈赠只有以战争收回,他在备战。他在各城市中没找到许多同伙,因为后者的命运因这份遗产而改善。我们知道极少发动起义的城市,其中极少数无疑是事出无奈而为之。还有乡村居民和奴隶,他们很快被阿里斯托尼库斯募集起来,花费三年时间才被镇压下去。起初,罗马没有出动军队对他有利,因罗马事务千头万绪,耽搁了向这个新战场派兵。罗马从城镇、最主要是从邻近统治者那里得到帮助,因为阿塔罗斯王朝的消失一定会给比提尼亚和卡帕多西亚的国王们以自己前途有望的暗示,他们以乐于助人的干涉拖延不可避免的事发生。帕伽马城似乎严阵以待,加紧为抵御一场进攻做准备,这场进攻永远不会发生。与此同时,阿里斯托尼库斯进入密细亚(Mysia)②,获得了来自卡利亚人(Carians)、色雷斯人的增援,严重威胁到库吉科斯(Cyzicus),后者向马其顿总督恳求帮助。[10]

起初罗马曾想通过派遣和平使团来挽回局势,使团首领西庇阿·纳西卡

---

① 现今的加里波利半岛,位于土耳其的欧洲部分。——译者注
② 位于古代小亚细亚西北部,马尔马拉海南岸。——译者注

(Scipio Nasica)在帕伽马身亡[11];罗马被迫开战,战争十分糟糕地于公元前 131 年以指挥不力的李锡尼乌斯·克拉苏(Licinius Crassus)兵败身死而告终。公元前 130 年的执政官马尔库斯·珀尔珀纳(M.Perperna)更富朝气,阿里斯托尼库斯战败被俘,被扭送到罗马,缢亡于狱中。他的落网没有立刻让其同伙放下武器。珀尔珀纳在仍负隅顽抗地区的水井中投毒[12],他的所作所为并不意味着向有天险保护的地区投降,我们现在知道在如阿拜提斯(Abaitis)的蛮荒多山地区,执政官玛尼乌斯·阿奎利乌斯(M'.Aquillius)不得已发动强攻,拿下坚固堡垒,此人最终组建了亚细亚行省。[13]如此一来,他在三年总督任期后配得上举行凯旋式的嘉奖;他的重要工作还有另一面:整修和改善道路设施,在路旁立起里程碑。

　　这项工作不仅对更高的权力,也对居民有益,期望在进一步扩张前赢得民心。罗马甚至没有保留阿塔罗斯的全部遗产,利考尼亚(Lycaonia)交给卡帕多西亚王子,卡帕多西亚国王在战争中阵亡;弗里吉亚(Phrygia)的一部分暂时割让给本都国王密特里达提六世;潘菲利亚(Pamphylia)和皮西迪亚(Pisidia)的部落独据一方。这些是很难维稳的、乱石丛生的边疆,罗马并不急于管理这些地区。以西庇阿氏族为首的统治阶级偏爱自由主义[14],但是公元前 123 年后,格拉古兄弟的影响使得实际上采取的政策因经济利益驱动变成了危险政策。在意大利有游手好闲者需要供养,财富家喻户晓的东方国家必须为改善国内状况出力。原则上要比固定岁贡更公平的什一税制将是大量剥削的开始;此外,在许多情况下征收起什一税,违背了阿塔罗斯的遗嘱。最后,对像帕伽马这样的特权城市,战争带来了难以承受的结果,人们叫苦不迭。[15]然而总体上说,在接受这份庞大遗产后,罗马政府似乎有意采用慢慢消化的谨慎政策。

　　但一次征服引发又一次征服,不仅因为征服者养成了习惯,为成功而兴奋不已,还因为周边各民族意识到自己势单力薄而俯首称臣。罗马在第二次布匿战争后已经开始觉察到这一点。但尽管罗马国力日盛对有组织的国家构成压力,可对以海盗为生的联盟没有如此影响。因此在公元前 189 年前往西班牙的罗马大法官和自己的随从在路上遇袭,利古里亚人在海岸附近加强了海盗活动。这一事态严重损害了马赛的商业利益,于是它向罗马元老院求助,但是元老院分身乏术,并不热心地进行干涉。公元前 154 年,马赛采取了报复行动,从战败部落攫取的土地当时是让与马赛的,因为确保这些地方与意大利的联合尚属不易。[16]

8

当时正是进一步干涉的起始。马赛与凯尔特人一直相处融洽,但他们的关系在阿维尼亚帝国形成后必定改变,当时获准进入这座希腊古城的普罗旺斯的萨利斯人(Salyes)使该帝国与马赛有了接触。马赛不堪萨利斯人的野蛮行径,再次向罗马求助。正当此时(约公元前125年),意大利无产者受到格拉古兄弟的鼓动,大声疾呼要求土地,人们认为最便捷的办法是马上获得意大利半岛之外的一些土地。因此一小支军队翻越阿尔卑斯山,尤其是在第二年,多次打败居住在罗讷河下游附近的各民族,替马赛报了仇。但就在受惩罚的萨利斯人的地方,意大利人定居下来,占据了道路旁的一处地点,他们熟谙通过道路运输从事陆上贸易。执政官盖尤斯·塞克斯提乌斯·卡尔维努斯(C.Sextius Calvinus)在塞克斯提乌斯温泉区(Aquae Sextiae)驻扎了一支卫戍部队,他预示着据猜测在不远的将来更恢弘的事业。

兼并的借口是什么?高卢人提供了口实。凯尔特城市数量众多,虽没分裂却很难统一,多数与四处为害作乱的分裂者对抗。分裂者的破坏使埃杜伊人(Aedui)步近来马赛的后尘,向罗马求助。当局势好转,援助事不宜迟,执政官格奈乌斯·多米提乌斯·埃诺巴尔布斯(Gnaeus Domitius Ahenobarbus)领军启程,有一队战象支援(公元前122年)。在阿维尼亚国王贝杜图斯(Betuitus)谈判未果后,阿洛布罗吉人(Allobroges)在索尔格河(Sorgue)岸边遭重创,但唯一的影响却是激发了抵抗精神,大批阿维尼亚人南迁。多米提乌斯得到同僚昆图斯·法比乌斯·马克西姆斯(Q.Fabius Maximus)带来的增援军队。贝杜图斯撤回罗讷河岸边,高卢人的最终溃败就发生在这条河中,河水卷走了逃散者和他们用船搭建的浮桥。

凯尔特人在这场战斗中勇气过人,无论如何使元老院对对手的价值有了恰当的估计,这也刺激了元老院萌生尽快大力削弱其实力的想法。[17]仅把高卢人在纳尔榜行省之后纳入一个新行省——山北行省——并不够,北起维也纳,西至图卢兹(Toulouse)。罗马没有萌生将一片庞大领土紧握手中的想法:在瓜分小亚细亚后,罗马必须不惜任何代价瓜分高卢世界。贝杜图斯对罗马的外交及处理谈判的不择手段一无所知。在他自信是位使者时,却被以"俘虏"相待,被带往意大利,这并非没有认真权衡。不过他比其他同样深信不疑的人走运,他和他的儿子仅受囚禁之苦。

他的离开预示着期望中的瓜分,瓜分持续进行。高卢部落间的相互猜忌从未间断,罗马极力在各部落中扶持对罗马言听计从的富豪阶层。元老院通过优待幅度不同和赋予"友盟"称号的政策,似乎标榜维持自治,却为进一步侵占铺路,给人以所有部落都将被谦和相待的误导。[18]

山北行省在遭遇巨大威胁前没有组建,我们无意放大危险,因为罗马克制着避免建立行省,没有将之作为进一步扩张的借口。由于潮汐的影响,一支被称为"辛布里人"的日耳曼凶蛮部落携妻带子还有家畜,驾着驮载家当的轮车,从北海和波罗的海布满沙石的海岸飞速而来,不久后条顿人[19]步他们的后尘。他们成群结队地穿过中欧,不为战争和劫掠,只为在乐土上找到一处新家园。不是排山倒海似的涌入,而是没有计划或无既定步骤地缓慢前进。他们渡过多瑙河后到达诺里库姆(Noricum),向当地居民索要一块土地;但有一支罗马军队逼近并有将领指挥,暗示他们应尊重罗马同盟者,他们再次撤退。罗马人成了搜索逃犯的人,对他们发动了一次狡猾的突袭,从他们身上却没有得到期望得到的好处。而胜利的辛布里人被阿尔卑斯山阻挠,从那里沿多瑙河西进,不比从前和平式的,因为没什么不经战斗就能得到,他们背扛抢来的东西到达"行省"的边界。

他们再次索要土地,但那里不需要这样一群殖民者。至于如他们所建议的为罗马所用,罗马还不需要雇佣军,拒绝了他们的提议。他们间隔许久,一次接一次地打败出身腐朽贵族的三名罗马将领,贵族渴望立功,但他们身上欠缺军事才能,除非有罕见的例外。不论相关的古代记载如何夸大其词,阿劳西奥(Arausio)(公元前 105 年)的一场大战对罗马无疑是一次惨痛的灾难。不过这群洪水猛兽从阿尔卑斯山折返,散布到高卢的其他地区。经过三年的游荡和劫掠,条顿人回到他们的起点,最后在那里见识了一位真正的将领马略,在塞克斯提乌斯温泉区败北,留下战场上无数的尸首,还有胜利者手中的成批战俘。[20]

几个月过后(公元前 101 年),同一位将领与辛布里人交锋,他们步条顿人后尘,绕着巍峨的山脉前行,以便取道尤利安阿尔卑斯山(Julian Alps)①入侵意大利。同样的残杀在山南高卢的维尔克莱(Vercellae)再度上演,幸存者成为填充意大利半岛奴隶市场的又一支浩浩荡荡的队伍。

10

---

①　是东阿尔卑斯山的一座山脉,从意大利东北部蜿蜒至斯洛文尼亚。——译者注

这些大仗没有增加罗马的版图,由此获得的奴隶数量远不能弥补蛮族入侵造成的损失,但至少棘手的威胁已经消除。罗马的实力说明自身是无法抗衡的,而纳尔榜高卢的安全归功于罗马,罗马密切关注,准备在有利时机控制两起严重的怨愤。至于阿维尼亚入侵者,罗马之前的克制使惩罚第二次反抗的正义性倍增。这些日耳曼入侵者事先已证明反对他们的任何措施都是有理由的,这在某一天会是必要的。这些就是尤利乌斯·恺撒和奥古斯都不可忽视的理由。

与此同时,其他征服已尘埃落定。公元前 2 世纪末被称为"元老院的自由放任"时期[21],或通俗地讲,在紧随格拉古兄弟最后一位死后的一种虚弱无力或无精打采的时期,元老院的对外政策毫无进取之心。构成元老院的为数不多的贵族除了垄断意大利地产外心无他物,会乐意忘记公元前 118 年后在阿非利加初露端倪的一系列事件。

我们已经看到罗马对努米底亚履行着一种保护职能。在米奇普撒(Micipsa)死后,这个王国被分让给他的两子和侄子朱古达。[22]撒路斯特的手册家喻户晓,我们不必遵照那一记载详细复述朱古达是如何除掉他的两个堂兄弟,其中一人在遇害前是如何来到罗马在他认为是自己理所当然的保护者面前陈情的。关于腐败的控诉,或许夸大其词,但一定有一些事实基础,连最诚实的人都会对阿非利加行省边境终未受到阴谋的威胁,这些阴谋只是间接殃及首都的想法感到吃惊。朱古达不会屈服于理智,只会向武力低头,所以有必要在一个被认为黄沙漫漫、与东方必然呈献的东西相比几乎没有回报的不为人知的国土上开战。据称人们终于经一名军团长官之口表达了心中的不悦。朱古达被召到罗马为自己的行为辩护,但另一名也收受贿赂的军团长官以自己的否决权相干预,不让朱古达张口说话,所以只是把这个努米底亚人遣返故土并在那里进攻他。

11　　一位执政官被派去,其指挥才能和大致同时在高卢吃败仗的领军者一样差强人意,他遭到围困和袭击,通过和约被要求撤出努米底亚(公元前 109 年)。在鲜有当选执政官的梅特路斯氏族(Metelli)中终于发现了更诚实、更有才干的一位,他有研究对手并制定恰当战术的智慧。从古代记载中可知,朱古达的军队就是阿卜杜·卡迪尔(Abd-el-Kader)①的精确原型。[23]该军队具备两个要素:按他

---

① 阿卜杜·卡迪尔(1808—1883 年),阿尔及利亚民族英雄。——译者注

在非洲能见到的军团的方式号令和装备的正规部队,坚强忠诚的士兵,但人数少;再者是一种阿尔及利亚民兵,由各部落的代表组成,一切进展顺利时,他们为预想到的成功所吸引,无比热情,却在一次小小的意外失利后被解散。事实上,更危险的是他们神出鬼没,对这块土地了如指掌,这有利于设伏。梅特路斯训练的军队在突遇袭击时能快速组织,用投出的矛围成一个圈,使孤立的队伍不被困住,他还整日蛰伏误导敌人,士兵则在夜里在两个绿洲间长途跋涉,肩上背着皮水袋,黎明时进攻某处不设防的地点,一旦摧毁棚屋、烧毁粮食或粮仓、带走羊群后便立刻离开。

梅特路斯仍旧积极地诉诸谈判方式。他此后赢得了一些真正的进展,但需要时间,这正是他的参将马略成功诋毁他的理由,当时马略来到罗马竞选执政官,许诺说将很快结束与朱古达的战争。这个努米底亚人和他的岳父毛里塔尼亚国王波库斯结成同盟,但马略以迅雷不及掩耳的攻势使之丧胆,这个毛里塔尼亚人以朱古达王国的部分领土为交换舍弃了他的女婿。该王国的其余部分则留给马西尼撒一个不知名姓的后人(公元前 104 年)。

这样,元老院拒绝了会带来更多风险和责任的新兼并。元老院在非洲采取了如在欧洲一样的观望政策,满足于坚持一些要求。非洲土著的习俗和软弱现在在罗马为人所知。当地人亲自领教过罗马的威力,国王们为自己的所有权力而比从前更加感恩于罗马。这充满着对日后的许诺。

元老院不止一次在迫在眉睫的情况下被迫丢下漠然。为大家所知的一次是在小亚细亚南部一个长期处于罗马保护之下的多山地区,但不属于任何人,除了在那里自由做生意的强盗。强盗在路上打劫行人,劫掠农庄,在海上显露的威力不比陆上少,从海岸边的小河突然出击,袭击商船。然而这项任务可能费力不讨好,这件事必须从长计议,必须组建起一支警卫队。

弗里吉亚①南部的潘菲利亚在公元前 103 年被占领,吕西亚不包括在内,因为它已完好地组建为一个历时长久且统一稳定的邦联(koinon)。[24]次年加入潘菲利亚,被冠以西里西亚行省之名,那片土地的西部为山地西里西亚(Cilicia Tracheia)或不平坦的(Aspera)西里西亚,是滨海山区,山峰往往高耸入云;在其北坡

12

---

① 小亚细亚中西部古国。——译者注

山脚下,卡帕多西亚仍属于自己的国王。占领是由一支舰队和一支陆军实现的,但有关此事的证据不足,十分简略。[25]后来的历史时断时续。该行省有时由执政官管理,有时由大法官管理,根据被派去平息经常发生的动乱的兵力而定。无论如何,尽管公开以抢夺为业的强盗受到清剿,但商业性抢劫和特权式诈骗被允许存在,因为骑士和元老在西里西亚都有搜刮钱财的代理人,这一现实后来把时任总督的西塞罗放在了一个十分微妙的境地。[26]

那是罗马在这些地区的新活动给人的印象的结果?这种信念在地中海世界各地慢慢扎下了根,以至于总有一天每个国家都会服膺于它的掌控,还是如帕伽马最后一位国王的情形,出于我们相关的模糊史料对之沉默不言的某个私人原因或某个家庭纠纷吗?无论答案为何,第二笔遗产经遗嘱被赠予罗马。

公元前117年,从古时即附属于埃及的昔兰尼,得益于托勒密王的一个私生子阿皮昂(Apion)而跃升为王国。在我们知之甚少的这位君主亡故时(公元前96年),他把王国遗赠给罗马人。这件事并没有像公元前133年那样掀起同样的轰动,情况改变了:现在没人想到把国外的土地交给贫穷的意大利人,他们对之并不觊觎。此外,也没有说到这件事中有大笔财富,这个王国的版图小得多,除非把贫瘠的沙地也计算在内。它确实只是座五连城而已:昔兰尼、阿波罗城(Apollonia)、托勒密城(Ptolemaïs)、阿尔西诺(Arsinoë)和贝勒奈西(Berenice)。[27]无疑今日的情况迥异于过去,谷物、葡萄和橄榄长在高山之上,遍地牛羊。当时只能利用沿海的狭长地带。

元老院在又有责任交托给自己时显露出尴尬:到目前为止一直情愿由一个依附国王统治。元老院考虑之后接受了这位已故国王的个人财产,多为陆上的地产,而给予希腊城市以自由[28],不把总督强加给当地部落,而是把管理事宜交给蛮族首领,但必须交纳实物岁贡。各部落获准换得自由,条件是定期运送一些已成为当地最重要出口货品的产品,那也是当地财富的主要来源。松香草[29]在古时驰名远近,可作香水、药材和调味料,但罗马人不识货,首都市场上少人问津,没得到青睐。它在普林尼时代更受欢迎吗?普林尼将其优点[30]如此模糊地分类,以至于我们仍要追问这种神奇的植物有何功用。不管怎样,它不能给罗马增加多少财富。但昔兰尼加地区局势紧张;各城市纷争四起;昔兰尼落入暴君之手。路库鲁斯(Lucullus)不得不采取措施以应对日趋严重的骚乱[31],一名财务官最终被派往这个似乎更适合设立的新行省(公元前 74 年)。[32]

　　与此同时,罗马的情况已经改变,但直到那时仍无可否认的是,元老院——这座城市总政策的控制者,对扩展疆土没有流露出热情,而是从过于庞大或过于突然的兼并中回身。[33]有作品流传至今的作家告诉我们,那个时期的元老劣迹斑斑:腐败分子轻易收取贿赂,多数乃无能之辈。这显然带有夸张色彩。似乎最有依据的是对贪污和领兵无能的指责;但我们不能承认来自元老院的所有政治觉悟已化为乌有。一条准则是,如果之前的兼并不稳固,那么任何征服都是草率的,在西班牙经常遭遇的困局提示着必须慎重。不得不承认元老院是政府的最佳形式,除了个人利益的任何问题,它经历了几个世纪的考验,见证了罗马国力超乎想象的增强。现在这个贵族政体是民事的政府,这个高级会议最为杰出;如果必要,它会诉诸武力,但只是在自身的指导和控制之下。这一优势地位易于维持,只要战争在意大利附近地区发生,但那些不得不在遥远地方发动的战争势必给军队指挥官以更多的主动权,必然使他们的权力膨胀到危险的程度。最富远见的元老们无疑预感到自身最重要的优势地位将被得胜的将领们取代。被遗赠的领土当然是诱人的猎物,但第一次获赠所经历的三年亚洲战事,是对元老院的警告,元老院得出谨慎行事的可贵教训。这样的难题会再次出现,确实稍后免费获赠的比提尼亚将证明元老院不同寻常的本能怀疑。

【注释】

[1] L.Homo, *Primitive Italy and the Beginnings of Roman Imperialism*, p.345.

[2] *Op.cit.*, p.307.

[3] P. Foucart, *La Formation de la province d'Asie*, XXV, XXXVII (1908), pp. 297, 339; LXXXII, p.10 *et seq.*

[4] II, 20.

[5] XXV, *ibid.*, p.302.

[6] Rostowzew, XXXIX, p.360 *et seq.*

[7] 参见帕伽马的法令,XLIV, IV, 289。

[8] XXV, *ibid.*, p.312 *et seq.*

[9] *Ibid.*, p.318 *et seq.*

[10] XLIV, IV, 134; XXV, *ibid.*, p.323 *et seq.*

[11] VII, XXXV (1910), p.484.

[12] Florus II, 20.

[13] XXV, *ibid*., p.327 *et seq*.

[14] CVII, chap.XII.

[15] XLIV, IV, 292.

[16] CXLII, I, p.518 *et seq*.

[17] CXLII, III, pp.7—24.

[18] CXLII, III, pp.24—88.

[19] 参见蒙森的描述，CLXII, V, p.137。

[20] CXLII, III, pp.71—87；CXXV, II, pp.363—376.

[21] CVII, chap.XIII.

[22] Lenschau, XLVII, X, col.1—6.

[23] LXVI, p.23 *et seq*.

[24] CV.

[25] Cic., *de Orat*., I, 18, 82；Liv., *Epit*., LXVIII.

[26] CXXXVII.

[27] CVII, p.273 *et seq*.；CXXXVI, III.

[28] Liv., *Epit*., LXX.

[29] Rainaud, XLIII, *s.v*.

[30] *Hist. nat*., XXII, 23, 48—49.

[31] Plut., *Luc*., 2.

[32] App., *Bell. Civ*., I, 111.

[33] CVII, p.273 *et seq*.

第二章　军事独裁统治(公元前 96—前 31 年)

我们不想从罗马内部历史的视角来研究这些,那是在别处处理过的主题。[1]　14
我们所关注的是记录罗马统治的扩张是如何受到注定填满共和国最后六十年内
战的影响的。

这些独裁统治中首当其冲的是马略独裁,是党派性军队代替旧时公民兵的
军事改革的结果。这个出身卑微的人是普通劳动者的子弟,也是统治者新序列
里以贿选而从民众中赢得至高荣誉的政治家第一人。他大概以精明的算计获得
了必要的财富,其他人则将为同一目标而负债,要求以胜利为回报偿还债务。

命运不许他开拓共和国的疆土,命运准许他的是我们提到的那些卫国战争:
抵抗条顿人和辛布里人的战争、朱古达战争。后者的结局只是加强了对努米底
亚的保护,因为加速战争胜局的波库斯的背信弃义之举必须报答,元老院还没有
在雇佣军领导者的所向披靡面前黯然失色。马略在罗马并没有冒险与政客们纠
缠不清,所以与任何派别均无瓜葛,他火速离开这座城市,前往弗里吉亚,借口要
向佩西努斯(Pessinus)的"大母神"许愿,真正目的却是寻找征服时机。因为每个
人都预见到与本都的密特里达提将有一场大仗,此人已花费 20 年时间在亚细亚
行省边境经营起一个广阔的帝国,罗马自然视其为威胁。与他关系破裂是不可
避免的事,无论从哪一方,挑战都会到来。

但马略在那些地方少人识,在招募兵员上遇到大麻烦,因为人们越来越倒
向密特里达提一边,最倒霉的是他碰到了一个就在当场的劲敌苏拉。苏拉作为
代行大法官身在西里西亚,手上有正规军队,已取得骄人战绩。

因为不得不为镇压公元前 90 年险象环生的意大利起义效力，马略不再像击退北方蛮族时那样是唯一的指挥官，只得被迫接受这位苏拉的较量。苏拉从前是他在非洲的参将，年轻有为，同盟战争的真正决定性胜利是由他取得的。

15　　尽管与科尔奈利乌斯氏族(Cornelii)沾亲带故，但苏拉家境贫寒，无所顾虑反而使他懂得如何让自己致富，经历一桩桩丑恶的婚姻，在任职期间聚敛钱财，在交由他管理的行省以及由他逐出本都国王附属势力的卡帕多西亚附近地区巧取豪夺(当下的平常事)。但有钱没兵干不成任何事，苏拉第一个揭示了拥有武装的最高统治权。他敢为天下先，穿越神圣边界(pomerium)，手中无兵的马略只能逃离远遁。

为了维持主宰罗马的地位，有必要拥有军事荣誉，苏拉求之于东方。苏拉不在时，马略返回，将都城以同样的方式踩在脚下，让自己也被任命为密特里达提战争的指挥官。于是在远离意大利的地方，战争的运数在他二人中间落定，不是马略，他已年迈，并因为放纵的习惯而在公元前 86 年送了性命。

苏拉没有可在声名和权力上与他抗衡的对手，甚至没有必要除掉亚细亚行省第一位组建者之子玛尼乌斯·阿奎利乌斯，元老院已将此人派往那里。此人既贪腐又不称职，起先被赋予收拾苏拉四年前留下的残局的权力。本都国王充分利用了同盟战争，再次得以统治小亚细亚，被赶下台的统治者的抱怨之声从各地传到罗马。阿奎利乌斯不单在卡帕多西亚和比提尼亚重建罗马附庸国王的地位，进而攻打本都，此后密特里达提公然与罗马人为战。他征召的大批军队席卷远至爱琴海的整片地区，阿奎利乌斯落到他手里，遭受酷刑，他的对手以此强调那是罗马将领的主要成分：这个可怜人被灌以熔化的金水。

我们足以对这场战争的性质和战争始作俑者的性格做一简要描述。密特里达提是波斯王室的后裔，继承了神圣性，他又是一个被希腊化了的蛮族异类。在西诺普(Sinope)的王宫，人们操希腊语，大臣是希腊人，近卫军也是希腊人。密特里达提以希腊文化的拥护者自居——推崇亚历山大，他宣布采用亚历山大的政策，即一种亚洲的希腊化，兼收并蓄，东方成分使之丰富。他严厉指责西方人是希腊的敌人、叛徒和强盗；他发现让在以弗所处死成千上万的意大利人的命令不难执行。更好的是，希腊的欧洲部分拥护他，最重要的城市宣布支持他。这样一来，两个大行省在苏拉率五个军团在伊庇鲁斯登陆时实际上已经叛离。

罗马不是没有兵力，它有两支陆军和一支海军，路库鲁斯已经顺利地从叙利亚和塞浦路斯的同盟者那里调集了一些战船。在警告阿卡亚各城投降并在长久围城终了攻破雅典后，苏拉两次打败密特里达提的希腊将领，但他被剥夺了兵权，兵权已到期且没被再次赋予，他放过了瓦莱里乌斯·弗拉库斯（Valerius Flaccus），这位将领由随后在罗马得势的马略和秦纳的党羽任命来接替苏拉。苏拉跟他进入亚洲，追赶密特里达提。[2]

随后开始了一段考验亚洲各民族的严峻时期，他们无法下定决心支持哪一方。[3]密特里达提赢得了贫民大众的支持，罗马得到了社会上层的拥护；前者似乎被打败，或者很可能被打败。然而罗马一方的两名指挥官令所有人感到困惑，直到弗拉库斯被受副官菲姆布里亚（Fimbria）指使的手下士兵杀害。弗拉库斯继续战斗，他和苏拉分别向本都国王提出议和，密特里达提接受了更强一方的条件，就是这位立刻轻取敌人军队的不合常规的领导者（公元前84年）。通过《达尔达努斯条约》，这位骄傲的君主放弃了在小亚细亚征服到的所有土地以及他的属国，同意交纳大笔战争赔款。

这样一来，三年的战事不过恢复原样，罗马在亚洲的统治是否因此加强令人生疑。处境尴尬的希腊人大多屈服于当时的胜利者，或是他们认为可能赢在最后的那个人，因此各城市的态度本质上变化无常。苏拉在各地采取一系列报复措施，无视公平，对该行省大肆搜刮，甚至不保护沿海城市，将之让给海盗。苏拉对扩大罗马的势力漠不关心[4]，唯独关心搜刮敌人，其失败将只给他本人而非他人带来利益和荣誉，他不为这个代行执政官行省边疆的附属国操心，后者曾暂时听命于密特里达提，后来脱离其控制。他会把新开发的土地给予那些他讨厌的骑士、商人？他为已完成最紧迫的任务感到心满意足，火速赶回意大利，在罗马城里城外大肆屠杀，建立起家喻户晓的恐怖独裁统治和一项注定比他存续更久的制度——确切地说有十年。凭借个人力量和贵族派的权力，他只是为国家保住了两个行省，但事实会证明那只是让罗马白费气力。密特里达提被饶恕了，会重整旗鼓。

在这毫无成果的20年里，漠视法律、激情无度、人与人、阶级与阶级之间的仇恨加剧了冲突的根源。这些混乱酿成的战争和暴动把一些人推向顶峰——不止一人，因为困难是多重的——把他们长期卷入会给其带来力压对手机会的战争中。

16

因时局而权力膨胀的第一人是格奈乌斯·庞培(Gnaeus Pompey,公元前106—前48年)——苏拉的劲敌,苏拉在他职业生涯之初助他一臂之力,称他"马格努斯"(Magnus,伟大的)。他因拥护元老院而先赢一局,但他归根结底是名军人,很少为制度问题烦心。此外,他出身平民家庭,属于骑士等级——对骑士和所有生意人有利的局面,他们觉得庞培若不是自身利益的绝对捍卫者,至少也是同党和帮手。[5]为了他们的利益,庞培废除了苏拉的立法,在多次击退并成功结束对塞尔托里乌斯(Sertorius)的战争后声名远扬,但他并不满足,因为他有一个强劲的对手克拉苏,即征服斯巴达克的人。

同时与他较量的另一人是李锡尼乌斯·路库鲁斯(Licinius Lucullus)[6],也出身平民,原是苏拉的财务官,这位独裁者曾把他留在亚洲,他在那以真正节制的方式收缴战争赔款而赢得了赞誉。[7]上天赐给庞培吸引公众注意力的良机,因为另一份遗嘱——尼科美德斯三世(Nicomedes III)的遗嘱,使罗马继承了第三个王国——比提尼亚。[8]

这份遗赠的动机不比从前两份更清楚。留下遗嘱的人无疑身后没有子嗣或继承人,料想他的臣民会因自愿投靠终将来临的统治而获益,因为一面是密特里达提,另一面是罗马人时,独立简直是痴人说梦。遗赠的领土从莱达库斯河(Rhyndacus)下游延伸到桑伽里乌斯河(Sangarius)河口,包括好几座重镇,最重要的是它朝向黑海,扼守通往萨尔玛提亚海岸的要道。这就是促使密特里达提采取行动的动因。他长期虎视眈眈,认为敌人在西方正被严峻的任务纠缠。他早就做好准备,以罗马人为榜样,仿效其军事制度来增强自己的实力,像罗马人一样,他做了一次外交上的冒险,向斯巴达克斯派出一个使团。

两名新任执政官被派往比提尼亚。其中之一是科塔(Cotta),在卡尔西顿(Chalcedon)滞留,而密特里达提的大军对库吉科斯实施包围,这是扼守仍效忠罗马的普罗滂提斯海(Propontis)沿岸的一个港口。科塔的同僚路库鲁斯[9]——一位新的拖延者(Cunctator),小心地避免以优势兵力进攻这位东道主。他通过消灭因补给困难而孤立无援的分支队伍来拖垮敌人,只是到了后来,在对黑海沿海城市从海上展开进攻后,他才大败密特里达提,但密特里达提却成功逃脱,在他的女婿亚美尼亚国王提格拉奈斯二世(Tigranes II)处避难。[10]此后战事开始呈现出截然不同的规模。

提格拉奈斯似乎不愿参战。这个冒险家气度不凡地把野心转向另一方向，他趁塞琉古王国王子间不和之机控制了叙利亚(公元前 85 年)，叙利亚在这个新统治下没损失什么[11]，他还合并了小亚细亚的一部分(公元前 76 年)。随后转攻安息王朝(Arsacidae)，因为出身此地，所以可以更为轻松地霸占地盘，他已从他们手里攫取了美索不达米亚和阿特罗帕特尼(Atropatene)，以便获得众王之王 18 的称号并传诸后代。他早晚会与罗马人决一胜负，但这场冲突是因密特里达提的到来促成的。

有人把这次交锋中的路库鲁斯描绘成罗马新帝国主义的始作俑者[12]——古代的拿破仑。这未免太夸张。相反，他似乎坚持元老院的旧有政策，我们没有证据认定他早有对付帕提亚的任何打算。但在一方面，支持已丧失行省的罗马之友安条克(Antiochus)是必要的，而另一方面，只要那位国王健在且行动自如，与密特里达提的大仗就没有结束。路库鲁斯因此派出内弟阿庇乌斯·克劳狄乌斯(Appius Claudius)要求这位本都国王归降；提格拉奈斯不答应，战争爆发。[13]

这场发生在一处鲜为人知国土上的战争是场硬仗，恰逢寒意来袭的初冬，战争更加艰难。路库鲁斯表现出无可争议的将才。他在几场战斗中打败兵力占优的敌人，从首都提格拉诺凯尔塔(Tigranocerta)掠走王室财宝而懂得了如何"使战争自负盈亏"[14]。但他是个老派的将领，因此不再被需要。当时的募兵需要一位雇佣军长官，带领他们劫掠而不必严守军纪，对士兵利益的关注胜过国家利益。他的胜利不足以让他一直是士兵不可或缺的统帅。他们发动兵变，当联军集结并再次发动反攻时，他被迫撤退，那并不比曾经的进军少些疲惫和出色表现。这次撤退并非对所有人而言都是不幸。骑士、包税人(publicani)和形形色色的商人受够了限制掠夺亚洲的政策。僵局给路库鲁斯降职并最终再度委派提供了一个绝好的借口。当平定势在必行，罗马派出骑士等级的朋友和恩人庞培前往东方。

他刚在一次史无前例的任务中大获全胜。罗马在理论上被认为是整个地中海的主人。实际上，罗马舰队若出航，其威力定被刮目相看；但商务受到海盗的威胁。大批形形色色且来源各异的强盗、在近来战争中落败的人或生来就是海盗的人构建起一个松散的联盟，在海上各条商路进击，扣留和平的船主并索要赎金，他们甚至带着无愧于荷马时代祖先的英勇突袭沿海地区，劫掠城市和神庙， 19

俘虏当地居民,帮助所有挑战罗马权力的起义者及其敌人,因为他们劫掠的机会相应增加。[15]贸易经受了如此的困境,尤其是意大利不可或缺的粮食进口严重受阻,以至于比其他人更关心海上自由交通的实权阶级决定尝试强硬措施:保民官伽比尼乌斯(Gabinius)提议赋予庞培为期三年[16]从西里西亚到赫拉克勒斯之柱(Pillars of Hercules)整片海域的无限权力。一场真正的战争因这项法律而开始,年迈的寡头不再关心别的,唯有党派利益。最后,当这一措施被通过(公元前67年)时,庞培拥有500艘战船和12万兵力供其调遣,国库的一切资源根据其需要调拨,距海70千米的所有沿海地区也由其指挥,以便他直捣海盗的老巢。这一过度权力解释了对手的强悍,从前的独裁官权能与此相提并论?

人们认为要用三年时间完成任务,而事实证明三个月就够了。在那段时间的终了,军械库、兵工厂和战船悉数被毁,没有丢掉性命的人因许以宽恕而屈服,多数人束手就擒,改行务农,变成殖民者。这一措施是明智之举,考虑周全,但未来会发现社会底层总怀想过去,日后海盗注定卷土重来[17],尽管规模萎缩。

由此获得的声誉使庞培似乎成了天降大任来结果密特里达提的人。密特里达提在这件事上没有妄想,在《曼尼里乌斯法》(Lex Manilia)没有遭到多少反对而确立起代行执政官对整个小亚细亚的权威后,他试图议和。但是庞培计划与另一个人谈判,打算实现更重要的目的。[18]

庞培没有必要诉诸高超的外交手段,因为这个可能阻挠他计划的人会不知不觉地促成这些计划。路库鲁斯指挥的战事以失败收场[19],但业已开始的快速进军给提格拉奈斯以深刻印象,他为自己的统治惶恐。帕提亚人一样让他担心,他的儿子与庞培结盟,密谋反对他。于是当这位本都国王再次向亚美尼亚国王求助时,后者禁止他穿越他们的共同边界,并悬赏他岳父的项上人头。密特里达提选择保住自己的脑袋而非王国,逃到科尔基斯(Colchis),留下庞培与这位前盟友面对面,他为自己的狡狯沾沾自喜。提格拉奈斯在这个罗马人面前卑躬屈膝,庞培不为一个地处遥远、有崇山峻岭和恶劣天气作天然防御的王国与他争夺,而是把军队布扎在那里,由一名参将指挥。在宣布提格拉奈斯为罗马人的朋友和盟友的同时,庞培剥夺了他所征服的地方,给亚美尼亚人开出了一项永远为罗马干涉提供依据的和平条件:他们的国王此后至少要经过罗马的批准方可获得统治权。我们会看到这不是一个空洞的套语:庞培,像个真正的罗马人,正在提出

20

一项要求。

密特里达提错误地以为,在科尔基斯之后他会收复黑海以外的领土,以声东击西的办法,穿过多瑙河地区,从背后给意大利突然一击。他的异想天开从一开始就被一直留心的叛徒粉碎了。王子们密谋推翻他,王妃们交出要塞,斯基泰人拒绝跟随他。他的勇气被太多一同而来的打击摧垮了,他要求死于剑下或饮鸩而死。[20]

庞培所有的敌人都被打败或被愚弄了。帕提亚国王弗拉特斯(Phraates)也为提格拉奈斯的野心烦扰,起初要求与这位罗马领袖结盟制敌,但这份热情未获报答。只要那个亚美尼亚人一直强大,这个帕提亚人就被用来牵制他;当那个亚美尼亚人学聪明时,则获得支持对付这个总是怀揣远大抱负的帕提亚人。弗拉特斯一无所获,除了罗马的些许不信任,罗马将让提格拉奈斯替自己表达对他的怨恨。

提格拉奈斯的征服得到巩固,却成就了另一方,因为罗马攫取了这些被征服地。庞培在离开逗留四年(公元前66—前62年)的亚洲之前,决定了许多地区的命运[21],仿佛元老院给了他不受限制的权力。事实上,我们并不确切知晓《曼尼里乌斯法》赋予他多大限度的权力。他不顾及一致性,哪怕是表面上的一致性,把路库鲁斯已将叙利亚交给安条克的事丢在脑后,叙利亚是提格拉奈斯拱手让与路库鲁斯的。叙利亚成为罗马的新行省,要比亚美尼亚国王新近占领的地带延伸得更远。他十分轻率地在西里西亚行省一侧扩建行省,但通过并入帕夫拉戈尼亚(Paphlagonia)和本都西部而使比提尼亚东扩,不过这是这场战争和密特里达提战败的合理结果。

臣服的国王们要比其他任何人更能体会到这些轻率行动的影响,不论好坏。卡帕多西亚的阿里奥巴扎尼斯(Ariobarzanes)被扶上王位,在东部边境获得一些新领土。在伽拉提亚(Galatia),在事实上和法律上,局势待定:维持了三人统治,但罗马可贵的盟友德尤塔鲁斯(Deiotarus)成为整个地区的实际君主,甚至本都的部分地区也并入,这些地区最近才被征服,又与古代各行省相距遥远,所以保持秩序的繁重任务要有个附属国王做帮手。在幼发拉底河上游,科马吉尼(Commagene)的多山地区由一个王朝统治,半希腊半伊朗,任务是作为前哨并在此时维持稳定。

21　　　所有这些在小亚细亚做出的安排给未来点燃了希望，又不给当下带来过重负担。庞培婉拒埃及法老要他前去镇压尼罗河起义的请求，他认为在那块土地上有任何轻举妄动，时机都不成熟，在那里助长罗马野心的最佳动力便是这场持续发酵的动乱。就在此时，叙利亚满足了他的胃口。那是一块可轻易从几处地点接近的滨海狭长地带，除去在最北方设立了负责人，没有什么警备措施可把罗马引向遥远的内陆，因为沙漠要比这个国家更算得上是与东部强大邻国之间的屏障。当时人们对帕尔米拉绿洲没有渴望。

然而必须采取一些措施让叙利亚各地接受新的统治。在北部地带，一切安排顺利：大马士革的阿拉伯国王们因倾向于服从权威的民族天性而接受了罗马的霸权。自治的希腊城邦占尽好处；曾活在各个小国王暴政之下的希腊城邦得到了自由，政教合一的小国如城邦般对待。我们会说这里只有本地或社会独立的问题，但在巴勒斯坦，情况就不同了。那里有种族和宗教组织与外来者的霸主地位对立，但马加比（Maccabaean）家族①的内斗帮助了庞培的计划。他鼓励两个角逐耶路撒冷最高祭司职位者互斗，支持西卡努斯（Hyrcanus）对抗兄弟阿里斯托布鲁斯（Aristobulus），把他赶下王位。对罗马人而言，西卡努斯显然更强势，更乐意投靠罗马人。然而不经战斗，反对派不会乖乖屈服：对圣城的包围持续了三个月，以安息日的一次总攻而告终。

庞培对这些固执的以色列人定下的税赋并不繁重，收税的职责交给本地人；其他地区的税赋收缴则绝不留情。一贫如洗的国王阿里奥巴扎尼斯甚至借到了一笔钱，罗马期待他会做出截然不同的贡献，除此之外，新的附属国王和新臣民负担很重。大量的贡赋首先肥了得胜士兵的腰包，再者大幅增加了国库收入，那在相当程度上帮助了这位得胜将领取得成就。

最终，从安条克到埃及边境的富饶地区向意大利投机商完全敞开了大门。是他们的贪婪影响了庞培的政策，因为他在一定程度上是他们的代表，自觉地与他们站在同一立场。[22]臣属各民族的财税负担并非没有得到一定补偿。罗马进一步开发了他们国土上的经济资源，拓宽了贸易通道，更广泛地传播了希腊文化

---

①　犹太爱国家族曾发动起义反对叙利亚的塞琉古王朝的统治，成功夺回耶路撒冷圣殿，建立马加比王朝。——译者注

的精华。对于罗马自身,在这个强权中有些新东西留给骑士,由他们管理海外事务并决定边疆政策。在其他情形下会再次见到。此后不久兼并塞浦路斯(公元前58年)不过是猎取财富者阴谋得逞的结果:公元前67年与剿灭海盗的战事相关的对克里特的兼并[23]体现了纯粹自私地追逐光荣的结果。

纵然庞培随意先发制人,权力范围扩大,至少是行动范围扩大,但他实际上只不过个昙花一现的人物,他按出身与骑士等级有联系,却又对元老院恭顺,此后元老院不止一次把信心寄托在他身上。他在公元前62年返回后即解散军队,这个草率之举让人们看到了对法律和秩序的尊重,他是最后一个堪称典范的人。

我们在尤利乌斯·恺撒[24]身上看到了完全不同的性格,刻意保守和低调,以致直到现在,其行为动机仍饱受热议的程度,他的个性的确是争论的焦点。说实话,那对我们的主题无关紧要。也许他期望罗马强大,但我们不能怀疑他把壮大自己放在首位。为了赢得权力,他可以触犯公正的法律,人们喜爱的这段座右铭不是他说的吗?[25]他对自己手下和自身利益的关心体现在所有行动中:体现在他对外在言行的留心;体现在对神圣先祖的自豪;体现在他以狡黠的心思撰写的文学作品里,他的作品就像他的脸和整个外在一样,通过不加修饰地复述事实原委,不掺入作者的动机和原则,表现出对事实的谦卑。我们不必详述他丰富多彩的人生,或追溯他对位高权重者政策的改变,这些人在他看来是他本人好运的帮助者抑或阻拦者。无论如何唯有一个有关他的疑问,即单独一人制定出来、不属于任何常设政府政策的计划。

恺撒以失败告终的第一次冒险是努力获任出使埃及,埃及或许已经因为托勒密·亚历山大二世(Ptolemy Alexander II)的一笔所谓的遗产而降为行省地位。[26]至于他在遥远的西班牙担任参将,我们不太关心他为巩固罗马的占领而取得的军事胜利,而更关心他不经允许擅自增兵,在那里想方设法聚敛钱财。财富是内战的体力,对一个负债的人来说必不可少。

恺撒左右逢源,在罗马崛起,但仍是一位新人,不足以建立一人的最高统治,他觉得联合两个同僚组成一个不相配的三人政治是合适的[27],其中一人是克拉苏——平庸之辈,另一人是庞培,他不如恺撒本人有胆量。克拉苏命中注定在对付帕提亚人的疯狂战斗中兵败身死[28],而庞培牵扯进粮食供应的困局,后在西班牙任总督,那既没有给他带来收益也没带来声望,恺撒则把一块比意大利还要大的新领土呈献给国家。

我们知道在他抵达纳尔榜高卢(公元前 58 年)时发现了他所期望的临战状态——也会设法以一些手段或别的来促成。赫尔维蒂人(Helvetian)正准备离开所在地方(现今瑞士),移居高卢西部——一块气候怡和的丰饶土地。他们的最佳路线是取道罗讷河左岸,但那是罗马人的地盘。恺撒禁止其利用,把他们赶回老家。[29]随后他们试图沿另一路线穿过独立的高卢,但这位三头之一再次将之驱逐,如此一来,凯尔特人感到自身得到保护,抵挡了强大邻族的入侵,头脑简单地要求恺撒把阿里奥维斯图斯(Ariovistus)带领的苏维汇人(Suevi)赶回莱茵河对岸,这些人占据着塞夸尼人(Sequani)的土地(勃艮第和弗朗什-孔特[Franche-Comté])。这是恺撒期待的开端。比利其人(Belgae)感到危险逼近,组建起一个强有力的同盟来保卫自身的独立;莱米人(Remi)离抵抗这些日耳曼领导者的战场更近,对罗马的实力印象深刻,只有他们与罗马议和而非战斗。随后,如别处不久后发生的,恺撒从一开始就因部落间的分裂、后因部落内部的派系冲突而得利。无论他们走哪条路,都会发现自己如恺撒希望的落入陷阱。我们在这里不能详细描述,甚至不能大致描述这位最高指挥官亲笔写下并被屡次认真研究的征服各阶段。[30]事实上,名副其实的征服是在两年后取得的(公元前 57—前 56 年),再用两年时间击退外来入侵(公元前 55—前 54 年),余下的年头里(直到公元前 51 年)首先镇压部分地区的起义,最后镇压一次全面叛乱,实以进攻阿莱西亚(Alesia)[31]以及维尔辛格托里克斯(Vercingetorix)自愿投降而告终。

在现代人眼中,快速完成这次领土兼并似乎是完美的成功。元老院对这件事的态度却存在分歧并不令人吃惊。庞培和恺撒赢得的对外族的伟大胜利也是对元老院的胜利,元老院是罗马旧有制度的特征,其权威正一点一点消逝,直到仅虚有其表,徒留一个幻影,这要归因于两个对手间的妥协。从奉召返回罗马的高卢总督率军渡过卢比孔河的那一天起,就连这个权力的幻影也无影无踪了。我们不再说罗马的政策,此后只有军中将领的政策,每一个都要求得到最高权力。所有当时的观察者都没有发觉这件事。在极少关心法律和秩序、极为关心战利品和收益的社会下层之上,许多贵族从心底里相信共和国危在旦夕,庞培是共和国的捍卫者。或许,如果他赢了,他毕竟会做更多的表面文章。

我们清楚明了地看到罗马"不再存在于罗马城"；罗马存在于远离意大利、彼此分庭抗礼的军队中。恺撒不在首都多做停留，而是追击对方到军队驻扎地。行省居民再次感受到曾使东方濒于毁灭的深仇大恨的影响。他们必须在两个对手间选择，在战场上的所有军队中均大有表现。幸运地选对人的那些人感到欣喜！科尔多瓦摆脱了庞培部下的控制，得到庞培对手的支持。中立没有出路，其真正政策已被恺撒笔下的历史歪曲了的马赛[32]依旧保持中立的时候不多了。在色萨利的法萨利亚（Pharsalia），庞培的希腊和亚细亚军队在恺撒刚与之为战的高卢人和日耳曼人新兵面前节节败退，后者现在听从他的指挥。

庞培逃到埃及，登陆时被一个叛徒一击毙命。恺撒攫取亚历山大城只是想胜过他，但他留了下来处理这个时局动荡的王国事务。不仅是为克莱奥帕特拉的魅力所动，他才推迟了一定仔细思虑过的兼并；亚历山大城居民也不像他们的国王可忍受外来统治，他们的抵抗让他明白那需要时间和武力，当时他对这些还无能为力。[33]在获得新臣民之前，他必须得到旧臣民的服从。密特里达提之子、西米里的博斯普鲁斯（Cimmerian Bosphorus）国王法尔纳西斯（Pharnaces）被严惩，整个小亚细亚处于恺撒治下。他从那里捞取了更丰厚的钱财。[34]

在非洲[35]和西班牙[36]的决战鲜明地确立起恺撒的独裁统治。不甘心的贵族派（optimates）在这两块土地上获得了立足点，当地居民现在接受了看起来较少忠于罗马、更多忠于个人的统治。一个鲁莽的国王——努米底亚的朱巴（Juba），冒险听从共和派的提议，他们痴人说梦般地许诺给他整个阿非利加行省；但联军受到重创（公元前46年），朱巴自尽，其王国的相当一部分在此情况下很容易分裂出来，被组建为一个新行省。

恺撒无疑没有预料到这最后的奖赏。那意味着高卢三部分并入罗马的版图会满足他的野心吗？他远征不列颠[37]的动机还没有被明确揭示出来。通常认为他进入该岛与他渡过莱茵河的理由相同，唯一目的就是在当地居民中传播对罗马之名的恐惧。他一定计划与一些凯尔特国王订立一份"友好协定"，为一个受保护国及随后彻底的臣服铺路；但倔强的布立吞人绝不会像小亚细亚各民族那样与这一政策契合。

如果认为古代史家的一致记载属实[38]，那么恺撒已在盘算一项长远的战争计划。他谋划着远征帕提亚人，为克拉苏复仇，同时重新分配国家的兵力，以他

24

25

作为独裁官的骄人战绩让老派系中的顽固不化者哑口无言。他打算征服多瑙河岸边的达西亚人(Dacians)和盖塔伊人(Getae)①，继而以伊朗征服者的身份取道里海和黑海海岸，穿过日耳曼和高卢返回。绕这么一大圈可以获得哪些领土？事件的进程会见分晓。庞大的准备工作正加紧进行，16支军团整装待发，已对他离开期间罗马政府做出安排，就在此时，这位独裁者的生涯被3月15日的罪行切断了(公元前43年)。

他的权力建立得如此之快引起诸多反对，唯有依赖对军队接连不断的操控，才可使其权力长久。于是罗马实力持续不断的扩张变成任何个人统治的先决条件、保持人力财力的唯一方法。没有荣耀和收益，这个无节制的权力会陷于瓦解。

对高卢人的征服开启了罗马编年史的新篇章。此前的兼并在某种程度上是与邻近各族长期接触的结果，难以忽视他们的举动和争执，但在这件事上单单一个借口就足以立即采取行动。把尤利乌斯·恺撒看成把过去抛在脑后、鄙视带着光环的东方、认为朝另一方向没有有利可图活动空间的人都是错误的。埃及让他着迷；他把目光转向美索不达米亚，有心在希腊化东方建功立业，那里的伟大君主自然呈现出神性。他身上的特质让人们想起了亚历山大：应废除种族差异、打破各族分野的世界性君主国的壮志，所建立的众多殖民地倾向于把各民族联合在一起。[39]但更为真实的是他把蛮族化西方放入自己的视野里，认识到他的国家应被调动起来在那些地区发挥作用，同时，应在那里采取截然不同的政策——不再受劫掠和财政利益玷污的慷慨大度的政策。

帝国在根本上受到恺撒的独裁统治，而独裁统治的最终确立花费了不止12年，需要一个有能力立刻将之建立的人。公元前43年地位最显赫的人物是马克·安东尼[40]，高卢征服者的老部下，一位骁勇善战的军人和经验丰富的将领，却是一个意志薄弱、优柔寡断的人，他胆怯地撤离战场。在刺杀发生后，他随即乔装成奴隶，但不久后现身政坛，像个真正的演员一样，凭借众所周知恺撒对他的器重，但他也迎合元老院，只要没有强大对手出现，元老院的支持对他是有用的。

一个人很快到来——屋大维，相貌普通、身形瘦削、腼腆羞怯的年轻人，人们

① 希腊人对生活在多瑙河下游地区的色雷斯部落的称呼。——译者注

不会以为他是招架得住安东尼盛气凌人的举止和信心的强劲对手。但恺撒立下遗嘱收养他为继承人,无论在民众还是在军队眼中,这都是一个重要资格。他顺利地争取到相当数量的党羽,安东尼也指挥着大多由贿赂争取到的规模惊人的士兵,他们两个都有结盟的念头,如庞培和恺撒在不久前所为。这是第二个三头同盟,雷必达在其中填补了另一个无关紧要的人物克拉苏在前三头同盟中的位置。

这三人平分了除东方以外的罗马版图,东方没有被瓜分,因为共和派的残余势力在布鲁图斯和卡西乌斯的领导下把那里当作战场,他们要求亚细亚捐助,以便获得自己那份兵源和钱财。首要任务是斩除旧贵族的拥护者、被宣布为公敌者的亲属和前三头同盟的受害者。这在当时维系了这个同盟,但在腓力比战役后,他们的协定出现裂痕。除掉了雷必达,其他两人分配职权:安东尼将在东方恢复和平,随后与帕提亚人开战;屋大维将坐镇国内并遣散老兵,分给他们许诺的份地,收复由恺撒老对手之子塞克斯图斯·庞培控制的意大利附近的大岛。

他们谁的运气更好?屋大维必须保证意大利的粮食供给,这是一项极为重要的工作,但也是很快被人遗忘的工作。安东尼面前有一场辉煌战事,也许注定他将进一步开拓罗马的疆土。[41]这是个完美计划,配得上这样一位战士;但不幸的是,这名战士也是个放荡不羁的酒色之徒,有人看到他带着一批小丑和江湖骗子组成的随员途经希腊和亚洲,在奢靡的宴会上消磨时光,而他的对手懂得如何好好利用时间。此外安东尼失去了主动权,因为在克拉苏惨败和罗马人内部纷争之后,也希望把领土拓展至大海的帕提亚人入侵了叙利亚和巴勒斯坦,对那里的附属小国加以控制。[42]安东尼似乎为克莱奥帕特拉女王神魂颠倒,随她进入埃及,开始疏略手里握有的保卫行省的职责,把任务托付给部下索西乌斯(Sosius)、卡尼狄乌斯(Canidius)和后来的温提狄乌斯(Ventidius),他们出色地赢得胜利(公元前 37 年)。安东尼终于发现他们抢尽了风头,并为此不安,于是想起恺撒的大计划,决心进军亚洲腹地。

此时,帕提亚人正陷入对立派别引发的国内危机,亚美尼亚国王阿塔瓦斯德斯(Artavasdes)急于打破曾向帕提亚人许诺的中立,希图获取米底的阿特罗帕特尼。[43]安东尼迅速采取行动,结束了战争,以便尽快作为伪托勒密国王(pseudo-Lagid)重归闲适的生活。他动身太匆忙,把运输作战器械抛在脑后,在包围弗拉

27

阿塔(Phraata)时苦于没有这些。安东尼放弃了强攻该城的想法,也失去了亚美尼亚人的帮助,后者见局势难分难解而脱身。他决定仓促撤退,这使得其手下疲于奔命,1/3众在撤退途中被杀或负伤。[44]米底国王欲与他结盟,意在将来复仇,但他害怕又一场战争即便取胜也会迟迟不决。他唯一的成就便是背信弃义地抓获了被召去和谈的阿塔瓦斯德斯国王,还攫取了亚美尼亚王国,而这些都是靠背信弃义取得的。那位国王是最抢眼的战利品,不光彩也不明智地展现在盛大的凯旋游行队伍中,队伍走遍亚历山大城的大街小巷,对罗马最明确的法律不屑一顾。

但安东尼不再是一个罗马人。他没有名姓,是个临时的东方君主,又是一位女王的奴隶,或是一个女人的奴隶,他把交由他保护的各行省分为几个王国,分给女王的儿子们。甚至在这位克莱奥帕特拉在场的情况下将才尽失,女王想要本国战船取胜。随后这位已经失去所有头衔、从前的三头之一被打败并尾随她逃离亚克兴,在他的征服者即将到来前结果了自己的性命,于是在罗马历史上没有匹敌者的阶段有了最不寻常的结局。安东尼——多次赢得胜利、经得起考验的战士,却没给自己的国家带来任何东西,甚至是以背叛而攫取的亚美尼亚,一个名叫阿尔塔西亚斯(Artaxias)的人在那里恢复了祖辈的王位[45];屋大维——一个理所当然却缺乏天赋的士兵,不过是在克莱奥帕特拉的遗体旁拾起一个刚失去最后的国外支持者的国家。[46]埃及行省的财富与它将要实行的政府制度一样引人注目,屋大维把埃及献给罗马,罗马接受他为自己的主人,埃及也成为即将建立的新政权的就职赠礼、对即将到来的元首制的认可。

【注释】

[1] L. Homo, *Les Institutions politiques romaines*；*de la Cité à l'État*.

[2] CXXV, II, pp.468—482.

[3] LXXXII, p.24 *et seq.*

[4] CVII, p.305.

[5] CVII, chap. XVI；CXXV, III, p.14 *et seq.*；XCVIII, IV, p.332 *et seq.*

[6] XCVIII, IV, p.133 *et seq.*

[7] LXXXI, p.41.

[8] Brandis, XLVII, III, p.524 *et seq.*；CXXV, III, p.31 *et seq.*；CII, I, chap. VII.

[9] Gelzer, XLVII, XIII, col.376—414；here, 385 *et seq.*

［10］LIII, pp.16—51.

［11］CLXXXV, p.251 *et seq.*

［12］CII, I, chap.X—XI.

［13］LXXXI, pp.17, 157, 216；K.Eckhardt, XXIII, IX(1909), p.400—412；X(1910), pp.72—151, 192—281.

［14］Plut., *Luc.*, 29；Rice Holmes, XXII, VII(1917), pp.120—188；XLVII, XIII, col.395 *et seq.*

［15］W.Kroll, XLVII, IIa, col.1039—1042；CLXIX, chap.V—VI.

［16］塞尔维里乌斯·伊萨里库斯(Servilius Isauricus)(公元前 76—前 75 年)的战事证明是不够的 (H.A.Ormerod, XXII, XII[1922], pp.35—52)。

［17］CLXIX, chap.VII.

［18］CXXV, III, p.65 *et seq.*

［19］LIII, p.43 *et seq.*

［20］CLXXXV, p.408.

［21］CXXV, III, p.66.

［22］CVII, chap.XVI.

［23］XCVIII, II, p.41 *et seq.*

［24］XCVIII, III, p.125 *et seq.*；Groebe, XLVII, X, col.186—259；CVII, chap.XVII；E.G.Sihler, *C.Julius Caesar*, Leipzig, 1912.

［25］Cic., *De off.*, III, 21；Suet., *Caes.*, 30.

［26］A.Bouché-Leclercq, *Histoire des Lagides*, Paris, II(1907), p.130 *et seq.*

［27］CLVIII, p.55 *et seq.*

［28］CLXXXI, p.150 *et seq.*；CII, II, chap.VI；CXXXIII, II, p.312 *et seq.*；Gelzer, XLVII, XIII, col.295—331；here, 320 *et seq.*

［29］E.Taeubler, *Bellum Helveticum*, *eine Cäsar-Studie*, Zürich, 1924.

［30］我们只需参考 CXLII, III；C.Jullian, *Vercingétorix*, 3rd ed., Paris, 1903；T.Rice Holmes, *Caesar's Conquest of Gaul*, 2nd ed., Oxford, 1911.

［31］R.Cagnat, *Revue des Deux-Mondes*, 15 Nov.1921.

［32］M.Clerc, XXVIII, XXVII(1923), pp.145—156.

［33］CXXXIII, II, chap.XX, and p.483 *et seq.*

［34］CXXXIII, III, p.205 *et seq.*, 509 *et seq.*

［35］J.Kromayer, *Antike Schlachtfelder*, Berlin, III, 2(1912), pp.717—794.

［36］CII, II, chap.XIII；CXXXIII, III, chap.XXII and XXIV, and p.516 *set seq.*, 541 *et seq.*

［37］T.Rice Holmes, *Ancient Britain and the Invasions of Julius Caesar*, Oxford, 1907.

［38］XLVII, X, col.253；CII, II, chap.XVII.

［39］CLVIII, p.492 *et seq.*, 483 *et seq.*

［40］XCVIII, I, p.46 *et seq.*

［41］CII, IV, chap.I. Cf.L.Craven, *Antony's Oriental Policy*, Diss. Univ. of Missouri, 1920.

［42］CLXXXI, p.177 *et seq.*；CC, I, p.352 *et seq.*

［43］LIII, p.58 *et seq.*

［44］J.Kromayer, XVI, XXXI(1896), pp.70—104；CXI, I, p.290；II, p.149；CLXXXI, p.199 *et seq.*；CII, IV, chap.VI.

［45］LIII, p.66.

［46］CII, IV, chap.XI.

第三章　奥古斯都(公元前31—公元14年)

28　　"上天赐给我们奥古斯都,让人类的生活绚烂多彩,上天以各种美德使他完美,是为了让他成为我们的救星、人类的造福者,他不只属于我们,也属于我们的后代,是他让战事停歇,让四方太平。"

这些崇敬之辞及同一风格的其他词句发现于小亚细亚,刻于石碑之上,上面同时宣告把这位君主的出生纪念日定为节日。没有谁会比帝国的建立者得到的热情洋溢的赞美更多,从前的屋大维因人们的爱戴而被称为奥古斯都(意为神圣),这显然违背了他的意愿——他精心谋划出的一种姿态。如果我们从其工作的繁重程度来判断[1],他是个举足轻重的人物,但却是个木讷的人,用他毅然决然的冷漠、不容置疑的伪善、深思熟虑的谦卑、受人夸赞的简朴以及他始终如一的勤勉,让人失去了描述他的兴趣,然而这些与其说是因某个独创的宏大设计,不如说是受经验教训的指导。

他进行的改革,即制度、行政、民事、宗教和道德方面的改革,不必在此赘述。[2]回顾事关我们主题的内容就够了:行省的重组、帝国政府的创建、参将和领固定薪酬的其他官员的任命。铭文上吹嘘的和平是由于终结敲诈勒索和曾撼动整个世界的内战最后换来的稳定的结果,但这不意味着奥古斯都的统治是太平无事的时期:战争频仍,不全是防御战。事实上,这个伟大的"和平缔造者"对罗马世界边疆的扩展远不是任何前人或后人可以企及的。[3]

这些战争[4]不总以成功收场。部分战事造成徒劳无益的花费或酿成惨败。而从总体上看,它们给予帝国更多的和平,并在很长时间里防范了来自北方的威

32

胁,保证了帝国的安宁。

在共和国末期,除去北非和意大利,罗马世界不过由边界不明的亚得里亚海狭长区域连起的两大区块组成(西方的西班牙和高卢,东方的希腊化诸国)。我们已描述过的事件进程足以解释政治秩序和这些征服的规模。最势在必行和最手到擒来的地区最先取得,而一些地区在亚克兴之战时还没有被完全征服。　　29

西班牙[5]是第一个需要积极干预的地方(公元前 26—前 25 年)。整个伊比利亚名义上属于罗马,没有哪个国家对罗马的所有权有异议,但西北部崇山峻岭,地处偏远,交通不便,该地还没有屈服。阿斯图里亚斯人(Asturians)和坎塔布里人(Cantabrians)①倔强地保持独立,给他们的邻族树立了一个坏典型,必须被征服。第一次远征由一名参将指挥,此后奥古斯都决定亲赴战场,却在塔拉戈纳(Tarragona)患病,显然无法胜任军事职责,他将统兵权交给阿格里帕,阿格里帕不得不长久包围,他发现许多殖民据点,最后一步一步将之铲除。当时最杰出的将领完成了艰难的使命,相比之下,由他镇压阿图瓦(Artois)的莫里尼人(Morini)、特莱维里人(Treviri)和阿奎塔尼亚人却轻而易举。高卢大部维持稳定,从奥古斯都那里得到可观的好处作为回报——沿阿尔卑斯山和莱茵河两条边界的和平。

山南高卢在汉尼拔失败后很晚才成为意大利的一个组成部分,罗马公民权首先由恺撒授予波河北岸各民族。这就解释了抢劫成性的部落为何长期捺住性子,占据着由山峦形成新月形的阿尔卑斯山高地。[6]他们表面上服从罗马,实则抢劫旅行者、商人和农夫,在山岭深处总有一处躲避的地方。帝国政府因此决定穿越山脉、延伸道路、建立或加固他们旁边的永久性军营。甚至在萨拉西人(Salassi,现今萨伏依[Savoy]一带)被打败且大多被卖为奴隶后,罗马仍觉得最好防范步其后尘者的到来,为此目的建起奥古斯塔普莱托里亚(Augusta Praetoria)要塞,即现今的奥斯塔(Aosta)。[7]而塞古西奥(Segusio,苏萨[Susa])的科提乌斯(Cottius)王及时的支持最终确保了这些地区的和平。

这项任务在西部地区也易于完成,罗马已镇守各山谷的出路,但在赫尔维蒂和日耳曼部落一面,不得不进行一次新的征服。开战稍晚,在公元前 15 年[8],奥

---

① 即 Cantabri,利古里亚语意为"山民"或"高地人"。——译者注

古斯都的两名女婿德鲁苏和提比略（未来的皇帝）进攻环形阿尔卑斯山脉的中部。前者在蒂罗尔（Tyrol）的狭窄关隘与莱提人（Raeti）遭遇并将之打败；他的兄长，此后的高卢总督，穿过赫尔维蒂从侧翼进攻同一伙敌人。不仅有必要在陆上交战，一场真正的海战也在康斯坦茨（Constance）湖开战，对抗莱提人的盟友温德利奇人（Vindelici）的轻型战船，一番攻势之下，瑞士东部和巴伐利亚南部被并入帝国。

以这种方式进抵多瑙河上游，而奥古斯都的另一部下已向东更进一步。很久30以前组建的马其顿行省的南部地区被完全平定了，人口为希腊人。但总督们卷进了内地与蛮族部落的长久战事，不仅因为时局动荡，还因为这一地区的边界从未划定。使边界明确且持久的最好办法是进抵到构成天然边界的这条河。屋大维把目光转向这边，由此说明了他不愧是恺撒的接班人，恺撒的计划没有逃过统治多瑙河流域的国王们的注意。首先带来的后果是，一旦安东尼与恺撒政策追随者的对抗显露无遗，达西亚人便宣布站在安东尼一边，他们占居平原，即现今的匈牙利，在恺撒独裁期间时常入侵并劫掠伊利里亚地区。在另一地区，蛮族部落在多瑙河右岸立足——巴斯坦斯人（Bastarnse）、贝息人（Bessi）、达达尼人（Dardani）、奥德里塞人（Odrysae）——趁各地动乱伺机扩大劫掠，甚至威胁到面朝黑海的希腊城市，这些希腊城市自然是热衷保护整个希腊化世界的罗马的附庸。

于是在这些地区不断有动作和反应，没人能厘清谁是入侵者。

共和国垮台前的首批军事行动[9]不过是准备性的，不成定局，屋大维还没腾出手来。他扣留人质，攻取潘诺尼亚的主要要塞，在那里建起坚固的罗马要塞锡斯吉亚（Siscia），做将来远征的基地。亚克兴战役后不久，马尔库斯·李锡尼乌斯·克拉苏，即三头之孙，被任命为马其顿总督，被赋予在周边地区、必要时远至东方恢复秩序的任务。这项计划出色而快速地进展，默西亚部落无力招架，这条大河以南的所有邻近国家都交给附属国王，直到纯粹而简单的兼并应该到来的时候。[10]

这一地区重建和平，包括莱提亚，将在潘诺尼亚采取行动的军队侧翼免去了进攻的威胁。根据拉丁史家的记载，入侵因居民的骚乱和劫掠而起。这些作家对提比略指挥的战事（公元前12—前10年）细节讳莫如深[11]，但至少清楚的是，战事以占领以多瑙河为界的所有领土告终。

色雷斯人为罗马实力增强而困扰，对罗马任命的国王们已忍无可忍，再次发动起义,坚决抵抗路奇乌斯·皮索(Lucius Piso)的军队。尽管有一些逆转,但最后皮索取胜,在默西亚建立一个军事性政府看来很重要,以便杜绝从一岸转向另一岸的阴谋。

后来,从赫尔维蒂到黑海,帝国的边疆看上去由一条大河保卫,此岸和彼岸的通道由罗马军营把守。[12]

一条河却并非不可逾越的屏障,如罗马人大约此时在日耳曼所发现的。[13]很难使莱茵河两岸的国家完全分裂。日耳曼人不愿丢掉在左岸劫掠的根深蒂固的习惯,一些拉丁商人在右岸立足,为保护他们,罗马将领不止一次率军渡过该河。这是最危险的地区,日耳曼人成群结伙地劫掠对面的地区,甚至打败了派去驱逐他们的一个军团。

随后(公元前 12 年),征服莱提人的高卢总督德鲁苏展开了一次伟大的报复性也是防范性的远征。[14]他从莱茵河河口启程,顺着北海沿岸行军,在埃姆斯河和威悉河河口附近突袭这些日耳曼部落中最难对付的布鲁克特里人(Bructeri)、考吉人(Chauci)和切鲁斯奇人(Cherusci),出其不意地从背后进攻敌人。尽管这支舰队在归途中伤亡惨重,但在岸边的这次进攻与将要进行的冒险相比无足轻重。

次年,德鲁苏深入大陆,进抵遥远的地方,因为他进军远至易北河岸边,进军和撤军时并非没有流血战斗。在他于公元前 9 年英年早逝时,目标似乎已实现,接替他的兄长提比略率军团进发,更加自由地穿行整个这块领土,那被当作一个新行省和最为广阔的行省之一。

可是罗马的殖民开拓在该词的完整意义上没有在莱茵河另一边的远方实现,除去一些支流,尤其是利珀河(Lippe)。罗马修建起道路及坚固堡垒,多数建在山顶,尤其是采取了从原居地迁移家庭的政策,但最后这项措施对缓解蛮族的不满情绪收效甚微。他们内心的愤怒没有发泄,除去极少数不甚重要的氏族;余者为未来的战争保存实力,两个大联盟忙于备战。

在波希米亚的四边形地带,马克曼尼人国王马博德(Marbod)因邻近部落归降而强大,正准备在公元 6 年让罗马人对其长期中立做出补偿,但罗马人先下手为强。一支帝国军队从美因河,另一支从多瑙河开拔,两支军队正要会师,让他吃点苦头,就在此时,在陌生土地上孤军深入的军团后方,达尔马提亚人和潘诺尼亚人在罗马军队老辅助军的煽动下同时发动大起义。提比略力挽狂澜,因为

31

32

马博德的懦弱,他不敢利用起义之机,而是满足于签订平等条约。那里却需要三年艰苦卓绝[15]、严肃考验着罗马军纪和决心的战斗(公元 6—9 年),才将多瑙河以南的所有民族归于治下。一支军队甚至第二次渡过该河[16],俘虏了大批达西亚战俘。

如果帝国的所有敌人同时发难,如果马博德因拉丁史家称为阿米尼乌斯(Arminius)的那位赫尔曼(Hermann)早点出现而被迫放弃温和政策,结果也许会不同。

赫尔曼锋芒毕露。他不像马克曼尼人国王是个大君主,尽管出身王室,不过是切鲁斯奇人的小国王;尽管年少,却懂得如何在邻族中间鼓动起义情绪,并说服内陆多数部落一同发难。[17]正率军返回冬营地的总督瓦鲁斯决定绕道攻打起义的中心,但在穿越条陀堡森林的疲惫跋涉途中,2 万士兵被阿米尼乌斯的手下突然包围并屠杀。拉丁编年史家诋毁瓦鲁斯的名声,为的是减少自己国家的耻辱,谴责他是无能的总督和将领。日耳曼人则往往赞颂这位只此一次便保住日耳曼独立的民族"英雄"。但蒙森着迷般的热情[18]与更客观的猜测相冲突[19]:这位捍卫独立的人是罗马公民、骑士,曾是罗马军官,他除了作伪证和叛国,没有运用什么可称道的战法。

这次惨败是对奥古斯都的一次沉痛打击,使他冷静思考。他宣布放弃这块由显然不充足的军队[20]征服和控制的日耳曼地区[21],仅在远至易北河河口的沿岸布扎少量守军。对高卢的占领仅由军队的封锁线来保证,占领高卢曾撩拨起太多不理智的野心。凯尔特人被自身的纷争背叛,但他们更能尽忠,能享受文明带来的好处,日耳曼蛮族则对此无动于衷。条陀堡的惨败标志着奥古斯都对外政策的转折点,此后,仅在此后,才变成真正防御性的政策。

在东方各国,政策从一开始就是这样。这里我们必须消除一种根深蒂固的误解。无论如何,逐渐同化的政策找到了新的用武之地。于是在阿敏塔斯(Amyntas)国王去世时(公元前 25 年),伽拉提亚成为罗马行省。在犹地亚(Judaea),希律王过世时(公元前 4 年),这个王国按照遗诏条文被分裂了,我们可以设想是受罗马的怂恿。后来只有分封王和一名行政长官安提帕斯①的领地被没

---

① 希律·安提帕斯(Herod Antipas),希律王三子之一。——译者注

收——确实是他臣民诉苦的结果——并入叙利亚行省（公元 6 年）。[22]人们可能认为这些改变难以避免，在犹地亚发生的改变更大。

另一方面，奥古斯都派人探察一个全新的国度，很难不去考虑探察背后的征服动机。连一个受保护国都没有，就无法让罗马从经济上对他垂涎的阿拉伯商业财富加以控制。[23]东方的货车不仅在陆路运输丝绸。[24]香料、香水和熏香、奇木、宝石都被运过红海，整个这条交通线由阿拉伯人垄断。从他们手中夺下交通线有利可图，所以奥古斯都指派给埃及长官埃利乌斯·伽鲁斯（Aelius Gallus）这项使命（公元前 25—前 24 年）。

伽鲁斯有纳巴泰人（Nabataeans）国王的大臣做顾问和向导，我们只知道这位国王希腊名为苏莱奥斯（Sullaios）。紧随而来的厄运降临，他被控叛国。他实际上是个"建议未被采纳的明智的地方官"？[25]无论谁研究这位可疑冒险家的不凡经历，都会更倾向于认定他背信弃义地把罗马人引入歧途。目前对其经历我们已了如指掌。[26]

远征始于阿尔西诺（苏伊士），在阿拉伯湾的顶端，经海路前往臣服纳巴泰国王的琉凯科迈（Leuce Come）城。航行艰险，岸边布满礁石和浅滩，许多船只因此沉没，一些船员甚至死于非命。抵达目的地后，坏血症在远征军中肆虐，领导者明智地决定在这个港口过冬，等待公元前 24 年的春天来临。随后，军队花费了六个月时间穿过必须由单峰骆驼驮带用水的沙漠地区，到达塞巴人（Sabaeans）的首都马里亚巴（Mariaba）。当给养用尽时，除了撤除包围、退回靠近现今麦地那城的海岸外别无选择，伽鲁斯把余下的士兵从那里派往迈奥斯霍尔莫斯（Myos Hormos），身边仅剩下 1 万人。我们不太清楚这次行动赢得了多大的成果。但似乎可能的是，那段交通线移经罗马之地埃及，此后一直与一些阿拉伯酋长保持联系，他们为这次无畏的战役和眼前看到的战争器械所折服。荷莫里特人（Homerites）和塞巴人的国王将成为"诸帝之友"，诸帝已确认在阿达纳（Adana，亚丁[Aden]）的商业特权。

阿拉伯战争导致埃及驻军兵力减少，使埃塞俄比亚人胆敢对尼罗河河谷中部进行劫掠。他们持续不断的侵扰引发了对下埃塞俄比亚（Lower Ethiopia）的占领和兼并，此前它是没有军事占领的被保护国，这至少不是一个主动挑起的问题。

34　　　　奥古斯都本人在公元前 21 年巡访过小亚细亚,尽管他让除阿敏塔斯以外的小国王拥有自己的领土,但这一屏障在他看来弱不禁风:阿拉伯的雅姆布里库斯(Iamblichus)、西里西亚的塔肯迪托姆斯(Tarkonditomus)、科马吉尼的密特里达提、小亚美尼亚(Lesser Armenia)的阿尔克劳斯(Archelaus)都是年轻气盛的国王,不久后一场猛攻也许会席卷而来。因此,他急于在帕提亚人中间和大亚美尼亚(Greater Armenia)扬威。[27]

在大亚美尼亚[28],阿尔塔西亚斯在位,代表国家独立的一派。罗马的密谋(也许是黄金)使他的兄弟提格拉奈斯与他反目,此人曾在罗马做人质,期待时来运转,因懦弱抑或贪财,另一派邀他回国。奥古斯都本人不可能觉得这一派别举足轻重,因为他派去扶立提格拉奈斯继位的提比略被授予的军队规模不小,必要时需依武力为王。阿尔塔西亚斯却被谨小慎微的政策困住手脚,避免介入帕提亚的纷乱事件;但一名刺杀者把他除掉,也方便了提比略完成任务,他只要确保罗马的被保护者提格拉奈斯三世继位便是了(公元前 20 年)。

同情遇刺国王的帕提亚人将采取何种路线?他们的君主弗拉特斯王位不稳,民众不拥护,他对妻子、奥古斯都赏赐的一名意大利女奴提娅·穆萨(Thea Musa)言听计从;他为自身着想无疑多过为臣民着想;他害怕罗马再次来袭,因此采取主动,签署条约,交还从克拉苏和安东尼处赢得的军旗,那些是属于这位国王而非这个国家的战利品。[29]提比略正式接受军旗,将之归还意大利标志着举行规模盛大的官方仪式。[30]

然而在帕提亚人内部,人们倍感耻辱,弗拉特斯的亲生子通过谋杀生父来摆脱他的管束,并决定采取积极干涉亚美尼亚的政策。又有一人亡故——提格拉奈斯三世过世(公元前 19 年),这次是自然死亡,事件的进程随之改变。通过某种令人好奇的王位传承,他的儿子提格拉奈斯四世(公元前 19—公元 1 年)成为亲伊朗派人士,该派别在他接手权力时恢复了实力。罗马似乎陷入两难,奥古斯都的态度则是顺其自然:"我可以把亚美尼亚变为行省。"他后来在政治遗嘱中称:"我更乐于把它交给罗马人民的一位朋友。"但这个在位的"朋友"根基不稳,

35 当其 12 年后试图让一个名叫阿尔塔瓦斯德斯的人接受罗马时,这份努力却并不成功。

这份期望的意义何在?克拉苏惨败和安东尼遭受磨难的记忆时常萦绕在奥

古斯都脑海里吗？似乎最有可能的是，在他看来，日耳曼—多瑙河计划更为紧迫，将需要大批兵力。他也缺少一位将领，不屑于在非本氏族成员中选择，而提比略因为隐居罗得岛而推掉了这份差事。终于在公元前1年，奥古斯都利用总体休战期，选择他的外孙、时年21岁的盖约·恺撒(Gaius Caesar)。追随这位小皇子的大军不需进行多场战斗。这一时期的帕提亚国王们一直被家族纠纷的风暴摇撼着，都力主和平。弗拉塔西斯(Phraataces)宣布放弃对亚美尼亚的宗主权，条件是将他想除掉的兄弟们在罗马扣为人质，所以当提格拉奈斯四世阵亡时(公元1年)，奥古斯都顺利得到了米底国王的继承权。[31]他吹嘘称事后让帕提亚人接受了他提名的沃诺尼斯(Vonones)为亚美尼亚国王。

不再有必要把帝国进一步扩大。获得了由海洋、大河或沙漠构成的连续的天然边界线后，保有界线以内的土地是项好政策。这从保存在安其拉(Ancyran)抄本中的著名遗嘱里可知[32]，尽管奥古斯都从头到尾记述了自己的一系列成功，但他试图以和平缔造者而非征服者的形象示人。我们重申，没有人在领土扩张上能与他比肩，尽管他迟迟才宣布放弃从莱茵河到易北河的整个日耳曼。帝国意味着和平，但只是从长远来看，在某种程度上要以武力为条件。我们会以为新政权的建立者尤其关心自己的声誉，只愿将固守领土的不甚光荣的任务交给他的继承人。

他并非在各个方面都继承恺撒，他最渴望的是保持意大利民族的统治地位，保持其纯正性，因此在授予行省人士罗马公民权上一点不慷慨，采取措施防止大规模滥用公民权授予。他无论如何急于确切知晓罗马世界有哪些资源，有多少臣民，因此进行人口普查。定期普查的措施是经过深思熟虑的，但在这一点上，他只是仿效了托勒密王朝，后者发现那是一项绝佳的财税手段。

【注释】

［1］Fitzler and Seeck，XLVII，X，col.295—381.

［2］L.Homo，*Les Institutiones politiques romaines：de la Cité à l'État.*

［3］CLXXXIII，p.201；LXXXIII，p.12.

［4］XCVI，pp.360—452.

［5］David Magie, XIV, XV(1920), pp.323—339.

［6］CLXII, IX, p.16 *et seq.*; CLXVIII.

［7］CLXXI, pp.375—413.

［8］CLXII, IX, p.18 *et seq.*; XLVII, X, col.2107.

［9］Veith, *Die Feldzüge des C.Julius Caesar Octavianus in Illyrien Schriften der Balkankommission*, *antic. Abt.*, VII, Wien, 1914.

［10］CLXI, IX, pp.8—16.

［11］CXI, I, p.1048; II, p.660.

［12］XCVI, pp.387, 395, 401; Oxé, IX, CXIV(1906), p.99 *et seq.*

［13］CII, VI, chap.III.

［14］CXI, I, pp.1061, 1082; II, pp.671, 690; XCVI, p.418 *et seq.*

［15］CXI, I, p.1171; II, p.772; XCVI, p.428; R.Rau, XXIII, XIX(1924), pp.313—346.

［16］第一次是在公元前 19 年。A.von Premerstein, XIX, VII[1904], pp.215—239.

［17］CXI, I, p.1194, 1205; II, pp.789—798.

［18］CLXII, IX, p.77.

［19］CXLVII, p.30.

［20］E.Korneman, XXIX, XXV(1922), pp.42—62.

［21］XCVI, p.451.

［22］W.Otto, XLVII, Suppl. II, col.166—174; CII, V, chap.V and VI.

［23］XCVI, p.380.

［24］Alb Hermann, in the *Quellen und Forschungen* of Sieglift XXI(1910).

［25］CLII, p.11 *et seq.*

［26］Clemont-Ganneau, *Recueil d'archéologie orientale*, VII, pp.305—329.

［27］LIII, p.66 *et seq.*; XCVI, p.360 *et seq.*

［28］A.Abbruzzese, *Le Relazioni fra l'Armenia e Roma al tempo di Augusto*, Padova, 1903.

［29］CLXXXI, p.210.

［30］参见第一门(Prima Porta)的奥古斯都雕像著名盔甲上的浮雕,LXXVII, I, p.622, fig.328。

［31］LIII, p.75.

［32］E.Kornemann, XXIII, XV(1917), p.214 *et seq.*比较来自皮西迪亚的安条克的抄本断片:David M.Robinson, *The Deeds of Augustus*[extr. From the *American Journal of Philology*, XLVII (1926)]。

第四章　征服的终结：从提比略到图拉真（公元14—117年）

　　奥古斯都指定的继承人提比略[1]也是个"老式的罗马人"，显示出身为军人的非凡才干。他没有强烈的个人野心，较先帝更少贪慕虚荣，冷静、淡然、简朴、渴望简单生活，他为正来到意大利的行省富人的奢华感到惊诧，这些人使因内战和剥夺权利而穷困的意大利人相形见绌。总之，他是位拒绝"给畜群剪毛"和榨取巨额贡赋的君主。他对希腊人无比仁慈，尽管往往抵制希腊文化。他严格自律，恪尽职守，现实中他深思熟虑而保持明智。他消极厌世，以残酷之举惩治他深恶痛绝的腐败的罗马人。到头来他的非凡才智保证了帝国政府的坚实稳固和无可否认的繁荣昌盛。历史性批判不再因以党派仇恨而曲笔的传统记载而对他有误解[2]，他杰出的行省管理能力现在清晰地展现出来。他梦想着不再有新的征服，不再在这一问题上被智囊们左右。

　　德鲁苏之子已被派往日耳曼镇压军团的哗变；他以更加骄人的战绩不负元老院也颁给他的"日耳曼尼库斯"之名。他率改过自新的军队渡过莱茵河[3]，以迅雷不及掩耳之势奇袭各部落，占领了条陀堡森林，在这片古战场上为死难士兵举行葬礼。他像父亲一样率一支舰队沿海岸航行，因风暴险些全军葬身鱼腹。最后在威悉河右岸的伊狄斯塔维苏斯（Idistavisus）完胜阿米尼乌斯及麾下的切鲁斯奇人，不仅为瓦鲁斯的惨败雪耻，这一次似乎也证明最先由奥古斯都谋划的远至易北河一线的兼并合乎现实。不久以后，马克曼尼人和切鲁斯奇人消灭了彼此（公元19年）。

但提比略抵住诱惑[4]，认为军事和财政负担过重，难以承担，也找不到当地君主做罗马的附庸，在那一地区建立或维持统治。帝国如从前一样终止于莱茵河一线。

这位皇帝在东方并不缩手缩脚，他派同一位日耳曼尼库斯去处理一些逼近
37 的险情。在卡帕多西亚，国王阿尔克劳斯的态度似乎摇摆不定。提比略召他来罗马一见，他在罗马过世，提比略把他的王国变为罗马行省，与王朝断绝的科马吉尼合并。一次进攻后直接建立起远至幼发拉底河岸边的政府，这样有可能更便捷地观察亚美尼亚的事态。奥古斯都提名的沃诺尼斯已被逐出，提比略迁就民众的意愿，拥立一位年轻的本都王子（公元 18 年），名为阿尔塔西亚斯三世。[5]帕提亚国王宣布放弃对这块土地的一切领土要求。

我们不必考虑近年来（值得怀疑的）为卡里古拉正名的努力。纵然我们认为在他战胜布立吞人的背后有比历史记载的荒唐可笑的故事更多鲜为人知的事，而千真万确的是，之后没有持久征服，不列颠最先兼并的地方由他的后继者持有。

元老的传统记载中对日耳曼尼库斯的兄弟克劳狄的描写表现出愤愤不平，把他说成傻子和小丑、他妻子和获释奴的玩物。军队拥立他为皇帝，他通过出身卑微者的支持得以统治。寡头集团不能因为一项有远见的政策就原谅他的这些错误或无礼之举，他把长发高卢的上层公民吸纳进元老院。[6]毫无疑问的是他警醒地关注行省，给自己订立的理想是把帝国统治建立在与臣民互谅的基础上。

在一连串皇帝中，克劳狄是追随尤利乌斯·恺撒传统的一位。尤其是他回归恺撒对不列颠的构想，奥古斯都对此则不屑一顾，认为军事占领不切实际，也不必要，因为布立吞人对他不构成威胁。后面这一看法因为此后发生的事件而必须改观：凯尔特和最主要的德鲁伊教（Druid）的影响必须在高卢受压制，有必要从源头上清算。[7]

一支远征军起初无精打采地进发，却很快赢得了一些轻易打赢的胜利。然而该军队中了河岸和沼泽地的埋伏，遭到突袭而折损兵力。最终克劳狄本人受他的参将奥鲁斯·普劳提乌斯（Aulus Plautius）召唤，赢得了对这一地区最重要的统治者之一的决定性胜利。结果是几个小国王成为俘虏，各部落屈服，尽管难以从作家们的记载中估算出得失几何。当这位皇帝离开时，普劳提乌斯留任总督，也许把帝国版图最广时将设的这个行省约一半疆土并入帝国。

在日耳曼前线，克劳狄恪守防御政策，尽管他赞成插手日耳曼人的内部事务，以便确保他们分崩离析，同时也保证高卢的安定。当时最优秀的将领科尔布罗(Corbulo)[8]成为日耳曼总督，希望恢复德鲁苏的政策。他渡过莱茵河下游，打赢了对考吉人和弗里斯兰人(Frisian)的一场漂亮仗，但克劳狄在他胜利中途叫停，把他召回左岸。

在非洲，卡里古拉统治时期托勒密遇刺后，摩尔人发动起义。起义被镇压下去，设立毛里塔尼亚两个行省(公元 42 年)。

在希腊地区，另一个受保护的王朝不复存在。其末代君主罗迈塔尔凯斯三世(Rhoemetalces III)遇害(公元 46 年)，色雷斯成为罗马行省。

在帝国最东部，骚乱持续，放弃一切干涉会有危险。[9]克劳狄支持伊比利亚的密特里达提国王，提比略曾怂恿他入侵亚美尼亚，想要对付帕提亚国王的侵略，帕提亚国王以自己的儿子与亚美尼亚联姻。一支罗马驻军一直驻扎在靠近现今埃里温(Erivan)①的戈尔奈埃(Gorneae)，但那不能阻止反对派刺杀这个伊比利亚人及其家人，或阻止安息王朝重建在这块地区的影响力。轮到尼禄被迫出兵干涉了。

尼禄[10]并非统治之初便是个嗜血的戴假面具的人，其所作所为家喻户晓。他似乎已经形成了一项真正的东方政策，并努力贯彻指导方针。[11]首先，他建议与帕提亚达成谅解，因为那个国家太过辽阔强大，无法被兼并或被置为被保护国。因此罗马必须打消它对亚美尼亚的贪念，亚美尼亚本是对付安息王朝的天然要塞，否则一个强大的别国将统治亚美尼亚。帝国的重要利益在于以不中断的外交手段和必要的军事行动来保护深入亚洲腹地的商路。除此之外，满足与意大利基地相距遥远的野心勃勃的构想是毫无意义的。另一方面，黑海北岸为何被忽略，因为其南岸已经被占，多瑙河一线为抵达其北岸提供了便捷途径吗？尼禄会欣然以行省链环绕整个黑海。作为对西进的埃兰人(Alani)的回应，尼禄计划远征高加索，但他只有时间为之准备，派出默西亚特使渡过博鲁斯塞奈斯河(Borysthenes)。②[12]

---

① 亚美尼亚首都。——译者注
② 第聂伯河。——译者注

帕提亚人通过入侵亚美尼亚负起了发动战争之责。[13]以妥协来解决问题的方案在罗马占了上风并实施:亚美尼亚将保持独立,但从安息王族选出的国王将由罗马皇帝授封。负责具体落实[14]的科尔布罗发现亚美尼亚就是垂死的猎物,临近各民族在其中都起了作用。他进入阿尔塔克沙塔(Artaxata)①,因为无法在此驻兵,焚城,又拿下提格拉诺凯尔塔,然后不知出于何种原因,退回叙利亚。与此同时,他的继任者凯森尼乌斯·派图斯(Caesennius Paetus)在兰德亚(Rhandea)遭遇重创,于是科尔布罗率大军开始了新的战斗。帕提亚国王见风使舵,同意自己的兄弟提里达提斯(Tiridates)去往罗马接受亚美尼亚王冠,但仅有无上荣光(公元66年)。

我们可以忽略尼禄暴亡后的短暂统治时期,但在这一时期,在韦帕芗[15]成为皇帝(公元69—79年)之前,他不得不在犹地亚艰苦战斗。我们知晓敌对派别间在怎样的残酷斗争中拼得你死我活;中央政府的参将采取最严厉的措施进行镇压不可避免。的确,发行"占领犹地亚币"(Judaea capta)来纪念罗马大获全胜,但这段血腥的插曲带来的只是管理上的改变,由参将代替财税使(procurator)。就如韦帕芗在高卢镇压的起义一样,只是一场起义的结束。

在日耳曼,我们发现已放弃进抵易北河一线的想法,但在今瑞士和阿尔萨斯之间帝国领土凹进一角的地方出现了巨大的危险。卡里古拉和克劳狄统治时期已在美因茨和法兰克福的附近地区建起前哨作为桥头堡。韦帕芗更加果敢,他的一名参将深入内陆,修建起从莱茵河上游到多瑙河上游一条有防御工事的笔直道路。在道路后方(巴登地区西南),高卢人来此移民,这块领土被称为"十区领地"(Agri Decumates),并非源自"什一税"一词——无论什么叫法——因为不对他们征收什一税,而是源自一个用于军营安置的古老技术名词。[16]

在不列颠,韦帕芗已经建立奇功,留下由他任命的赫赫有名、富有才干的总督——凯里亚利斯(Cerialis)、弗朗提努斯(Frontinus)及最后一位阿格里古拉(Agricola)——向西向北拓进,他们中最后一位最远深入到苏格兰腹地。塔西佗在颂词里暗指妒忌使图密善不再延长阿格里古拉的指挥权,于是中断了他再接再厉的取胜。我们会发现[17]事件的这一说法极为可疑。

---

① 阿尔塔沙特(Artashat)。——译者注

　　塔西佗与小普林尼观点一致,曾试图嘲笑图密善在中欧的行动以及他在凯旋式上授予自己日耳曼尼库斯和达西库斯(Dacicus)的称号。但是在多瑙河上运气不佳的战斗[18]至少刺激他做出明智的决定——在多瑙河和黑海之间建立一道边界(limes);发掘出的莱茵河边界让我们对他的活动刮目相看。[19]他必须恢复因卡提人(Chatti)迁移而受干扰的局势,他谨慎地不丢弃美因茨前面的据点;此外,从防御工事遗址发掘出的一些钱币,上面带有他统治时期仅在日耳曼才有的军团番号,以此纪念他最终缩短了莱茵河和多瑙河之间的边界,这是通过把自韦帕芗时代即已大为扩展的十区领地变为行省领土实现的。这位皇帝(公元81—96 年)的暴戾精神和他最后几年的残酷统治使人们太过简单地把他看成恶人。[20]

　　旧贵族的污蔑中伤证明韦帕芗通过承认行省上层人士来净化元老院的做法合情合理。在这一合流过程中,帝国的历史呈现出不同走向。一位西班牙人图拉真(公元 98—117 年)——无疑像他的前辈一样是个高度罗马化的西班牙人——升为最高统治者,我们会以为他会推出自由政策,推动公民权扩展。尽管他出身外省,却吝于授予罗马公民权,十分渴望保持意大利的优势地位。

　　图拉真在历史上是征服者诸帝中的最末一位。他却似乎没有立即被真正的野心驱使,而是旋即接手帝国境内的工作。他加紧完成并入十区领地所必需的防御工事,铸就了那些地区的长久和平。[21]但是,他的军事才干使他愿意揽下战争方案,把洗刷罗马自公元 90 年开始向达西亚人国王戴凯巴鲁斯(Decebalus)交纳岁贡的耻辱视为己任。此外,这个国家与色雷斯人有亲缘关系,那也是焦虑的一个原因;其君主,有图密善应其要求提供的技师匠人[22],正努力使他的人民文明开化,并按罗马的战线排兵布阵。[23]

　　这支达西亚民族有一处天然设防的要塞,位于特兰西瓦尼亚(Transylvania)深谷中,尽管距多瑙河相对遥远,却没有给彼岸的居民以安宁。保护他们免受这处幽静之地组织起来的群伙滋扰的唯一办法就是占领该要塞及居间的平原。这一方案需要两场艰苦卓绝的战事(101—102 年和 105—106 年),我们没有相关的同时代记载;来自后期的一些信息必须与图拉真记功柱上众多浮雕比对,那是一种绘画叙事,仅记录了一些片段,不过可据此重建图拉真的远征。[24]

　　在第一场战事中,他攻取远至戴凯巴鲁斯的都城萨米兹格图萨(Sarmizege-

41　tusa)的地盘,戴凯巴鲁斯投降,同意接受十分苛刻的条件。仅事隔几个月,他却打破所有承诺,重建堡垒,开始组织一个联盟对抗帝国。图拉真随后决定进行简单纯粹的兼并,沿奥尔图河(Oltu)从默西亚开拔,他的副官们则沿蒂米什河(Temes)从潘诺尼亚进发。达西亚人四面受围,投降,都城被再次攻占,国王自杀。我们在下文[25]会看到这次征服的结果和罗马文明在这些土地上带来的福音。

图拉真因在达西亚首建战功而欣喜,他构想着扩张至帝国各方尽头的计划,边境地区险情时发,他也构建了可恰当地称为缓冲地带系统的防御系统。[26]从这个视角来看,他似乎尤其觉得东方不太平。

首先,即使沙漠可作为一道方便易得的边界,边境地区仍有必要保持稳定,否则将为造反者提供一处避难所,追捕他们宛如大海捞针。对占据叙利亚最广阔地区的纳巴泰阿拉伯人未曾做出最终安排。在庞培的参将斯考鲁斯(Scaurus)把阿莱塔斯(Aretas 或 Aretath)国王逐出巴勒斯坦后,庞培曾想追赶他到佩特拉(Petra)①,但因后方的困难而止步。斯考鲁斯只是入侵和劫掠了纳巴泰地区,直到这个阿拉伯人同意签订和约,以 300 塔兰特买下自己的土地。[27]然而罗马有名义上的宗主权,事实证明这就够了,尤其因为从奥古斯都统治时期就努力使运输车辆改道。但来自佩特拉或布斯拉(Bostra)的纳巴泰人抢劫商旅,商人仍在从尼罗河河谷到幼发拉底河河谷的路上途经他们的领地。图拉真正忙于第二次达西亚战争,指使参将把阿拉伯降为行省的地位。这项任务似乎很快完成了(105年),从此之后佩特拉的繁荣局面更为稳固。

当东方边界的南部地区如此组建起来时,这位皇帝把注意力转向北部。他不单受个人野心的驱使[28],也受大众舆论的支持,宫廷诗人努力将之表达。时机给了他一个借口:帕提亚国王霍斯劳二世(Chosroes II)近来登基,宣布剥夺亚美尼亚国王的王位,由他颁授,不请示罗马,以被废者的兄弟帕塔马西里斯(Parthamasiris)取而代之。[29]图拉真旋即接受挑战,帕提亚国王闻风丧胆,迅速要求由罗马批准。图拉真拒绝他的提议,率军入侵该国。在当事方声称从这位皇帝手中得到王位时,图拉真宣布亚美尼亚将为罗马行省,并由一支强大卫队遣送这位入侵者至帕提亚边境。途中反抗的尝试使他被处死——如果他不是落入

---

① 约旦西南部古城。——译者注

圈套。亚美尼亚国只能屈服，图拉真果敢地进抵美索不达米亚[30]，主要城镇埃

42

德萨(Edessa)①和尼西比斯(Nisibis)很快成为他的囊中之物。他在安条克过冬，
之后重新启程，渡过底格里斯河，在阿迪亚贝尼(Adiabene)打败抵抗者，将之并
入亚述行省，还创立了第三个行省美索不达米亚，他将其南界定在波斯湾。希腊
城市塞琉古城(Seleucia)和伊朗城市泰西封(Ctesiphon)都不敢冒犯他。

　　胜利进展使人陶醉。当图拉真到达印度洋岸边时，他一定对自己说这片海
可作为帝国的一道边界，但这块土地更东边呢？他返回巴比伦向亚历山大献祭，
对这位前辈的丰功伟绩陷入沉思，据说当他得知后方叛乱四起、留在行军路线上
的小股守军被驱散或被杀时，他正准备向印度进发。他派遣一员颇有才干的参
将路奇乌斯·奎埃图斯(Lucius Quietus)重新征服尼西比斯和其他城镇，摧毁了
顽强抵抗的埃德萨。起义似乎已被摧毁，因此这位皇帝冒险在泰西封为一位帕
提亚国王加冕，但此时，已逃入亚美尼亚、理应为王的霍斯劳正尽力切断他的后
路。然而图拉真成功抵达叙利亚，因气候原因和劳累过度，他病倒了。他认为返
回意大利更明智，于是将指挥权交给他的侄子哈德良。即将抵达西里西亚沿岸
时，他却身亡了(公元 117 年)。

　　图拉真最后的开拓带来的难题没有得到最终解决，但他会以为他留下了一
个空前广阔、也许在东方的基础更为坚实的帝国——只要在东方恢复和平。随
着他的去世，征服和扩张时期告终。在他之后其他观点被采纳，尽管罗马在各地
仍有小规模进展，但目的无非是调整不甚重要的边界。一个崭新的时代来临，休
养生息的要求成为主流，一个时代即将到来，并非皇帝们自己选择战争，他们只
会发动他人挑起的战争。

【注释】

［1］Gelzer, XLVII, X, col.478—536.

［2］A.Lang, *Beitrage zur Geschichte des Kaisers Tiberius*, Jena, 1911.

［3］XLVII, X, col. 435 *et seq.*; F. Knoke, *Die Kriegszüge des Germanicus in Deutschland*,

———————————

①　靠近土耳其东南部的乌尔法。——译者注

2. Aufl.，Berlin，1922.

［4］CXLVII，p.38.

［5］LIII，p.79 *et seq.*

［6］CXLII，IV，p.174.

［7］CXCIII，p.33 *et seq.*

［8］Stein，XLVII，Suppl. III，col.394—410.

［9］LIII，pp.81—84.

［10］Hohl，XLVII，Suppl. III，col.349—394.

［11］CXXVI，p.153 *et seq.*；W.Schur，XXIII，N.F.，Beiheft II，1923.

［12］E.Taeubler，XXIII，IX(1909)，pp.14—28.

［13］LIII，p.88 *et seq.*

［14］CLXXXI，p.268 *et seq.*

［15］Weynand，XLVII，VI，col.2623—2695.

［16］Ellis Hesselmeyer，XXIII，XIX(1924)，pp.253—276.

［17］参见下文"不列颠"。

［18］E.Koestlin，*Die Donaukriege Domitians*，Tübingen，1910.

［19］Fabricius，XLVII，XIII，col.585 *et seq.*

［20］CXV，p.262 *et seq.*；Weynand，XLVII，VI，col.2541—2596.

［21］CXLIX，p.23 *et seq.*

［22］CXV，p.222.

［23］CXLIX，p.33 *et seq.*

［24］LXXXVII，I，pp.641—648；G.A.T.Davis，XXII，VII(1917)，pp.74—97.

［25］见下文"多瑙河地区"。

［26］CXXXIV，p.180 *et seq.*

［27］LXVIII，pp.448—451.

［28］Cuntz，XVI，LXI(1926)，pp.192—202.

［29］LIII，p.103 *et seq.*；CLXXXI，p.304 *et seq.*

［30］CXLIX，p.149 *et seq.*

第五章　巩固与防御

　　哈德良在安条克被拥立为帝,近期事件在那里产生的回响并不比西方少,他本人参与了这些事件,对继位没有措手不及。深思一定让他很快明白先帝草率冒进。美索不达米亚在理论上被兼并了——富饶却狭长的地区,被近在咫尺的高山俯望,使底格里斯河成为最不稳妥的屏障,势必要建立大量军事据点。再者,亚美尼亚的山岭与伊朗高原紧密相连,以至于只有人为地在中间划界。阿拉伯行省可以轻易地与叙利亚连在一起,那是哈德良唯一保留的;至于其他三个行省,他宁肯搁置一旁也不愿以军队固守(omittere maluit quam exercitu retinere)。①[1]内志沙漠对叙利亚和巴勒斯坦诸国是道防护,有助于与美索不达米亚南部相隔,那里距小亚细亚和地中海太过遥远而安然无事。在派兵镇压公元 132 年最后一次也是最大一次犹太起义时,这块插入敌对民族中的大片领土将会是帝国的一大尴尬。

　　哈德良不贪求新的统治,以巩固看起来真正获得的统治为准则。[2]这个热爱和平的人把全部心思放在防卫上,毫不犹豫地在不列颠最前沿的罗马哨卡后方建起边墙。他本人反对一切冒进政策,也迫切想要阻止邻国采取类似政策。他是个伟大的旅行者,足迹踏遍整个帝国。[3]他不仅通过预防措施、训练军队、修筑工事来确保和平,还以亲民作风、对无数臣民的殊异性情和愿望的宽厚、在整修废墟方面的热情、慷慨大度以及心甘情愿来确保和平,特别是在高卢,他授予拉

---

① “与其投入兵力,他更愿丢之一旁。”——译者注

丁权和罗马公民的特权。毫无疑问,他过世时(188 年),各行省向融合的方向迈出了一大步;亲眼见到巡访他们城镇的皇帝本人要比神圣崇拜更让人感觉亲切。

考虑到边疆各民族,他周密地以奥古斯都为榜样,向蛮族首领馈赠礼物和金钱,寄希望于赢得他们的归附,也希望付出击退他们的进攻更少的代价。在多瑙河一线,他与罗克索朗人(Roxolani)签署条约,那是用帝国的金钱买来的,由此开创了一项新政策。

44   安敦尼·皮乌斯(Antoninus Pius)[4]统治时期(138—161 年)的多数时间如哈德良治下一样太平。尽管他对权力的责任感觉敏锐,但没有人像他那样带有鲜明的和解精神。他感到帝国版图过大带来的压力。在帝国的野蛮地区,各民族很容易觉察到兵力有限的常规守军不足以制服他们。达西亚人和毛里塔尼亚人不安分,不列颠的布里甘特人(Brigantes)促使安敦尼往北又修建了一道边墙,将之与喀里多尼亚(Caledonia)切断。这些仍只是将要发生的事件的端倪,但马尔库斯·奥勒略(Marcus Aurelius)在位期间(161—180 年)不得不自始至终无情地发动战争,仅是为保住罗马的遗产。

在东方,在图拉真令人丧胆的入侵后,哈德良审慎的退让使帕提亚野心再起[5],特别是对亚美尼亚。安敦尼艰难地转嫁或拖延危机。在马尔库斯·奥勒略治下,沃洛吉斯三世(Vologeses III)把罗马的附属王赶下台,给亚美尼亚人一个替代品;卡帕多西亚总督在埃莱吉亚(Elegeia)经历了真正的灾难,当帕提亚人在突然入侵推翻附属国王的美索不达米亚西北部后,进而入侵叙利亚时,这个行省的参将胆怯地撤出军队。为恢复远至幼发拉底河的局势,数年的艰苦战争是必需的[6],仅在晚些时候才有可能渡过该河,把敌人赶出奥斯若恩(Osrhoene)。马尔库斯·奥勒略虽极为自律,但认为耀武扬威势在必行:敌对的首城——塞琉古城和泰西封,再次看到罗马军队,但这位皇帝随后说服自己再次撤退不会像第一次那样被解读为甘拜下风。他恢复原状,任命了自己的亚美尼亚附属国王,把半包围在幼发拉底河环行地带内的美索不达米亚土地重设为被保护国。

那都无济于事,整个东方发生了一次可怕的大动荡,令抢劫和混乱的本能复活。海盗重新滋扰黑海海岸,不得不在高加索地区和西米里的博斯普鲁斯海岸与海盗再次开战。[7]

与此同时,日耳曼各族发现有机可乘,联合起来进攻:夸狄人(Quadi)、马克曼尼人、亚吉格人(Iazyges)、罗克索朗人同时席卷潘诺尼亚,最远进据到离亚得里亚海近在咫尺的地方。[8]马尔库斯·奥勒略亲自负责漫长而徒劳无功的战事(167年)[9],一次严峻的疫情和军费短缺使战事复杂化。多次交锋后,他成功地将蛮族人赶出潘诺尼亚,大群士兵投降;但军力的耗竭迫使他求助于目光短浅的政策,把边疆防御交给扎根于当地对抗他们的同一帮人:他征召蛮族入伍,在罗马广场变卖祖上的财物来获得需付给他们的军饷。

45

　　然而他的希望落空了,四年之后(178年),他被迫匆忙地再次开赴战场。幸亏敌对的地方中间有块环围的领土达西亚,给他提供了一处绝佳的基地,从这里可从后方进击日耳曼人[10],而是至少兼并波西米亚的四边形地带和被喀尔巴阡山环绕的所有土地,这样一来,罗马领土在此处将会以前方群山与蛮族对峙。马尔库斯·奥勒略的早逝却改变了历史进程;他的无能之子康茂德(Commodus)匆忙买得马克曼尼人归顺,好快马加鞭地返回首都骄奢淫逸,享受绝对权力带来的快感。

　　除去最后这段统治,跨越大半个2世纪的安敦尼诸帝(Antonines)①时期大体上对各行省来说是个愉快的时期,总体上看是它们所经历的最好时代。然而一些事实如凶兆般敲打着我们的神经。[11]

　　马尔库斯·奥勒略的防御战仅仅拖延了致命的危机,那在3世纪持续发酵而表露无遗。此后,中欧的蛮族不会给帝国片刻喘息。

　　此外,军队的精神面貌也随环境逐渐改变,当时的形势为可称为普通士兵的暴政打下了基础。军队没有失去战斗力,或者说至少欧洲军团没有,至于亚洲军团,同样在当地征兵,不再斗志昂扬;但是军队正在获得国内的不正当地位。我们不能将之与共和国末期的军队混淆。那时的军队是为醉心于胜利与嘉奖的个别领袖献身的奴仆,连元老院的反对都注定在嘉奖面前无计可施。现在颠倒的现象就要到来:国家过度征服,但不再产生高人一等和超乎法律约束的将领。军事专权再次萌生,这次是在行伍之间——不再是将领而是士兵跃跃欲试,他们要

---

①　指公元138—192年间统治罗马的四位皇帝,他们分别是安敦尼·皮乌斯、马尔库斯·奥勒略、路奇乌斯·维鲁斯和康茂德。——译者注

求选举首领并使之听其摆布的权利。身为行省出身的罗马公民,军团士兵感到与他们一样出身行省的领袖最为亲切,身居显位的职官是在帝国立足不久的公民。如此一来,阿非利加人、叙利亚人和伊利里亚人就位居宝座之上,他们带来了杂糅并陈的罗马文化形式。即使没有卡拉卡拉敕令,军队也会很快发展此类混杂。

塞普提米乌斯·塞维鲁(Septimius Severus)(193—211 年)是位阿非利加皇帝,终生身为阿非利加人。[12]他保持着血统中的旺盛精力和顽强笃定。如果他为自己和家族勤勉工作——最糟糕的后果便是把元首之位传给儿子——罗马会得益于他的努力。无疑,他远征帕提亚人[13]的真正动机是复仇,对他们支持他的对手尼格尔(Niger)进行报复。但通过胜利推进和第三次攫取塞琉古城、巴比伦和泰西封,他迫使安息王朝接受了比目前采用的对东部边疆问题的解决办法更好的办法。兼并了从前仅是附属国的上美索不达米亚(Upper Mesopotamia),远至阿伯拉斯河(Aborras)一线,他以双边协定为帝国在底格里斯河和幼发拉底河地区取得了一道合理的边界,这道边界除去几处微调,在四个世纪里保持不变。[14]

我们现在必须把长期的革新与政治动荡、入侵以及凄凉的 3 世纪里别的所有事件的短暂阶段区分开来,我们手头有关 3 世纪的信息漏洞百出,史料来源十分有限,里面的评论常被发现有篡改的痕迹。[15]无论如何它们给人的印象大体正确,向我们说明了行省被弃之一旁,被迫独自抵御掠夺和蛮族的压力,蛮族在各地都可感受到,如莱茵河、多瑙河和幼发拉底河。总体而言,如此疏于管理给掌握最高兵权的职业士兵凭自己的威望获利和篡夺最高权力带来了诱惑。不止一人深陷其中,其他许多人被以武力拥立为帝,如果拒绝则以死相逼。从先例可知,自己统治的结局会是在短暂缓刑后遇害或在互相残杀中不光彩地死去。他们中有一半蛮族血统的、来历不详却异常英勇的未开化的人,尽管他们与弱小的拉丁人一样,却为罗马的强大折服,渴望为罗马而战。[16]

文献和其他档案见证了无数被击退的进攻或在无用的屠杀后因双方两败俱伤而终止的进攻。广袤的领土一再转手。如果我们不记得交战者中罗马分遣队表现出的军纪并非最差而军技最佳,我们会惊讶于结局不是支离破碎和全然崩溃。此外,帝国的敌人中间社会动荡甚至更为严重。

然而有个例外。如果在中欧、在喀里多尼亚或阿特拉斯山（Atlas）以南没有可以组织起进攻的井然有序的强国，那么在东方，在亚历山大·塞维鲁 47 （Alexander Severus）[17]统治末了，一些举足轻重的事发生了：萨珊王朝的推进（227 年至 228 年间）。这一下子给总是行动毫无章法的帕提亚人带来了更多的坚定和勇气。下台的安息王朝统治者的老帮手亚美尼亚国王的帮助使亚历山大抵挡了第一次进攻，并缔结了一份鲜为人知的和约，尽管只是暂时的。别人没这么幸运：腓力（Philip）签订了一份屈辱条约，后来瓦莱瑞安（Valerian）落入狡猾的埋伏而被俘。

在这一时间点上（260 年），罗马国家当真丢掉了一统。有高卢人的罗马帝国[18]，包括不列颠和西班牙，其恺撒珀斯图姆斯（Postumus）是位杰出的统治者，有能力保有莱茵河屏障，还有拒斥日耳曼人和其名字现在出现于历史中的法兰克人；但他的任务相对轻松，他的边疆较另一位身为欧洲和非洲其余地方主宰的皇帝必须保有的要少。

后者就是《帝王史》（Historia Augusta）诽谤的伽利埃努斯（Gallienus）[19]，他无法同时保住各处。在他之前，已有德基乌斯（Decius）阻拦了哥特人的首次入侵[20]，他鞠躬尽瘁死而后已。这般洪水猛兽随后出现在更广阔的地区。伽利埃努斯试图与一些蛮族国王谈判，其中有与马克曼尼人国王的谈判，但他没有成功解救达西亚。只要期望预先阻止入侵，这处前沿据点的战略价值则极高，而从在一道屏障后方修筑壕沟的卑微政策被采纳的这一天起，达西亚便被牺牲掉了，因为当时没有什么能与多瑙河屏障相提并论。

在东方，伽利埃努斯发觉自己完全束手无策。[21]波斯国王萨波尔（Sapor）渡过幼发拉底河，入侵卡帕多西亚和西里西亚。机遇助帕尔米拉（Palmyra）统治者奥德那图斯（Odenathus）一臂之力。伽利埃努斯没有心灰意冷，他任命其为统帅（dux）或亚细亚总指挥官、帝国的一位代表。大体上，他只是重建了曾在两三个世纪前创建的那些大统治区（imperia）之一。[22]阿拉伯人无疑只是将之视为游戏的开局，并打算达到自己的目的，一项官方任命却帮助了他们的计划。萨波尔被打败，丢下大量战利品，匆忙地再次渡过幼发拉底河，奥德那图斯紧跟其后，最远抵达泰西封。

帕尔米拉国王在那里死于一名刺客之手，留下纷乱的后事。其子瓦巴拉图 48

斯(Vaballathus)及其遗孀泽诺比娅(Zenobia)要求重修之前的协定。伽利埃努斯拒绝，打算以假意进攻波斯的军队对他们展开猛攻，此时却因欧洲的入侵而被召回。不久之后，他的部下密谋，以谋杀终结了他娴熟的外交(268年)，接替他的注定不止一人。

随后继位的伊利里亚诸帝(268—285年)在历史上背负着使帝国陷入日落黄昏境地的骂名。十分晚近的研究表明，他们远比他们的名声要好，人们把注意力太长时间聚焦在他们显而易见的过错上。他们中除普罗布斯(Probus)之外都是粗蛮无知之人，冷酷地参与诡计与谋杀；他们是蛮族，不只停留在该词的某一词义上；而他们值得称道的是无可匹敌的精力、军事天赋、无休止的活动、对伟大罗马和帝国荣光的顽固并几近狂热的信念。他们在二至六年的短暂统治中做出了骄人的业绩，曾在多瑙河地区殖民和布防的伟大帝王们的工作因为这些强势人物在指定时间里现身而被证明是正确的。

克劳狄二世(Claudius II)(268—270年)把阿勒曼尼人(Alamanni)逐出意大利北部，因在奈苏斯(Naissus，尼什[Nisch])大胜而得号"哥特"。[23]奥莱利安(Aurelian)(270—275年)在同一地方继续作为。为了争取时间，他允诺奥德那图斯的继任者们得到伽利埃努斯曾拒绝给他们的东西。一旦他腾出手来，便无情地将之前任命为自己代表的人视为敌人，后者凭借自己的头衔同时占领小亚细亚、叙利亚和埃及。他很快征服了他们，废止了这个东方的短命帝国[24]，最终制服了高卢诸恺撒的最后一位。

普罗布斯(276—282年)做出惊人之举。他现身各条边界线上，从高卢到埃及，从莱提亚到亚美尼亚。他嘴里说出一个字就足以让萨珊国王胆寒。考虑到所生活的时代，更引人注目的是，他没有局限于击退进攻，而是展开反击，酝酿在日耳曼拓展帝国，在这一地区建立一道最前沿的边墙。他从战败部落征兵，把他们分派到军中，把蛮族迁移到别的土地上，以便驯服他们，破坏他们的凝聚力，强迫士兵——正是这个毁了他——在两场战事之间的空闲时间像从前日子里那样，重操平和的爱好，种植葡萄，排干沼泽，开垦荒废的土地。

卡鲁斯(Carus)(282—283年)也有征服的打算，入侵整个美索不达米亚，但他神秘地失踪了。我们匮乏的史料里就这一时期与波斯的关系到底是何本质说法不一。

简言之,罗马军队没有表现出更大的活力;而政治和社会的腐化使他们的任务复杂化,妨碍了他们取得成功。总体而言,罗马军队要对这一反对意见或权力任期的不确定性负责。罗马的命运恶性循环:军事因素保持活力,要求控制民事权力,将之交给自行选出的人;但因为帝国太广袤,缺乏一致性,有了许多不同的选择,各军团同时被国内混乱和对外战争搞得精疲力竭。

49

这些灾难性的事态持续了一个世纪,从长远来看,戴克里先构想的分割帝国的计划只是平添了政治混乱。乍看之下,那似乎是合理的考虑,但从被大众接受的帝位传承的基本规则不存在的那一刻起,在帝国各地随便选出统治者就不再是奇闻和孤立现象,只是运用了新确立的制度。行省的进一步细分[25]只是一定程度上防范了这一危险。无论如何,战争有利于强大的军事指挥。

然而,我们不能忘记,被选出的统治者中不止一人反对分裂。从戴克里先到狄奥多西,在统一与分裂两种趋势之间的斗争几乎一直不断。我们将看到由于时局,两位、三位或四位领导者在一段特定时间内被帝国的荣光所笼罩。通过武力为个人利益而恢复统一的人将把帝国在自己的儿子中间分配,其中最大胆的人也只会想到恢复父亲在世时的统一。在罗马任命或在某个遥远行省乱局中选出统治者,诸奥古斯都和诸恺撒掺杂在一起,使得4世纪的历史变得极为复杂,这为史家提供了丰富的素材[26],以至于我们手中有关其他主题的资料相形见绌,也就是捍卫边疆、阻击蛮族和与波斯的困局。

在东方,波斯边界的问题总是冲突的顽疾。[27]戴克里先统治时期[28],亚美尼亚国王提里达提斯在位,他的年轻时代在罗马的土地上度过。新的萨珊国王纳尔西斯(Narses)(约293年)毫不犹豫地把他赶下台,入侵他的王国。此后,戴克里先把雪耻的任务交给恺撒·伽莱利乌斯(Caesar Galerius)。伽莱利乌斯起初败北,随后却赢得了对尼西比斯的大胜仗。这使罗马人被公认拥有了美索不达米亚北部和五个远底格里斯区(regiones Transtigritanoe)[29],这里被给予特殊地位,即成为罗马的"辖地",保留自己的王朝并依旧与亚美尼亚连在一起,却是罗马的被保护国。至于该王国的其他地方,帝国只是保留总体上的授职权。

伊朗的国王们徒劳地试图收回这一让步,并收复奥斯若恩。事态六十余年未变。最终,在君士坦提乌斯(Constantius)统治末年,萨波尔二世重开战端,拦住其去路的任务落在尤利安(Julian)肩上。[30]他率一支精兵再次穿过整个叙利

50

亚,进抵泰西封,这会被称为一次军事乐途,却没有任何决定性结果。他渡过底格里斯河,看到的只有受萨波尔之命被劫掠的地方,在此之后,由于叛徒带错路,他开始了舟车劳顿的撤退。在一次小冲突中,他被标枪刺中,受伤身亡。

这支军队马上拥立尤维安(Jovian)[31]——可悲的选择。这位不幸的领袖屈辱地接受了萨波尔的条件,让出底格里斯河以东大多数氏族(gentes),甚至该河这一侧包括尼西比斯的整个地区,那是他的前辈们开拓的战场,两个世纪里是罗马的大兵工厂。于是两个对手实际上回到了塞普提米乌斯·塞维鲁划定的边界,因为在美索不达米亚这块神秘的土地上,他们除了不会取得明确结果的互相残杀外毫无作为。最终,尤维安宣布放弃对亚美尼亚国王们虚幻的宗主权。

瓦伦斯(Valens)谋划收复,却徒劳无功。[32]唯有狄奥多西就这块土地的分配与波斯达成和解。归罗马所有的部分无足轻重,不超过幼发拉底河源头和阿坎普西斯(Acampsis,科鲁克[Choruk])河口,没有实权的管理者听命于一名亚美尼亚官员,而波斯治下的亚美尼亚,半个世纪都在扫除几个神秘莫测的国王。解决办法对罗马来说不算光彩,但解决了重要问题。其他地方更加危险。

如果认定行省居民中间有不满情绪,我们就错了。以巴高达(Bagaudae)运动之名兴起于高卢的农民起义只是匪盗之举,在4世纪一直是帝国的疾患之一。但在边疆,蛮族被之前时断时续的胜利所鼓舞,不断重开战端[33],攻势更猛,许多地方同时感受到他们的压力。伽利埃努斯把所有高级军衔留给职业士兵毫无用处,因为这么做会使懂得如何赢得军队支持的冒险家更肆无忌惮。兵源质量每况愈下,军队因入伍的蛮族雇佣军人数增加而与国家渐行渐远。[34]我们不想记录对边境无休止的践踏[35],尤其在卡里努斯(Carinus)完全放弃莱茵河右岸的据点之后。

并非所有恺撒都放弃了积极防御或对敌人领土实施报复的政策。马克西米安(Maximian)、瓦伦提尼安一世(Valentinian I)、瓦伦斯和尤利安在日耳曼展开毁灭性战斗,但这些并没有令蛮族丧胆,对其稍有开垦或耕作不善的土地的破坏也微乎其微。当蛮族破坏帝国更文明的地区时,行省居民的遭遇则迥然不同,唯有城镇在坚固城墙的庇护下基本安然无恙。重建了一些前沿据点,但保卫起来是个大问题。在莱茵河左岸和多瑙河右岸重建堡垒,建造补充性要塞作为支持,足以不时保住这道屏障,但大举进犯常常突破这道防线,有时人群越进到它以南一百余英里处，在大杀戮之后再折返回来。

　　终有一天，至少在多瑙河畔，免费馈赠给哥特人一直垂涎的领地不失为应急有效之策。他们在默西亚立足，是将再次立足于其他地方、尤其是高卢的方法的首次尝试。我们知道结果如何。西方的罗马帝国名义上尚存，其行省逐渐被蛮族王国取代。

【注释】

[1] Fronto, *Princ. Hist.*, frag. 4(ed. B.G. Niebuhr, 181 6).

[2] CVII, p.137 *et seq.*

[3] CCXVII.

[4] G. Lacour-Gayet, *Antonin le Pieux et son temps*, Paris, 1888.

[5] LIII, p.111 *et seq.*; CLXXXI, p.319 *et seq.*

[6] CLXXXI, p.325 *et seq.*; C. Harold Dodd, *Numismatic Chronicle*, XI(1913), pp.162—191, 276—282.

[7] A. von Premerstein, XXIII, XI(1911), p.357 *et seq.*; XII(1912), p.139 *et seq.*

[8] *Ibid.*, CLXIII, IV, pp.487—497.

[9] A. von Domaszewski, *Neue Heidelberger Jahrbücher*, V(1895), pp.107—130; E. Ritterling, XXXVI, LIX(1904), pp.186—189; A. von Premerstein, XXIII, XI(1911), pp.355—366; XIII(1913), pp.70—104.

[10] CLXII, IX, pp.292—302.

[11] James H. MacBride, *Barbarian Invasions of the Roman Empire*, Boston, 1926.

[12] M. Platnauer, *The Life and Reign of the Emperor Lucius Septimius Severus*, Oxford, 1918; Fluss, XLVII, IIa, col.1940 *et seq.*

[13] CXXII, pp.110—128.

[14] LXXXI, pp.8—10, 382.

[15] Ch. Lécrivain, *Études sur l'Histoire Auguste*, Paris, 1903; L. Homo, XXXV, CLI(1926), pp.161—198.

[16] CXXXIV, p.89 *et seq.* 有关"三十僭主"，请参见 H. Peter, *Abhandlungen der Leipziger Akademie*, XXVII(1909), pp.179—222。

[17] LIII, p.120 *et seq.*; E. Callegari, *Imprese militari e morte di Alessandro Severo*, Padova, 1897; A. Jardé, *Études critiques sur la vie et le régne de Sévère-Alexandre*, Paris, 1925, pp.76—85.

[18] 见下文"高卢人"。

[19] L. Homo, XXXV, CXIII(1913), pp.1—12.

[20] Schoenfeld, XLVII, Suppl. III, col.797—845.

[21] XXXV, CXIII(1913), p.235 *et seq.*

[22] A. R. Boak, *American Historical Review*, XXIV(1918—1919), p.1 *et seq.*

［23］L. Homo, *De Claudio Gothico*, Lut. Par., 1903.

［24］CXXXV, pp.84—115.

［25］CLXIII, V, pp.561—588.

［26］CXXXIV, pp.107—130.

［27］C. Huart, *Ancient Persia and Iranian Civilization*, etc., p.152 *et seq.*

［28］LIII, p.135 *et seq.*

［29］LXXXI, p.10.

［30］CLXXXII, p.191 *et seq.*; LII, III; CCI, IV, chap.IX.

［31］CCI, IV, chap.X; XLVII, IX, col.2006—2011.

［32］LIII, p.159 *et seq.*

［33］CXXXIV, p.221.

［34］CCI, I, Chap.VI.

［35］CXXXIV, p.235 *et seq.*

第二部　行省政府的运作

第六章　防御方法

军队

　　到我们开始讲述罗马世界历史的年代,军队组织[1]已经历了一番重要调整,在帝国覆亡前又进行了几次调整。在不超出我们的时间跨度的前提下,将简要回顾早期军队的主要特征。

　　根据传统记载,塞尔维乌斯·图利乌斯(Servius Tullius)所建立的是适时建立在战争基础上的公民社会。作为一项基本原则,从 17 岁到 60 岁的公民都应征入伍,但有少者(juniores)和长者(seniores)之分,长者只作为后备军,通常免于在战场上服役。主要为军事性质的森都里亚制度[2]显露了根据财产负担等次义务的观念,就是说其实是根据出身。最富裕的公民构成骑兵精锐,兵员由监察官每五年修订一次;骑兵服役的确费用高昂,先行购买马匹以补偿才能减少支出,其次是每年付钱以减少日常维护的费用。这一组织好似马其顿军队,战斗序列采取方阵队形,也是第一支共和国军队的组织形式,尽管同一性和紧凑性略有欠缺。

　　这支老式军队最初取得成功要归功于意气风发的公民精神和爱国情感,当然并非没有失利之时。实践证明,这支军队抵抗强兵力不从心,诸如高卢人,或如皮洛士的军队一样拥有经得起考验的技术装备的军队。

　　起初仅有一个军团(legio,[3]意为"征兵"),士兵人数增加时则组建为几个军团。此外也发生了重要的变革,卡米卢斯是创始人,至少是倡导者。就在本书开篇的公元前2世纪中期,仍是这支卡米卢斯军队展开罗马的一切进攻战或防御战。不再像从前是一个固定的群组,而是具有更大灵活性。其最小分支为小队(manipulus),各小队在战场上排成五点型阵型,它们中间的间隙便于灵活移动。此外,每个士兵在战斗中的位置不再由家产而是由年龄决定:最年轻的在第一线,最年长的在第三线。这样带来的一个后果是开始发放军饷,也发放给骑兵。

这一时期战事频仍,兵力吃紧,每年增加四个军团,每个军团拥兵6 000人,前几年组建的军团很少解散。另外,由于盟友协助,分遣队数量增加,包括相当比重的骑兵,通常排布在两翼。

尽管公元前3世纪进行改革以及对入伍的人口普查门槛放低,但在相当长的时间里,中产阶级为国家提供了绝大多数军团士兵。中产阶级因为所遭受的损失而人数锐减,因为土地弃耕而变得贫困,以至于不得不放弃人口普查的所有区分,这一天来临了:马略招募穷人,只能宣称把自己的子孙献给国家的"无产阶级"。从此以后,三条战线不再有分别;所有士兵装备相同,小队被大队取代,相当于军团的1/10。

共和国的最后一个世纪为奥古斯都的改革埋下了伏笔。[4]每个士兵按法律要求需参加一定次数的战役的做法已实行多年,但战役实则无尽无休,连续不断。从马略时代起,获准参军的穷人除了待在军队里别无他图,为的只是挣军饷钱。他们通常连续待上16年,老兵甚至更久。年度征兵实际上停止了,军团开始有了连续的番号。最终,分门别类的同盟军被取消了,代之以辅助军,由附属国王或臣属民族作为一项贡赋来提供。

这一发展在奥古斯都统治时期完成了。此后出现了真正的常备军——不期望复员的人;这支军队也是职业军。通过自愿报名征兵,在军团中至少服役20年,辅助军则是25年。募兵首先被卡米卢斯创设的军饷吸引,帝国时期不止一次涨军饷,同时增加免费口粮。与这项重要好处一起的是分得战利品,后来还有退役金(donativum),这一赏赐让人想起法王登机时的赏赐(dons de joyeux avènement)。当然士兵不再需要负责个人穿戴和武装。他在军旅生涯终了得到金钱或实物上的奖赏,分得一块殖民地上的土地。最后,从

55

加入军团那天起,如果身为辅助军则从退役那天起,外来者也成为罗马公民,这个好处可不小。

禁止结婚或许阻碍了征兵,除偶然的私通以外如果军方不容许次于罗马法规定的一种合法婚姻形式,那么从塞普提米乌斯·塞维鲁时期起军方开始默许,但仅适用于军团兵。至于辅助军,授予他们罗马公民权的同一份退役证书也将公民权授予他们的配偶。

长久以来军纪严明,安敦尼诸帝时期以后渐趋废弛,当远征无休无止,既换不回光荣,也得不到战利品时。从前士兵通常生活艰苦。在战争间隔的和平时期,军队不仅要遵守一直实行的练兵方法,体育训练、行军和赛跑、运用武器[5],经常要检阅,例如皇帝亲自阅兵,防止军队懈怠,还必须做当今不需要他们做或是留给所谓的工程部门做的工作。所有士兵均参与建造军营、边防工事和道路的工作。除此之外,军事劳动力也在与军队毫无关系的各项工作中顶替平民百姓,常被用来建造公共建筑,甚至神庙,修建桥梁和水道,挖掘运河,在矿井和采石场劳作。这样一来,罗马军队由有毅力、多才多艺和具备各种突出才干的人组成;在几个世纪里,这足以弥补他们人数上的不足。

我们不想提近卫军,他们是皇帝的侍卫,一些在罗马,一些分散在意大利其余地方,我们也不想提城市部队,他们只肩负维持首都治安的任务。还剩下军团和辅助军。

军团人数在奥古斯都时期理论上为 5 620 人,包括 120 名骑兵,尽管在遇到严峻危险时往往少得多。军团是一支卓越的步兵队伍,因为高强度的训练而镇定自若,行李辎重则构成军队一个完全不同的分支。每个军团都有一个番号,或许不止一个军团番号相同,在这样的情况下,以恰当的称号彼此区分。有三个军团被称为"第三军团"(tertia)(奥古斯都、昔兰尼加、高卢)。这个称号让人想起他们最初被招募的地点或在战场上初露锋芒的行省。[6]

元首制的建立归功于聚集一处的大军,即内战的士兵。当和平恢复而奥古斯都只考虑帝国外部的战事时,他出于经济考虑以 20 个军团为限(略多于 10 万人),因后来的变化而人数逐渐增加,塞普提米乌斯·塞维鲁治下最多,达到 33 个,分布于帝国各行省,但在面临严峻威胁、需要加强某一特定地方兵力时则有调动。

推断出辅助军队总兵力有多少要难得多[7]，辅助军分为两部分：500 人或 1 000 人的步兵大队，视情况两翼有人数相仿的骑兵，还有混合部队，即骑兵大队（cohortes equitatae），其中约 1/4 人骑乘战马。这些单元都有编号、族名、一个往往好区分的称号。各种信息暗示辅助军的募兵总数与军团队伍不相上下。

至于军职人员，很久以来直到帝政时代，政府才结束可追溯至遥远年代源头上的二元性。民事权力优先于军事权力的原则早被确定下来，因此军团的高级军官、轮流指挥的六名军团长官并非职业军人，而是出身元老和骑士等级、身家良好的年轻人，他们以这种方式开始自己的政治前程；军团长官和辅助军长官的选任方式相同。每个军团均有自主性，但一定数量的辅助军（auxilia）附属于该军团，整个团体有点类似我们现在军队中的师，总是由出自元老等级的军团参将（legatus legionis）统领。另一方面，副职军官、步兵中的百夫长和骑兵中的十夫长是职业军人，是从前的主力兵（principales）或精锐部队，百夫长指挥一个百人团，他若指挥第一百人团则指挥一整支大队。

晋升控制得十分严格，复杂的规定不必在此赘述。军阶等级分六十级，但显要人物一次升迁数级。不仅考虑军功，而且只关心提拔生而为公民的人，抑或至少是意大利人、西方最古老市镇（municipia）的本地人，因为至少在帝国早期还期望保存军队的罗马特征。随着时间的推移，这一条件越来越容易满足；在另一方面，人们却发现高级军官的军事才能越来越不称职，尤其在那些元老等级的军官中，因此出现了倾向骑士等级的趋势——塞普提米乌斯·塞维鲁创立了军团长官（praefecturae legionis），甚至把百夫长提拔到从前骑士担任的军职。这自然会带来高级官职被行省人士侵占的结果。

这从一个侧面解释了某些总督的反叛之举，帝国因而暂时分裂，所以我们有机会论述一下在尤利乌斯氏族（Julian gens）最后几位恺撒治下开始显现的征兵制的改变：军团往往越来越多地通过在当地征兵来填补兵源缺口。各行省接受了罗马的统治，所以把同一地区的子弟统一在一起并非不合理，不必强迫他们在与出生地截然不同的土地上戍守，那里的气候过于炎热或过于寒冷，甚至可以赋予他们保卫家乡的职责，这一点似乎尤为吸引他们。至于意大利，则完全失去了尚武精神，这一制度并不适用；但从哈德良时代开始，各个边防军队展现出"本土

57

化"面貌,这个词的限定性越来越强,因为大量最新征募的兵员就是士兵之子,生在父辈长期服役的军营附近,轮到他们延续同样的生活。

如果没有逐渐萌生热爱本土的情结,最重要的是如果士兵的素质在各个行省大体趋同,那么这会完全朝好的方向发展。但事与愿违。当东方边疆不时需要艰苦战斗时,东方的募兵除了怨愤别无贡献。这一严重的缺陷因为军队普遍调拨而真正缓解了,但程度还不够,至于那些驻扎在意大利和西班牙的军队,特别是从2世纪以后,只是构成兵力大幅缩减的后备军而已,随后变得经常有必要轮换,并非整个单元,而是从不甚危险的前线调来分队(vexillationes)或支队。这是对敌人进攻反应迟缓以及不习惯协同作战的兵团间有时发生摩擦的一个原因。此外,伺机而动的敌人在看到眼前的边界线把守不严时会蠢蠢欲动。

我们没有足够的篇幅来描述组成独立军队的各单元,军队像需保卫的边境一样多。兵力时常有变,不止一个军团改变驻地。在帝国的头一个世纪,莱茵河军队[8]地位最重,多达10万人,防御工事修建完毕后人数一下子减半。经验表明,日耳曼人是最危险的近邻,除了莱茵河,他们还威胁着多瑙河更加漫长的前线。这样一来,多瑙河军队[9]在安敦尼诸帝统治时期成为兵员最多的一支,尽管不幸的是,它要比其他一些军队因征募当地人而遭受的苦难更重,因为其驻守默西亚的东方分支部队包括战斗力低下的希腊人和亚细亚人。由于亚美尼亚问题、巴勒斯坦叛乱以及好战成性的萨珊王朝的到来而引发的经常性冲突,亚细亚军队(叙利亚和卡帕多西亚)[10]相似地得到加强,这支军队是不断蒙羞的原因,有东方军队无法克服的缺点,无纪、无序、缺乏凝聚力。皇帝们要在这一地区取胜绝对少不了从其他地方抽调来的军队的帮助。不列颠的军队[11]因为边界短狭,人数显得蔚为众多,因此这一地区的罗马化一定十分缓慢,布立吞人一定处在从不间断的监控之下。除了代行执政官地区的军团——在一个元老行省例外——阿非利加,尽管幅员辽阔,一小支辅助军却足矣,从2世纪起仅由出生于阿非利加的人组成。从同一时期开始,埃及的军队是帝国最少的:完全从本地征募,可随时调动,很少面临严峻险情。

像我们刚才讲的,不仅骁勇程度迥然有异的军队延长了帝国的存在时间,很大程度上也是由于对防御工事的重视。在这一关联中,我们必须强调希腊人和其他古代民族稍逊一筹，罗马的军营安置科学独树一帜。[12]

共和国时代见证了野战军临时兵营的建造，其壮景给波利比乌斯（Polybius）留下了深刻印象，他以十五章的篇幅进行描述。[13]我们不必在他之后赘述，记录一下其组织的特点和影响就够了。有土墙和壕沟，经宗教仪式而成为不可侵犯的避难地——我们几乎可以说罗马军营从未被攻占过——两条十字交叉的主路的终点是四道大门，夜巡警卫像城市警卫一样组织，其广场（forum）、军帐（quaestorium）、营帐紧凑排列，整齐划一，这座名副其实的城镇是随军队迁移的微缩版的罗马。军队因良好的精神面貌而战斗力倍增，多亏有军营，让士兵感到完全没有与自己的国家疏离。

但修建这些军营是项艰巨的任务，最后发展为士兵厌烦了修建带壕沟和栅栏的防御工事，那只在短时间内有优势，一旦拔营启程，拆毁军营比留给敌人要好。在帝国治下，士兵们对临时军营越来越缺乏兴趣，宁愿清闲，甘冒遭偷袭的风险。

另一方面，永久性建筑——仍是军营，但由砖块筑成，更像营房或边防据点——日臻完善，在边疆和内陆的数量增加。现代地名中包含的 castel、cateau、château 或 châtre 等词，英格兰以 cester 或 chester 结尾的词，通常都让人联想到罗马要塞。其类型不胜枚举[14]，根据当地的自然状况和设防地的特殊地形而定。除了与一座城镇大小相当、拥有强大守军的大军营，规模略小的要塞（castella）可容庇小支军队，往往是骑兵；而更小的要塞（burgi）用作警戒的据点，其名称而非真正含义融入了德语 Burg 和非洲的 bordj 中。独立的塔楼位于军营两侧，或是设在两处大据点中间。

我们在这里只能对边界的大致规划做一概括[15]，不能研究各条边疆上边界线的细节。[16]在帝国时代以前，边界并不存在，边界服务于双重目的：核查走私贸易，再是作为观察区，前方守军的初步抵抗会给内地军队争取时间，后者迅即得知险情，赶到事发地。我们不能在头脑中勾画有如中国长城一样绵延不绝的屏障；边界在一些行省似乎纯粹是条理想的界线，或是由一条道路、一条把要塞连在一起的漫长环形道为代表。叙利亚和阿拉伯，以及阿非利加诸行省[17]，包括埃及，情况如此。一条带有堑壕、壕沟、边墙或栅栏的连续界线仅发现于三处：不列颠边疆、莱茵河与多瑙河之间的弧形地带，还有达西亚。有时边界无畏地划

59

过杳无人烟的沙漠,例如当第三奥古斯都军团(Legio III Augusta)在 2 世纪初来到兰贝撒(Lambesa)驻扎,其军营现今清晰可辨,仍以旧式共和国军营为蓝本,只是用坚固的墙代替了土方或碎石堆。

"边界地带"一词的完整意义指的是军事区域,界内土地上的一切资源任由军队利用。每个军团的兵营都会成为由官方归入其属地的地区中心,将领在那里找到柴禾、木材以及马匹和驮畜的牧场。参将在那里会分给总是被守军吸引而来的商人一块地方。起初他们住在布帐或木棚里(canabae, tabernae),最后他们建起小石屋,那成为新市镇的核心。继而在适宜耕作的地方给老兵分配土地,军队因而成为城市发展的一个绝对有效的原因,也是推广罗马文明的一种手段。

这些不容置疑的优点却被 2 世纪暴露出的严重缺点抵消了。军队很容易招募,因为难得有机会率士兵离开他们的家乡,也因为和平年代,军中有少数平民百姓在行省卫戍部队周围落脚。罗马统治带来的好处逐渐被人们领会到,士兵的防卫职责却被遗忘了,只消想一下遥远的战事就让人觉得厌烦。改革显然势在必行。

伽利埃努斯是第一个进行改革的人。[18]他毫不犹豫地将一定数量的军队从边境军营拆分出来,撤回内地,与据守意大利的另外一些军队合在一起,他们组成了供危急情况下使用的后备军,不必冒军队哗变或性情乖张的风险即可调动。有比从前规模大得多的骑兵团队为精锐。这位皇帝有了这些新资源和不再从老的元老贵族中提拔的高级军官,元老贵族已经变得软弱无力、完全丧失尚武精神,他会觉得自己已做好准备,无论何时,只要第一条防线被攻破便迅速采取行动。但预想的结果没有完全实现,因为需要放弃达西亚和十区领地,并严防莱茵河和多瑙河。

戴克里先采取有力措施[19],那只是伽利埃努斯同一措施精神的延续。他大幅增加支队的兵力,但我们不可依据军团数量来判断[20],此时军团数目很可观,我们能列举出的就达 175 个之多。这些军团不再与元首制时期相仿,而是分为两类:边疆军团,缩编程度最小,但被分为几个分散的支队;内陆军团,其兵力不及从前大型的大队 1 000 人。一段时间之后,两类军团同化,除此之外还有辅助军:约 500 人的步兵大队,沿用旧名(alae)或取新名(cunei、equites、vexillationes)

的骑兵支队。一个统称(numerus)越来越多地用来指代所有这些编队,不久后这成为所有军队的统一战术单元,人数上缩减为 250 人,相当于法国战争建制中的连。

语言本身最为清晰地折射出伽利埃努斯已展开的革新。内陆军队由机动部队(comitatenses)组成,那些"随同"总指挥官的——其中最重要的是宫廷卫队(palatini)——据守在意大利,离罗马的宫廷最近,其余的据守在宏伟的行省驻地和行省重镇附近。君士坦丁增设了伪机动部队(pseudocomitatenses),与其他军队相似,属于后备军,但完全由步兵组成。作为皇帝卫兵的近卫军被替代为两个不同单元:称为禁军(domestici)的骑兵部队、由骑兵和步兵合并组成的卫军(protectores)。除了这些,我们必须补充一下称为 scholae 的军事官员和由同胞指挥、称为盟军(foederati)或族军(gentiles)的蛮族组成的一些军队。这样蛮族甚至在专门的后备军中也赢得了一席之地。他们还更多地分布于边防编队里。边防军分为两种类型:驻扎在陆上边界旁的边防军(limitanei)、占据宽广的界河河畔的河岸军(riparienses 或 ripenses)——被赋予盯防不安分邻邦和击溃他们初次进攻的职责,其实他们更倾向于与之达成和解。

两个主要类别——边疆军队和后备军队——实力孰高孰低,实难断定,尽管有《要职录》(*Notitia Dignitatum*,作于 5 世纪初),不过上面的专有名词一部分是编造的,而且把卫戍部队置于不再归属帝国的领土上。如果戴克里先的军队达到奥古斯都军队总数的两倍,那么许多士兵一定只存在于"纸面上"。征兵原则几乎未变,除去要求地方提供人力的义务,每本地籍册(capitulum)也附带许多义务。其实通常可以通过交钱来免除这项义务,除了边防军世代服役,另一项制度逐渐推广——雇人入伍。

我们知道戴克里先将行省的民事任命与军事指挥相分离,后者由统帅(duces)执行,其责任区不总与民事长官(praesides)相一致。支队如我们所指出的,人数缩减,由军团长指挥,接任百夫长,百夫长已被撤消,整个军队听命于军事长官(magistri militiae)。所有这些军官都是行省的职业士兵,越来越经常地出身蛮族。后备军的战斗力当然由于 3 世纪到 5 世纪的改革而提升,但帝国的边疆军队有了越来越多的恶劣部分,给其他军队带来了日益艰巨、最后变得无望的任务。

61

1. 克劳狄一世　　　　　　　　2. 尼禄

3. 韦帕芗　　　　　　　　4. 图拉真

5. 哈德良　　　　　　6. 马尔库斯·奥勒略

图1　罗马皇帝(如钱币所示)

海军[21]

62　　我们已经说过在共和国时期[22],海军只是罗马人偶尔使用的工具:船只为一项指定的任务加紧建造,甚至数量巨大。迦太基被摧毁后,因为希腊世界的王室海军再不能构成威胁,所以罗马可以把自己视为整个内海无可争议的主人,是四处游荡的海盗群才使罗马恢复了造船厂的活动。而庞培、恺撒、安东尼和屋大维仍拥有海军,尽管通常只是内战的工具,难以让其组织者的胜利延续。作为一项普遍规则,同盟城市需要提供所需战船,船员根据需要由被豁免在军团服兵役的最底层罗马公民抑或被释奴充当。总之,罗马人对航海兴趣寡然,他们的政策在数个世纪里仍是瞄准破坏其他民族的舰队,以便让自己多余的舰船报废。

奥古斯都是打破这一不明智的怠惰传统之第一人。他的谨慎使他乐于接受长久的制度,愿意在海上及陆上让一支武装总是处于战备状态。他在紧接亚克兴战役之后的时间里具备了组建一支舰队的要素;自己的船只以及既不击沉也不准其逃离的敌船使他能够创建一支海军,基地设在高卢沿海的尤利乌斯广场城(Forum Julii,弗雷瑞斯[Fréjus]),其他两支海军的主要停靠港在米塞努姆(Misenum)和拉文纳。弗雷瑞斯的海军在 1 世纪后被解散,但其他两个存续了很久,它们被称为"禁卫舰队",无疑强调了严格附属于皇帝本人,因为舰船将护送皇帝的海上之旅。其主要任务是维持秩序,米塞努姆的海军负责整个西地中海海域,那里的撒丁岛沿岸尤其需要严加防范,也派分队远至埃及和叙利亚北部;拉文纳的海军负责亚得里亚海和希腊海域。铭文显示它们共同使用一些沿途停靠的港口。

这两支海军的广泛职责并不妨碍组建其他海军,后者具有地方性,它们的组建年代不总能确定:不列颠海军,负责英吉利海峡,管辖两条海岸;亚历山大里亚、本都、叙利亚和阿非利加的海军。后面提到的这些海军行动范围有限,把长途航行交给"禁卫舰队"。最终,莱茵河和多瑙河的大河边界上(我们没有有关幼发拉底河的信息)有显然由平底小船组成的小舰队,没有装备真正的战争武器,以罗马的巡防力量来威慑邻近的蛮族,小舰队也不时证明对国家的运输有用处。

在帝国时期,船员成分比以前更加复杂。水师(classiarii 或 classici)是真正的士兵,中间没有多少战俘或罪犯。一段时间后,皇帝的奴隶入伍,之后水师由被释放时获得罗马公民权的外国人组成,从哈德良时代起则在入伍时获得拉丁权。主要为志愿兵,但一定会有某种不惜任何代价填补空缺保证兵力的征兵。从铭文来判断,这种做法并非在任何地方都有实行,但除去科西嘉人、撒丁人和达尔马提亚人的强大分队,船员主要从希腊化地区(埃及、叙利亚、小亚细亚、色雷斯)招募。他们的服役期通常要比陆军长得多,即 26 年到 28 年,如果不是更长;但许多人早逝,因为船上生活十分艰苦,纪律极其严格。

皇帝像是军团的总指挥,也是海军的总指挥。他的代表海军将领属于骑士等级,下属官员如陆军一样是职业士兵。水师像军团兵一样参与了推翻君主的

63

阴谋,加入内战,帮助拥立或废黜皇帝。兵力至少达 2 万人,最重要的是凭借拦截运粮船的实力控制意大利的谷物供给,他们难以抵制这一诱惑。全力履行职责的帝国海军在历史上却几乎无人关注。海军像陆军一样最后也堕落了。戴克里先的确使其兵力翻番,创建了新海军,航行在河上甚至湖上。5 世纪的《要职录》提到了相当数量的海军,尤其是在西方,但难以让人们打消所有这些都只是一个幻影或形同虚设的管理措施的印象。

道路

四通八达穿行于帝国并需要勤加维护的知名道路[23]构成了罗马政府引以为荣的称号之一。我们不可太心急地以为所有或几乎所有道路从一开始就修建了,因为我们缺乏相关证据。希腊似乎的确对陆上交通并不关心,过于分裂而没有认识到交通的重要,也太沉迷于海上贸易。但东方的君主国没有同样忽视:赫梯人和波斯人在小亚细亚修建道路,由亚历山大的继承人改建和延长。相似地,在埃特鲁里亚地界和恺撒征服前的高卢都有质量上乘的道路。但当然无法与共和国时期首先在意大利和亚细亚修建并在元首制最初两个世纪里竣工的道路系统相提并论。

那是一个极其紧密的网络,流传下来的路线图没有一个能给我们以完整概念,我们经常发现里面没有提到的部分路段。[24]此外,道路用碎石精心铺就[25],至少在湿润多雨地区有可与住房地基相媲美的路基。从没有哪项公共道路的修建会采用如此多的预防措施,但地下石方建筑的紧密扎实并不能避免路面在经过使用后快速老化[26],这就解释了为何会有以里程碑为证的经常性修缮,上面交代了修缮日期。但无论如何,每一次必需的修缮都不是全面的,罗马人认为不下沉或不发生其他严峻事故,自身安全就有保证。他们毫不迟疑地取最短路线,尽管有陡坡,道路仍十分笔直:这一事实解释了[27]为何他们的战马表现平平、战斗力极为有限的原因。里程信息刻于里程碑上,一个或几个方向上的说明信息给行至人迹罕至地方的旅行者提供了莫大帮助。对建路的热衷不只限于中央,负责修路的总督也懂得如何吸引当地人对这件事的兴趣并取得他们的理解,因为修路费用要摊派到他们头上,道路服务于经济以及军事目的。

我们还没有勾画出罗马这一系统的所有细节,我们也永远做不到这一点,但其主干道的总体走向几乎没有争议,我们手头的文献和铭文资料中有说明。我们暂且能够绘出的地图[28]使我们可以断言两点:第一,道路系统在许多地区与我们今天的铁路系统惊人的一致;第二,在帝国边疆和商贸活动活跃的地区尤为精益求精。在一些地区,主要在小亚细亚,凸显出今日系统的不完善,还有在北非,就在不久前做了一番比较,得出罗马古代时期更胜一筹:我们诧异地注意到,基达穆斯(Cydamus,盖达米斯[Ghadames])的荒凉绿洲与利比亚海岸的两个港口有道路相连。由于篇幅所限,我们只能说这整套组织是伟大指导思想的产物,主要道路真正被认为是且被建造成为国际性的交通要道。

7. 塞普提米乌斯·塞维鲁　　　　　8. 伽利埃努斯

9. 克劳狄二世　　　　　10. 奥莱利安

11. 普罗布斯　　　　　12. 戴克里先

图 2　罗马皇帝(如钱币所示)

【注释】

[1] Liebenam，XLVII，VI，col.1589 *et seq.*

[2] L.Homo. *Les Institutions politiques romaines*，etc.

[3] Kubitschek，*Legio*（under the Republic），XLVII，XII，col.1186—1210.

[4] Ritterling，*Legio*（under the Empire），XLVII，XII，col.1211—1361.

[5] 有关各时期军团兵的武器装备，参见 Paul Couissin，*Les Armes romaines*，Paris，1926。

[6] 下迄 1925 年发现的各军团信息的参考目录，见 Ritterling，XLVII，XII，col.1361—1829。

[7] G.L.Cheesman，*The Auxilia of the Roman Army*，Oxford，1914.

[8] CXXXIV，p.192.

[9] *Ibid.*，p.194.

[10] *Ibid.*，p.197；LXXXI，p.70 *et seq.*

[11] CXXXIV，p.199.

[12] LXXVII，I，pp.250—267.

[13] VI，27 *et seq.*

[14] XLIII，art. *Castra*.参见在萨尔堡（Saalburg）的军营复原，Jacobi，*Das Römerkastell Saalburg*，Homburg，1897。

[15] CLXIII，V，pp.456—464；R.Cagnat，XLIII，art. *Limes*；CXXXIV，p.203 *et seq.*；Fabricius，XLVII，XIII，col.572—582.

[16] 见下文"不列颠"、"高卢人"、"多瑙河地区"。

[17] 在阿非利加，壕沟（fossatum）最迟出现于 5 世纪（见下文第二十一章）。

[18] Homo，XXXV，CXIII(1913)，pp.248—263.

[19] CLXIII，VI，pp.206—283；CCI，I，chap.II.

[20] Kubistchek，*Legio*（under the Lower Empire），XLVII，XII，col.1829—1837.

[21] Fiebiger，XLVII，III，col.2630—2649.

[22] J.Kromayer，XXX，LVI(1897)，pp.426—491.

[23] Besnier and Chapot，XLIII，art. *Via*；CLX；CXLII，V，p.188 *et seq.*；CXXXIV，p.297 *et seq.*参见书末地图。

[24] M.Besnier，XXXII，XXVI(1924)，p.22.

[25] LXXVII，I，pp.41—47.

[26] Lefebure des Noettes，XII，1924，pp.253—261.

[27] Id.，*ibid.*，pp.85—90.

[28] XLIII，fig. 7434 and 7439.

第七章 财政制度

我们不必回溯别处已交代过的主题[1]：大的财政部门、国库(aerarium)和皇室金库(fiscus)以及后者把前者逐渐合并。我们的主题是对居民征收的税费以及征收方式。

在这件事上，古人的想法与现代国家变得日趋主流的想法截然相反。他们认为直接税是对一个自由人的侮辱，是只应在完全必要时才采用的办法。因此在共和国时期，只有不寻常的费用、士兵的军饷、各项战争开支由被称为税赋(tributum)的专门财产税来支付，这项财产税在战利品和敌人的赔款能够支付这些费用时返还。征服马其顿之后，罗马公民完全免税，以至于对于我们的研究开始时期的罗马公民，对于同盟战争后的所有意大利人(恺撒之后的波河以北)，除了三头同盟暂时性的压榨，除了间接税，即最广泛意义上的 vectigalia，免税是没有问题的。国库从这些税收中获得长期稳定的收入。

首先有关税(portorium)[2]，这一专有名词包括过境税、通行费和关税，包括海陆两路。共和国时期已经有了几个关税区，与各行省一一对应，西西里、亚细亚、西班牙和高卢。帝国时期其定义要准确得多，多亏有铭文信息，上面显示一些关税区包括数个行省，有助于我们追查一些收税点。各地税率并不相同，最常以 2.5% 征收，因此得名 1/40 税(quadragesima)。除了由于国家原因而获准免税的地方，关税对所有商贸产品征收。税收征缴最初以包税方式交给金融家，继而交给也是帝国官员的人，并逐渐朝着由财务使及其下属直接征收的方向发展。

过境税在进入某些城镇时缴纳，是国家许给这些城镇的特权，不管其是在征服前即已实行并沿用的制度,还是为其所做贡献而对城镇的奖励。

关税收入之外又增加了源自国有地产的收入,国有地产因征服扩大,公地(ager publicus)面积增加。有些公地租给个人耕作,余下的山丘、丛林平原和荒芜土地用于放牧。当畜群离开山谷、整个夏天都待在山上时,收税人的代表对之作以记录,指代这份记录的词"scriptura"[3] 变成对在此情况下放牧和通行所征税的称呼。有大面积的录入地(ager scriptuarius),不仅在意大利南部,而且在阿非利加和亚细亚各行省。

公地也包括一些垄断权:煤矿和盐矿属于国家。所有这些捐税加在一起,除了危机时代和国外国内战争时期,足够维持公共支出。

当屋大维压榨完意大利的土地所有者并成为奥古斯都时,他没有坚持采用所偏爱的直接税政策;但由于创建常备军和支付固定薪饷,支出大幅增长,有必要利用新的收入渠道。他因此设立遗产税(公元 6 年)而无视恺撒和三头同盟因相似政策而引发的暴力抗议。因害怕看到古老的直接税再度征收,这一情绪导致接受 5% 遗产税(vicesima hereditatium)[4],那是所有遗产的一项附带条件,近亲属和穷人的遗产除外。在涅尔瓦和图拉真给予这些免税权以广泛解读后,卡拉卡拉将之全部取消,通过扩大公民权,征收 5% 的该项税收,获利丰厚。但遗产税最初仅在意大利征收,奥古斯都在此基础上增加了销售税(centesima rerum venalium,被认为仅对通过拍卖进行的销售),税率在各时期有所不同,直到卡拉卡拉废除了仅关乎意大利居民的遗产税。最后也设立了(公元 7 年)4% 的奴隶买卖税,起初由买方支付,尼禄之后由卖方支付。

所有这些与对行省征缴的税收相比简直九牛一毛。

首先,他们没有免除我们刚刚列举的间接税,内地的海关按价征税,严重阻碍了商品流通。另外,各行省交纳税赋[5],自公元前 167 年成为归顺的标志。一些臣属国王和地区交纳得更早。在征服之后,税赋通常不超过该地区向从前的主人缴纳的税额,西西里、撒丁岛和亚细亚缴纳什一税。起初以实物形式缴纳,而后,各地日期不同,转变为现金形式,如恺撒在亚细亚所做的转换。由于无可忍受的滥收税,居民们发现自己被迫提前交纳好几年累加在一起的税捐:卡西乌斯在同一地区一次性索要十年的什一税,安东尼则索要九年的。塞琉古王朝在犹地亚索要 1/3 的粮食收获;这在刚开始未调整,随后由尤利乌斯·恺撒降为

1/4。我们不清楚共和国时期一些行省的税收性质和税额。

帝国时期,税额日益准确,程序日臻完善。定期的普查提供了一份带有财产估价的居民名单,以便他们被分别编入各个等级并评定缴税额。人口普查起初每五年举行一次,最终在哈德良之后每十五年举行一次。帝国的勘察是项浩繁的工程,始于恺撒,需要 25 年不间断的工作才能拟定出土地清册。投身于这两项浩大工作及下一步时常需要做出修改的专家人数让人叹为观止。每个所有人必须申报财产,自行估价,由国家的代理人监督。土地被分成不同类别:农耕地、葡萄园或橄榄园、林地和草场。此外,房屋和其他建筑也包括在这份清单中,连同动产、家具、奴隶乃至存款,所有这些都被看作地产的衍生物,因为税收范围只在土地本身,而不在其所有者。身居行省的罗马公民甚至也不能免税,除非他们的土地具有意大利权利(jus italicum),这将其土地与意大利的免税地归并到一起。

名副其实的土地税仅能通过几份零散资料才可获知,埃及除外,所发现的莎草纸包含大量相关信息。最古老形式的土地税是定额的,通常为 1/10。有些地方,例如亚细亚,恺撒通过估算加以取代,称为薪俸(stipendium)和税赋;但在其他地方似乎仍保持定额,确定无疑的是在不列颠和日耳曼的十区领地。

奥古斯都想到了并非土地所有者的那些人,除了土地税(tributum soli),他还设置了人头税(tributum capitis)[6],其在元首制时期的组织充满了模糊不明之处。另一项税收是对城镇的平民阶级、工匠、小商人、公司员工征收的,在亚历山大·塞维鲁治下,这项税收有了"商人税金"(aurum negotiatorium)的名字,当然可以追溯到更早时候。

有关间接税的包税制度普遍已被确定,尤其是奥古斯都的遗产税,但那不再肥了骑士等级的大投机商的腰包,他们同时在首都为交付拍卖的税收额度签订合同。帝国时期,大体上只有小项目被承包出去,在行省当场投标;投标人随后再交给不太有地位、不太贪心的多数人。另外,新型的包税人(publicanus)仅发现于一些元老行省,土地税通常在他们的视野之外。

恺撒将亚细亚的征税任务交给自治市,这一制度被推广到帝国其他许多地方。城镇每年都要征税,以本地区为单位,受罗马官员、财务使[7]的监督,尤其是身为财政区主管、出身骑士等级的有办事经验的代表。在每个地区,他们中有一人掌管所有身为奴隶或被释奴的职员。在希腊城市里,起初普遍采用"执事"(liturgy)制度,但当越来越难找到个人承担这一职责(munus)时,便全部交给市政议员(decurion)。在东方,十人或二十人委员会(decaproti, icosaproti)被赋予收税之责。没有取得多少令人满意的进展,财务使常常被迫通过下属代办人来采取行动。直接税在帝国变得越来越普遍了,最后应用于所有税种。

戴克里先及其继任者的改革没有对间接税做任何改动,除去一些税率提高了,释放奴隶和继承财产不再缴税,但土地税在几方面有所改动。东罗马帝国关注清楚定义、范围更小的类别。人们认为把应纳税物分成财税单元会使税收简化,每一单元缴纳相同的税费,称为"轭税"(jugum)或"人头税"(caput)。财税单元的大小无关紧要,只考虑其价值,那依赖于土地的地力和用途。财产转让被记录和刻写在土地说明上,定期修改以保证准确。经常性修改是必要的,因为记录也包括动产、畜群或牧群、劳工或奴隶,这些理所当然附加在土地的价值上,其数量时常有变。其实人头税定值是个神话,因为已设定 15 年的预算期,但每年每个近卫军长官(praetorian prefect)会订立其领地必须交纳的报税(indictio)[8]或总额。税收分摊到各行省和每一行省的各城市,终将分摊出去,由某些要人(principales)按城市在纳税人中间征收,议事会长老(curiales)一同负责税收按时上缴。税费有诸多名目,很难分清,但好像税赋部分以现金缴纳,公粮(annona)部分以实物缴纳。

废除什一税解释起来很简单,帝国的人口逐年递减,国家的财政收入连年下滑,所需支出却在增加,经估算确定的税捐因此只在理论上可取。另一方面,以现金形式固定税额会捞取政府钱财,因为货币正在贬值。结果,从 3 世纪末开始,土地税多以公粮形式缴纳,旨在保证首都、皇室、高官、最后一个但并非最不重要的军队粮食供应。纳税人自行运输上缴的物资,主要为食品,但国家在附属品的名义之下也征用军装、马匹和用于生产的原材料。根据国库来决定税捐应以现金抑或实物形式征收,接收抑或拒收与估价(adaeratio)相等的替代品。

如果在重要地产上才附带的土地所有者的人头税(capitatio terrena)之外没有增加向小所有者和根本无地者征收的平民人头税(capitatio plebeia 或 humana),以及对工商业征收的一项老税种的变体金银税(chrysargyron),那么土地税不会影响纳税人的人员充足。

总而言之，这一财税管理给人以一台精巧组装的机器之感，其专门技能出类　70
拔萃。但其最大的价值在于政治、社会和经济制度一同变得更加稳固，支出更
少，寻求增加纳税人的财富，而非从他们身上榨取最大数额的税费，甚至不惜让
其倾家荡产。

【注释】

[1] L.Homo，*Les Institutions politiques romaines*，etc.
[2] Cagnat，XLIII，art. *Portorium*.
[3] CXC，p.355.
[4] Cagnat，XLIII，art. *Vicesima hereditatium*.
[5] Lécrivain，XLIII，art. *Tributum*.
[6] Seeck，*Capitatio*，XLVII，III，col.1513—1521.
[7] Cagnat，XLIII，art. *Procurator*.
[8] Seeck，XLVII，IX，col.1327—1332.

第八章　市政机构

　　罗马帝国从一座城市崛起,让这座城市成为其中心;在我们现代人看来是件怪事,古代的君主国也不会理解,因为其联合的中心永远是君主;此外,只能在希腊历史上找到不甚完全的先例,雅典帝国在理论上不过是同盟者的联邦。而就在希腊,我们看到了最引人注目的相似之处。希腊人和罗马人具有相同的城市观念——polis 或 civitas,几乎没有有别于城市的政治有机体,其他所有制度在他们看来都只是暂时形式的政府。[1]

　　我们不能只把希腊或罗马城市描绘成如法国大城镇一样的人口中心。城市也有"领土",面积或大或小,往往十分广阔。我们发现中世纪时期在汉萨同盟城市、日内瓦和一些意大利小共和国,尤其是威尼斯,有着与这一突出地位相似的东西,尽管这些地方是罕见的例外。[2]然而我们可以从今天的意大利城镇平均面积远比我们的城镇广阔的事实中回想起遥远的过去。

　　如果你以为有任何深刻的思想成就了罗马帝国的市政制度就错了。从最早的征服年代开始身边就有范例:西西里的小王国包括几座城市;希腊化大国也类似地拥有——或如可能发生的被压制——城市自治的实例;被那个年代的铭文证实了的各种特权,正是罗马人根据各城市与周边的关系在亚细亚赋予或拒绝给予的那些特权。市政制度无可争议地推动了罗马的扩张:为进行干涉以"解放"被压迫城镇提供了有用的借口;另外,各城镇保持着特殊精神,没有全部联合起来对抗这个外来者,所以对一个真正中央集权的国家缺乏抵抗能力。尽管联盟不稳固,事实却证明征服蛮族要艰难得多。[3]

在征服之后,业已存在的城市机构当即给罗马带来益处,免去了事无巨细的管理将带来的无尽麻烦。当一次大仗打下 500 平方英里,将其置于罗马统治之下时,罗马为监管一切需要一支行政官员大军,那是罗马不具备的。罗马的自由主义视需要而定。亲自管理一切事务带来的困难在罗马城变为意大利霸主时就经历过了,而不是当意大利成为一个地中海帝国的头领时才有。

这项任务在西方比在希腊地区更难,在希腊只要确保一个等级的主导地位就足以维持现状;在西班牙和高卢则需要真正的创新。即便如此,征服者小心谨慎地进展着,尽可能多地利用业已存在的制度,不力求形制统一。他们依靠效仿和在意大利取得成效的制度。一种分级制度把拥有罗马权利的城市——具有或没有投票权(suffragium)的——与拥有拉丁权的城市区分开来。[4]城市有可能因为慎重的举动或忠于首都的表现而从一级升入另一级。这一分级制度在行省也会是有益处的。

他们另有一个办法——建立殖民地,特别是在新近兼并的国家,作为罗马影响力和潜在守军的中心,一些潜在守军由军团老兵也是罗马公民组成,一些从仅由拉丁人组成的辅助军中招募。经过选拔,当地人同样逐渐渗透到两者当中。殖民地的制度以罗马为原型。[5]

除了这一类,各种各样的人口中心构成了众多"外来"或"外侨"的城市。[6]最低等的是附庸或"臣服"城市,根据必缴的贡赋而定。让它们保留实际存在的独立是种仁慈的让步,尽管是罗马从中受益。级别在这些城市之上的是自由城市,人们绝不会觉得两者之间有差别,因为从来没有完全免于纳贡,其自由甚至可能被撤消。没有什么比希腊人热情投身其中的自治观念更虚无缥缈的了。理论上地位更高的是同盟城市,其独立性并非更大,但被认为具有源于条约的更好保证,这在现实中却只是用词上的差异,因为就算最小的挑衅,罗马也会证明诸如此类的城市违反了条约。

自治市创立于公元前 4 世纪,其旧称"municipium"最终获得了最广泛的意义,用来指代所有采用以罗马为原型的机构的城镇。在目前的语言中,该词甚至被应用于所有的帝国城市,我们法语的"市"(municipalities)由此而来。也有一些城市继续领"殖民地"之名,它们的复杂用名受到皇帝姓氏(nomen gentilicium)的影响,我们在其中看到了一种让人安心的保护,但这不总意味着受罗马法保护,特别在东方行省,最主要是在亚细亚,民众过分坚守古时的民族传统。[7]

对于罗马人而言,所有这些差别都微乎其微,他们时常嘲笑行省居民认为自己对罗马人至关重要。[8]每个城市都有专门的许可证吗?倘若如此,许可证中所做的安排一定在很大程度上符合一个通用的范例。[9]差别源自古代的用法,有时只能从官员的名称看出差别:直到哈德良时期,阿非利加的一些城市如在迦太基人统治时代一样仍用"苏菲特"(Suffetes)①称呼主要官员[10];在高卢仍有司法官(vergobretes),只不过此时这一官职由一人担任,与自治市及其两人团的制度相矛盾。在希腊地区,城镇中没有以罗马名称称呼的官职,保留了没有大权的执政官和没有兵权的将军(strategi)。

民众会议存在于各地,高卢除外,社会下层在高卢总是处于附属地位。在西方,民众会议采用罗马名称"comitia",民众通过会议在理论上保有选举权,纵然从提比略时代起,即便在罗马的民众其实也不再拥有这些。但在公共职能变得尤为繁重,以至于不再是渴望得到的东西而是由另一权力正式交付给永远不会自愿承担的人时,民众会议失去了其存在的理由。

官员有军事、行政和司法权力。第一项没什么可谈:并非所有城市都有自己的军队,险情频发足以说明可悲的疏忽。东罗马帝国治下匪盗猖獗,但那时唯一让人忧心的是入侵,所有努力都集中在建立堡垒加以防范上。鲜有城市司法的相关信息。在前几个世纪里,自由城市原则上裁决所有民事争讼,甚至审理犯罪和不法行为,但有偶然保存下来的证据表明,皇帝及其代理人插手许多案件的审理。在3世纪,法官只在本地政府中具有惩处简单违法行为和调查较为严重事件的权利;危害程度超出一般的案件则不在他们的权限以内。

市财政无疑是官员活动的主要领域:城镇在领地广大时收入[11]会十分可观。其领地或是直接耕作,或是以份地分给租种土地的个人。罗马国家很快垄断了有利可图的财产,诸如林地、渔业、矿山和采石场。在一些城市仍征收通行费,尤其是同盟城市,通行费并不妨碍与帝国关税并存。铸币权给铸币者带来了一些好处,这一特权在东方要比其他地方授予范围广得多,是罗马出于对传统的考虑,不想与之公然决裂;但在3世纪,铸币权实际上由国家垄断。

---

① 迦太基及其他腓尼基城市的最高官员,共两名,每年选任,行使行政和司法权力。——译者注

希腊各国沾染上了恶习。它们不屑于做定期预算[12]，觉得在拮据时依靠一些公民自愿或迫于压力慷慨捐赠要简单得多。各国存在捐赠，但通常实难满足铺张浪费的愚蠢之举：宏伟气派的公共建筑的建造，演出和节庆，中央政府为加强控制、命令总督报传子民的祈祷和尊敬而派到罗马的如瘟疫般的使团。每个自治市也被要求付费给市政医师，他们诊病不收费。[13]教师有酬劳，但主要为非直接性的，享有一定的免税权。公共工程、道路维护、供水、照明——几乎各地都需增建——时常同时暂停，尽管所需费用从店主所缴的税款中支付。

市财政的窘况使得城市督办[14]（希腊地区为审计[logistai]）设立起来，起初人员很少，不常设，一并监管几座城市，现在却变得为数众多，最后在 3 世纪成为各城镇的常设官员。从图拉真时代开始，东方诸行省的监察使（correctores）必须与城市督办联合起来。[15]

罗马也通过加强第二议事厅元老院（希腊城镇的"议事会"）的权威来强调罗马的保护权，赋予其对一切事务的控制权。至少在讲拉丁语的地区，此后被称为"五年团"（quinquennales）的两人团每五年修改一次元老名单[16]，名单中包括已离任官员和被要求完成总税额的众多征税人，在西方通常为 100 人，其他地方差别甚大。这迅速发展成为一个排他性等级，初受艳羡，后因职责而被搜刮拖累，尤其是税收之责。从这个社会等级中任命官员，在西方显露出执政官的所有外部标识：镶边托迦（toga praetexta）、官座和一队扈从。不过这等气派也不足以抵消像最高补偿（summa honoraria）这样的繁重现实，就职时的捐赠要与个人财富相衬，且不提任期中视情况而定的许多其他捐赠。

这个元老院逐渐成为城镇中的唯一政府，甚至在罗马，民众会议也衰落了。行省经历了同样的命运，导致本地生活的瓦解，对之的自豪感，尽管在夸夸其谈时滑稽可笑，却是采取行动的动力。当外侨城市被塑造成统一模式时，衰落接踵而来，罗马是第一个因此受波及的。罗马徒劳地扩大城市数量，徒劳地以在亚细亚的塞琉古王朝为榜样，耐心地将氏族生活转变为城市生活，通过在政治上恢复古老的民事或宗教的公国来确立新的中心；通过逆向的过程，将广阔的领土纳入帝国的管辖[17]，此后不幸的奴仆堕入了毫无道德和毫无希望的生活。

罗马人最初的观点是正确的，市政精神应该得到鼓励，即便是过度的，这里面包含着我们现今难以理解的态度。城市公民而非公民个人的荣誉头衔是种赞

75

许,那在当今罕有授予也不被看重,古人对此的观点却截然不同。由此争光的运动员、教授、艺术家属于各个城市,仿佛一种装点,城镇的某个公民不单纯是消失于几百万人中的一分子,他在政府中直接占据一席。

然而罗马并不接受这一理念带来的一切结果。无疑,本地自由只是在很久以后才瓦解的[18],有些城镇的民众会议直到 3 世纪才真正消亡,而衰落之势影响了所有城镇。唯有一个等级即富有等级人多势众(由领导机构决定),反过来对该等级的压榨也使其没落,他们为城市里的纠纷画上了句号,就因为有这一等级才使纠纷难以置信。一方被明令禁止担任公职,另一方为之所迫;中央政权的不断侵蚀带走了可以弥补履行公共职责所付出的一切,只剩下费力不讨好的工作和责任。因此,在发生经济危机时官员们弃官,为了便于让他们履行公务,他们被授予罗马公民权,即小拉丁权(Latium minus)。事实证明这项措施并不够,此后要求整个议事会均承担公共负担,所有成员得到同样的荣誉(大拉丁权[Latium majus])。[19]但当所有人均为罗马公民时,这项刺激措施又价值何在?议事会空寂无人,各类人士被迫加入:外邦人、被释奴、私生子、妇女儿童,唯一的条件是他们应是有产者(possessores)。当他们的财产不断减少时,贡赋分摊给越来越多人,或说得更确切些,是分摊到祖产上。官员的职位被分割、分配、分解进在人数渐增、权限渐窄的市政议员中间分派的众多管理者之职。

不过这些职责仍面目可憎,每个人都避之不及,唯有一个脱身办法:成为帝国的元老等级(clarissimi),这样可免除议事会毁灭性的公务(munera)。这作为一项惠人之举给予个人,如果必要,可以买得,这是一个要比无休止的损失更易忍受的暂时性的巨大牺牲。但极少有人能凭地位达到这一最高等级;余者没有其他办法,唯有想尽办法剥削对之负责的那些人。考虑到因征税人(exactores)的压榨所致的抱怨,皇帝们想出了另一个权宜之计,创设了起反制作用的保护者(defensores)。[20]但这一政策收效甚微,保护者不久后即暴露出又是一些迫害者罢了,抑或他们由所有人任命并为所有人服务,只是变成议事会长老而已,责任更宽泛,比其他人任务更繁重。

这样就避免了担任公职变成普遍的抱负。男人们不愿列身行伍,选择在农场务工为生,工作艰苦却更稳定、更能避开无法预见的不幸,或是在教士中间寻求庇护而成为僧侣。每次当蛮族人奋力闯入帝国时,人们发现令人奇怪的互换,

76

一些公民越过边界，生活在蛮族人中间。

中央政府发现，对这一离弃只有一种补救办法，也就是将每个人连同他的后代固定在他所在的等级和社会集团中：元老的儿子为元老，议事会长老的儿子为议事会长老。这项措施不仅应用于官员。议事会长老禁止从事会使其发财致富，同样也会使其衰败破产的商业事务，那会毁掉保证国家安定的祖产；商贸不再能带来预期的利润。有求于他们的罗马依情况对他们进行征用，因此在这一领域也有必要成为一个团体的一员[21]，不管他愿意与否，世代留在其中，并接受不考虑本人意愿或喜好的、永不改变的地位。

在一个最后变得更独裁、好干预而非强大的政府统治下，帝国一下子变得过于臃肿而羸弱，其日益增长的需要必须由日益减少的人口来满足。没有挽救的良策，所采取的措施只是雪上加霜。瘫痪之疾殃及所有事物。

古时所有城市中，宗教占据重要一环。宗教实践的习俗足可以为一篇长篇论文提供材料[22]，而我们只希望定义其特征。

我们必须做出一些区分，尤其是东西方之间。地中海诸民族有着现实性的崇信，与个人的良知无关，不甚关注传道之责，更加关心获得有用的神谕，并为举行盛大节庆提供好的理由。在这方面，希腊领先意大利一步，后者满足于从希腊化世界吸收诸神并将之与自己信奉的神对应起来。这些神大大希腊化了，至少在其可塑的特征上。罗马反过来输出的却极少，除了因身负职责而远离家乡的少数意大利人外，拉丁姆古老的抽象神祇在各行省乏人问津。希腊诸国保留着希腊众神，众神中间并非没有加入他们所熟悉的阿非利加或亚细亚各民族的神，但罗马人的神谱、祭仪和宗教组织没有对帝国东半部留下任何印记。罗马只是熟谙于从帝国东部接受：我们可以这么说，希腊—罗马宗教的宏大和"抚慰"的实践，凸显出帝国社会上层的浅薄。

在西部行省和与意大利北部接壤的行省，情况则不同：民族崇拜的祭司有拉丁名字和徽标；有像意大利祭司一样的祭司团；行省各城镇有占卜师和祭司；位居其他祭司之上、负责帝王崇拜的总祭司，唯一一位真正渗透入希腊城市的祭司，在那里被称为"主祭"（archiereus）。

然而十分明显的是，对于下层而言，这些伪拉丁祭仪具有吸引力只是因为必须为之，身为或将要成为罗马公民的每个城镇的总祭司才对之崇信，那无论如何在源头上完全是世俗性的。此外,如在阿非利加[23]或在高卢[24]发现的一些艺术品,其大小或质量有时让我们很难以为那是下层的崇拜偶像,展现出的神祇仅有极少数为希腊或罗马神祇,或根本没有。无论如何,普通人、农夫和工人仍旧对古老的土地神深信不疑,即使装扮以拉丁外表,仍保留其固有的特征。铭文要比艺术更好地表达出大众内心深处的情感。[25]

然而大众很早就自发表现出对奥古斯都神性的崇拜,由奥古斯都祭司(augustalitas)的制度加以强化,起初带有强烈的私人特点。[26]这是由商铺和工场的劳动者组成的自由协会,偶然由皇帝的某个扶持这一卑微阶级的举动促成,更多则出于效忠的本能或是不落周边城市之后的意愿。有时同业公会为不同的目的而建,由帝国主人资助。

市政官方不失时机地将这些独立的协会转变为官方团体,后者在每个城镇不总是严守同样的规则。作为一项常规,六名与奥古斯都祭坛相关的官员(seviri)此后由议事会任命,并被授予特权:在民众节日里的荣誉座席、头冠和镶边托迦、像走在官员前面一样为他们开路的肩扛棒束的扈从。所有这些都是为了补偿他们所履行的职责:进行献祭,之后举行盛宴,操办赛会,建造公共工程,以及其他自愿开支。这些高官一年任期结束后,进入奥古斯都祭司的行列,主要以这种方式补充人员,但也有选择任命(adlectio),免于祭司之职。

在奥古斯都祭司的行列中当然包括一些自由人,但主要由被释奴、工匠或商人组成,这些人达到了小康生活,乃至通过城市贵族不许从事的职业而殷实起来。他们因此获得了令人艳羡的殊荣,仅居市政议员之下。他们是"罗马帝国的资产阶级,渴望成为绅士的资产阶级"[27]。

奥古斯都祭司几乎仅发现于实行罗马宪政的城市、自治市或殖民地。它盛行于意大利,但除了纳尔榜和拜提卡(Baetica)提供了一些实例,莱茵河畔、多瑙河畔、达尔马提亚海岸有几处,实际上在帝国其他地方并不存在,多数集中在罗马文明确立时间最长的地区。

其消亡时间不得而知,无疑经历了一个逐渐衰落的漫长时期才结束。六人团在一些城镇要比其他城镇废除得早。奥古斯都祭司在一定程度上与议事会联系在一起,导致市政议员之职废止的原因同样使奥古斯都祭司候选人的数量减少,在这种情况下,没有哪项必需的制度岌岌可危,让罗马政府必须在各条海岸上保存下来——政府从未关注于此。经济凋敝是其衰落的原因,其因支持者资产阶级本身的消失而走向没落,自然也无需基督教给予最后一击了。

【注释】

[1] LXIV,p.224 *et seq.*；CXXXIV,p.264 *et seq.*

[2] CLXXXIII,pp.4,12.

[3] CLXXXIII,pp.23,38；CLIII,pp.432—476.

[4] L.Homo,*L'Italie primitive*,etc.,pp.262,269.

[5] Homo,*op.cit.*,p.268；Arnim von Gerkan,*Griechische Städteanlagen*,Berlin-Leipzig,1924,*in fine*.

[6] Homo,*op.cit.*,p.272 *et seq.*

[7] L.Mitteis,*Reichsrecht und Volksrecht in den östlichen Provinzen des römischen Kaiserreichs*,Leipzig,1891.

[8] LXXXII,p.126.

[9] CLIII,pp.174—430.

[10] XLI,viii,7765,10525,etc.

[11] CLXXXIIII,p.450；CLIII,pp.2—68.

[12] CLIII,pp.68—173.

[13] S.Reinach,XLIII,art.*Medicus*,p.1692.

[14] Kornemann,*Curator rei publicae*,XLVII,IV,col.1806—1811.

[15] A.von Premerstein,XLVII,IV,col.1646—1656.

[16] Kuebler,*Decurio*,XLVII,IV,col.2319—2352.

[17] Kornemann,*Domänen*,XLVII,Suppl.IV,col.238—261.

[18] CLIII,pp.476—538.

[19] CLXIII,III,pp.33—40.

[20] Seeck,XLVII,IV,col.2365 *et seq.*

[21] CCI,II,chap.VII；CCXIV,II,p.208.

[22] See A.Grenier,*The Roman Spirit in Religion*,*Thought*,*and Art*,etc.,*passim*.

[23] LXXVII,I,p.437 *et seq.*

[24] *Ibid.*,p.454 *et seq.*

[25] Cf.J.Toutain,*Les Cultes païens dans l'empire romain*,Paris,1908 *et seq.*

[26] CLXIV.

[27] CLXIV,p.123.

第九章　行省机构

79　　如果罗马重视尽量保留被认为是本地活动——由此有了城市生活的发展——促进因素的某些自治权,那么罗马将更愿意在组建行省时通过授予帝国臣民一些参政权来准其参与管理。

　　臣民参与公共生活最为突出地表现在司法领域。他们似乎并未获得在刑事案件中的任何权利(他们无疑会因迁就而犯错),但在民事案件中,他们以不可轻视的经历来帮助远道而来、初来乍到而对行省的禀性并不了解的总督应是正确之选。此外,各方觉得向同社会和同民族的人投诉会得到更好的保护,以抵制漠视或专断。所以从共和国时代开始,总督定期在行使裁判权的主要城镇颁布法令:率先在其法令中订立法律原则,在涉案方同为外国人时,案情问询在城镇居民上层、通常从那些非罗马公民的本地人中选出的陪审员协同下进行。这些对外开放的法庭被称为"conventus",该名称也被用来指代构成一个裁判领域的地区。我们听说在西班牙、达尔马提亚和亚细亚有 conventus juridici。[1]

　　可从来只有极少数臣民能够参与到公共事务中。行省会议不得不准许他们中的多数为全体代言,陈述他们的期望。特别是在共和国时期,这些制度发挥了难能可贵的作用,因为那是一个纷乱扰攘的年代,许多总督在罗马被控草菅人命、背信弃义。事实上,即便那时也常有诉苦之声,不总是无果而终。我们不清楚这样的诉讼程序如何操作,是在哪个公共团体(commune)里把各城市的苦衷归总在一起,或由谁来指定负有正式起诉责任的代表团。很久以后,常设的大会(concilium)才建立起来。

大会制度往往和行省的崇拜联系在一起。[2]这些民众会议无疑起源于宗教，但在奥古斯都时代很久以前就为其奠定了基础。代表们的重要碰头会以东方联盟中的会议为原型[3]；相当数量的联盟存在于希腊土地上，管理共同的祭仪；这种宗教纽带往往叠加在民族纽带之上，或者至少是在地区联系之上，在希腊化时代获得了大发展。罗马时代的联盟继之而来，在各行省不总完全一致。从未发生一个联盟涵盖几个行省的情况，一个行省却可以有几个联盟。希腊土地上这些行省会议的专门名称证实了这一事实[4]，我们听说在代行执政官管理的亚细亚有一个亚细亚总社团（commune Asiae）位居各个次一级会议之上。

另一方面在西方，这些小型的行省议会完全为帝国统治而设[5]，有证据清楚表明，罗马和奥古斯都的崇拜是其决定性因素，要求其顺从，甚至为国家做贡献，在新近征服的行省里首先推行帝王崇拜。[6]在这些地区开始了一个全新的存在形式；这里要比其他地区更容易接受归顺罗马的这一象征；罗马在这里推行自己的法律，奥古斯都则将之当做罗马的仆人和工具。我们不必讨论这一崇拜的性质[7]，只需注意我们所说的"奥古斯都"首先是从前的屋大维，而后是统治国家的恺撒，与他的本名无关。

本地习俗决定了这一崇拜的组织形式从来不是千篇一律的。长久以来习惯在开阔地举行宗教仪式的某些民族只是聚集在一个祭坛周围，这可以呈现宏大的场景，譬如在里昂汇流处的祭坛。其他地方则建起称为"Augustem"（希腊土地上称为"Sebasteion"[8]）的真实的神庙，该名称也用于城市或行省的庙宇。东部行省神庙中最出名的要属安其拉的 Sebasteion，镌刻于墙壁上的政治遗嘱使人首先永远铭记住奥古斯都，直至今日。

同样，主持祭仪的高级祭司的头衔也不完全相同：在西班牙，在纳尔榜，沿用古老的拉丁名称"弗拉明"（flamen），但通常被称作"行省祭司"（sacerdos provincae）[9]，他地位显赫，出身贵族，往往身兼数职，通常为罗马公民。高级祭司由各城镇从代表中选出，通常任职一年；城镇间的竞争一定比个人间的竞争更激烈。在代行执政官管理的亚细亚，高级祭司的人数因情况特殊而增加，行省神庙不止一个，于是有了数个集会场所[10]，联盟开会有时仅在城市的帝王庙周边举行。这些对手城市明显暴露出对无意义的高低上下的热衷和对赚钱的渴望：召开联盟会议会招徕大批民众，为召开地带来实惠。亚细亚的主祭是不是亚细亚祭司

(asiarch)？比提尼亚的主祭是不是比提尼亚祭司(bithyniarch)？诸如此类的问题经常被提出来[11]，因为在希腊化东方发现了一系列类似的头衔。如果相同，这可以解释为附加在高级祭司这个头衔之上无可比拟的价值，因为领受这一头衔者在一段时间里成为行省的高级官员，说一不二，没有同僚。他在去往神庙或祭坛的途中走在队伍前列，并在那里献祭；他主持随后的宴会和赛事，使得代表们的会议开始愈发呈现出世俗性。随后根据城镇的条件，会议在最适合的场地顺利召开。

行省的事务在此讨论，人们提出主张，寻求支持。最重要的当属总督离任时召开的会议。一种无意识和含蓄的自满情绪往往会使代表们赞扬起这位官员的出色政绩。尤其是在希腊地区，不乏歌功颂德的政令，那里竖立着许多运动员的纪念雕像，也会为罗马的代表立起一尊，向继任者暗示他是行善施恩之人。但不止一次，甚至在帝国治下，总督们无所作为或不择手段，他们的广泛权力增加了控诉他们的理由。

我们知道几宗行省居民对总督提起的诉讼[12]，最微妙的案子是怨愤仅关乎几座城市而非所有城市的一宗。我们会以为由议事会选出的城市代表接到了议事会的正式命令或仅为一般性建议吗？关于第一点猜测，清楚的是如果总督仅严重触怒了少数居民，那么很难得到指责或抱怨的一票；第二点，如果代表们在会上畅所欲言，那么一些事关重大的事情可能在讨论过程中影响到整个会议。总之我们从著名的托里尼(Thorigny)铭文中可以证明，是有真正的认真思量的，每个代表一定有保留个人观点的余地。[13]

针对前任总督的诉讼表决通过后，一个专门代表团前往罗马要求有权势的官方提起诉讼，并说明控诉的理由。高等级的元老和骑士自然瞧不起此类案子，但皇帝一贯秉持法律原则。受理案件是另外一回事，皇帝为此案的唯一法官；如果他屈尊答应要求，他的顾问会议或元老院在例行的辩护环节后会彻查此事；代表团作为陪审员出席旁听，通常有行省资助人的支持，就是一些有理由对此感兴趣、身居罗马的大人物。某些被发现渎职的总督会被元老院除名，或严禁他们以后担任行省总督之职，甚至被处以严惩，如流放。

不论总督无罪释放、得到嘉奖，抑或被斥责、被指控，在任一情况下，所需费用都高于通过会议正常渠道提起诉讼的花费，后者需满足专门人员日常所需和房屋的维修。从法律上讲,大会(concilia)属于经批准的行会(collegia)一类,所以视情况而定可利用基金(各城镇的捐赠,无疑也有个人的捐助)。这笔财产的管理多数情况下交给高级祭司本人。东方的联盟甚至有权铸造铜币。[14]

皇帝们对行省会议采取扶持态度与对怨愤之声展开真正调查兼而有之,这解释起来很简单。他们想要对高级官员传递出一种印象,官员中许多人往往独断专行,不止一人对在位皇帝构成威胁,以致最高统治者及其臣民抱着良好的愿望联合起来。此外,带来的结果必定会是更加热烈地进行罗马和奥古斯都的崇拜。皇帝们显然认为这些围绕祭坛或神庙集会几小时的小型会议威胁不到国家安全,利用它们制约参将和代行执政官的独断权力为上策。唯有证据确凿、诉状严谨的控诉才能远达罗马,因为证据不足的诉讼要比忍气吞声更危险,被控总督的继任者显然会在最终判决前表达自己的意见,如若败诉,他会对由他管辖的这些人保持警惕。

我们所知行省会议没有哪怕是一点鼓动反叛的例子。间隔很久收到君主一封赞其精神可嘉的信件并宣布一条好消息便心满意足了,行省会议多是忠顺的核心,真正被关注的是[15],在摇撼罗马世界的大危机中——角逐皇位、军队或总督反叛——这些大会似乎从未参与,甚至从未被要求参与。

罗马史家罕有或没有提及戴克里先改革后的行省会议。我们自然会以为[16]皇帝皈依基督教会消除帝王崇拜这一制度主要的存在理由,帝王崇拜消失不见,但教会采取明智的机会主义做法,找到了允许保留帝王的神圣性又不冒犯任何人的信仰的妥协方案。[17]这一崇拜在民间一直十分重要,在狄奥多西一世之前不可能消失无存。

根据铭文所记,大会受到了行省增多和意大利与帝国其他地方趋同的影响。[18]这一时期的一件新鲜事便是此后每个行省必须召开大会的原则。[19]元首制时期,市政精神一直颇为重要,行省联系因此削弱,而当这一精神衰落时,皇帝们力图称心如意地以行省精神取而代之,以便巩固为新政权提供支点的各项制度和管理部门。会议定期召开,也有不定期的,有产者除了其他职责,还需参加这些会议,否则处以罚金。他们是尊者(honorati)、帝国的贵族、议事会长老中的要人(primates),经他们精心拟定的法令(decreta)、呈请(desideria)、声明(postulata)、控诉(querelae)提交给总督,总督作以登记,将之呈予皇帝,总需有皇帝的

83

批准。基督教诸帝不再接受从前的献祭和效忠的象征,但高级祭司仍旧管理存留下来的神庙并组织赛事,如此一来,任何人都可无需顾虑参与进来。世俗化的大会见证了自身政治职能的不断扩展。

也存在"管区"会议[20],尽管我们手头的文献鲜有涉及,但也许存在于每个"管区"中。帝国机器已经丧失从前的韧性,僵硬的一致随处可见。这些会议按期召开有据可查,至少在5世纪。与会的议事会代表人数一定不多,此外不同于更地化的大会的是"管区"内各行省的总督均参加会议,还有近卫军长官。无故缺席将受到罚款,针对后面这些人物的罚金尤重。国家官员严禁以任何方式阻挠议政,禁止制止有关其管理的控诉,因为大会拥有公认的监督官员的权利以及商议许多管理问题的权力,这在《狄奥多西法典》的各项条文中有体现。[21]

但这些满是最公正规定的条文却未予落实。帝国衰亡时期的腐败官员仍旧是强势的一方,尽管"资助制"极其艰难地维持着,但行省居民无力地反抗着当地和罗马的不法官僚。这些会议至少存续到5世纪末,公元468年高卢人群起控诉一位近卫军长官有据可查。[22]这意味着有时仍可求得公正,尽管无疑需要特殊环境的助应。

历史不会忘记这些会议,行省会议或"管区"会议为基督教会的行省会议或主教会议提供了范本,主教从2世纪开始讨论教义和教规的问题。尽管这些会议时有中断,并非经常召开,尽管其原则因乏人遵守而必须时常重申,但留下了更持久的痕迹。与异教的宗教会议不同,它们具有最终决定权。也许我们应该在行省会议中审视我们现代议会的起源。[23]

【注释】

[1] Kornemann, XLVII, IV, col.1173—1179.

[2] LXIV, p.216;CXXXIV, p.266.

[3] Kornemann, XLVII, Suppl. IV, col.929.

[4] *Ibid.*, col.930—934.

[5] Id., XLVII, IV, col.803—830;XCVI, p.351 *et seq.*

[6] LXIV, p.217.

[7] A.Grenier, *The Roman Spirit in Religion*, etc., p.452 *et seq.* Also G.Herzog-Hauser, XLVII,

Suppl. IV，col.814—853.

[8] V.Chapot，XLIII，art. *Sebasteion*.

[9] Id.，*ibid*.，art. *Sacerdos provinciae*.

[10] LXXXII，p.465.

[11] Kornemann，XLVII，Suppl. IV，col.936.

[12] CXVII，p.173 *et seq.*

[13] XLI，XIII，3162；LXXIX，p.129 *et seq.*

[14] XLVII，Suppl. IV，col.938 *et seq.*

[15] CXXXIV，p.267.

[16] Cf.E.Lohmeyer，*Christuskult und Kaiseikult*，Tübingen，1919.

[17] LX，p.287 *et seq.*，329 *et seq.*

[18] XLVII，IV，col.821 *et seq.*

[19] *Cod. Theod.*，XII，12，11—13.

[20] XLVII，IV，col.823，826.

[21] CXVII，p.259 *et seq.*

[22] LXXIX，p.334.

[23] Tenney Frank，*Classical Journal*，XIV(1918—1919)，pp.533—549.

第三部　行省生活[1]

第十章　意大利

86　　尽管艰难征服而来,经历无数往往极为艰苦的战争,意大利却依然是罗马最易兼并的领土,民族原因为意大利和首都之间创造了一种家族纽带。拉丁因素在那里十分强势,与埃特鲁里亚人血脉相连,后者给它带来了深远影响。[2] 我们会以为那时长久的联系以及总体上的共同利益会迅速建立起罗马和从前的敌人间更为紧密的联系,使后者与其说似乎像臣民,不如说更像同胞。我们可以想象共同的文化、这块土地上平易快捷的交通、罗马公民权的逐步扩展会促进意大利各地区人民乐享生活,文学作品中悠远的回声、大量的遗迹以及众多的铭文记录都为我们提供了充分证据。

如此的设想太需要纠正了。首先,除了如不断进行挖掘的庞贝城这般非同寻常的遗址,以及罗马或那不勒斯周边其他几处遗址,我们对哪怕是古代极为重要的共同体只能构建起模糊的认识。其中极少数成为内容翔实、条理清楚的专著的主题,对这一宏大主题的最新研究,如尼森(Nissen)的研究集成[3],足以说明我们的历史和考古资料在 20 世纪初仍如何少得可怜。

至于罗马人在兼并意大利后对之加以组建,概况已在另一部著作中描述过了。[4]

87　　我们已经看到环境如何造成两部分民众的殖民地混杂在一起,而其中固有的东西我们却没有考察——罗马殖民地和拉丁殖民地、辖区、有无投票权的自治市,投票权无论如何因距首都遥远而未行使。实际上在公元前 146 年之后的半个世纪里,情况实则没有改观。赞扬政府在过渡时期秉持谨慎精神取得进展就错了,政府留心着仍需监控的刚征服的民众,不想太快接纳他们。那时候,顽固不化的对手萨莫奈人完全放弃独立已久。汉尼拔的侵入起初并未引起叛离,意大利人只是埋怨法比乌斯的拖延战术防御不利。为了解释后来的反叛,我们必须考虑这位迦太基将领的到来及他在坎尼的胜利所造成的恐惧。只有南部背叛了罗马。社会下层不甚成功的反抗揭示了首都在以保护富人利益为先上所犯的错误。在意大利北部,所有被包围的外族领土全部被收服;波河附近的高卢人早被击败;利古里亚山民已被消灭或驱逐;公元前 176 年前后,在远至阿尔卑斯山的边境以内和平稳定,在少人问津的东部地区也有防御工事保护,这些防御工事因近来在同一地区的紧张局势而得到更密切的研究。[5]

然而公元前 90 年同盟战争爆发时,罗马在使盟友依附于它的方面无所作为。首都对盟友的态度不是谦逊而是轻蔑;人民财产无保障并被搜刮,边疆的罗马官员专横跋扈,都使得民众的怒火慢慢燃起,最后意大利人失去了耐心。他们要什么?绝不是叛离。他们的愿望跟早前平民的愿望相似,是要求得到公民权。但曾达成愿望的罗马平民根本不愿与这么多新加入的人分享投票和谷物发放的特权。唯有从盖约·格拉古到李维乌斯·德鲁苏(Livius Drusus)的民众派支持意大利人。结果,他们走法律途径的希望落空,于是决意一战。[6]

这次运动从农民和中等阶级中间发起,起义者从其他地方选出领导者而非听从贵族。起义实际上限于半岛的南半部,这里与北方相比,较少得到公平对待。马尔西人、萨莫奈人、路卡尼亚人[7]通过向彼此立誓和交换人质做出保证,结成联盟,将首都命名为"意大利城"(Italica),位于阿布鲁齐(Abruzzi)。这是一场独立运动?显然是的。萨莫奈人铸造带有奥斯坎传说的货币,其中一种货币上有萨莫奈牛顶翻罗马狼的图案。其他民族对同源民族已分别从罗马得到令人垂涎的地位而暗自嫉妒。新共和国以其对手为范本。意大利城为一国之都,是所有人均享有公民权的国家,单凭这一事实就表露出起义者的真实愿望。

罗马政府十分清楚形势。公元前 90 年年初,《尤利乌斯法》(Lex Julia)对仍效忠的意大利人许以全部公民权,于是消除了新起义者的动机,起义向着追加让步的方向发展,没有耽搁很久。事实上,公元前 89 年年初,保民官普劳提乌斯和帕比里乌斯(Papirius)将同样的好处授予所有意大利人,无论是不是起义者,只要他在两个月内来罗马领受该权利。来自敌对同盟的叛离一定仍在继续。从第

88

三部法律可知罗马一定异常恐惧，该法由执政官庞培·斯特拉波（Pompeius Strabo）颁布，授予居住在波河以南的高卢人以公民权，授予波河以北的以拉丁权。后面说到的这些人随后被分入一些城区，城区内阿尔卑斯山各部落的凯尔特人作为侨民聚居在一起。

起义者慢慢屈服了。只是一种可理解的荣誉感和对密特里达提援助的幻想才延长了抵抗，特别是最好战、也是最晚收降的萨莫奈人继续盲目地负隅顽抗。尽管他们以失败收场，深谋远虑的元老院却没有收回危急关头做出的让步，甚至认为可以增加一项妥协措施。不止一个乐于从《普劳提乌斯·帕比里乌斯法》（Lex Plautia Papiria）的规定中受惠的意大利人发现元老院实际上是不可能这么做的。公元前87年的元老院决议（senatus consultum）又给了他们一个提出诉求的良机。

然而这些最后加入的公民拥簇在新设立的部落里，仅有10个末了才能投票的部落[8]，但距首都遥远的民众相较政治特权，更重视拥有的全权民事权利。罗马在其他方面表现出自己慷慨友善，那也是其利益所在。统一以鲜血铸成，残酷的战争让罗马最优秀的士兵丧命，意大利的自由民也大幅减少；共和国需要新兵员，双方找到了共同利益所在。

要不是马略与苏拉角逐，秩序会完全恢复，反对派发动托斯卡纳人、萨莫奈人和山南高卢人对付苏拉。这位独裁者获胜后疯狂报复：许多人的财产被廉价拍卖，或分配给手下的老兵。但如此残酷之举并不比首都的宣布公敌、驱逐出境、掠夺行为更甚。此后，罗马和意大利其余地方在内战中同样风雨飘摇。对两方而言，不站错队是件举足轻重的事。

89　　　此后一段时间内，意大利处在一个奇妙的位置：居民拥有完全的公民权——至少是那些领受人，为数众多，所以城邦的称呼对罗马城而言已经变得自相矛盾了，有人会认为，唯有现在可被描绘为该词现代意义上一国之都的罗马就是意大利半岛。但事情并非进展得如此简单。最初仍存在被包围的外族领地，继而殖民地和自治市继续以不同名称存在。两者均由"城市"大法官管理，因此从属于这座"城市"，似乎依照一项基本原则将之与罗马联系起来，理论上仅由这位大法官的代表、执法长官（两人团或四人团）来管理。公民只能亲自参与本城的事务；为参与全国的浩繁事务，他必须在某些特定日子赶往罗马。事实上，极少有人愿意这么做,于是不住罗马的"罗马人"往往是二等公民;在西塞罗口中,"意大利人"(Italicus)仍是一个蔑称。

再者,这个意大利(Italia)面积上被苏拉缩小了(公元前 81 年),如果不是更早。整个北部地区原由罗马城的官员直接管理,而今我们发现有山南高卢的大法官或代行大法官,山南高卢已列入行省一级,以第勒尼安海一侧的阿尔诺河(Arno)以及在拉文纳和里米尼(Rimini)之间流入亚得里亚海的小河卢比孔河(Rubicon)为界,与这块土地的其他地方分隔开来。

至于南面的城市,尽管被看作罗马的延伸,由官定法律(leges datae)约束,但每座城市都有自己在一些细节上不同于周边城市的法律,把著名的《尤利乌斯城市法》(lex Julia municipalis)看作这些自治市法律蓝本的人越来越少。[9]然而各城市并不从属于总督,也不必交纳税贡或土地税,那是重要的一点。因此意大利甘于现状,与元老院同心协力反对三头同盟。

这是个不幸的选择,因为另一方更强并善于用权。[10]各种搜刮、没收和士兵驻扎随后落到了意大利的肩上,当屋大维得之为势力范围时,便开始给老兵分配土地,分配给他们 26 座城市的土地,而不赔偿失去土地的所有者。参将们继续进行分配,扩展到山南高卢,那里不再被列为独立的行省(公元前 43—前 42 年)。

意大利起义频仍。所谓的佩鲁西亚战争持续了数月,不止一座城市遭掠夺、焚烧或驱逐居民。屋大维向那些煽动起义者表现出自己誓不低头,但后来当威胁奏效时,他觉得表现出慈悲、减少税收、交还从前被放逐者的部分财产才算审时度势。随着声望渐增,对手渐少,他渐渐丢下严厉,这一次从自治市购买土地用于兴建新殖民城。甚至有些情况下,军事因素与城镇原住民结合在一起,城镇取殖民城之名而非自治市,这有一点好处,即殖民城被看作首都的一部分,奥古斯都准许它们的市政议员有权将选票送到罗马,而不必为亲自参加民众会议大费周章。于是意大利的政治地位最后与行省相比仍处于特权地位,却因长年内战而大伤元气。[11]

实话讲,幸运的是这些战争是大入侵时代前意大利经受的最后战争,意大利再未爆发起义。此后,罗马使意大利服从于一套政府制度,这套制度在细节处多有不详。[12]我们不知道实际规定如何,假使有任何长期不变的规定,那么各种矛盾情况也说明了国家随心所欲地对之加以解释。这自然意味着罗马法并非完全

90

应用于每座城市,当地所有古老的做法也并未被弃之不用。[13]

我们对司法管理的了解也不多:元老院、执政官和大法官、皇帝本人均有司法权,其不同之处我们无法了解。现实中皇帝的司法权很可能对重大案件总位居主导,由其下属、城市长官和近卫军长官履行。不过这把意大利人放在了不确定的位置上。

与之相似,没有哪项法律措施免除了他们的兵役,实则自此以后几乎免服兵役。各行省足以提供兵源,立即或延后授予罗马公民权招揽来新兵。然而仍保留近卫军和城市大队,负责保护皇帝和罗马城,这些主要从意大利人中自愿招募。这块土地不能完全无兵驻守,除非有理由相信永远太平无事。若没有殖民地或自治市之间的矛盾,或各城镇居民间的争执[14],也常有奴隶暴动要镇压。

我们发现税收同样有不确定性。意大利免交税贡并不是因为哪项原则所定,征税的前提条件即人口普查像其他地方一样也在进行。此类征缴不常发生[15],只是由于发生大灾或某个觊觎帝位者急需用钱。半岛居民也免缴土地税,其理论基础在于意大利权利,最高权力从未对此有过异议。皇帝们不想过度压榨意大利的另一个证据可能见于一个事实,即他们为意大利着想,自行出资建设众多的公共工程:城市防御墙、运河、港口码头、引水渠、排水道以及重中之重的道路维护。

普林尼[16]给我们留下了一份清单,上面有奥古斯都将意大利分成的 11 个地区[17],以字母顺序罗列了每一地区的殖民城和自治市。普林尼记述这一划分纯粹出于地理兴趣[18],的确以各民族的传统名称为根据,清晰地回顾半岛上的古老民族。但据我们目前所知,除了涉及人口普查外别无他用。[19]或许这份清单也用作随后推行不同管理制度的框架,每个司法区或财税区囊括几个区域。如此一来,艰难实现的国家统一被毁了,行政区划再次推行。其居民不再自豪地以为自己与行省人(provinciales)有分别,而就西西里和纳尔榜而言,不经皇帝许可,元老或元首顾问会议成员不得越过意大利边界的法律现在被废除了。意大利的管理越来越类似于行省管理。

然而皇帝们并没有停止表现对意大利的仁善:为四个辖区内的贫困儿童发放食物的制度[20]是对城镇的一大实惠,安敦尼诸帝统治时期也准许城镇得到本

91

地公民个体的捐赠。但后来似乎有必要监管自治市的财政，其收入来源因为皇帝本人的良好愿望而增多。这项任务交给一些公务督办(curatores rei publicae)，他们是国家官员，在不破坏城镇自治的情况下使其服从与行省总督相似的权力。

就司法而言，罗马的特别法庭在需行使治权(imperium)的任何自治市诉讼中都发挥了作用。为了减少这一繁重的额外压力，哈德良任命了四名执政官(consulares)，每人负责一个辖区。安敦尼压制这一官职，尽管他本人曾有担任，但马尔库斯·奥勒略重设，由卸任大法官担任，官衔为法官(juridici)。[21]他们的司法权并不覆盖整个意大利；城市管区(urbica dioecesis)仍由首都的特别法庭负责；在其他地方，法官则拥有高级民事和管理权，或许也有刑事审判权。凭借广泛的监督权，他成为中央政府与城镇间的桥梁，其权力因为逐渐挤占当地官员的职权而不断增长。也被称为"regiones"的司法区的数量和范围尚不清楚。我们看一下一些临时改动，通常有四个：波河北地区、坎帕尼亚南地区、罗马周边区、亚得里亚海和第勒尼安海沿海区。[22]与奥古斯都的划分不同，也与为管理皇帝行省而设立的财税使的管区不同。[23]在刑法中有了新区别：城市长官的权力适用于罗马周边100英里，这块土地的其余地方均受近卫军长官的司法权管理。尽管有许多重叠纠缠的划分办法，意大利仍未实行真正的行省政府制度，但这些划分为之铺路，在3世纪意大利采用了行省制度。[24]

随后任命被称为监察使的更高级别官员来取代其他官员。第一次是在卡拉卡拉治下为改善意大利的状况选任(electus ad corrigendum statum Italiae)，再次是在伽利埃努斯治下，也许是整个意大利的监察使(corrector totius Italiae)。他们似乎是临时官员，在奥莱利安时成为常设官员[25]，但奥莱利安将其限定在一定区域内，无疑是为镇压帝国境内的叛乱和猖獗的抢劫。我们还可从官员任免中猜测出些许不安，就像意大利波河北地区法官的官衔[26]似乎印证了意大利的统一，我们也发现了意大利波河北地区的监察使[27]，但同一官职后来被称为"坎帕尼亚监察使"。在奥莱利安之后，这些监察使除名称之外，其辖区与行省相一致。[28]从前的法官为意大利的元老，往往是本地的大地主；监察使通常是意大利的外来者，对其辖区陌生。

在4世纪初，我们不必再做各种揣测了。意大利这时被分为八个"省"：波河北地区、伊斯特里亚(Istria)和威尼蒂亚(Venetia)、埃米利亚(Aemilia)和利古里

92

亚(Liguria)、弗拉米尼亚(Flaminia)和皮塞努姆(Picenum)、埃特鲁里亚和翁布里亚、坎帕尼亚和萨莫尼乌姆(Samnium)、路卡尼亚和布鲁提乌姆(Bruttium)、阿普利亚(Apulia)和卡拉布里亚(Calabria)。这一划分与奥古斯都的划分差别甚少,压缩了三个部分:托斯卡纳并入翁布里亚,坎帕尼亚并入萨莫尼乌姆,罗马周边地区的划分有更改。古老的民族或政治群体再次组建起来;地缘的联系以及经济或宗教的纽带使之在统一的伪装之下保存着潜在的力量。那时的皇帝们不觉得这一复兴有何危险,在他们眼中,这块土地上的划分足以保证稳定,一定要继续实行下去。[29]

但仍保留一个以"管区"形式存在的意大利[30],囊括西西里、科西嘉和撒丁岛三大岛,连同抵御北方蛮族的屏障科蒂安山(Cottian Alps)①和莱提亚。唯有这个超出天然边界的意大利管区(dioecesis Italiciana)不久后一分为二,最晚在320年前后;一位"罗马近郊区"的代理(vicarius)驻于罗马,另一位代理负责供粮意大利管区(Italia annonaria),古老的山南高卢现在缴税以满足皇廷的需要,他和皇帝本人一样驻于米兰。

意大利的古老权利与其说是理论上的,不如说是实际上的,由法学观念承认,而非法律确定,因此,兵役和缴税一样,在紧急需要时这些特权从未被严格遵守过。长远看来,目前的特例成了惯例[31]——不是由于任何新法,不是由于立刻废除了从来只是勉强忍受的特权,而仅仅是因为形势所迫,3 世纪对人力和金钱的迫切需要。卡拉卡拉敕令在这一演变过程中起作用,因为此后罗马公民遍及帝国各个角落,所以意大利在这一方面不再高出一筹。最终,当几位皇帝将皇廷迁往远方城市时,这块古老的拉丁土地也就不再是整个罗马世界无可争议的中心。

然而那些皇帝在官方没有把意大利人与行省居民一视同仁,而是尊重各城镇的自由和传统,尽管他们现在变成了行省人。[32]本地生活按部就班,朝着存在于事物本质中的特殊性方向发展,因为尽管今日这块狭长的土地在政治上成为一体,但南北方之间总显露出差异,甚至肤浅的观察家都无法忽视。在帝国时代,这些差异不大容易觉察。古代史家通常仅记录战争,极少有自治市在战争中

---

① 阿尔卑斯山脉西段。——译者注

发挥突出作用。自治市数量增多,代价是其重要性被削弱:斯特拉波称在奥古斯都治下有 474 个自治市,但据埃利安(Aelian)的记载,3 世纪有近 1 200 个。他们所著的编年史已经失传,唯有保存下来的对这些编年史的回顾是尚存的纪念,经考古发掘发现了其残篇。[33]

【注释】

[1] 我们对先例存疑,却仍决定在对罗马诸多领土的这一区域性研究中大体以兼并为序,尽管这是一个或许在细节上需要修改的规则。

[2] R.A.L.Fall, *Etruria and Rome*, Cambridge, 1924; cf. p.145, *et seq.*

[3] CLXVII.

[4] L.Homo, *Primitive Italy*, etc., chap.v.

[5] K.Pick and W.Schmid, XIX, XXI—XXII(1922), *Beiblatt*, pp.277—308.

[6] CLXII, V. chap.VII.

[7] Giac. Racioppi, *Storia dei popoli della Lucania e della Basilicata*, Rome, 2nd ed., 1902, II, *in fine*.

[8] V.Chapot, XLIII, art. *Tribus*, p.426.

[9] 争论的概况见于 CXXXIII, III, pp.553—564。

[10] Appian, *Bell. Civ.*, and Dio Cass., XLVII.

[11] CXLIII, pp.28—37.

[12] CLXVII, I, pp.81—87.

[13] J.Toutain, XLIII, art. *Municipium*, p.2027.

[14] 看一件趣事,LXXVII, II, p.106.

[15] Ch.Lécrivain, XLIII, art. *Tributum*, p.431.

[16] *Hist. nat.*, III, 46 *et seq.*

[17] 根据一项自然不甚精确的估算,意大利当时有 1 400 万人口,其中 100 万为自由人。(Tenney Frank, XIV, XIX(1924), pp.329—341.)

[18] CLXIII, V, pp.268—285; Lackeit, XLVII, Suppl. III, col.1248—1262.

[19] Thedénat, XLIII, art. *Regio*, p.820 *et seq.*

[20] CXXIX, pp.212—224; cf. p.221.

[21] Berger, XLVII, X, col.1147—1151.

[22] CXLIII, p.130 *et seq.*

[23] CXXIX, p.127 *et seq.*

[24] Homo, XXXV, CXXXVII(1921), p.161 *et seq.*

[25] CXXXV, p.144 *et seq.*

[26] XLI, V., 1874.

[27] *Ibid.*, VI, 1418.

[28] CXLIII, p.172.

[29] *Ibid.*, p.207 *et seq.*

［30］L.Cantarelli，*Studi e documenti di storia e diritto*，XXII—XXIV(1901—1903)。

［31］LXIV，pp.211—216。

［32］CXLIII，Conclusion。

［33］参见 XLI，vols. V，IX to XI；A.L.Frothingham，*Roman Cities in Northern Italy*，London，1910 中的论文；有关专门例子，参见 Santo monti，*Como romana*，2ⁿᵈ ed.，Como，1908；Paschetto，*Ostia，colonia romana*，Roma，1912；Ch.-Ant. Dubois，*Pouzzoles antique*，Paris，1907。有关意大利的社会等级和大地产的发展，其发展过程与行省相一致，CXC *bis*，pp.182—193。

第十一章　西西里

显而易见，罗马时期的西西里鲜为人知。[1]若无维瑞斯（Verres）的搜刮和奴隶起义，西西里的历史几乎一片空白，甚至对其地理状况都缺乏准确了解，还要依赖一个经常改道的河系；小支流改道，也许因萨拉森人砍伐森林而推波助澜，造成古代名称失传，这些名称几乎全被中世纪的阿拉伯名称或来自流行用语的极为现代的词汇取代，因此重要性居次席的地方位置颇为不详。甚至帝国时期的地理学家也表现出对这个岛屿的极端无知。斯特拉波取材于过时的文献。

当罗马人占据西西里后，他们不得不与没有意大利血缘的人民相处，最古老的居民西库里人（Siculi）和西卡尼人（Sicani）除外，他们中的几个部落仍留在内陆高地，在罗马统治最鼎盛时期仍具有一定的独立性，保留了祖先的习俗和居住类型（洞穴和由泥土芦苇建造的小屋），坟墓是一排排在山坡上开口的小墓穴。但实际说来，必须记述的只有东部的主要居民——希腊人和西部的腓尼基人。

我们在此不必回顾征服的条件[2]，罗马在阻挡坎帕尼亚强盗时抓住时机在岛上立足，叙拉古国王希耶罗（Hiero）对强盗的抢夺忍无可忍。有人提出罗马是否受到战略或经济动机驱使的问题。[3]事实上，罗马的初衷是把迦太基人赶回阿非利加。可想而知，与希腊人达成一致，保住了自己小王国的希耶罗确实在公元前263年后成为了罗马人的朋友，对之效忠，即使罗马控制了其余所有地方（公元前241年）。其继任者受到迦太基代表的欺骗，其愚蠢举动导致罗马再次出兵干涉。攻下叙拉古（公元前212年）和阿格里根图姆（Agrigentum）（公元前210年）后，西西里最后只剩下一个主人。

第一个"行省"从公元前 227 年在此组建,但其痕迹因后面这些事件后的重建而被抹去了。随后根据《卢比利乌斯法》(*lex Rupilia*)的规定对该岛进行了改组以适应共和国末期的情况。各个城市的命运因情况不同而不同,那些在叙拉古陷落前投靠罗马的城市得到了仁慈对待。总体上,罗马的统治初时仁厚:一些西西里人在战争年代逃走,他们被劝归,他们的财产被如数返还。

西西里岛由一名大法官管理,通常每年一任,有两名财务官辅佐。其他行省的财务官不曾超过一名。蒙森的解释是以从前迦太基和叙拉古对这块土地的划分为依据的,也许证据不足。实际上,一名财务官驻于黎里贝乌姆,在那里接管前任财务官的舰队,另一名驻于叙拉古。有必要设立财政代表,因为想要征收一笔大额贡赋,毕竟西西里人已习惯缴纳。首批财务官留下了好名声。迦太基陷落后,西庇阿·埃米利亚努斯(Scipio Aemilianus)大度地从迦太基人从前劫掠的所有巨额财物中将雕像和其他艺术品归还给西西里,市政官员渡海前往阿非利加亲眼见证这一分配。

西西里岛从一开始就为罗马提供了一个有用的基地,有时是军队或军饷,有时是水手,最主要的则是谷物。罗马人寻求恢复因长年战争而产量锐减的农业。

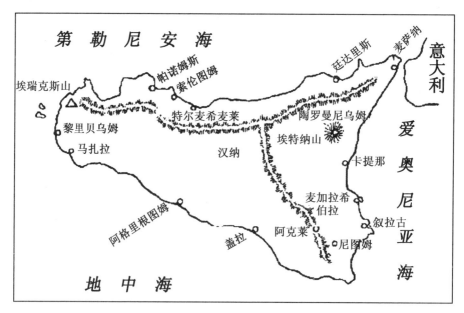

地图 1　罗马治下的西西里

他们仿照迦太基人的做法，利用大批奴隶耕种土地，特别是来自阿非利加的战俘。这些奴隶中相当一部分属于罗马人或当地富豪。奴隶地位低下，无衣无食，通过抢劫获取最基本的生活必需品，如果必要，甚至杀害旅行者或农民。然而小土地所有者与大地产（latifundia）所有者相比，对他们表示同情，这些不幸者中近20万人参加起义，起义烽火绵延广大地区，甚至占领了设防的城镇，几名大法官被杀。派得力的执政官率大军把奴隶逐出陶罗曼尼乌姆（Tauromenium）和汉纳（Henna）的据点变得十分紧急。卢比利乌斯[4]最后前来完成了这一任务（公元前131年），并寻求消除起义的根源，他试图对小土地所有者施以恩惠，这也是罗马的利益所在，因为在大地产上畜牧业迟早会代替农业。但大土地所有者懂得如何自保，认真筹划的改革不得不延后一段时间。

公元前104年再度发生起义，如第一次一样，由某个狂热的占卜者煽动而起。起义从西部席卷整个岛，拥立自己的"王"，两名大法官出兵阻击，鲜有战绩，以至于引起了罗马方面的怀疑而被放逐，给执政官玛尼乌斯·阿奎利乌斯腾出了位置，他要求两年结束这场战争（公元前101年）。没有大肆杀戮，战争不会结束，这使得西西里劳动力短缺，部分地区无人耕种；但另一方面，因为缺少奴隶劳动，大地产趋于破产，自由农在某种程度上受惠。

幸亏同盟战争直到后来才爆发，且庞培驱逐了马略的一名大法官，友善地对待西西里人。如果苏拉的改革进行更久些，会有助于削弱骑士的势力。从前已有计划组建罗马殖民地，以便最肥沃的土地不致都落入这个腐朽贪婪的等级之手，但这项计划却只是变得更加贪婪，出现了一位骄横的大法官、众人皆知的维瑞斯（公元前73—前71年），我们只能对他的恶行做一概述。[5]

他不追击海盗，而是与之达成协议：一个晴天，一帮海盗侵入叙拉古港。他作为行省居民的法官却出卖自己的决定，他作为市政管理的最高管理人，不允许任免官员，除非得到他的批准和买官。各地均由他本人挑选监察官，负责估算个人财产，根据的则是贿赂的多寡。他从农民痛恨缴纳的什一税中抽成，搜刮个人，甚至是罗马骑士，对驻地的艺术品下手，命令卡提那（Catina，卡塔尼亚[Catania]）的一名高官把城里的银器悉数给他，归属他所在行省的麦利特（Melite，马耳他[Malta]）的一座神庙被抢劫一空，财物落入他的腰包。

他所在行省忍无可忍。曾有西西里的总督们因背信弃义而获罪，起诉人却

96

是罗马人,他们提起诉讼是出于个人恩怨。这一次各城市采取行动,它们想到了年轻的财务官西塞罗,西塞罗近来赢得其尊敬,保护其利益,乐于通过攻击一名旧贵族而使自己扬名。他实地体察民情,在各地均受到热情欢迎,真实的故事呈现在他眼前,与逼迫市政会议通过赞扬令的总督所编造的故事截然相反。

如果没有对个人的榨取,这位维瑞斯首当其冲,西西里会在迄今为止组建的行省中占据特权地位。[6]关于对收获物征税,罗马沿用叙拉古的立法,该法开明且有保证人保护。在西西里而非罗马,什一税按实物征收,可分期交纳,每年上缴;任何人都可以竞标征税合同,甚至是城市;罗马的公司则被排除在外。竞标在大法官的监督下进行,操作过程的微妙使他手里握有大权。他通过强买谷物而获取了巨额利润,条件由他独断。作为任何纠纷中法定的法官,他可以帮助农民们保有权利,也可以将之剥夺。于是他得以使自己成为西西里什一税的真正所有人,一种垄断权的所有人,却是隐蔽的所有人,因为他藏在单独出现于正式场合的小人物、手下人背后。法官们(也是他的奴仆们)在涉及什一税的案件中不允许缓期执行,债务人的财产不幸遭到扣押。这些恶行造成土地上人口减少,土地所有者逃走,不为一位自私自利的无良主人劳作,大片土地荒芜。

然而不能就此以为这意味着这块土地全部且立即荒废。西西里在内战中一直是食物供应的中心,当塞克斯图斯·庞培驱逐海盗而占有西西里时,罗马因缺少来自西西里及撒丁岛的谷物而害怕发生饥荒。屋大维和安东尼不得已与塞克斯图斯妥协,直到阿格里帕成功地将之驱逐。

尽管有3世纪的战争,罗马却拥有繁荣的西西里,起义奴隶组成的浩荡军队表明那里人口稠密。目前有关共和国末期事态的一些线索得出了相反的结论。塞克斯图斯的统治、屋大维的重新征服将这块土地交给了奴隶,他们亦兵亦匪。相比之下,西西里人中处境略好的是牧羊人。牧群便可供给他们衣食,这种可再生的财富所受危险最小,因为牧民们迁移时全副武装,有能力保护牧群。这一手工业继续发展,西西里在很长一段时间里一直是羊、毛和皮革的重要产区。因为恺撒没收骑士土地,大地产被重组了,并给予阿格里帕和其他头等重要人物以极大优惠。带有"ano"的现代名称保留着对这些大地产的记忆,大批殖民者在大地产上定居。城市减少,地位降低,斯特拉波清楚地说明了这一点,最主要是南部沿海。他提到了一些消失了的城市在他所处时代如铭文和钱币所证明的依然存在。

总之,西西里城市在各时期的数量是个有争议的问题。维里尼斯(Verrines)称有 65 个,这应该是最可靠的清单之一[7],但多数无法证实;仅 22 个,约占 1/3,能从它们的现代名称中辨别得出。半数以上城市征收什一税,余下 1/3 免税,是 98 从一开始便支持罗马的"盟友":麦萨纳(Messana,墨西拿[Messina])、陶罗曼尼乌姆(陶尔米纳[Taormina])和尼图姆(Neetum,诺托[Noto])。老普林尼所列名单包含 68 座城市,这份文献一部分以奥古斯都时代的官方数据为依据,有人对此坚决支持[8],尽管实则有许多严重的错误,例如把一些港口置于该岛内陆。须注意一个重要事实[9]:在基督教早期,主教辖区形成于所有人口中心;在意大利南部和阿非利加为数众多;西西里仅有 10 个,其中 9 个地处沿海。那是罗马人舍弃内陆山区更乐于生活的地方。

我们不确切了解法律赋予西西里人以怎样的财政地位,即使是保存有较充实文本的时期。西塞罗的一封信里[10]出现了尤利乌斯·恺撒授予他们所有人以拉丁权,那通常是暂时状况。果真如蒙森所认为的,他们随后在奥古斯都时期已是罗马公民了?无论如何很难相信在卡拉卡拉很久之前他们没有得到罗马公民权(civitas Romana),因为他们的土地实际上是意大利的延伸,罗马元老可自由出入。[11]除此之外,西西里已经享有几年的罗马公民权(直到公元前 36 年),马克·安东尼将之完整地授予西西里,如他所说这是恺撒的遗愿。什一税在这一时期无疑也被废除了,如亚细亚一样。但因为受塞克斯图斯·庞培控制,西西里起初被苛刻对待,被迫交纳被征服地区的税贡(stipendium)并失去了罗马公民权,西西里后来恢复了该权利,年代不详。

帝国治下西西里的历史是一页空白,我们不得不对不止一个行省讲同样的话,这暗示着可以持乐观态度,因为古代史家记述的多是令人不快的事。可追溯到东罗马帝国时期的一份史料仅提及了伽利埃努斯治下的另一次奴隶起义。[12]可能和从前的起义一样,有相同原因和相同特点,但 3 世纪战乱频仍是普遍现象。

奥古斯都把该岛变为元老行省,立即显露出对各城市的善意,采取措施使之从近来的灾难中复苏。他向叙拉古、卡提那、特尔麦希麦莱(Thermae Himerae)、廷达里斯(Tyndaris)、陶罗曼尼乌姆和帕诺姆斯(Panormus,巴勒莫[Palermo])进行军事殖民,他从来没有犒赏老兵的要求,韦帕芗和哈德良向这里派驻了其他殖民者。奥古斯都两次造访西西里,卡里古拉和哈德良也前往那里,塞普提米乌斯·塞维鲁曾是西西里的代行执政官。

99　　　人们会发现在本地人和罗马主人之间有着共通的宗教观,事实上在西西里岛最西端的埃瑞克斯山(Mount Eryx,圣朱利亚诺山[Monte San Giuliano])上有一座维纳斯神庙,据传说,埃涅阿斯把这座神庙献给他的女神母亲和英雄父亲。[13]根据狄奥多鲁斯(Diodorus)的记载,这块土地上的其他许多祭坛实际上都被废弃了,变为废墟,这座祭坛却日益隆盛。执政官和大法官在那里献祭,贡献祭品;包税人将部分收益献给神庙。黎里贝乌姆的财务官对储存在那里的财富有最高控制权,在罗马政府的同意下,14 个主要城镇一同维护这座神庙,提供由一名军官指挥的 200 名士兵守护维纳斯·艾瑞吉娜(Venus Erycina)。[14]这一奉献要比西西里纪念神圣诸恺撒的表现形式让人铭记更久。往往是效忠者崇拜中心的行省会议在西西里似乎最无关紧要。帝国在近来纷争不断的城市恢复了和平,但并没有费力地把它们统一或是分组。在市政机构中,我们只能说富豪常常人数上占优。

如果人口稠密的繁华城市衰败到公元前 5 世纪和前 4 世纪曾赞叹的程度,我们仍可在其中发现罗马时期的建筑遗存,主要来自帝国时期,索伦图姆(Soluntum)完全是重建的。只有阿格里根图姆(吉尔根蒂[Girgenti])建有神庙,市政官的力气尤其花在娱乐建筑上,建浴场和体育场。竞技场建于卡提那、叙拉古和特尔麦希麦莱;陶罗曼尼乌姆、卡提那、叙拉古、阿克莱(Acrae)和廷达里斯更为古老的剧场得到修缮,按新设计改建;引水道输送纯净水源,特别是引向特尔麦和帕诺姆斯,甚至今日的西西里,也非各地都有丰足的水源。

数个世纪的罗马和平给这块土地带来的影响却是衰颓,经济制度[15]对此有很大影响。帝国时期谷物继续出口,但数量大幅减少;其他地方,埃及和半岛弥补了首都的不足。西西里岛仍出产水果、蜂蜜和葡萄酒;埃特纳(Etna)火山喷发产生的炭渣用作葡萄园的上佳天然肥料;此外,这座大火山也是旅行者观赏的一处奇景,其中我们必须提一下哈德良,他曾爬上山顶。畜牧业稍稍弥补了农业的衰落;饲养牛马哺育出品质上乘的动物;捕鱼也是一个兴旺的产业。但通常说来,仅沿海城市显现出了一定程度的繁荣。道路系统见证了这一发展,毁损的里程碑(无一发现)即古代的旅行指南告诉我们有一条道路环绕该岛。这条道路北部沿岸的部分路段取名"瓦莱里乌斯路"(Via Valeria),暗示了其由罗马占领之初

的一名总督所建。西塞罗提到的庞培路（Via Pompeia）途经墨西拿，定是服务于 100
东海岸的。次一级道路也把阿格里根图姆与帕诺姆斯及卡提那连起来，把卡提
那和特尔麦希麦莱连起来，把盖拉（Gela）和叙拉古连起来，虽有几份后来的孤立
文献，但这一道路系统似乎长久被人遗忘了。

最具洞察力的研究[16]得出了一个令人极为吃惊的结论：西西里虽与意大利
毗邻，并长期受意大利统治，但从未完全罗马化。不同民族之间的差别一直存
在；西库里人的语言没有绝灭，2世纪的阿普列乌斯（Apuleius）[17]还说起"三语"
之岛。行省的建立是许多城市大规模铸币活动的开始，尤其是在此前没有铸币
权的城市里，但在奥古斯都时期之前，希腊传说在钱币上居主流。共和国时期，
献给神或罗马资助人的拉丁铭文出自外国人之手，而非本地人。殖民地在建立
时使用拉丁语，但在自治市，官方文件仍用希腊语拟定[18]，或用双语。[19]的确，
希腊语注定沿用到中世纪。在西西里的原创作家中，帝国时代的第一位就保留
着祖先的语言。我们又发现一些作家使用一种语言，一些用另一种。直到4世
纪，拉丁语似乎才明确成为主要语言。

甚至在西西里岛传播一时的基督教也没有表现出罗马特征。纪念碑、无数
墓穴（阿格里根图姆、马扎拉[Mazzara]、黎里贝乌姆、帕诺姆斯和叙拉古）及装饰
的特征都证明了这里的基督教来自东方。本地精神通过与日俱增的可疑传说、
奇迹故事和大量殉教的极端行为体现在这里的农夫和牧民中，他们充满了宗教
狂热，尤其是自然崇拜。

总体上的繁荣在萨拉森人占领末期恢复了，诺曼人的占领对西西里而言是
艺术复兴的璀璨时期。今日这片土地显然是意大利式的，却是晚近融合的结果，
居民仍显示出体质和伦理上的特点，民族学学生自然会把这种特征指向中世纪
的影响。

【注释】

[1] Ziegler, XLVII, IIa, col.2501—2511.
[2] Homo, *Primitive Italy*, etc., pp.321—332.
[3] CXXXIX, p.27.

［4］Muenzer，XLVII，Ia，col.1250.

［5］CXXXII，p.134 *et seq.*；LXXVIII，pp.255—277.

［6］LXXVIII，p.1 *et seq.*

［7］LXXVIII，pp.207—225.

［8］Ettore Pais，*Osservazioni sull'amministrazione della Sicilia*，*durante il dominio romano*［*Archivio storico siciliano*，N.S.，XIII(1888)，pp.113—252］.

［9］Enrico Loncao，*La Sicilia romana*（extr. From the *Rivista italiana di Sociologia*），Palermo，1905.

［10］*Ad. Attic.*，XIV，12，1.

［11］见上文，p.126。

［12］Treb. Poll.，(*Scr. Hist. Aug.*)，XXIII，4，9.

［13］CXXXIX，p.90 *et seq.*

［14］XLIV，I，501.

［15］CXC *bis*，pp.194—197.

［16］CXXXIX，p.106 *et seq.*；XLVII，IIa，col.2518.

［17］*Metam.*，XI，5.

［18］XLIV，I，509.

［19］*Ibid.*，499.

第十二章　科西嘉和撒丁岛

人们往往认为这两个岛屿[1]从早期起迟早将归属罗马,尤其是在意大利,就像西西里一样,两岛是那片土地天然的一部分。而三个岛屿在现代命运各不相同:撒丁岛和科西嘉在数个世纪的分裂之后直到 1860 年才重新统一,唯有科西嘉感受到北方的吸引,第一次是在法兰克王国加洛林王朝时期。

公元前 3 世纪,三岛都是罗马和迦太基争抢的猎物,迦太基势力最强,是西部地中海的霸主;就在这一时期,它们几乎同时从这两个强国之一转入另一国手中。罗马人计划夺取其中之一还要更早吗? 根据泰奥弗拉斯图斯(Theophrastus)的孤证记载[2],此人卒于公元前 3 世纪初,罗马人派出 25 艘船驶往科西嘉建立一座城,却被密林阻拦,它们的风帆在小河里被树杈扯碎,这支队伍乘上一条大木筏,却在大海中沉没。这条消息也许有史实根据,但似乎多为传说。

罗马的编年史仅记载了先前的一次行动——执政官路基乌斯·科尔奈利乌斯·西庇阿(L.Cornelius Scipio)在公元前 259 年的行动[3],此处也缺少细节。岛民起义反抗至少占领了整个沿海地区的迦太基人,但他们并非为了屈从罗马人,因为当罗马人除掉或几乎铲除掉继续在岛上图谋不轨的阿非利加对手时,一定会进而征服当地人。公元前 238 年的远征至少结束了迦太基公开的敌意,但不妨碍私人给予利比亚和迦太基的殖民者以帮助,尤其是在坎尼之战后。公元前 215 年的起义由一个名叫安普希克拉斯(Ampsicoras)——迦太基名字——的人领导,是这一暗中做法的证明。与所有这些事件相关的文本含糊不清,名称和年代似乎混淆[4],凯旋式年表无疑带有对胜利将领歌功颂德的痕迹。事实上,科西嘉和撒丁岛内地居民的抵抗持续多年。的确,各种因素共同导致了起义。就在罗马需要大批粮草满足在希腊土地上的军队的供应之时,它开始横征暴敛:罗马不是每年征什一税,而是强征 2/10 或更多。这样的货船驶往台伯河,粮仓爆满,不得不建新粮仓。撒丁岛也被要求提供衣物、托迦和托尼。科西嘉不得不交出人质和几千磅的蜡,因为没别的可给。如往常一样,高利贷者一窝蜂地登上这些岛,大法官马尔库斯·波尔基乌斯·加图(M.Porcius Cato)是唯一公开谴责他们的人。年复一年,起义再次爆发,给野心勃勃的将领以赢得新胜利的机会,这些胜利中一定有一场决战,因为与之相关的一块奉献版上提到提比略·森普罗尼乌斯·格拉古(Ti.Sempronius Gracchus)杀敌或掳获 8 万人,但这完全由他一人所为属实吗?

地图 2　科西嘉和撒丁岛

仅沿海和沿岸平原很快稳定下来,因为罗马军队不间断地在附近巡航,以防迦太基人突袭。随后来自意大利的士兵一定分配到了土地,这是推进罗马伟业的良策。高山地区的居民佩利蒂人(pelliti,披兽皮的人)装备粗糙,起初错误地接受正面交锋,因而遭遇惨败,后来改变策略:在政府军到来时按兵不动,利用他们短暂离开的时机冲下肥沃平原,抢走大批财物。罗马似乎打消了攻打他们老巢的念头。当我们看到元老院没有批准将领在阿尔巴山举行完整的凯旋式,而是批准更为普通的凯旋式时,我们很难认定嫉妒是唯一的理由,就所取得的胜利而论,与在东方的胜利相比不值一提,战利品再普通不过——科西嘉的蜡!敌人粗蛮,西塞罗称他们为"latrunculi mastrucati",就是身着羊皮的强盗,被掳为战俘的那些人甚至与他们平时的称呼"供出卖的撒丁人"(Sardi venales)不相配,因为他们天生桀骜不驯,严酷手段对他们也无可奈何。与此相似,据说"无论谁买了科西嘉人,都后悔白花了钱"。罗马没有把受疟疾折磨的军队派往山区。在强盗们狂欢时,在他们进攻胜利后聚众庆贺时,突袭他们更有利。

在共和国最后一个世纪的内战中,第勒尼安海上的这两座岛屿发挥了重要作用。在科西嘉至少有——没有证据证明撒丁岛——马略和苏拉在马里亚纳(Mariana)和阿勒里亚(Aleria)大批安置老兵。各派领导人的胜负很大程度上依赖于对谷物供应的控制:苏拉的对手马尔库斯·埃米利乌斯·雷必达(M.Aemilius Lepidus)竭力阻断对首都的谷物运输。当海盗的势力迫使庞培大规模改变行动计划时,他把精力大多放在了这些地区。在他督办粮运(cura annonaria)的五年间(公元前57—前51年),撒丁岛的总督全部由他任命。此后恺撒让他的手下占领撒丁岛,因为撒丁岛连同西西里维持着这位独裁者军队的粮草供应。卡拉雷斯(Carales)和站在庞培一方的苏尔奇(Sulci)的对抗被以极端的措施平息了,特别是没收手段。后三头同盟时情况重演:屋大维得到撒丁岛,成为其势力范围,为期五年,该岛被要求向在东方抗击布鲁图斯和卡西乌斯的军队提供谷物,但一个新海盗塞克斯图斯·庞培迅速追击他们的运粮船。庞培的一个获释奴在该岛上掀起了一场党派之争,时而支持一方,时而支持另一方,又背叛双方,直到亚克兴之战结局终见分晓。

这两个岛屿在共和国末期的历史最显著的特征便是无奈地卷入罗马内乱。这里必须指出,中部林区和沿海地区有差别,仅沿海得到开发,尤其在撒丁岛,其沿海对于罗马人而言具有可观的价值。内陆实际是块不同的土地:没有穿越密林的便捷通道;受命在那里用兵的一名执政官给意大利带去许多警犬,警犬追踪撒丁人甚至直达他们居住的山洞。公元前2世纪,当时一支2万人的大军为征服这些新臣民而战,无果而终。当地人的英雄气概和顽强不屈,其领袖的巨大影响力,克服了武器低劣的不利条件。通过罗马编年史家对几件轶闻的记述,我们可以想见平定该地有多么艰难。

在苏拉、庞培和屋大维时代,他们延迟平定该地,他们单单关注平原的物产和海盗。由此帝国在早期可能完全被蒙骗了,让科西嘉和撒丁岛合并为一个元 104

老行省。但仅某一警戒活动、某一不冷静的争吵便引起了山民再次叛乱（公元 6 年）。随后这两个岛变为元首行省，屋大维在两地驻兵，不是从前派去的军团，而仅是适应当地气候的辅助军。从已平定地区征募撒丁人和科西嘉人，同源民族利古里亚人也被派到那里，最后摩尔人被从阿非利加输入。他们接到的命令并非难以实现：阻击对农田的劫掠。

事实上在战乱年代劫掠重演，如尼禄死后公元 69 年所发生的。一段撒丁岛上的铭文[5]交代了韦帕芗再次重申的命令的内容，严防山区的伽里兰西斯人（Galillenses）入侵平原（campani）的帕图坎西斯人（Patulcenses）的土地。大约此时在科西嘉，一位元首的财税使希望利用当地人助维特利乌斯（Vitellius）一臂之力：他在铲除奥托（Otho）的支持者后，让当地人宣誓效忠。但科西嘉人对这些纷争了无兴趣，他们杀死了这位维特利乌斯的党羽，把人头送给他。这段小细节足以预测从这些桀骜难驯的岛民身上会得到什么。我们在别处已经描述过[6]他们可利用的资源，至少是在撒丁岛。今日保存数千、多少已损毁的noraghes①在建造时是设防的避难所，在不屈不挠的起义者手里可能仍发挥同样作用，罗马政府可能把其中一些用作要塞，保护交通要道。

可以把内陆撇在一边不谈，那里土地贫瘠，只适合放牧或造林。但有一条道路贯穿撒丁岛，沿着最易于到达的山谷，仅连接几个不重要的居住中心，如乌塞利斯（Uselis）和图拉真广场城（Forum Trajani）。此外，须沿这条道路每隔一定距离设置防御据点——一个细节特征，这些堡垒不是为抵御外敌而建，敌人会被阻拦在登陆地。总体上撒丁岛的罗马道路网与今天那里的铁路线十分近似。自然环境划出了一些通道，政府因此不用太费力气便有一道脆弱的交通。这些通道构成了丛林里的中立地带，那里被有意隔开，官方名为"巴尔巴里亚"（Barbaria），意为蛮族之地。奥古斯都老兵（evocatus Augusti）、科西嘉人及撒丁岛蛮族居住区第一大队长官（praefectus I cohortis Corsorum et civitatum Barbariae in Sardinia）证明了有某种管理划分。[7]至于科西嘉，总督们对阿尔卑斯山地区心存恐惧。旅行指南上只标出一条道路，沿着马里亚纳和帕拉（Palla）之间最平坦、最危险的东海岸。在地图上复原阿勒里亚和埃亚齐乌姆（Aiacium，阿雅克肖［Ajaccio］）

---

① 圆锥形石塔，由大方石垒建而成。

之间的另一条道路的理由完全不成立。

共和国时期,这两个岛上的指挥权吸引了一些渴望冒险、渴求胜利的人,以为胜利轻而易举。但当人们觉得这个行省已经太平时,没有人再急于前去:不止一位总督迟到许久,一些总督索性不去。这个行省在意大利名气不佳:资源匮乏、险况重重、貌似不善、落后不堪的蛮夷之地。多位作家争相用"有害"(pestilens)一词形容撒丁岛,的确在沿海地区——罗马人唯一居住的地方,兴趣独在粮食的迦太基已经砍伐掉那里的森林并禁止重新种植——疟疾流行。塞内卡(Seneca)在流放的八年间,强烈抱怨科西嘉夏日的闷热天气(coeli gravitas)。[8]

这两个岛被看作流放之地。被尼禄判处谋反罪的律师盖尤斯·卡西乌斯·隆基努斯(C.Cassius Longinus)被放逐到撒丁岛,近卫军长官克里斯比努斯(Crispinus)、杀害老阿格里皮娜(Agrippina)的埃尼凯图斯(Anicetus)也是一样的遭遇。除了这些知名人物,因信仰而被国家惩处的嫌犯也被流放到那里:提比略遣送被判从事犹太教迷信活动者 4 000 人[9];许多基督徒在遭迫害后被运往矿山劳动,于是就形成了操希腊语的小居住中心。

我们很难理解和追踪管理制度的不断变动。通常说来,占领后的前几个世纪,由一名大法官合并管理两岛;如果料到将发生叛乱,罗马则喜欢向两岛各派出一名大法官,抑或派出率有军队的一名执政官或代行执政官。继而在奥古斯都时期,仅有骑士等级的财税使开始出现,他们也再次出现于克劳狄、尼禄、哈德良、康茂德统治时期和 3 世纪的多数时候。公元 67 年,尼禄把撒丁岛交予元老院,以弥补元老院因授予阿卡亚"自由"所蒙受的损失,但这项惠举没持续多久。后来我们看到很奇妙的一点是财税使和代行执政官交替上任。两岛基本上统一了,或看起来如此,但我们怀疑科西嘉长官(praefectus Corsicae)[10]和撒丁岛行省代行执政官(proconsul provinciae Sardiniae)这两个头衔是否真有区别。[11]叙利亚籍诸帝统治时期,总督的全称唯有奥古斯都财税使及撒丁岛行省总督(procuratores Augusti et praesides provinciae Sardiniae)。[12]这所有都尚存疑问。撒丁岛、科西嘉和西西里在 4 世纪一同由一名三省财政大臣(rationalis trium provinciarum)管理,在《狄奥多西法典》中多次提到,但在《要职录》中,前两个是分开的行省。一定是在必要时候对它们采取了应急措施。

多数总督是如何做人做事的? 除战争时期,战争年代做出公正决断是毫无

105

106 疑问的,此外我们掌握证据的,有老加图的公正无私,他没有利用自己任上的权利为自己和卫兵的需求谋福利;有财务官盖约·格拉古的自律,他用自己的钱而非臣民的钱负担开销;有一个名叫斯考鲁斯的人违法征用,就连西塞罗的雄辩都无法为他洗脱罪名;还有尼禄时期的一名总督,他被判勒索。行省的名单提供了一些名字,对我们来说就只是名字。在罗马帝国,如在其他国家一样,诚实官员一定占多数。我们必须重申,缺少信息是个好兆头。

如果科西嘉和撒丁岛在约 80 年时间里屈从于汪达尔人的统治,那么没有证据说明他们乐于接受或邀请其前来。另外,在完全征服两岛之前,这些蛮族每年春季沿海岸航行,伺机掠夺。他们的国王盖萨里克(Genseric)最想让罗马遭遇饥馑,在 4 个世纪后再次采用塞克斯图斯·庞培的策略,通过进攻城镇和烧毁政府的粮仓来增强实力。罗马不得已几次出兵抗击这名入侵者,最终,在他们的阿非利加王国崩溃后,贝利撒留(Belisarius)轻松地将汪达尔人逐出两岛,一举将两岛并入拜占庭帝国。随后两岛领教了一个真正暴戾的政府——但那在本书的年代范围之外。

我们必须以元首统治为限,简言之,元首制时期似乎对撒丁岛和科西嘉没什么兴趣。据我们所知,没有一位皇帝曾到访那里。其经济价值随时间流逝而锐减;迦太基一旦被毁灭,这一地区再无海上强国威胁罗马;虽然贺拉斯依照传统仍吟唱"富饶的撒丁岛粮食丰产"(opimae Sardiniae segetes feraces)的诗句,但其粮食供应不如更近期取得的那些行省;此外,撒丁岛的谷物品质开始不被看好。

除谷物这一物产之外,意大利从两岛获得的极少。大批的野猪似乎已被运往罗马,不比科西嘉随处可见的兔子出口有更重要的价值。那里仍饲养的少量马匹难以满足首都的需要,尽管在撒丁岛几乎绝迹。蜂蜜丰产,但缺少行家的推崇。这个行省的物产和意大利的并非互补。此外,当地的兽群、撒丁岛的野羊、科西嘉的山羊仅够满足当地所需;它们是无圈栏散养但不回避人群的半野生动物,就像现在在牧人悦耳呼声的召唤下聚拢起来。

葡萄酒在意大利本土并不短缺。行省居民种植葡萄树要有专门的许可。撒丁人一定得到了许可,他们从中获得了在帝国以前被忽视的一项收入来源。共和国的军团士兵在驶往撒丁岛时随身带着葡萄酒,但卡利亚里(Cagliari)的纪念碑呈酒桶形[13],使我们猜测在后来仍种植葡萄园。岛上的树木——松树、冷杉

107 和橡树,一定被派送到海军造船厂。另一方面,撒丁人做衣服用的厚实的兽皮、

真材实料的胸甲（他们仍在制作）较之意大利的天气更适合他们的恶劣天气。最后一点，两岛上有花岗岩采石场，而临近的半岛并不缺乏建筑材料。矿山无论如何都被首都开采了：含银的铅和后来的铁尤其在 4 世纪成为了运输的货物，我们手头匮乏的史料对此没有留下任何线索，已被发现的盖有奥古斯都或哈德良名号的铅块说明矿产是皇帝的财产。

对这些地方的总人口所做的一切猜测都没有依据，追查罗马化进程也同样困难。我们不清楚公有地最初是如何分配的：土地一定被分给了老兵和在前几个世纪的起义里一直效忠的撒丁人，但似乎很晚才授予个人以罗马公民权，甚至是拉丁权。在这方面，罗马表现出犹豫和吝啬。罗马在撒丁岛并没有支持名副其实的城市建设，共计仅有 18 座城市，却支持更适合农业生产的乡村共同体 vici 或 villae 的发展。那里的大地产发展到可悲的程度；土地上的农奴难以逃出拦着围墙、可以说独立的土地；他们唯一的出路是逃往丛林，那里搜寻困难，夜晚至少有 noraghes 可作他们的庇护所。

少有城市值得说道。我们实际上对图里斯·利比索尼斯（Turris Libissonis，托雷斯港[Porto Torres]）一无所知，那是罗马公民唯一一处殖民地，可追溯到恺撒或奥古斯都时期。我们也不清楚乌塞利斯，其在安敦尼诺帝统治时期被称为"尤利乌斯殖民地"（colonia Julia）。沿海城镇被萨拉森人摧毁，原先要比在 20 世纪还繁荣，著名的苏尔奇就是以铅贸易带动起来的小集镇。这些城镇首推诺拉（Nora），鉴于其作为道路交汇口（caput viarum）的优越位置，或许最初是首府，那里仍留存着质量上乘的剧场和引水渠的遗迹。最重要的要属卡拉雷斯，其附近地区发现的铭文占撒丁岛已发现总量的 2/3，遗址显示出那是一个生机勃勃、人口稠密的中心。那里的行省会议一定召开会议，我们没有相关记录；当然那里也管理司法，但考虑到交通不便，有人认为[14]存在四个司法区（conventus：卡拉雷斯、奥托卡[Othoca]、图里斯、奥尔比亚[Olbia]），可追溯到罗马时期，被认为是中世纪四个"管辖区"的源头。科西嘉仅有两个出名的人口中心：阿勒里亚（现在仅是一个名字），还有马里亚纳，即巴斯蒂亚（Bastia）的前身。科尔索海角（Cape Corso）被一支更文明的民族瓦纳吉尼人（Vanacini）占领，他们一直对恩主奥古斯都效忠。

两岛内陆的发展没有脱离氏族的纽带，家族恩怨的源头还没有被剪灭。古老仪式被保存下来；民族名和地名很少显露出罗马的影响；甚至在城市，就在卡拉雷斯,官员在一段时间里还用迦太基的名称"苏菲特"。人们在苏拉时代通常讲迦太基语,腓尼基人的崇拜一直存在,与当地撒丁父神(Sardopater)的崇拜一样长久。

基督教[15]成为传播罗马精神的最佳媒介,就像基督教给予撒丁岛一些重要人物,如卡利亚里的卢基菲尔(Lucifer),我们在他身上看到了该民族的坚毅力量。当阿非利加的东正教主教受到阿里乌斯教派的汪达尔人迫害时,后者还记得撒丁岛是一处放逐之地:至少150名高级教士被放逐到那里或科西嘉。最早的流亡者被用来砍伐造船用的木材,但其他人得到了更好的对待,过着修道生活,他们代表和保存了从前的文化。罗马主教得到了君士坦丁呈献的撒丁岛的土地,在撒丁岛成为拜占庭帝国的一部分之后,还与该行省保持着联系,于是那里更久地保存了同一文化。随后又有其他领主和其他影响。那些来自北方的人是科西嘉最后的赢家,如果其邻邦对伟大祖国的忠诚是不容置疑的,那么与意大利人的灵活变通相反的某种严肃庄重以及让人联想到西班牙语的某些方言形式,都可解释为阿拉贡王国的长期统治。从一些古老习俗和衣饰风尚可查明的岛民的复古现象,仍在今日撒丁人中间发挥着明显的影响。

【注释】

[1] X. Poli, *Le Corse dans l'antiquité*, Paris, 1907; Et. Michon, XXIV, VIII(1888), pp. 411—425; Huelsen, XLVII, IV, col. 1657—1660(*Corsica*); Philipp, *ibid.*, Ia, col. 2490—2495(*Sardinia*).

[2] *Hist. plant.*, V, 9, 2.

[3] O. Leuze, XXIII, II(1902), p. 406 *et seq.*

[4] CLXXIII, chap. I—IV.

[5] XLI, X, 7852.

[6] XII, 1923, pp. 86—90.

[7] XLI, XIV, 2945.

[8] Senec, *Epigr.*, I; *Dial.*, XII, 6, 5; 7, 8; 9, 1.

[9] Tac., *Ann.*, II, 85.

[10] XLI, XII, 2455.

[11] *Ibid.*, VI, 1501, 1503.

[12] XLI, X, 7683 *et seq.*

[13] E.g. XLI, X, 7703.

[14] CLXXIII, p. 389 *et seq.*

[15] D. Filia, *La Sardegna cristiana*, Sassari, I(1909).

第十三章 西班牙

地理和居民

伊比利亚大半岛是最早促使罗马用兵的地区之一,并非早有谋划,而是为形109势所迫。罗马发动关乎生死存亡的战争抵抗迦太基,迦太基被从西西里逐出后在西班牙站住脚。在那里追击这个宿敌似乎比在其权力中心阿非利加来得容易。元老院若知晓这一地区的广大、其地理特征及民族天性也许会迟疑。但元老院对这个问题仅有十分模糊的了解,除了解沿海地区分布着希腊和腓尼基殖民地外一无所知。详细了解西班牙是后来的事,是在征服西班牙的长期战事及最终巩固后。波利比乌斯在那里短暂停留过,斯特拉波第一个给出了公道和较为详尽的描述。

西班牙各民族并非来自一个共同的族群。[1]最早的居民利古里亚人与无疑来自阿非利加的伊比利亚人融合,像在整个地中海地区一样,还加入了希腊人、来自叙利亚或迦太基的腓尼基人,最后还有来自北方的移民,尤其是凯尔特人,由此全称"凯尔特伊比利亚人"。[2]这个名称有事实依据,也许除了在港口,天然的差异都被抹掉了,这片土地给所有人以强烈印象,直至今日。[3]

尽管西班牙形状规则,略呈方形,却是一块没有统一的地方,被高山阻断成许多狭窄的区块,各区块间交通仍有不便。其分区解释了异常缓慢的进步、氏族精神、独立偏好。[4]像我们所处的时代一样,气候的影响使南部和东南部形成了独立的人群,野性更少,更文明开化,那从更早时候就开始了,幸亏有抵达那里的海员。然而人们发现所有西班牙人都有好斗的天性、天生的自豪感、非凡的忍耐力,尽管举止略显轻佻,这已从他们热衷舞蹈中流露出来,但他们还有自然而然的坚忍和所有入侵者都须顾忌的傲人的顽强。这块土地上的凯尔特因素快速发生改变:金色头发、身材高大的族种类型在伊比利亚人中不再明显,他们几乎连中等身高都不算,多像阿非利加人,偏瘦且皮肤黑,完全不像我们祖先那般是健壮的吃客和酒徒,相反他们头脑清醒,十分节俭。他们不像凯尔特人那么活泼,更沉静保守,表现出更多的自控力;他们藐视死亡,有时甚至到了自杀以便撇开年迈之苦的地步;他们对服毒自尽无所畏惧,因此如果西班牙的基督教共同体有许多殉道者,我们不必感到吃惊。

其民族性有好的方面,十分古老的证据证明了伊比利亚人具有骑士精神:他们热情真诚,服从选出的首领,为礼遇而感动,愿意冒生命危险,挽救他人性命。他们的历史里没有许多有关残酷的线索可寻。作为完全的个人主义者,他们尊重他人的自由,在西班牙从未出现大批奴隶。他们的才智中,敏锐胜过深刻;他们想象力丰富,但受到习惯强调和语言精确的损蚀。总体来说,他们表现出坚持自己并拒斥外来影响的倾向。伊比利亚人所理解的"爱国主义"一词为狭义的,他们把热爱之情投入到一个十分狭小的"祖国"[5],即他们所属的氏族,结果注定只能形成小股武装,他们擅长突袭,不擅对决。我们现在借用他们语言里的"guerilla"来形容突袭,甚至妇女都可加入。[6]

罗马花费了200年时间(公元前218—前19年)才拥有了这块土地的和平,而平定高卢7年足矣。这意味着伊比利亚人比高卢人能征善战吗?在西班牙督战的将领并不都无所作为,西庇阿的名字在那里从未失去光彩,仅15年的时间里有6位将领战胜伊比利亚人而凯旋,尽管得到这份殊荣并不容易。但在高卢,有庞大的联盟,对抗他们时一场战斗或一次谈判都会带来重要结果。而在西班牙,大批氏族居住在被高山阻隔的土地,在哪里开战或在哪里一决高下?此外,作战军队不像恺撒在高卢统领的那么多。

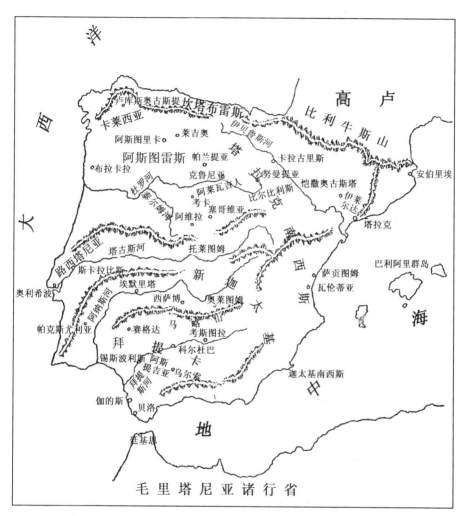

地图3　罗马治下的西班牙

为独立而战[7]

　　名副其实的征服促成了两个西班牙行省的建立,征服了迦太基人而非当地　111
人,许多当地人乐于罗马人前来,以为将因此轻易摆脱一切统治。然而沉重的赋
税压在他们肩上,这些粗莽的山民不像东方人那样听天由命,还不习惯纳税。再

者,这些民族长年敌对,一支民族归降罗马变成另一支坚持独立的理由。敌人的英勇顽强使得一些罗马领导者采取欺诈手段,这给他们的外交政策带来的危害比艰难战事更大。加图用金钱收买帮助,此后却不愿付钱,随后他苛以重税,致使矿场衰败,令400座村庄被拆毁。唯有森普罗尼乌斯·格拉古表现出诚实和忍让,他的名字得到人们的尊敬。其他人徒劳地实行恐怖统治。加图卖掉了大批战俘,他们却服下随身携带的毒药自尽,或是杀死他们的主人并使押运他们离开故土的船只沉没。凯尔特伊比利亚人受到贪婪的大法官的搜刮,他们成群结伙,拦截敌人的运输,偷袭将领本人的营帐。在一份条约的保证下,考卡(Cauca)的居民向路库鲁斯投降,路库鲁斯食言,杀死其中2万人。伽尔巴(Galba)被路西塔尼亚人打败后,与他们达成协议,给他们分配土地,但一旦他们解除武装并解散,他便杀死其中的7 000人。[8]

生还者中有一位算得上努力联合各自为战、血脉相连的兵力共抗罗马的所有起义者(维尔辛格托里克斯、阿米尼乌斯、塔克法里纳斯[Tacfarinas]、戴凯巴鲁斯)中的头一位。他不是贵族或氏族首领,而是个出身卑微的人,一个猎手、牧民和匪徒,他是维里亚图斯。[9]他对所有山区轻车熟路,所以别人抓不住他。他甚至可以解救困在被认为没有出口的地方的路西塔尼亚人1万众。起初,他唯一的支持者是一些轻骑兵,轻骑兵在西班牙数量众多;不久后他成为一支军队的首领,表现出真正的领袖魅力。罗马人占据了坚固的地方后,维里亚图斯则切断他们的交通线,成功地将执政官封堵在一处靠近意大利的关口上,迫使其投降。这就是八年(公元前149—前141年)战争的结局。两方保持和平友善,每一方都占据着自己拥有的那部分。

如果说维里亚图斯的战术——劫掠之举(latrocinii more)[10]——令人生畏,那么他对未来的计划更加惊人,他谋划着统一西班牙中部的两支主要民族——他所在的民族和凯尔特伊比利亚人。一些叛徒被元老院的使节说服,在停战的下一年把他杀害,元老院总是试图瓦解敌人。他的支持者不懂得如何像他那样发动突袭,他们最后屈服了,被一同运往遥远的地中海沿岸。瓦伦蒂亚(Valentia)城就是这一迁移的结果,该名称一定带有对其勇气的敬佩之意。罗马编年史家纷纷称赞维里亚图斯,他已经成为葡萄牙的民族英雄。在作战方法上,据说上个世纪拥护卡洛斯争取王位者就是以他为榜样的。

一切没有因为他的离世而结束:凯尔特伊比利亚人表现出的顽强不比路西塔尼亚人少。[11]他们已经在杜罗(Douro)河谷两次重创执政官诺比利奥尔(Nobilior,公元前153年)。在这条河的两岸,在阿莱瓦吉人(Arevaci)中间,罗马遭遇了最可怕的对手,只是这一次,对手不是一个能力非凡的人,而是一座城市努曼提亚。执政官马凯路斯(Marcellus)决定议和,所以在城墙[12]边进行的这场战争起初以一份九年停战协定而中止(公元前152—前143年)。[13]不管延续这一和平是否全在罗马,但努曼提亚人在接纳盟友和同族赛格达(Segeda)人、徒劳地要求敌人手下留情时被要求交出武器,他们拒绝上缴,最终取胜。

而他们仅有8 000人,也许得到了从周边地区潜入的几支分遣队的增援,但这座城市有险山密林保护,他们的奇袭持续不断。庞培和波比利乌斯·莱纳斯(Popilius Lenas)一次又一次失利;执政官曼基努斯(Mancinus)率2.4万人在一条不见去路的小径陷入4 000努曼提亚人的埋伏。像对其他对手一样,当地人对罗马人提出的宽容条件被证明是一项精明之策:饶这些人不死,只要求他们放下武器,签订和约;他们向这名执政官、其主要官员以及财务官提比略·格拉古开出条件,后者的诚信让人想到其父的美德,全赖森普罗尼乌斯,西班牙才有了25年的和平。但元老院拒绝接受这份协议,他们给努曼提亚人的唯一补偿就是这名执政官,他半裸身体被捆在城门下一整天。为了试着分散努曼提亚的兵力,埃米利乌斯·雷必达毫无理由地进攻瓦卡伊人(Vaccaei)的重镇帕兰提亚(Pallantia);但突袭者(guerilleros)切断了他的后勤补给,补给短缺折磨着围攻者。许多人丧生,这名执政官背上了终止围攻和丢下病患的骂名。

努曼提亚成为了罗马的"第二个恐惧"。最后,罗马求助于在第一次时解救过罗马、迦太基的征服者西庇阿·埃米利亚努斯。他的冷峻、必要时的坚毅,都定会取得成功。他的严酷手段最先用在手下的士兵身上,军纪因气馁而松懈。另外,增加一倍兵力,达6万人。除此之外,他更乐于等待时机,以饥馑拖垮这座城市。他以全长9 000米的围墙将之包围,以7处军营把守[14],每隔一段距离建防御塔。为防船只或潜水者从杜罗河进入该城,他用护以铁刺的绳索和木桩封锁两处强大堡垒间的河流。这是第一次一座愿意战斗的城市被封锁了。阿莱西亚只是努曼提亚的翻版,也用最佳的封锁办法。尽管把守严密,但一些努曼提亚

113

人设法穿过封锁线,走遍阿莱瓦吉人的领地寻求帮助,仅一个村镇敢于承诺增援。西庇阿得知此事,让人把他们抓到他面前,于是 400 名青年遭到比处以死刑更严重的惩罚——砍掉双手。

努曼提亚人绝望了,他们吃着半生肉的葬礼餐,打算在最后一战中视死如归,这位罗马领袖不想决战,只肯接受简单纯粹的投降。饥荒发挥了作用,现在寸草皆无,被困者最后落得甚至吃皮革和兽皮。他们食人肉,杀同胞,病弱者被强壮者砍死吃掉。痛苦使幸存者或疯癫或昏迷,有些人自焚、自刎或服毒自尽。只剩下少数人活下来,约 100 人,他们蹒跚着走出,赤身裸体,污秽不堪,目光呆滞,头发蓬乱,长指甲好像野兽的爪子。他们太过虚弱做不了奴隶,一些人只是用来装点这位胜利者的凯旋,那就是赢得的所有战利品。

这座城市被付之一炬,但只有城墙的石造部分被烧毁,其余全部已被破坏或拆毁。这块土地被分给已投降的邻近城镇。只是在后来,在奥古斯都统治时期,又一个努曼提亚从废墟中发展起来,这是一个贫困的村庄,除了一段残酷英勇的故事永存记忆外,似乎没留下什么。

阿比安有过十分详尽的描述[15],其史料一定来自波利比乌斯,后者是位亲历者,对罗马的敬爱让他克服了许多恐怖的考验。舒尔滕(Schulten)所进行的发掘[16]已经证实和说明了这个悲惨的故事。已发现的西庇阿军营为石砌建筑,和帝国时代的永久性军营一样坚固。除一个军营封挡平原外,这些纯防御性的要塞建在山坡上,其中完好保存的一个与波利比乌斯对他所处时代罗马军营的描述完全吻合。其他面积较小的军营建在离被围城市更远的地方。在西班牙,早期战争的地理线索十分罕见,所以这些发现的意义变得更加重要。罗马人所建的堡垒多数已被阿拉伯入侵者完全改变。除了莱昂的"第十对组军团"(X Gemina)的军营遗迹、葡萄牙维塞乌(Viseu)的类似遗址,很难发现其他的,近来比这些遗迹更重要的发现是塞尔托里乌斯时代的一座罗马军营,在卡塞雷斯(Caceres)以北 2 000 米。[17]

塞尔托里乌斯仍是西班牙人头脑中时常浮现的名字,他却不是西班牙人。直到我们讲起他,才有了要记述的著名起义。努曼提亚的惨痛实例给罗马总督们带来了 50 年相对安定的时期,梅特路斯趁此时从海盗手里夺下了所占据的巴利阿里群岛(公元前 123 年)。[18]直到公元前 90 年阿莱瓦吉人的一次起义才搅乱了安宁,起义以特曼提亚城的陷落告终,但仍对自由希望满怀。这从马略从前的一名参将在苏拉到来前逃出意大利,前往西班牙避难就能看出究竟。这位塞尔托里乌斯与凯尔特伊比利亚人结盟,反抗大法官瓦莱里乌斯,他懂得如何把路西塔尼亚人收入麾下。他像路西塔尼亚人一样很快甚至更快熟悉了这块土地。他是一个带有当地人秉性的个性鲜明的人,用神乎其神的故事鼓舞人心并得心应手,他得到了大批赶来投奔他的移民的支持,很可能从一开始就被西班牙人公认为独立的真正领袖。他因此吸引了一批坚定的追随者,抵御了苏拉参将梅特路斯的进攻,占据这块土地多年。当其他一些意大利人在珀尔珀纳的带领下加入他的队伍时,这次起义日益浓重的罗马特征向伊比利亚人展现出来,意大利人在这次起义里只被允许从事低级军务,被拒于所有指挥权之外,他们的幻想破灭了,在珀尔珀纳的怂恿下酝酿着阴谋。在一次阴谋中,这位领袖遇刺身亡。于是持续八年的第二次战争(公元前80—前72年)结束。[19]在这次灾难后,已动身前去与塞尔托里乌斯开战的庞培,只是接受整个地区的投降罢了。

公元前60年被任命为总督的恺撒仍在那里找到了机会,他在塔古斯河(Tagus)以北取得了一些军事胜利。也许他的属民乐于见他胜过他们,而不是用他们的钱中饱私囊。注定他们在十年后再次见到他,他像往常一样,专注于个人利益并努力挫败庞培的军队。庞培最精锐的军队在西班牙,由平庸无能的将领指挥。随后是一场硬仗,但他有熟悉这块土地、懂得以适合当地的战斗类型开战的优势。在这次与他们关系不大的交锋中,他没有受到伊比利亚人的任何阻挠。

还有阿斯图里亚斯人和坎塔布里人要征服,他们是在半岛西北角有高山围守的难以制服的山民。那项任务留待元首制最早期(公元前29—前19年)完成。阿格里帕成功捣毁了他们的巢穴,通过将大批居民迁徙到平原地带而确保了未来的和平。除了不值一提的几次分散的叛乱,他结束了所有的抵抗。[20]此后西班牙成为"和平行省"(provincia pacata)。我们一定认为西班牙在多次失败后认识到赢得自由的任何努力都是枉然吗?我们想到了另一番解释:历史没有记录下共和国时期各民族经受的滥用权力的所有恶行;帝国开创的更为公正的制度会使他们倾向于服从。但对这些事件的概述将有助于我们现在理解西班牙的"罗马化"到底是什么。

政府[21]

在罗马人到来前,这片土地上不存在国家,各部落有时结成短暂的联盟,仅
116　此而已。因此问题马上来了:应有一个西班牙行省还是几个,其边界如何界定?
行省时代[22]可以追溯到公元前206年,在老西庇阿离开后,但也许指的是单个
行省,在公元前197年正式被两个行省取代,简单冠名为“近西班牙”(Hispania
Citerior)和“远西班牙”(Ulterior,“远”是从陆路到达的角度)。它们的边界靠近
海岸,立即被轻松确定,分界线从靠近卡塔赫纳(Carthagena)的某条小河起始,远
至卡斯图罗南西斯关口(saltus Castulonensis)。除此之外,鉴于当时的战争状
态,每支军队的指挥官都把成功降服的部落纳入自己的势力范围。[23]在努曼提
亚陷落后,十名元老组成的委员会却提出了一条更远的精确界线,无疑在奥古斯
都到来前原样不动:穿过尤伽奥莱塔纳(Juga Oretana),越过托莱多(Toledo)南面
的塔古斯河,经阿维拉(Avila)以西,折向西北直至与托梅斯河(Tormes)交汇口
上游的杜罗河。

从前这块土地被分成邦国(civitates),各邦国把部分金属矿产铸成钱币来缴
纳固定税赋。但在公元前123年后,西班牙金属矿的开采权为罗马工场专享。
从管理的观点看,国家忽视了当地氏族,因国库而将这些氏族武断联合,不考虑
其是否融洽,这成为时常出乱子和反政府起义的原因。

在公元前27年的行省划分中,近西班牙交给皇帝,现在被称为“拜提卡”的
远西班牙交给元老院;但从后者拆分出了另一个元首政府路西塔尼亚,沿阿纳斯
河(Anas,瓜迪亚纳河[Guadiana])河道分出大半个拜提卡,远西班牙的所有军队
都转移到路西塔尼亚,因为那里不太安定,罗马认为必须采取行动,对付与之联
合的西北部各民族。狄奥·卡西乌斯(Dio Cassius)也把划分为三定于公元前27
年,这是一个有人质疑的年份[24],尽管没有许多理由,却被其他人接受[25],这
个年份也许是正确的。各首府似乎还没最后一下子确定。塔拉戈纳胜过卡塔赫
纳而成为近西班牙的首府,在拜提卡,科尔多瓦(Cordova)胜出伊斯帕里斯(His-
palis,塞维利亚),而路西塔尼亚的首府在埃默里塔(Emerita,梅里达[Merida]),

建于公元前 25 年。路西塔尼亚的总督征服了阿斯图里亚斯人,近西班牙的总督
征服了坎塔布里人,而约在公元前 2 年,奥古斯都把两个民族共同并入近西班牙
行省,该行省通过并入险象环生的谢拉莫雷纳地区而扩展到了东南方。[26]此后
人们更喜欢称它为"塔拉克南西斯"(Tarraconensis)——不包括拜提卡的一个辽
阔且多样的地区[27],更加文明安宁,从事农业,唯有在 2 世纪受到来自摩洛哥里
夫山(Rif)的海盗的侵扰。路西塔尼亚[28]自然朝向西方,就像现在的葡萄牙。

似乎因为坎塔布里战争的缘故,1 世纪,塔拉克南西斯被分成称为"辖区"的
三个地区,每个辖区由一名总督的特使管理:卡莱西亚(Callaecia,加利西亚[Gali-
cia])、阿斯图里亚—坎塔布里亚(Asturia-Cantabria)以及行省的其余地方。这是
一项应急制度,纯粹军事性的,在克劳狄治下恢复和平时取消了。[29]唯一保留了
司法会议(conventus juridici)[30],由于定期举行的立法会议和商业会议,政府精
明地通过利用同一框架来组织皇帝崇拜以增强的一种凝聚力,使得所有伊比利
亚人最后被囊括进同一会区(conventus)中。[31]普林尼列举了西班牙的七个会
区:塔拉戈纳、阿斯图里卡(阿斯托哥[Astorg])、布拉卡拉(Bracara,布拉加[Bra-
ga])、卡塔赫纳、克鲁尼亚(Clunia)、卢库斯(Lucus,卢戈[Lugo])和恺撒奥古斯塔
(Caesaraugusta,萨拉戈萨[Saragossa])。拜提卡有四个:阿斯提吉(Astigi)、科尔
多瓦、伽的斯(Gadcs,加的斯[Cadiz])和塞维利亚。普林尼对此言之不详,所以
很难重建路西塔尼亚的三个会区:梅里达、帕克尤利亚(Pax Julia,贝扎[Beja])
和斯卡拉比斯(Scallabis,圣塔伦[Santarem])。也许就是这些会区对后来的分组
带来了某些影响,特别是对现今王国的古老行省的组建。奥古斯都时代所做安
排以积累的经验和现实观察为基础,这一安排延续了几个世纪,从普林尼到托勒
密,仅有几处十分微小的改动。[32]在卡拉卡拉治下,"卡拉卡拉新近西班牙"
(Hispania Nova Citerior Antoniniana)把阿斯图里亚斯和加利西亚分开,尽管仅
几年时间[33],而戴克里先[34]只是断然将古老的近西班牙一分为三:加莱西亚
(Gallaecia)、迦太基南西斯(Carthaginiensis)和塔拉克南西斯。巴利阿里群岛在
369 年至 385 年单独成为一个行省。

在其他行省中,罗马人关心打破和瓦解联盟。他们在西班牙少了这份烦恼。
他们宁愿把当地人带出其狭隘贫苦的生活方式,克服其封闭自己、对外界闭目塞
听的趋势。征服之前的政治单位不是像在凯尔特人或日耳曼人中的大部落,而

117

是附于一些村庄、完全本地化的伊比利亚氏族、城镇、要塞或仅仅一个瞭望塔。

118 一位古代地理学家[35]称西班牙为千城之地。当庞培获得战利品时,他吹嘘说征服了阿尔卑斯山和赫拉克勒斯柱之间的 876 座城市。[36]普林尼仅计入 513 个(单塔拉克南西斯就有 293 个),但这位征服者当时正建造要塞和瞭望塔组成的村镇。这一广布过程中,一些村庄仅由一个家庭组成。罗马人发现紧密的氏族业已存在。氏族为数众多,但彼此间并不和睦,他们难得统一起来反击外来者,只是退到某个像考卡、帕兰提亚、特曼提亚(Termantia)和努曼提亚的据点。伊比利亚人偏爱的统一是在名副其实的家族和氏族中间小氏族(gentilitas)的统一,这在帝国时期的铭文中仍可见到,或是无限定条件的——来自佐埃莱人氏族的德松吉人小氏族(gentilitas Desoncorum ex gente Zoelarum)[37],或以属格形式出现——"科莫奈斯吉人及弗拉维考肯斯之子弗拉维努斯"(Flavinus Comenesciquum Flavi f.Caucensis)[38]。因此计算不同时期西班牙的邦国数量没什么用。在奥古斯都时期,其中 50 个具有全部公民权,50 个具有拉丁权,韦帕芗将拉丁权扩展至所有非罗马共同体。[39]罗马人的邦国在卡拉卡拉时期之前几乎没有分布开来。

和平局面奠定后的军事占领仅依靠[40]数量极为有限的驻军。提比略治下,第四马其顿军团(IV Macedonica)驻于坎塔布里亚,第六凯旋军团(VI Victrix)和第十对组军团驻于阿斯图里亚—伽利西亚(Asturia-Gallicia);总共仅三个军团;50 年后仅有一个军团,即第七对组军团(VII Gemina),从韦帕芗时代开始驻扎在阿斯图里亚山区,莱昂镇因其名字得名。此外还有一些辅助军,通常从国外征召。由于西班牙的海岸就是帝国的边疆,也许西班牙会发现海军比陆军更有用。[41]

该种族的特质使罗马得以征募大批伊比利亚军队。恺撒的卫队就来自这一地区,为辅助军提供骑兵大队,从士兵和战马来看都是精锐,战马身形较小,奔跑如飞,在山区像在平原一样自如。西班牙骑兵素来享有盛誉。

道路系统[42]从一开始便迅猛发展。蒙森[43]客观地评价道,西班牙是西方唯一一个所发现的里程碑可追溯到共和国末期的行省。早在公元前 120 年开建的道路,从高卢人的边界沿东海岸边缘延伸,途经瓦伦蒂亚,直达卡塔赫纳,乃至更远[44],一条支路从巴塞罗那通往伊莱尔达(Ilerda)。奥古斯都建造了一条从卡塔赫纳通往加的斯的道路,途经科尔多瓦和塞维利亚。在后两座城市,还有在萨拉戈萨和梅里达,不下四条道路交汇,甚至有八条道路从路西塔尼亚的重镇起始。这一行省也有沿海道路,仅在坎塔布里亚海岸中断,那里水路交通发达。内陆高地没有被遗忘:近来发现的路牌铭文[45]揭示了穿过莱昂的道路和从阿斯托哥向外辐射的道路网。一定有连接各个城镇的尝试,但成效有限。这些文献揭示了使用当地的测量单位 milia,不同于罗马里,而且在小范围内其数值也不同。拜提卡道路密集,是个因矿藏和农业富裕起来的行省。在贫瘠的卡斯蒂利亚(Castile),十字路连接起大河;其他道路顺着河谷延伸,尽管那个年代要比现在有更多用于航行的设备——平底船。有些作家提到,在拜提卡挖掘的运河连接起了漫长的河口。西班牙也从水利学中受益,我们在阿非利加有许多相关范例。

119

经济条件

古代作家依据传统观点,总习惯于把西班牙描绘得如天堂一般,波利比乌斯本人[46]在夸赞路西塔尼亚的富饶时也没禁住诱惑。至少关于气候,其声名大为改观。希腊人和罗马人将理所应当给予沿海或南部地区的赞美扩大到了整个半岛确有其事,沿海和南部地区是他们最熟悉的地方。再者,我们会认为与采矿作业相比,森林减少的最主要原因是阿拉伯人长期占领,那会改变温度状况和降雨量。

这一地区经济资源[47]丰富,尽管根据文本所称似乎没有养育出十分稠密的人口。养殖业培育出优良品种的马、牛、猪、山羊,尤其是绵羊;野兔和兔子因祸害耕地而被猎捕,在哈德良时期的钱币上,这种动物象征着西班牙。附近海域盛产鱼类,是极为重要的出口产品。对拜提卡南部贝洛(Belo,博洛尼亚)的发掘工作清理出罗马的建筑遗址,人们在这里把鱼清洗、晾干并在大缸里腌制。[48]今天的西班牙盛产葡萄、橘子和柠檬,古代的西班牙至少盛产橄榄,如在罗马陶片山(Monte Testaccio)收集到的帝国时期伊比利亚的陶片数量就可以证明,还有现在很少考虑的印染、棉纺和亚麻织造。

在随后无可匹敌的地下矿产中[49],贵金属金银首先吸引了贪婪的外国人。

一些矿山收归国家,其他的转入私人手中。马略山(Mons Marianus,谢拉莫雷
纳),顾名思义,由马略垄断,产量颇丰。铁、铜、铅的开采需要雇用许多矿工;加
图只是从当地矿场征税;在帝国时期,收归国有不过是发挥出其平常的作用。阿
尔茹什特雷尔(Aljustrel)表[50]证明了由国家开采:设一名恺撒督办(procurator
Caesaris)监督维帕斯坎斯矿场(metallum Vipascense),把采矿及所有后续工作外
包出去。为了保证贫瘠地区的维生手段并满足采矿城市的首要之需,帝国管理
机构垄断了因采矿聚集而来的人口所需的一切服务和供给。原矿毫无偏向地被
自由出口到一些冶炼业,托莱多的钢刀享誉 2 000 年。

　　这片土地的财富不仅吸引了罗马人,来自东方的商人在各地落脚,我们在商
贸城镇发现了他们的足迹,他们带来的宗教崇拜(密特拉[Mithras],众神之母)传
播到山谷乃至腹地。也有许多阿非利加人前来,西班牙与阿非利加有着最紧密
的联系。[51]

城镇[52]

　　意大利因素要比其他因素更强地侵入西班牙。同时根据铭文记载,许多当
地人取前任总督或军事统帅的异教名字:森普罗尼乌斯、科尔奈利乌斯、庞培。
这一事实很重要。罗马对伊比利亚特征赞赏有加,把信得过的地方大胆交给"成
为一家"的民众,他们从外表上看还略显粗犷,但品行上远好过亚细亚人。

　　殖民地[53]方便了联系。到公元前 2 世纪中期,塞维利亚附近的意大利城已
由老西庇阿建立,科尔多瓦由马凯路斯建立。恺撒和奥古斯都在西班牙建立的
殖民地比在其他任何一个行省都多。城市生活的这一发展通过考古研究展现出
来,那是"发掘与古迹高级委员会"近来开展的研究。在梅里达取得了考古研究
的硕果[54]:这座古代殖民地和路西塔尼亚首府,纯粹由罗马在匪盗之地确立起
来的规划仍可从这座现代城镇的规划中发现端倪。老兵们容许伊比利亚因素融
入到他们的社会中,而且这座城市涵盖广大地区。尽管梅里达在源头上具有强
烈的军事性,却变成了传播进步文化的中心,是最宏伟的遗址之一;其宏大规模
显然为此目的而设计,给人大气磅礴之感[55];花岗岩巨墙、壮观的拱状引水渠、

人工喷泉和水池[56]、地下排水沟、凯旋门、河上的桥梁、构成剧场的庞大外围[57]，毫不吝啬地饰以雕像及其他雕刻品，所有这些正被逐步发掘出来。在博洛尼亚，由法国发起的考古发掘已挖掘出以灰泥粉刷的房屋，仓促涂抹且刻有铭文，还有剧场、广场、雄伟喷泉。[58]这个委员会也把注意力放在意大利城的竞技场、科尔多瓦的遗址以及更北面的萨贡图姆（Saguntum）、塞哥维亚（Segovia）和比尔比利斯（Bilbilis）的遗址上。在克鲁尼亚，这座古老城镇正被唤醒：我们可以看到其广场、剧院和朱庇特神庙、侧面设有席位的长方形大厅。[59]阿斯托哥保存有罗马式的大门和城墙以及塔楼。在最北面，加塔兰人（Catalans）正发掘安普里亚斯（Ampurias）。[60]城市名称也是一种遗存，Emporiae意为“市场”，是伊比利亚人住区和来自马西利亚（Massilia）的希腊人住区的复合城镇。在塔拉戈纳，房屋和坟墓的遗迹，还有希腊—罗马艺术品碎片时有发现。这座城镇得到奥古斯都的青睐，居住了两年，其发展却以卡塔赫纳为代价，该城在公元初期完全衰落下去。

西班牙的罗马化

蒙森还说[61]，西班牙的罗马化快速、成功、起步早，在共和国时期甚至在这块土地被完全平定之前就开始了。所有这些变为废墟的城镇，帝国风格占主流，似乎印证了这一印象。西班牙没有涌现出罗马皇帝吗？图拉真来自意大利城；哈德良的母亲是一位加的斯妇女，钱币上称他为西班牙的重建者（Restitutor Hispaniae）言之有理；马尔库斯·奥勒略出身拜提卡的一个家庭，狄奥多西也有亲属在那里。而这类行省人士会在帝国编年史里有评论，以及像这些人士所证明的、像大城的罗马风格一样的事实，许多意大利人义无反顾地去西班牙安家，他们的后代经过几代融入了当地生活。

西班牙的拉丁文学非同凡响[62]，产生了两个塞内卡、卢坎（Lucan，来自科尔多瓦）、农学家科鲁迈拉（Columella）、奥古斯都的图书管理员、文法家叙吉努斯（Hyginus）、地理学家庞波尼乌斯·麦拉（Pomponius Mela），以及最知名的昆体良（来自卡拉古里斯[Calagurris]）和马提亚尔（Martial，来自比尔比利斯）。这些

122

作家的思想态度从总体上与我们对这个民族的了解一致,但那是因为他们受到环境的影响。除了混血儿,我们能够区分罗马移民或其子孙与罗马化的本地人[63],无疑后者是存在的,尽管政府极少关心行省教育,甚至在意大利也是如此。城镇聚集了来自世界各地的人口,通用语一定是拉丁语——许多人像学外语一样学习的一种语言。这些人讲得纯正,因为西班牙铭文里的拉丁语要比多数行省纯正得多。很久以后通俗用语才掺杂进来,其拉丁语保留了古语的痕迹,因为许多罗马居住区年代久远,可追溯到共和国时代。

我们也了解关于这方面的人为创造。学者几乎全部来自罗马殖民地。千真万确的是,其他城市与中央的交往仅用帝国的语言来表达,但韦帕芗的一项法令明确地批准在私人交往中使用本地方言。如果铭文极少给我们留下用这些伊比利亚习语书写的文本,那是因为没受过教育的人不会写字。直至今日,比斯开湾和纳瓦拉(Navarre)方言中仍有残留,受那些不为外部影响所动地区的天然条件的保护,这暗示出其他方言没有消失很久。史书没有提及这些当地人,他们被看作无足轻重的。在塞维利亚的伊西多(Isidore)[64]时代(6 世纪),他们仍居住在不用灰泥而用粗糙黏土涂抹表面的石造简陋住所里,有时仅用黏土建造。罗马人成功地把自己的复合时尚引入城镇,但这些时尚只是一个外表,乡下人对此几乎一无所知。此外,所有的外来影响被自由地接受。亚细亚或阿非利加的东方在该地区的工艺上留下了永久的记号,那里极为欣赏虚饰夸张的风格。私人或帝王的罗马崇拜除了在这些中心、殖民地或军事中心,尤其是在拜提卡之外,从未真正扎根过,我们在其他地方更常发现与凯尔特祭仪极为相似的崇拜。

西班牙的现代语言源自拉丁语,但那不仅因为罗马的占领。当蛮族人于 5 世纪潮水般涌入时,罗马仅在名义上保留宗主权,虚假的外表最后一同消失了,蛮族国王让大臣们使用拉丁语,基督教会尤其通过传教和教会学校促进拉丁语的传播。西班牙文学再次繁荣,出现了普鲁登修斯(Prudentius)、奥罗西乌斯(Orosius)、尤文库斯(Juvencus),以及这次为真正西班牙人的其他人,如前文所述[65],西班牙文学没有跳出平庸。基督教来自东方,带有罗马的轮廓,所以保留着从前确立的某些结构。城市发展、与起源相背离的某些法律观点、长期对纯粹仪式化的国家宗教的观念、没有形而上学或伦理观念,都是罗马精神的存续。

但在各地,甚至在现在变成"汪达卢西亚"(Vandalusia)的拜提卡,曾虔诚崇拜帝王的伊比利亚人立即接受了对管理和财务少有兴趣的蛮族人的统治。罗马甚至没有取得西班牙的统一,因其像罗马一样缺少共同的习俗或思想中心。[66]鉴于这个半岛分为两个王国,较大的一个受到地方主义的削弱,我们怎会怀疑所有天然形成的分裂持续到此时?

【注释】

[1] Schulten，XLVII，VIII，col.2013 *et seq.*

[2] CXCVIII.

[3] H.Feitig，*Spanien，Land und Leute in dem letzten Jahrhundert vor Christus*，Bamberg，1902.

[4] XLVII，VII，col.2026 *et seq.*

[5] *Ibid.*，col.2021 *et seq.*

[6] LXX，pp.61—74；CXCVIII，pp.179—252.

[7] M.Marchetti，XCIV，III，pp.765—775；Schulten，XLVII，VIII，col.2034 *et seq.*

[8] 有关第一个时期,参见 Goetzfried，*Annalen der römischen Provinzen beider Spanien*（218—154），Diss. Erlangen，1907。

[9] Schulten，XXIX，I(1917)，pp.209—237.参见 Homo，*Primitive Italy* etc.，p.378。

[10] Liv.，XXI，35，2.

[11] CXCVIII，p.332 *et seq.*

[12] 有关这一要塞,参见 CXCVII，pp.16—54。

[13] Homo，*op.cit.*，p.377.

[14] CXCVIII，map IV；CXCVII，map I；围墙，pp.62—76。

[15] *De reb. Hisp.*，76—98；97.

[16] CXCVIII，pp.332—375；XIII，XV(1913)，pp.365—383.

[17] Schulten，XVIII，XXXIII(1918)，pp.75—106.奥古斯都老兵的殖民地诺尔巴镇取代塞尔托里乌斯的对手麦特路斯的兵营。

[18] XLVII，II，col.2823—2827.

[19] XLVII，IIa，col.1746—1753；Guill. Stahl，*De bello Sertoriano*，Diss. Erlangen，1907.

[20] CXCVIII，p.379 *et seq.*

[21] Mispoulet，XXXI，XXXIV(1910)，pp.301—328；XLVII，VIII，col.2036 *et seq.*；XCIV，III，p.775 *et seq.*

[22] C.F.Fita，VIII，LXI(1912)，pp.475—497.

[23] LI，p.16.

[24] Mommen，*Res gestae²，Additamenta*，p.222；Garofalo，VIII，XXXVI(1900)，p.177 *et seq.*；CCXIII，p.179 *et seq.*

[25] LXXII；LI，p.25 *et seq.*

[26] 关于细节,参见 LI，pp.37—40。

[27] XCIV，III，p.881 *et seq.*

[28] XCIV，III，p.906 *et seq.*

［29］LI，p.44 *et seq.*

［30］*Ibid.*，p.83 *et seq.*

［31］XCIV，III，p.829 *et seq.*，895 *et seq.*

［32］LI，p.114.

［33］XLI，II，2661，5680.

［34］XCIV，III，p.928 *et seq.*

［35］*Geogr. Graec.mino.*，II，266.

［36］Plin.，*Hist. nat.*，III，18.

［37］XLI，II，2633.

［38］*Ibid.*，2729.

［39］MacElderry，XXII，VIII(1918)，p.55，61 *et seq.*

［40］XCIV，III，pp.819—829；A.Solari，*Rivista indo-greco-italica*，V(1921)，p.111 *et seq.*

［41］MacElderry，XXII，IX(1919)，pp.89—92.

［42］XCIV，III，pp.855，902，924.

［43］CLXII，IX，p.92.

［44］G.Bonsor，*Les Villes antiques du détroit de Gibraltar*，XIII，XX(1918)，pp.77—127.

［45］M.Besnier，XIII，XXVI(1924)，pp.5—26.

［46］XXXIV，8.

［47］CLXII，IX，p.92；LXX，chap.VI；XCIV，III，pp.779—784；XLVII，VIII.，p.2040 *et seq.*；LXXXIII，pp.150—167.

［48］M.de Figueiredo，XIII，VIII(1906)，pp.109—121.

［49］Orth，*Bergbau*，XLVII，Suppl. IV，col.120 *et seq.*，147.

［50］Dessau，*Inscri. lat. sel.*，II，1，p.682.

［51］Albertini，XLVI，pp.297—318.

［52］LXX，chap.IX；CCXIII，p.33 *et seq.*

［53］XCIV，III，pp.797，877.

［54］Max Macias Liáñez，*Mérida monumental y artistica*，Barcelona，1913；Schulten，*Merida，das spahische Rom*，Barcelona，1922.

［55］P.Paris，XIII，XVI(1914)，pp.269—316.

［56］R.Lantier，XIII，XVII(1915)，pp.69—83.

［57］XIII，XX(1918)，p.93；XXII(1920)，p.204 *et seq.*；Pierre Paris，etc.，*Fouilles de Belo*，I，Paris，1923.

［58］*Id.*，XV(1915)，pp.164—174.

［59］巴塞罗那的博物馆，I—II(1911—1912)。

［60］P.Paris，XIII，XV(1913)，p.129 *et seq.*；XVI，LX(1925)，pp.66—73.

［61］CLXII，IX，p.86 *et seq.*；XCIV，III，p.777 *et seq.*

［62］CLXII，IX，p.95；LXX，chap.X.

［63］CXC *bis*，pp.198—202 忽视了两者差别。

［64］*Etym.*，XV，9.

［65］H.Leclercq，*L'Espagne chrétienne*，Paris，1906，p.xxxiv *et seq.*

［66］LI，p.128.

第十四章　欧洲部分的希腊

概况

马其顿和希腊本土尽管被宣布为自由,实际上多年处于罗马的监管之下,公 124
元前 2 世纪中叶各地频发的起义促使征服者建立起更为严密的控制体系。马其顿
的行省纪元[1](公元前 148 年)十分鲜明地开始于从前佩尔修斯(Perseus)的王国
迎来一名大法官任总督的那一年。从这块土地划分出的四个地区被取消了,财税
负担也许没有增加,但外来统治立即因艾格纳提亚大道的修建而凸显,那是一条连
接色萨罗尼加(Thessalonica)和伊利里亚的军用道路。的确,罗马与此同时把伊利
里亚并入新行省,同样把色雷斯沿海地区纳入其中。仅有几座城镇保持独立:阿波
罗城、伊庇达洛斯(Epidaurus)、安菲波利斯(Amphipolis)、色萨罗尼加、艾诺斯
(Aenos)、阿布德拉(Abdera)以及萨莫色雷斯岛(Samothrace)和萨索斯岛(Thasos)。

希腊本土的地位不甚清晰。[2]我们不讲科林斯的毁灭因仇视民主而起,最主
要是为结束令罗马大商人恼火的商战。事实上,罗马没有把除尤卑亚、彼奥提亚和
科林斯地峡附近几处地方以外的地区定为公有地,其余地方似乎没有纳税,起初宣
布解散的各同盟被允许再次组建起来。第一批有德尔斐的近邻同盟,后来由奥古
斯都本人重组;此后组建的有阿卡亚人[3]、埃托利亚人[4]、彼奥提亚人、尤卑亚
人、洛克里斯人(Locrians)、弗基思人(Phocidians)和多里亚人(Dorians)的同盟[5],
他们至少保持着古老同盟的外表,有自己的官员和同盟铸币。但罗马四处扶持寡

头统治，在雅典恢复战神山议事会(Areopagus)的古代职能，用选举取代抽签。

这些新变化表明应当采用新纪元(公元前 146 年)，从铭文来看，许多城市使用新纪年。但希腊并未随之成为一个行省：中央政府被促使出兵干涉时，将任务交给马其顿的代行执政官，他在名义上负有远程监督之责，尤其是对公有地。波利比乌斯[6]自豪于为他的伟大国度争取到优厚条件，这里直到元首制初期才组建为行省。

125

马其顿行省的边界有迹可循[7]：东临奈斯托斯河(Nestos，梅斯塔河[Mesta])；濒临亚得里亚海一侧未完全划界，在德里隆河(Drilon，德林河[Drin])河口以南；北界不包括达尔达尼亚(Dardania)巍峨高地。色萨罗尼加被选定为首府，在缺乏辉煌过往的情况下，有绝佳的地理位置条件。最早的总督们不算得到一份好差事：人民虽平静无事，却要频繁发动反击蛮族的战争，主要是色雷斯人和凯尔特斯考尔狄斯吉人(Scordisci)，威胁着行省的整个陆上边界。直到密特里达提战争，我们才了解这段故事的详情。在这一章里，密特里达提战争的故事将足以强调它给希腊本土带来的影响。

密特里达提战争加剧了这块土地上长久以来的矛盾，生活在这里的子民尽管无力克服矛盾，但从源头上对这些负有不可推卸的责任。[8]希腊的人力和金钱极度匮乏，物资匮乏使得人口更趋减少。罗马共和国的战争增加了奴隶数量，其中许多来自希腊。在仍为自由身的人中，一些体格还算健康的人加入罗马军队，无论他们愿意与否。这些人中许多人阵亡，其他曾在苏拉手下效力的人——伯罗奔尼撒人、马其顿人、色萨利人——甘心在他回到意大利剪除马略余党的斗争中追随自己的将领。他们在那里发现或在他们之后而来的大批因希腊惨遭破坏、赋税征收和欠下债务而流落异乡的移民，有的还抱着在当下富足的西方土地上靠自己的手艺或提供意大利短缺的技术劳动的希望前来。那些留在本国的主要是有产者，他们留下来有好处，可以留任公职和发挥影响(在那些东西成为负担之前)。他们大多是土地所有者，因其财产性质而与土地联系在一起，他们如果有充足的奴隶，就把土地用于耕种，否则撂荒用作牧场。一切都使限制家庭规模成为常态。于是经过人口不断外流和减少，内陆的古代城市沦为村庄。

盛极一时的沿海城镇情况更糟。密特里达提在海盗中找到了极有用处的盟友。这些人掠夺沿海城镇，居民被洗劫，变得一无所有，最后以他们眼见为实能带来巨大收益的行当为业。希腊人不久后成为这个海上国家的公民，这个海上之国曾在很长时间里主要从安纳托利亚山区补充人员。罗马以更严酷的手段对付为海盗提供补给或躲藏地的地区，如克里特，在变为行省时已被破坏，居民几乎荡然无存。当庞培清剿海盗并俘虏了许多陷入这一惨况的希腊人时，他萌生了一个想法，即把这些人安置在人口极为稀少的地区。这一恢复措施既没给希腊带来光荣，也没带来好处。

从这一悲惨事实中，许多罗马人一定得出了夸大的结论。对希腊人存在两种相反的态度——对其天赋的尊敬，对其个性的蔑视，造成元老院的政策有些摇摆不定。对时局的考虑使我们可以得出比他们更公正的评价。共和国末期的希腊人已经不抱幻想，只希望谋求和平，密特里达提趁机煽动许多动乱不是他们的错，但是是罗马人使他们的臣民陷入混乱不堪的境地。在 50 余年里，希腊卷入意大利的内战，无法只做个旁观者。各派领袖——苏拉、马略、庞培、恺撒、布鲁图斯和卡西乌斯、安东尼、屋大维——甚至在此之外的人，都把希腊拉入自己的派系。各地不断被强行征兵，因为急需兵源进行内战及对外征服，以便为指挥官添光增彩。此时的新兵不总能自由选择加入哪一方，存在强迫征兵。敌对的领袖期望从城镇得到物资援助、给养和情报，这些城镇只求中立。那些保持中立的城镇，以为自己是忠心耿耿的楷模，却是采取了危险至极的态度，因为每一方都怀疑它们掩饰敌意。往往第一个出现的敌手会以武力确保它们支持。即使有时间选择立场，应以什么理由做出选择？某个与已选定立场的邻邦为仇的城镇本能地倒向另一方。没这样理由的城镇犹豫不决，如果事出紧急，则以传闻为根据，无论传言是真是假，或者让自己被某个重要公民所左右，无论此人出于真心还是受人贿赂。继而罗马领袖在"同盟"城镇驻扎，把"善意"（几乎是无意的）放在捐赠之下，提出要求，强行索要，带走想要的，并许诺在得胜后大加补偿。如果胜利了，便忘记自己的一些义务；如果失利了，他的敌人前来发威，便轮到这个人为报复而劫掠该城镇了，这样通常会避免进一步残杀，战胜者知道那样做无济于事，于是吹嘘自己宽容大度并自称对没落民族的光荣祖先怀有敬意。[9]这便是不止一次上演的悲喜剧。

与奥古斯都同时代的斯特拉波[10]也记述了希腊令人心痛的地位：这块土地从一头到另一头，在马其顿、色萨利、伊庇鲁斯、彼奥提亚、埃托利亚、阿卡狄亚以及阿提卡的大部分地区，满目疮痍，阿提卡半岛的大港比雷埃夫斯（Piraeus）已被苏拉破坏。从前因为地处偏远而幸免于难的地区,如阿卡尔纳尼亚(Acarnania),也遭受同样的命运。各岛屿遭受的打击也不轻,曾人口稠密的提洛岛现在仅是一堆乱石。但这位地理学家习惯性地落伍了,其他史料揭示出从帝国一开始便试图进行重建。

尤利乌斯·恺撒在公元前44年已经重建克里特。[11]他把获释奴、最底层的意大利人安顿到那里,使之成为罗马的殖民地,取响亮的名字"尤利乌斯的荣耀殖民地科林斯"(Colonia Laus Julia Corinthus),但新城不再拥有从前的声名和活动。随着这些新居民和混血居民的涌入,科林斯变成欺诈堕落之城,其奢侈和财富产生了可耻的吸引力。

奥古斯都继续这项重建工作。但首先希腊的地位通过公元前27年采取的总措施改变了。马其顿的边界现在更加明确,因并入色雷斯东海岸的一系列城镇而东扩。奥古斯都把阿卡亚从希腊分出来,单独作为一个行省,边界至色萨利以南[12],但色萨利在一个专门政权管理之下,有自己的联盟会议。到目前为止,自由城市似乎没有被剥夺那一特权。被视为自由城市的有雅典[13](辉煌的过去使其保有特权直到最后)、埃拉特亚、塞斯比埃(Thespiae)、塔纳格拉(Tanagra)、法萨利亚(恺撒在那里得胜)、埃吉纳岛(Aegina)、爱奥尼亚诸岛(至少有刻法勒尼亚岛[Cephallenia]和扎金索斯岛[Zacynthus])以及斯巴达[14],斯巴达在两件事上的良好表现弥补了从前的两次结盟过错,首先是与密特里达提结盟,后与庞培结盟,做的两件好事是2 000斯巴达人在腓力比对阵布鲁图斯和卡西乌斯,其他斯巴达人则在亚克兴为屋大维而战。为此,把举办阿克提亚节(Actiaci ludi)的工作交予这座城市确实是一份嘉奖。不久之后,奥古斯都又以牺牲迈塞内(Messene)为代价扩大斯巴达的领土,迈塞内曾效忠于安东尼。古代的近邻同盟[15]在德尔斐重建起来,17支民族被任命来管理此处圣地。

前几个世纪里辉煌一时的古城被以礼相待,与新建的和专门使之复兴的城镇的发展势头相反,繁荣一去不复返。仍享有更多特权的科林斯位列首府[16],处于中心地位,现在是罗马的或至少是元首的城镇,希腊人甚少,变成国际化的城市,融入了东方人、犹太人、叙利亚人和埃及人。帕特雷(Patras)[17]的情况类似,从公元前2世纪起变得穷困不堪,在一定意义上说是由奥古斯都重建的,他把老兵安置在那里,又把其他破败城市的居民迁移过去,主要有迪莫(Dyme)的居民，庞培时期俘获的海盗在那里定居。这一殖民地的领土大幅扩展，通过像色萨罗尼加由之发展起来的村镇联合过程，扩展至科林斯湾北岸。相似的过程带动起亚克兴附近的尼科波利斯[18]，伟大的胜利让人永远铭记着这个地方：四散在伊庇鲁斯这一地方的所有贫困村落被合为一座城市，人们迁移到那里，成为阿卡亚最重要的城镇之一。

128

诸帝的态度

　　从帝国一开始，这个行省的历史就由小插曲组成。3 世纪中期之前没有战争打扰那里和平安宁、单调无味、昏昏欲睡的状态。在一定时期迅猛发展的希腊世界在这很长一段时间里几乎完全停滞了。[19]

　　奥古斯都的关注及其各项计划，即使是其中最具扶持性的，无疑有着不合意的对立面，因为就在他亡故后的公元 15 年，一个阿卡亚—马其顿使团来到罗马，请求减轻压在行省居民身上的重负。元老院随后把两个行省交给皇帝，因为由参将主掌的政府花费较少，所以提比略扩大了那些管理极富成效的总督们的权力，附带的巨大花费也消失了。他的外甥日耳曼尼库斯在旅行途中巡视希腊，那是一段有意义的旅程，提比略根据实际情况严格管控中央政府派去的代理人。

　　然而，克劳狄把阿卡亚和马其顿交还给元老阶层的总督。他也偏爱希腊臣民，修正卡里古拉的剥削和愚蠢之举，将卡里古拉从他们手里搜刮来的艺术品归还城镇，释放那位疯癫皇帝为庆祝他本人的崇拜而强行带到罗马的青年。克劳狄完全沉醉于希腊文学、科学和艺术中，对希腊人表现出特殊的怜悯之情，他给元老院的一封信[20]字里行间流露出这样的强烈情感，也许他甚至希望厄琉西斯秘仪改在罗马举行。他也记录了拮据的财政状况，多亏了他拜占庭才得以免除五年税赋。我们注意到，克劳狄氏族的所有皇帝都表现出对操希腊语人民的爱护[21]，此外，在东方以克劳狄为名的人为数众多。

　　另一方面，尼禄的统治[22]带来了与适度的一以贯之的政策截然不同的东西。尤其是在希腊的土地上，这个"疯子、傻子、演员的混合体"觉得自己想象力迸发，为自己的唯美演出寻找舞台。他作为艺术家的名声最为响亮，对总督人选

129

没什么兴趣,公元61年的一位总督甚至不懂当地语言——如此无知的人一定极为罕见,代行执政官的不法行为没有引来君主的注意,君主还毫不怀疑地把他们树为榜样。罗马大火后,尼禄想要更换被火灾毁掉的艺术品,他发现只有一条途径可以实现,即重演穆米乌斯(Mummius)①的搜刮,再者通过没收。珍品外流再次开始。在这次风风火火的掠夺中大批艺术品被拿走,不分步骤,没有方法。残暴的专员劫掠雅典、德尔斐、奥林匹亚、大圣地乃至小城镇;输出品绰绰有余,余下的被皇帝中饱私囊;经历严酷考验的东方青铜雕像肥了他个人的腰包。他也懂得如何寻找借口把有钱人处死并没收他们的财产。

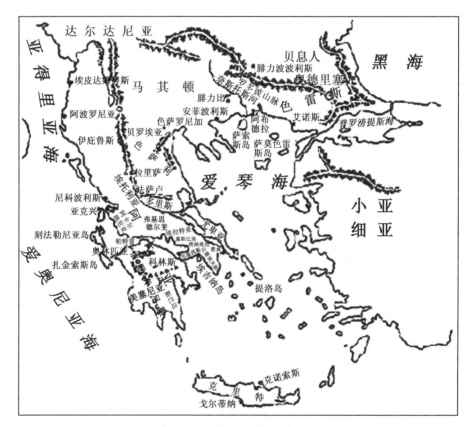

地图4　马其顿、阿卡亚、克里特

---

① 路基乌斯·穆米乌斯(Lucius Mumius),公元前2世纪罗马政治家、将领,后因征服希腊得名阿卡库斯(Achaicus)。公元前146年,他在阿卡亚战争中攻陷科林斯,在城中大肆屠杀,肆意劫掠,将妇女儿童卖为奴隶,科林斯化为灰烬。——译者注

后来他亲自来到希腊,觉得意大利无法欣赏他的特长,这样的一位诗人和音乐家需要另一批观众。他参加比赛,大家对他的名次报以掌声——一个强劲对手神秘消失了。如此一来,他取得了一系列辉煌的胜利,令他感到惊讶,并促使他大示慷慨,使从前最知名的亲希腊人士的慷慨之举都黯然失色。一段铭文[23]为我们保存了他在科林斯夸大其词的讲话:"所有你们这些生活在阿卡亚或从今以后称为伯罗奔尼撒的土地上的希腊人,免除赋税,获得自由⋯⋯"今后这块土地称为"伯罗奔尼撒"?无疑他打算在完成一项伟大工程后给它另取一个名字,他大刀阔斧地进行开凿科林斯地峡的工程,但没能完工,似乎受到因技术性错误带来的难题阻挠。这条运河在现代完工了,但发挥的功用一般,而在遥远年代也许更为有用。

最后,也许是为淡化因掠夺带来的坏印象,尼禄捐献德尔斐神谕所 10 万狄纳里,给予奥林匹亚的希拉诺狄凯(Hellanodicae)①25 万狄纳里。但伽尔巴要求如数返还,无任何补偿。

具有严格意义上罗马性格的皇帝们对希腊人纯粹抱以公正谦和的态度。韦帕芗颁布法令,这些人"不能再正当享有他们的自由",他剥夺了他们的自由,也就是说,他取消了整个地区的全部自由,尽管没有侵犯到个别城镇的特殊自治权。的确,是为审查这些阿卡亚自由城镇的财务情况,图拉真才派出特使的。钱的问题总是城市的瘟疫,如同对于公民个人。

真正的亲希腊人士是哈德良[24],在爱好和文化上更像是希腊人而非罗马人,他将体恤之心扩散到同时代的希腊人身上,而意大利贵族倾向于把同情限定在过去几个世纪里的名流。他经常长时间造访雅典,把那里当作自己的中心。人们看到他在那里出现在公共场合,身边围拢着智识精英,他参加宗教节日,接受节日主持之责。他的扶持在卫城南面留下了凭证[25]:他把实际上成为二级城市的欣欣向荣的郊区并入城区,城区面积就其人口而言太狭小;刻有这位皇帝名字的拱门上的两段著名铭文,仍把提修斯(Theseus)之城与哈德良之城区别开来。他的工作并非尽是表面文章,他不想只是修建两个世纪前一位叙利亚国王未完工的一座雄伟神庙,他想使之成为泛希腊节日的另一处圣地[26],那是希腊

---

① 古代奥林匹克运动会的裁判员。——译者注

人(甚至居住在阿卡亚以外)的总聚会,在他看来他们太过分散分裂。罗马和平(pax Romana)再次把他们聚在一起,这位皇帝的雕像与神像紧邻,说明这位君主、希腊奥林匹斯山的第一位奉献者是希腊和罗马统一的支持者。

131　　其他城镇也得到了他的关注:帕特雷,其钱币上称他为"阿卡亚的重建者"(Restitutor Achaiae),以及科林斯,水源经他建造的一条引水渠源源不断地输往那里。同时,为了以另一种方式促进各城市间的联系,他下令修建一条道路——这块土地上的一个奇迹,沿萨罗尼科斯湾(Saronic gulf)边缘,将希腊中部与伯罗奔尼撒半岛连接起来。

安敦尼诸帝治下,整个帝国得到父亲般的照料,希腊也受惠。安敦尼·皮乌斯曾是阿卡亚的总督,他知道那里的难处和需要。当大地震造成那里荒凉一片时,他对这些城镇给予补贴,像经历灾难的西库昂(Sicyon)。以希腊方式思想的马尔库斯·奥勒略表现出同样的乐善好施,但在他统治时期萌生发展的危机波及阿卡亚:冲破多瑙河边界的蛮族浪潮在一段时间里进抵希腊中部,在弗基思(Phocis)的埃拉特亚城墙下止步。此外,从帕提亚战争返回的军团带回了瘟疫,殃及整个行省,雅典受害严重。

然而2世纪像1世纪一样,保持了内部的和平。2世纪末,王位争夺重演,人们可能以为又回到了共和国最动荡的年月。希腊人在塞维鲁注定得胜时不幸地被怂恿站在佩斯坎尼乌斯·尼格尔(Pescennius Niger)一边。当时存在报复行动,史书中对之所言寥寥,除了拜占庭在三年被围后被无情惩罚的事(196年):军人和官员被处死,公民的财产被收缴,城市自治权被废除,周边地区并非没有威胁的坚固城墙被夷平。但希腊文化对粗犷野蛮的罗马人影响极大,以至于塞维鲁不久后变得宽容,待在这座城里,大兴土木,他的儿子卡拉卡拉则恢复了这座城市的所有权利。[27]

但3世纪中期是一系列考验的开始:马其顿被哥特人洗劫;哥特人和日耳曼人海盗式的劫掠从黑海扩及爱琴海,他们的许多快船由希腊水手驾驶,这些人因受恐吓而被迫在他们中间服役。随后其他蛮族入侵整个巴尔干地区,毁灭马其顿,占领所有主要城镇,甚至是伯罗奔尼撒半岛上的。却没有哪次灾难给希腊带来的损失比阿拉里克(Alaric)领导的战役(395—396年)更惨重,希腊经历了长达数月的屠杀、劫掠和大火,居民似乎很难保护自己免受洪水猛兽般的狂徒的伤害,帝国希腊人的惟命是从沦为无动于衷。除了沿海城市,难有哪个城市从废墟中崛起,对于沿海城市,海洋仍是一个促进因素,一种对生活的召唤。最终在一名自小受希腊文学熏陶的皇妃欧多吉娅(Eudocia)的影响下,狄奥多西二世采取了一系列措施,扭转阿卡亚的局面,但那标志着希腊宪政生活的结束,从此以后这块土地永远失去了源于"城邦"的古老面貌。

当地生活

几个世纪里,这块土地上延续着固有的生活方式,在很晚的年代,罗马才试图将之改变。古老的官员官名如故,官员的职守大体未变,尽管这些权职在现实中受到限制,因为城市不再是城邦,只是城镇,和这个词的现代意义相同。仍有某些例外,所发生的边界纠纷要比涉及城镇司法的纠纷更重要。迈塞内和斯巴达之间有关几个地区的争端由奥古斯都解决,他袒护后者,提比略处理时则偏向前者。雅典继续在阿提卡之外拥有领土,只是不再是一个帝国的组成部分,而是地产、一笔财政收入来源——雅典依旧贫困。哈德良也把刻法勒尼亚岛的收入交给雅典,给贫民以多项补贴。通过建立第 13 个部落哈德良尼德(Hadrianid),通过积极参加受宠爱的安提诺斯(Antinous)的英雄崇拜,雅典尽其所能感恩戴德。对城市生活的记述包括许多详细内容,实际上在欧洲与在亚洲的细节一样,铭文中许多地方提及小亚细亚的生活,那足够我们在本章研究那片土地的城市生活了。我们在两块大陆上都发现了图拉真时代之后开始增加的"监察使"[28]。

由于沿用过去的风俗,重大的国家节日仍按古老祭典来庆祝:希腊各地方的人每年在普拉提亚(Plataea)向"神王"宙斯献祭,以纪念在希波战争中阵亡的将士。因为把地方权力委托给富有公民,被称为贵族政治,所以古时地位显赫的古老家族的崇拜被自豪地保留着,斯巴达人仍吹嘘自己是神的后裔。在雅典,赫罗狄斯·阿提库斯(Herodes Atticus)说自己出身凯鲁凯斯家族(Kerykes)①,但贵族负责该崇拜,以及禁止奢侈的事务,所以他成为他所在时代的大捐助者之一。

---

① 厄琉西斯秘仪宗教官从该家族中选出。——译者注

其他崇拜来自国外,因为雅典日益成为旅行者的热门去处,其他城市略逊一筹。有钱的外国人在阿卡亚拥有乡间别墅,即从当地某个债务人那里得到的别墅。

　　他们前来不像在埃及是为异域风情和神秘文明的魅力。没有什么比希腊文化更广为人知的了,至少是那个年代的希腊文化,参加节日和公共赛会便让他们心满意足,这些盛会场面盛大,对城市而言是要花费重金的重要庆典,上演的古老节目实际上没有改变,尽管希腊元素不再孤立存在,而是向"蛮族"敞开大门,表演者不再是迸发着宗教和爱国热情的本国青年,而是不停巡回演出的世界各地的专业演员,他们享有殊荣,得到专门特权的奖励。表演的精神也改变了,但希腊观念融入表演,棕榈叶被用来嘉奖优美、灵巧和敏捷,而角斗士的厮杀得到的永远只是礼貌性的掌声。

133　　后来,雅典再次引来第一等级注目的是其"大学"[29],大学的知名度更高,在很长时间里没有什么可望其项背,甚至是罗马或君士坦丁堡。但是"拜占庭",在我们现在给予该词的意义上,在思想上贴近传统的研究科目——哲学和雄辩,这些科目难有创新。从史料中我们得知,许多大学教师背负着不体面的名声,有时是可怜人,收入低,尽管至少有一些财政特权和实物补贴作为补偿。然而,尤其在4、5世纪,他们成为雅典城的名流雅士,从衣着和身边的学生看得出他们的身份。他们在礼堂里经过一番竞选演讲后由主任委员会选出。他们的竞争沦为公开的冲突,学生也加入其中,男青年、最后也有女青年结成社团,试图使其他教师流失学员。新柏拉图学派没有为课堂里讲授的过时学问赋予新意。但从历史上看,雅典的大学极为重要,其与希腊异教信仰观念关系密切,学子为数众多,大学影响广泛,推迟了基督教的传播进程,尤其是在阿卡亚和文化人中。普通人对新宗教不太抵触,但就连他们也不至于丢掉神话的空洞形式,神话只是披上了基督教的外衣,于是可以被解释为圣徒崇拜(如果可能则是本地圣徒)、钟情遗物、对以祈祷赢得上天眷顾的狂热、病患去往并安睡在教堂的习惯,就像他们从前在阿斯克勒庇俄斯(Asclepius)①神庙里所做的一样。

　　希腊人固守民族传统的倾向只是给某些制度带来特别之处。在其他行省,行省会议的首要职责是表达对最高权力的敬意,维护帝王崇拜。阿卡亚人的同

---

①　治愈之神。——译者注

盟没有忽略这一责任，会址设在阿尔戈斯，他们更喜欢回想过去，把视野停留在过去，沿用祖先的语言，尽管因大批外国人来此而变得面目全非，如现今在东方使用的所有习惯用语。卡拉卡拉敕令使希腊人成为罗马公民，他们因为文化和天赋而享受特权，他们没有多少动力学习拉丁语，倒是他们的主人对他们充满敬意，尽管使用拉丁语对履行高级官员职能很重要。城市的尊荣满足了大多数人，他们远非只是寻求通过仕途（cursus honorum）来高升，认为通过隆重仪式给予外国人以当时变为一项收入来源的公民权、吸引外国人来到他们的国家更光荣。罗马精神被被动地抵制着[30]，受其影响最深的是那些最晚希腊化的人——希腊文明传播最缓慢的地区的居民。

戴克里先增加分区，他的重组只是认可和批准法律上或事实上业已存在的划分。阿卡亚保持一体，远至斯佩尔凯乌斯河（Spercheius）①，没有理由打乱其统一。无论色萨利[31]是否在元首制时期从阿卡亚分离出来——有争议的猜测，哈德良和安敦尼曾颁布法令[32]的拉里萨（Larissa）存在色萨利人的同盟不足以证明的猜测——现在最终完全被划分出去。长期被划分出去的伊庇鲁斯——至少从图拉真时代，也许从尼禄时代——就被一分为二，南部的老区真正希腊化了，新区（阿尔巴尼亚）更为蛮族化，并且包括马其顿的部分地区。马其顿行省在将来基本保持原貌，只是北方面积略有缩小。也许由奥古斯都建立的贝罗埃亚（Beroea）同盟形同虚设，当地发现的大量钱币[33]使相关研究比通常更深入成为可能。这块土地已失去重要的战略地位，市政制度结果停滞不前。除了古老的沿海城镇和一些罗马殖民地，如腓力比（Philippi），专门官职称为"城市官"（politarch），官名暗示出其自由只是相对的。除了偏远地区的村庄外，我们在马其顿一无所获。罗马基本上对马其顿不感兴趣，但有时征召军队或近卫军，除了历史上的军事素质，其过去已全部被人遗忘。

134

边外

色雷斯——马其顿的近邻，已经适应了罗马的统治[34]，甚至有了一点希腊

---

①　位于色萨利南部。——译者注

化的样子。普通人继续说着没有文字纪念物保存下来的语言,尽管人名和地名的形式表明这种用语一直沿用。希腊文出现在铭文里,但不正确或变形错误。希腊神话也在这块土地上扎根,但并不深入人心:通常的偶像是一位英雄战士,影响很广,习惯上称他为"色雷斯骑士"。我们从这些粗糙的纪念物[35]中看到,色雷斯的希腊化程度还不如小亚细亚腹地,小亚细亚与色雷斯有民族融合,人们认为甚至在帝国时期仍为色雷斯提供殖民者。居民为蛮族,这一情况在他们被征服前长期存在。

起初他们按部落或氏族聚居在一些地区或军营(strategiae)内。内陆的聚居区直到图密善统治时期才被组建为城镇。几座村庄后来合并为一个城市,但情况没有发生根本改变。这块土地上的农业资源(谷物、葡萄园、玫瑰田)对田园生活更有利。行省会议会址所在地腓力波波利斯(Philippopolis)发展为比较重要的城市。

色雷斯最初由财税使统治,不向马其顿的总督负责,而向默西亚的参将负责,从图拉真时代开始,色雷斯有了自己的参将。戴克里先使位于鲁米利亚(Roumelia)中部的最落后地区沿用从前的行省名,而从色雷斯分离出几个小行省:罗多彼山脉(Rhodope)——爱琴海北岸沿海城镇所在地区,从很早以前就希腊化了,但陷入衰退;坐拥黑海西岸希腊化城市的海姆斯山脉(Mons Haemus);后来的拜占庭,位于普罗滂提斯海①沿岸,那里得名欧罗巴。

从前拜占庭没有与色雷斯连在一起,至少直到图拉真时代仍与比提尼亚相连。首都君士坦丁堡与腹地比任何时候都更隔绝,尤其是建起一道长墙,虽在很长时间里保持拉丁特征,那是因为官方用语和宫廷人员的缘故,但因其对希腊世界的吸引力,那一民族的不断涌入,来自希腊、装点这座帝国城市的艺术珍品,将之变成了一座希腊城市。[36]

就像由大海相连的罗多彼山脉和海姆斯山脉的众多城镇与内陆地区交往甚少一样,北方与下默西亚交界的地方也是一样[37],奥德苏斯(Odessus)、狄奥尼索波利斯(Dionysopolis)、卡拉提斯(Callatis)[38]、托密(Tomi)和伊斯特鲁斯(Istrus)成为"五连城",后来马尔西亚诺波利斯(Marcianopolis)加入,成

① 马尔马拉海。——译者注

为"六连城",组成了一个区别于其他的联盟,有其同盟以及祭司阶层的统治者"pontarch"。[39]奥维德对被放逐托密的描写,即使让我们觉得因夸张而有损价值,但有助于我们理解这些城市为何认为组成一个同盟最好不过,是为了在海上抵御多布罗加(Dobrudja,戴克里先时的斯基泰)的盖塔伊人和萨尔玛提亚人。他们是凶蛮的邻居,甚至也说点希腊人的语言,希腊人巧用了他们的服饰,我们从图拉真记功柱上可以看到其精致服饰。正因为这一妥协,当地人容忍那些有技艺的中间商(希腊人总是如此)的存在,以便他们土地上的产品外销出去,反过来也获得一些商品。

尽管帝国没有正式扩张到多瑙河河口以外,但对边界之外[40]、几条大河河口处发展起来的一些希腊城市给予支持,如靠近现今敖德萨(Odessa)的提拉斯河(Tyras)和奥尔比亚,乃至博斯普鲁斯王国。对于希腊人而言,黑海北岸是他们心目中最早的富庶之乡;斯基泰广阔平原上的财富令人叹服,那些地区在几个世纪里与西部世界通商,西方从那里获得奴隶、毛皮、木材和沿岸捕获的金枪鱼。[41]塔乌里斯半岛[42],或今天的克里米亚,包括两座重要城镇:凯尔索尼索斯(Chersonesus,靠近塞瓦斯托波尔[Sebastopol])和东边的潘提卡帕埃乌姆(Panticapaeum,刻赤[Kertch]),以及法纳格里亚(Phanagoria)和提奥多西亚(Theodosia)。与内陆人民难以融洽相处使得他们感到有必要寻找一位保护人。本都国王密特里达提大帝最早扮演了这一角色,在他惨败后自然由罗马人接替。各类纪念物、城墙遗址、军营遗迹、铭文记载,都让我们了解到他们在沿海的活动。一段来自凯尔索尼索斯的铭文记录了那座城市的一个要人为尤利乌斯·恺撒执行任务,从恺撒那里得到了罗马公民权。[43]他是一位船主,在奥尔比亚也有一些船,船上有防御装备以抗击海盗,他们自己有时也用这些船来掠夺。恺撒可能从他们那里得到远征用的舰船,他保证凯尔索尼索斯的自由。奥古斯都同样作为,后来的安敦尼也是如此。

博斯普鲁斯王国从总体来看,其王朝乐于接受罗马的保护,这一安排对皇帝们有利,比行省统治负担轻。奥古斯都和阿格里帕在希望有所改变的梦想破灭后满足于现状。通过比提尼亚的官员,人们沟通方便。[44]这个被保护国由用来补充当地军方的一小支罗马军队——甚至是在塞维鲁时期[45]——以及用来换取帝国和平的补贴来保证,它使得大草原上的蛮族与希腊人日益接近,到目前为

136

止,这些蛮族还没有骚扰他们。因此,公元前三个世纪,潘提卡帕埃乌姆迎来了繁荣昌盛的新时期,其华丽的坟墓有乱石堆建的地下墓室和豪华家具。[46]

然而从长期来看,博斯普鲁斯的这些君主大大丢掉了其希腊特征,早在安敦尼诺帝统治时期,统治阶级就大受亚洲文化的影响。当地金币继续采用一位皇帝的图像,但举止穿着变成了纯粹伊朗式的。[47]如果在那里推行真正的帝国统治,事态无疑会朝不同的路线发展。无论如何,这些地区从来也没少了罗马的踪影,我们必须认识到,除了法纳格里亚和狄奥斯库里亚斯(Dioscurias)之间不友善的海岸,罗马与黑海整个海岸线保持着联系。

我们会把克里特归入希腊本土[48],它在地理上附属于希腊。共和国时代其历史模糊不清,但确凿无疑的是,它在奥古斯都治下与昔兰尼加合并为一个元老院行省。这一合并似乎让人难以捉摸,但也许是因为在元首制之前建立,因为该岛与昔兰尼同时被安东尼给予克莱奥帕特拉。从很早时候起,克里特似乎命运堪忧,曾是充满魅力的米诺斯文明的中心,因为多利亚人的入侵,仅剩下一帮弓箭手雇佣兵。[49]这里也是长期抵挡罗马入侵的海盗的大本营,但在公元前67年被昆图斯·凯基利乌斯·麦特路斯(Q.Caecilius Metellus)征服了,后者此后被称为克里提库斯(Creticus)。[50]其独立时期的统一或联合的努力没有取得任何结果。在罗马人治下,这些城镇似乎不太松散地联系在一起,有联盟存在,从提比略到马尔库斯·奥勒略统治时期铸造钱币,并管理五年一届的赛会。这一时期仅两座城镇为人所知:戈尔蒂纳(Gortyna),这个二合一行省的首府,奥古斯都将几个世纪里由卡普阿拥有的一块肥沃土地划拨给它;还有曾是一座罗马殖民地的克诺索斯(Cnossus)。在意大利的发掘揭示了戈尔蒂纳[51]的重要性和帝国时期所建的建筑物;考古发掘使我们得以辨认出广场的局部、罗马剧场、壮观的帅帐(praetorium)、总督的宫殿、水泽仙女殿(nymphaeum)、引水渠和音乐厅(odeum)。这座城镇获准保留其特殊的法律,因为重要的法律条文在3世纪末之前一直被刻写公示。戈尔蒂纳受到地震的侵袭,因此一些建筑以落后风格重建。几乎各地都可以发现拜占庭修缮的痕迹,因为克里特由戴克里先从昔兰尼加分离出来,395年归入东罗马帝国。为崇拜埃及神明而建的一座神庙似乎是让人回想起该岛与非洲地区合并的唯一凭证。

【注释】

［1］ *Journ. of Hell. Studies*，VIII(1887)，p.360；M.N.Tod，III，XXIII(1918—1919)，pp.206—217.

［2］ LXXXV，p.640 *et seq.*；G.Niccolini，*La Grecia provincia*（*Studi storici per l'antichità classica*，1910，3，pp.423—444）.

［3］ *Inschriften von Olympia*，328.

［4］ Dittenberger，Sylloge³，744.

［5］ *Inscript. Graecae*，III，568.

［6］ XL，13.

［7］ CXLVI，map 33(1911).

［8］ CXXVIII，I，p.359 *et seq.*；CLXII，X，p.22 *et seq.*

［9］ Dio Cass.，XLII，14；Appian，*Bell. Civ.*，II，88.

［10］ *Geogr.*，VII，*passim.*

［11］ XLVII，Suppl. IV，col.1033—1036.

［12］ 对边界线不确切知晓，参见 J. Netusil 对 S. Zebelev 俄文书的分析，Ἀχαικά（*Berlin. philol. Wochenschrift*，1905，col.895—902）。

［13］ CLXII，X，p.8 *et seq.*

［14］ CLXXXIII，p.433.

［15］ CLXII，X，pp.3—5.

［16］ 见上文，p.175，note 3。

［17］ CLXXXIII，p.430.

［18］ CLXII，p.58 *et seq.*

［19］ Cf.Corrado Barbagallo，*Il tramonto di una civiltà*，Firenze，1924，II，p.183 *et seq.*

［20］ Suet.，*Claud.*，42.

［21］ Eug. Albertini，XXIV，XXIV(1904)，pp.247—276.

［22］ CXXVIII，II，p.97 *et seq.*；CXXVI，pp.382—392.

［23］ M.Holleaux，X，XII(1888)，pp.510—528.

［24］ CXXVII，pp.105—121.

［25］ G.Fougères，*Athènes*，Paris，1912，p.146 *et seq.*

［26］ CCXXVII，p.195 *et seq.*，271 *et seq.*

［27］ Kubitschek，XLVII，III，col.1140.

［28］ 见上文，p.103。

［29］ CXXVIII，vol.III.

［30］ CLXII，X，pp.27—31.

［31］ Cf.Friedrich Staehlin，*Das hellenische Thessalien*，Stuttgart，1924.

［32］ *Dig.*，V，1，7；XLVIII，6，5，1.

［33］ H. Gaebler，*Zur Münzkunde Makedoniens*（*Zeitschrift für Numismatik*，XXIV［1904］，pp.245—338；XXV［1905］，pp.1—38）.

［34］ CLXII，X，pp.67—74；cf. Arthur Stein，*Römische Reichsbeamten der Provinz Thracia*，Sarajevo，1920.

［35］ Cf. the publications of G.Seure in the *Revue archéologique* and all the recent volumes of XXXII.

［36］ CXXVIII，III，p.238 *et seq.*

［37］ CLXII，X，pp.74—78.

［38］ O.Tafrali，*Revue archéologique*，1925，I，pp.238—292.

［39］ J.Toutain，XXVII，LXII(1901—1903)，pp.123—144.

［40］Ernst von Stern, XXIII, IX (1909), pp. 139—152; Ellis Minns, *Scythians and Greeks*, Cambridge, 1913, *passim*; M. Rostowzew, *Iranians and Greeks in South Russia*, Oxford, 1922, pp.147—180.

［41］L.Preller, *Ausgewählte Aufsätze*, Berlin, 1864, pp.441—467.

［42］CLXII, X, p.79—89; Brandis, XLVII, III, col.2254—2269.

［43］M.Rostowzew, XXII, VII(1917), pp.27—44.

［44］Id., III, XXII(1916—1918), pp.1—22.

［45］Fr.Cumont, *Bull. De l'Assoc. Guillaume Budé*, Oct.1924, p.53.

［46］Rostowzew, XX, 1920, pp.49—61.

［47］Id., XXXIII, XXXII(1919), p.479.

［48］R.Paribeni, XCIV, II, pp.1257—1275; G.Daro, XLVII, XI, col.1800.

［49］G.Cardinali, *Cretan el tramonto dell'ellenismo*［*Rivista di filologia* XXXV(1907), pp.1—32］.

［50］P.Foucart, XX, 1906, p.569 *et seq.*

［51］L.Pernier, II, I(1914), p.373 *et seq.*; Id., VI, XVIII(1915), pp.49—68.

第十五章　小亚细亚

对罗马时代欧洲部分的希腊的研究大多给人以模糊不清的印象。这片土地 的主人们只是将其视为由没落的后裔保管的古代博物馆。在北部地区——马其顿和色雷斯，仍有工作需要完成，我们前文已说明，统治者行动保守，对不甚重要的事只做出慢步调的革新。

小亚细亚在我们面前展现出的画面在这一时期不尽相同，因为罗马认真地在那里从事传播希腊文化的重要任务。罗马没有尝试任何创新的手段；我们对塞琉古王朝和阿塔罗斯王朝在内地推行的殖民政策研究得越多，对采用方法的认识就越清晰。罗马人只是追随他们的足迹。像希腊化时代的君主一样，罗马人通过合并独立的人群并将其联合于共同制度之下来建立新城。他们通过限制祭司小国的规模和独立来为市政制度的发展出力，祭司小国在安纳托利亚为数众多，由农业区乃至聚集在一处圣地领地周围的作坊组成。

也许没有哪个地方像小亚细亚展出这样一幅各民族的拼图。甚至在亚历山大之前，这里就是大量用语的汇聚地，语言学家认为这些语言毫无联系[1]，这意味着民族大杂居。其情况在接下来的几个世纪里并无改变：在奥古斯都时代，斯特拉波[2]宣称在西比拉（Cibyra）就有讲皮西迪亚语、苏勒米语（Solymean）、希腊语和吕底亚语的。此外，这些语言几近是各蛮族所讲的全部语言，将这些语言尽可能统一于希腊文化的影响之下有利于整体文明。这些民族还处于早期阶段，以至于其中大部分除了名称外别无踪迹可寻。吕底亚人、卡利亚人和弗里吉亚人是他们中间保存早期历史纪念物的为数不多的几个，中部高地的凯尔特人因为他们在欧洲的同族而为我们所知。

　　所有这些国家都易于被掌握在一个坚定而宽容的统治权之下,他们反抗罗马的起义很少见,也不甚重要,因为像希腊人一样,他们并无解放自身的愿望。此外,罗马政府在逐渐将这个大半岛分裂的同时,并不寻求建立一个打破古代模式的组织,行省的边界实际上相当于先前那些国家的边界,除了当时划割的一些领土,这些领土被用于报答关键时刻给予的帮助,或带着进一步兼并的预备性目的交给一些王朝。安纳托利亚各民族对国外宗主国几乎不做抵抗,以至于他们都快速地接受了希腊化的伊朗人密特里达提大帝的统治。发动抗击密特里达提的艰苦战争,那对罗马掌握的直到当时仍保存希腊文化的所有地区来说至关重要。[3]

代行执政官统治下的亚细亚

　　代行执政官统治下的亚细亚行省被称为小亚细亚的宝石。其边界[4]几乎没变——只是在弗里吉亚的一部分略有变动——包括几乎所有拥有通往西方的天然通道的地区,实际上别无延展。大体上由弗里吉亚、卡利亚、吕底亚、密细亚,以及具有辉煌过去的爱奥尼亚组成。据计算,城镇有数百座,苏拉好像曾对它们中间的领土做过划分,我们不知道详情。这里往往被称为"多城之地"(πολύπτολιν αἶαν)。但是这些人口中心并不都是城市,中等规模的乡村(κῶμαι)实际上拥有自己的制度,但在法律上与城邦(πόλις)联系在一起的,就像一座现代城市的郊区构成完整意义上的城镇一样。单在弗里吉亚,当这块土地首先成为一个行省时,许多本地人仍生活在乡村(κατὰ κώμας),在内陆乡村,没有市政法。而在北方,密细亚高原最荒蛮的地区,起初被交予声望不得而知的几位首领,通过建立城市很快开化。

　　代行执政官统治下的该行省几乎各个地区自然资源都很丰富,而西北部地区近来得到最完全的开发,因为王国包括这些地区的帕伽马诸王,比塞琉古王朝更懂得如何采取一种真正的政治经济体制。[5]他们开采铜矿和银矿,砍伐森林树木,获得了大笔收入,他们还发展农业。农田、葡萄园、橄榄园和果树长势喜人；绵羊和山羊为繁荣兴旺的毛纺业和织布业提供了原料，附近伊达山（Mount Ida）上饲养的马匹保证了声名远扬的骑兵坐骑的持续供应。于是这些国王可以保留一支军队，这支军队使他们成为罗马人得力的同盟者。在南方，米安德（Meander）山谷继而如今一样成为小亚细亚最富庶的地区之一。大批贸易行会清楚地说明了整个地区的商业活动。从铭文中我们得知有众多工匠协会[6]，在这方面奢侈品贸易的代表似乎居多。这些协会在行省西部地区各地都有发现，落后的弗里吉亚的协会却少有线索可寻。在那里特别表现出殖民的努力，似乎完全取得了成功，尤其是从奥古斯都时代起。

　　有无数城市可以为家喻户晓的历史感到自豪，其中不单一个曾位居首都。　140 罗马没有施加影响来抹杀其古代的地位，却也没有费心地提醒其伟大的过去。作为一项基本原则，罗马拒绝给予自由，更乐于在把自治权授予二线城镇问题上做出让步。另一方面，罗马在名称差别上大做文章[7]，如"大城"或"亚细亚第一城"的虚名。关于一流古城——首都以弗所[8]、士麦那（Smyra）、库吉科斯[9]、米利都、帕伽马、萨迪斯等等——罗马授予"神庙之城"（neocorus）的称号或拥有恺撒神庙的权利[10]，因为权利增长而有一个或不止一个：以弗所有四个；帕伽马和士麦那有三个。"神庙之城"的称号盖在奖章上[11]，以及有许多圣殿图案的徽章的背面。城镇间的竞争这样一来因钱币及铭文表现出来，这是罗马人统治时期亚细亚的特征。罗马人似乎有意增加中等城市的数量，通过重新划分领地来推行这一平衡政策。

比提尼亚和本都

　　尽管比提尼亚[12]人口来源不广，与亚细亚截然不同，亚细亚人口的主要核心是色雷斯人的后裔、勇敢士兵的来源，但那是一块富饶、人口稠密的土地，有为数不多却十分繁荣的城市。[13]比提尼亚地理位置优越，通过博斯普鲁斯海峡和拜占庭与欧洲大陆进行便利的交通往来。拜占庭是一座比提尼亚城镇，尽管建在对岸，与塔乌里斯半岛也向来保持联系。国王们懂得如何经管财政，我们掌握这些国王的整套钱币，他们不像阿塔罗斯王朝对罗马那般殷勤，除了其中最后一位,将王国遗赠给罗马。密特里达提的旋即干涉震慑住了本地人,直到一场真正的征服后,这份遗嘱才得以履行。[14]

141 　　比提尼亚起初是元老行省,但在 1 世纪不止一次被置于皇帝财税使的管辖之下[15],在真正成为皇帝行省之前,也许在马尔库斯·奥勒略治下,由一位被派出执行特殊使命的参将小普林尼管理。[16]这位作风严谨的总督在信函里总为琐事忧虑,不断用具体问题让君主烦心,偶尔给我们以图拉真时代这一地区的概略信息,还有《庞培法》(lex Pompeia),他的章程中极为特殊的规定不适用于临近行省。这部法律的起草者希望将本都地区并入帝国,那是其劲敌密特里达提的势力范围,不包括阿米苏斯(Amisus)的领土以及最东部的地区,前者保持自治,后者交给伽拉提亚国王德尤塔鲁斯。于是有了二合一的本都和比提尼亚(Pontus et Bithynia)行省,这种状况一直持续到戴克里先时期,他将比提尼亚和之前的本都分开,现在命名为"霍诺里亚斯"(Honorias),在桑伽里乌斯河以东。

　　海岸地区长期以来有人在此移民。庞培努力将内陆各国以市政组织来管理。他将归属于古代国王的所有领土划分为 11 座城市,通过改造几个大村落建设起来,大多位于人来人往的大道旁边,大道与大海相隔一道山脉。其中有多少被括入本都和比提尼亚行省的,我们不得而知。在海岸边,曾在抵抗密特里达提的战争中被摧毁但不久后复苏的赫拉克利亚—本都(Heraclea Pontica)由罗马公民殖民。塞巴斯托波利斯(Sebastopolis)、科马那本都(Comana Pontica)、朱利奥波利斯(Juliopolis)、日耳曼尼斯—弗拉维奥波利斯(Germanice-Flaviopolis)的建立以及阿格里蓬西斯人(Agrippenses)说明了希腊殖民的进程。然而这些新中心在古老王城面前总是黯然失色。[17]尼科米底亚(Nicomedia)一直占据主要地位,尽管有尼凯亚(Nicaea)的强劲竞争,我们是从普鲁萨的狄昂(Dion of Prusa)的文章中知晓此事的,本地城市被其他两座城市远远超过了。

　　罗马在尼科米底亚设有管理总部,在那里举行最隆重的节日和赛会,普林尼曾梦想着为此地修建水利设施,但这个梦没有成真。此地有几次受到地震的侵袭[18],但活动没有受阻。像竞争对手尼凯亚一样,尼科米底亚蒙受哥特人入侵带来的更大的损失(258 年)。戴克里先把尼科米底亚作为驻跸地,一个大型会议在尼凯亚召开作为补偿。普鲁萨、卡尔西顿和拜占庭拥有自治权,至少短期内自治。在恺撒时代之后,阿帕梅亚(Apamea)和西诺普[19]具有意大利殖民地地位。

起初这个行省不得不像亚细亚那样交纳什一税,包税人组成的强有力的国际性社团的中心和社团总部有可能设在比提尼亚。[20]

帝国建立之前的内战给那里带来了影响:比提尼亚人在法萨利亚为庞培效力,这个地区在恺撒死后不得不提供布鲁图和卡西乌斯征用的钱财和人力,安东尼也采取了同样的措施。此后这个行省迎来了和平,只是偶尔受到为获得优势地位的城镇间纠纷的打扰,有时诉诸武力。塞维鲁和尼格尔之间的敌对在这些地区有着更严重的影响,尽管与 3 世纪蛮族的烧杀抢掠相比几乎可以忽略不计。

除了其名字,我们可以通过存在的两个联盟看出行省的双重形式:第一个限于比提尼亚诸城,在尼科米底亚召开会议;第二个可能没有本都各个城镇的代表参加(分离主义精神很容易在山区充实力量),一段不早于 2 世纪下半叶的铭文[21]提到"本都十座城镇的"联盟,那时次级行省本都一定包括不下十个城镇。如我们将要看到的,甚至在相当长一段时间里,更多城镇建立起独立联盟。行省会议可能有不同会址,根据刚才引用的铭文所示,会址选在赫拉克利亚,而涉及阿米苏斯的一个统治者,暗示出有另一个会址。[22]

伽拉提亚

伽拉提亚位于比提尼亚和总督治理下的亚细亚边境偏东的位置。[23]单从名字就可以知晓其起源。它位于一个贫瘠、干旱且平坦的地区,气候恶劣,夏天酷热难耐,冬季寒冷异常,由于水源含盐分,许多地区没有植被,地上犁出垄沟作为地下炉灶,里面燃起干燥的动物粪便作燃料。比提尼亚国王在劫掠德尔斐之后安置了高卢人,这些高卢人起初分布于小亚细亚西部各地。这些凯尔特人是天生的战士,为东方各个君主提供雇佣军,试图穿过这片不毛之地,但是罗马人和帕伽马国王打败了他们,以武力挡住他们的脚步。最终希腊文化一点一点地征服了他们,削去了他们野蛮举止的棱角。他们被说服成为罗马的同盟者,认为自己通过佩西努斯的高级祭司与罗马联系在一起,闻名的黑石很久以前就是从那里运往意大利以恢复首都和平的。

他们分成三大同盟,在帝国治下彼此间从未真正融合:托里斯托波伊人(To-

142

listoboii）、泰克托萨吉人（Tectosages）和特罗克米人（Trocmi）。这些联盟又被细分为四个等级或共治的小王（tetrarchy）。[24]但密特里达提将处死多数小王，连同他们的妻小。大约在公元前63年，庞培以民族公国取代氏族公国。不再有多于三王的时候，如前文提到的，有一次三王中的一位居上，后来甚至废除了其他两位。德尤塔鲁斯由阿敏塔斯接替，后者向南开拓领土，于公元前25年死后，其王国变为伽拉提亚行省。不过这个新行省被限定在十分狭长的地带，这些不安分的人民与大海隔绝，北面并不比南面距海更近。阿敏塔斯背叛了布鲁图，又背叛了安东尼，将这些伽拉提亚人集中起来加以监督被认为是明智之举。帕夫拉戈尼亚在公元前6年被并入该行省，构成了一个完全为陆地的地区，高山的屏障将其与比提尼亚—本都地区分割开来。其他并入的地方——伽拉提库斯本都（Pontus Galaticus，公元2年）、波勒摩尼亚库斯本都（Pontus Polemoniacus，公元63年）、小亚美尼亚（Armenia Minor，大概在公元74年）——只是暂时的，因为这些地区天然附属于卡帕多西亚，唯有伽拉提亚的参将也身兼卡帕多西亚总督时才附属于伽拉提亚。这一合并从韦帕芗（公元74年）时开始，在图密善治下中止了一段时间，114年又长存下去，当时图拉真几年里把大亚美尼亚（Armenia Major）纳入帝国的版图。大约在138年，伊绍里亚（Isauria）南部以及利考尼亚南部和东部并入西里西亚行省。接下来，伽拉提亚最后具有了自己永久的形状，极为奇特的形状，因为它由一条狭长地带组成，中部有两块缺口，各个方向上有奇怪的触角伸出。除了在3世纪逐渐向北方扩展之外[25]，其疆域一直没变，直到戴克里先全盘重组。随后利考尼亚被从南面分出去，北面的帕夫拉戈尼亚延伸至海。第一伽拉提亚（Galatia prima）由从前两个东面的小国安其拉和塔维乌姆（Tavium）组成，而沃土伽拉提亚（Galatia Salutaris）由从前西面的小国佩西努斯组成，侵占了弗里吉亚，地势不像其他行省那样低洼，土地更肥沃，其名字也许也可用温泉资源丰富来解释。

亚细亚的高卢人[26]与弗里吉亚人通婚，已成为半排他性的民族，他们的崇拜已大大丧失了凯尔特特征，模仿小亚细亚当地的崇拜。伽拉提亚人的忠诚丝毫不受质疑，当奥古斯都以德尤塔鲁斯军团（legio Deiotariana）之名招兵买马时并不冒险，那是由所有小国公认的领导组建的军队，按罗马的方式操练。伽拉提亚人抄写下这位皇帝的遗嘱（赞颂新政权），全文刻写在神庙的墙壁上，即奥古斯都功德碑(Augusteum)。但在某些方面,这群人进步极为缓慢,凯尔特语至少沿用到 4 世纪,城市生活发展迟缓。[27]氏族仍存在,没有对抗罗马,因为有贵族基础,贵族吹嘘自己是古代国王的后裔。富人对氏族成员的馈赠鲜有以希腊方式举行宏大竞技表演的,更常举行角斗表演,野生动物互斗、斗牛,这揭示出他们祖先的本能——嗜血的习性,这些不会令罗马人愉悦,他们尽情欣赏圆形竞技场的表演,爱好狩猎(venationes)。另外,家族纽带的力量——伽拉提亚人中间不可动摇的父权(patria potestas),是他们与主人间互相理解的基础。

144

卡帕多西亚

　　荒芜的中部高原除了伽拉提亚,也包括卡帕多西亚[28],像邻邦亚美尼亚一样,在波斯人统治下打下了伊朗的烙印。长年与具有东方传统的民族接触,有助于使迥异于希腊的习俗和习惯永存下去。这一地区的统治者阿里亚拉塞斯(Ariarathes)是名副其实的管理人,像当地贵族一样具有波斯血统,他们没有废除祭司国,以玛(Ma)神和其他一些类似神明的圣殿为中心,让人想起巴比伦和犹地亚享有特权的神庙。这些小祭司国,连同其领地和附着在土地上的上千名神庙奴仆,一直存续到罗马时期。但帝国政府不屑于它们的自治权,这些另类的组织机构对当地农业的发展贡献巨大,土地上的收获均优于贫瘠的草场,却眼见着财富缩减,是由于一座在其阴影下发展起来并损害到它们的城市,或是由于某个皇帝领地日趋扩展。[29]

　　阿里亚拉塞斯王起初有高卢雇佣军随其左右,但在伽拉提亚人被邻族征服并被迫过上和平生活之后,卡帕多西亚的国王们依靠罗马使自己的王朝立于不败之地,他们成为罗马的受庇护人和帕伽马的盟友。这个王国于是得以存在 300余年。[30]提比略终于在公元 18 年创建该行省,首先保留了王室政府设立的十个管区(strategiae)或辖区,那是使之实际统一于一个仅有两座城市的地区的管理区,两座城市马扎卡(Mazaca,后取名恺撒里亚[Caesarea])和图阿纳(Tyana,成为罗马的殖民地),在贫穷的乡村和这一国家以之发泄怒火的坚固堡垒之间销声匿迹。

　　罗马的财税使任命仍在位的末代国王的监护人,如果需要,叙利亚总督必须向这位监护人提供军事援助。本地的小国王们被容留多年,前提是他们老老实实。但在公元70年,韦帕芗将卡帕多西亚置于一个执政官级参将的管理之下,手握重兵,因为尼禄统治时期亚美尼亚所发生的事件已说明在托罗斯山关口加强驻军的必要。在与伽拉提亚短暂合并后[31],这个行省面积扩大,远至黑海,合并了未加入比提尼亚的各个"本都"(伽拉提库斯、波勒摩尼亚库斯和卡帕多西库斯)。行省内部不统一:南部的卡帕多西亚本土,其性质我们上文已经描述过,是在罗马人的影响之下最后接受市政制度和希腊文明的地区之一,罗马人在那里建立了几座城市。有很长一段时间,他们希腊语讲得并不纯正,遭到西方民族的嘲笑。从长远来看,是基督教以这种语言为载体,在卡帕多西亚传播了一种改造过的希腊文化,诸如圣巴兹尔(Basil)的神学家装点了恺撒里亚,那里成为人口众多的首府,其货币广泛流通。

再往北的地区截然不同,由三块区域组成——森林、果园和葡萄园、草场和农田。先不提矿产。斯特拉波是阿马西亚(Amaseia)当地人[32],他的描述揭示出一派繁荣景象,而今却已时过境迁。当罗马人在公元72年从伽拉提亚到那里,眼前的繁华令他们震惊。穆斯林热衷砍伐,使泉水干涸或是变为沼泽。在面积广大的第一区域,一个"联合本都"(Κοινὸν Πόντου)包括六座城镇,其准确性质长期以来人们并不明了[33],因为仅以拉丁语给出一个更确切的名称(地中海本都或内地本都),六座城镇的名称并列显示在同盟徽章上。这些城镇一定是新恺撒里亚(Neocaesarea)、塞巴斯托波利斯、科马那本都,也许还有阿马西亚和泽拉(Zela),再者是塞巴斯提亚(Sebasteia)。[34]这个联盟一定是在密特里达提末代继承人统治时期创建的,因为这一地区曾是他们的权力中心。也包括大批分散的村庄(Chiliocomon)[35],罗马在那里确定了城市的边界,经由一位专门的财税使监督内陆的本都的收益,这里的民众仍保留着古时候的团结。

除了本都和比提尼亚行省的一座兴盛的自由城市亚米苏斯,黑海沿岸只为渔民提供了几处沿途停靠的小港口,其中之一注定拥有更加美好的未来。当韦帕芗把小亚美尼亚并入卡帕多西亚时不再悠闲,随后特拉布宗(Trebizond)在商业和战略上均成为头等重要的港口,不过对这座城镇的研究不能脱离对罗马—帕提亚边疆的研究,那也包括卡帕多西亚东部及其宏伟的营地幼发拉底河边的梅利泰内(Melitene),其有壕沟围绕。

南部区域

与本都沿海高耸的山脉相对的是小亚细亚南部[36]，外形上不太规则，更荒蛮险峻。这块沿海地带的性质解释了居民的野蛮性格和促使罗马在早些时候出兵干涉的缘由。土匪和海盗成群结伙，四处出没。除了面朝塞浦路斯和叙利亚的平原（西里西亚—派狄亚斯[Cilicia Pedias]）适合耕作，居民的基本生活来源仅限于木材和羊毛，羊毛用于织造船帆。于是在这一地区少有产品出口时，他们有造船的原材料，这些船只远航，靠商业对繁华港口周边地区掠夺、抢劫、收缴捐献，并满载而归回到老巢。在马克·安东尼于公元前 103 年第一次抗击海盗的战斗后，罗马人在这一地区得到了一处落脚点，那时有提到一个西里西亚—潘菲利亚行省。密特里达提战争和向阿敏塔斯割让领土搅乱了一切，"行省"一词在用来指代这条狭长土地时并不是原意上的交给一名官员某一指定地区的个人指挥权。这块存有争议的地区很大，根据情况而有不同。结果，这一地区的土地在几个行省之间划分，不停变更，在此进行详细说明并不符合实际，因为许多要点仍未确定。

陆上的劫盗引发了长久的战争，仅有一些相关片段流传至今。时机决定了西里西亚在公元前 52—前 50 年由伟大的演说家西塞罗管理[37]，他的书信包含着丰富的信息，他以对位于叙利亚边境上的阿玛努斯山（Amanus）各民族发动远征而扬名。奥古斯都把镇压皮西迪亚和伊绍里亚起义的任务交给伽拉提亚的阿敏塔斯，我们也对这项任务有一些专门了解，但这位官员在对付霍莫纳登西斯人（Homonadenses）[38]的战斗中遇害，不请求叙利亚总督的援助则根本无法征服这些人。

一个地区吕西亚，有"亚细亚的蒂罗尔"之称[39]，与邻邦隔开源于一个事实，即它构成了一个探入海中的海角，看起来过着更平静的生活。那里不仅出现了一种完好地沿用到罗马时期的本地方言，而且留下了许多铭文遗存，这些铭文还未被完全解读[40]，但有一个同盟——23 座城市的同盟[41]，吞并图谋未使之改变，因其拒绝了密特里达提的提议。居民们显然文化素养很高，有证据表明在波

146

斯征服前便有独创的文明：他们的刻石墓穴揭示了木工新颖技艺的影响。此外，吕西亚人的优点是从不热衷海上劫掠。[42]在一段时间里，吕西亚向罗得岛的居民传播希腊文化，这些居民最终完全成为希腊人。

地图5 小亚细亚、叙利亚、巴勒斯坦和东部边疆

147　　　再往东，在潘菲利亚和西里西亚，由于沿海地区是托勒密王朝的被保护国，这里各处已开始希腊化。塞琉古王朝及后来的阿塔罗斯王朝（建立阿塔雷亚［Attaleia］）的影响不深并被海盗干扰。是罗马完成了这项工作：罗马在安条克和塞琉古城（在皮西迪亚）为老兵建立殖民地，并建立了克莱姆那（Cremna）、帕莱斯

(Parlais)和奥尔巴萨(Olbasa)。多数潘菲利亚和皮西底亚最古老的城镇仍保存下了壮观的遗址,基本上是罗马时期的,为我们留下这里繁荣富庶的深刻印象。我们发现[43]多数留有捐资者字样的纪念物为公民个人修建,这暗示着经济条件有利于发家致富,可以从已发现的大量、有时为长篇的题铭中见证生机勃勃的市政生活。建筑样式也很奢华,除此之外,水利设施、水泽仙女殿和引水渠由于捐助者的慷慨捐资而外观壮美。阿塔雷亚的塔[44]和"哈德良门"是帝国装饰艺术的优秀典范。神庙、会堂、市场、柱廊和会议大厅与今日这一地区破旧住房相比较,令参观者感到震撼,这种反差尤其被一连串剧场凸显出来,在阿斯班都斯(Aspendus)、佩吉(Perge)、萨伽拉苏斯(Sagalassus)、塞尔吉(Selge)、塞德(Side)、特尔米苏斯(Termessus),这些剧场一定为本地人上演过古希腊的古典名作。

148

一个稳定的政府制度最终由韦帕芗建立起来,管理安纳托利亚的整个南部地区。在西里西亚——各领地的集中之地,不同年代的都城紧邻在一起,由安东尼任命并被奥古斯都保留的小附庸国国王继续统治了一个世纪,皇帝行省设立起来[45],其西北端附连了从伽拉提亚得到的伊绍里亚和利考尼亚的贫困地区,这无疑是在安敦尼即位时所为。[46]起初人们以为这一附连是暂时的,因为总督之一是西里西亚、伊绍里亚和利考尼亚行省的官方参将。[47]再者,韦帕芗和原来克劳狄的想法一样,让吕底亚和潘菲利亚由同一个参将管理,允许它们保留独立的同盟。哈德良将这个二合一行省移交给元老院,元老院则以比提尼亚作为交换。

以上便是在希腊化东方行省组织的问题和接连发生的改变。东罗马帝国按照民族分布,很快又恢复了南部安纳托利亚的细分状况,所有这些名字用来指代其不同地区:吕西亚、潘菲利亚、皮西底亚、利考尼亚、伊绍里亚。其中许多在4世纪时是区分开来的行省,西里西亚面积增加,又增加了两个地区。唯独总督治理下的亚细亚和比提尼亚存续下来,是直到戴克里先统治时仍没有经历如此变迁的行省。

市政制度

在后面这些行省中,大量的铭文完好地展现出市政生活[48],连同简单的原则和对法令的溢美之词,几乎总是用来赞扬罗马的官员或一些地方捐助者。

149 　　每个城镇实际上都有自己的公民大会(ekklesia)[49],原则上由全体公民组成。我们必须描述一个会议,该会议常常吵吵嚷嚷,甚至儿童,也许还有妇女皆许参加,不仅由该地的罗马公民组成,甚至包括一些在几座城市都拥有公民权的人——运动员或歌手,他们通常被给予这份免费赠礼,尽管有时他们似乎会将之出卖。开会时对市政官员提出的议案并没有进行讨论或是修改,官员们把群众召集起来主持会议,一切皆以欢呼声定夺。这个会议任命主要官员,但他们往往是议事会的候选人,后者遵守有关年迈官员的正式程序,只为新设立的官员提供候选人,这些新设官职实际上才是显职。

　　这个议事会[50]或“委员会”逐渐夺占民众会议的职能,罗马政府起到了推波助澜的作用——与比提尼亚相比,《庞培法》显露出是有意为之。在那一行省,被普林尼[51]称为“censores”的专门官员从显要人物(honestiores)中选出委员(bouleutae)。我们不清楚在亚细亚其他地方,人员增补是否依此方式,但我们似乎发现,在一些情况下,有种以官员为中间人的增补乃至皇帝的干涉。事实上,这一委员会规模庞大,根据某些文本,其包括几百名成员,富裕家庭不可能这么多,对有产者的初步考察(docimasia)不可能太严格。此外,每个规定都有特例。收取的入会费称为“honorarium”,但有些人享有免收会费的荣耀。我们从一段刻在大理石上的长篇铭文中掌握了一个令人吃惊的细节:以弗所的一位慷慨的捐助者捐献遗产,给每个委员(bouleutes)每年 1 第纳尔(denarius)——一个可笑的数目。[52]

　　实际上,这一高级会议的预案(probouleumata)成为法令,在一些重要部门——治安、财政、道路养护、公共工程——似乎无需民众的正式批准。因此成为其中一员是项真正的殊荣,但能否带来物质上的收益,或反倒是责任的负累,那要依城镇而定,但通常考虑到责任繁多而且特权源自一定的基础,我们看到有人一手给予,一手索取,在这种庄重体面的面具背后,我们描述出的恰恰是可笑的场景。

　　我们对一项新制度也有相同印象,即长老议事会(gerusia)[53],对于小亚细亚是特殊的,而在总督统治下的亚细亚却极为普遍,我们掌握几个在帝国时代之前的相关例子。我们对其实质还没有彻底了解。因见于钱币,其显然是个官方

机构,但其作用对我们来说却非常模糊,各城镇间会有差异。连亚细亚首府以弗 150
所的长老议事会的办事程序,各种铭文文本都还没有完全揭示。它似乎处理阿
尔特米斯(Artemis)圣地的经济事务,我们应该说其管理并非无懈可击,因为哈
德良致信总督问及此事,而后者委派了审计(logistes)来核查账目。

除此之外,这些会议——如名称所示由老者组成——也有自己的金库,既用
来精打细算,也用来向国家献礼。一个长老议事会拥有一所角力学校,无疑租用
给普通人;另一个长老议事会帮助城市财政,管理公共运动场(gymnasia)的油料
供应,向光顾者收费以抵消支出,向洗浴的人贩卖浴巾,浴场入口处设有餐饮服
务。在有些社区,尤其在皮西迪亚,是由长老议事会收缴对挖坟盗墓者处以的
罚金。

像议事会和公民大会一样,它不是这座城市主要机构的组成部分,直到后来
才有不止一个长老议事会,例如西狄马(Sidyma)的长老议事会在康茂德统治时
期建立,有些铭文交代了成员名单,说明委员在其中处于主导地位。[54]之后发挥
何种作用? 蒙森认为其成员把这当成俱乐部,这也许属实。学院精神在希腊世
界盛行一时,并引以为荣。

这由另一个团体(collegium)证实,即年满 18 岁者(neoi)[55],对于小亚细亚
来说也是特殊的,由刚从训练营(ephebeum)走出的青年组成,他们在里面继续同
样的练习并为公共生活做准备。帕伽马的年满 18 岁者在阿塔罗斯王朝时就存
在,成了一个城中城,有自己的官员和会议。如此一来,一切都证明了希腊人对
聚会聊天的热衷,还有发挥虚有其表的作用,做出并记录无意义的决定。

公共办事处呈现出古希腊少有的特色。除了官员,还赋予富裕公民"礼拜仪
式"或光荣义务,官方语言表现出这种差别,就像在罗马,"敬意"(honos)不同于
"职责"(munus)。如果这种差异在理论上留存下来,许多铭文文本证明它实际上
消失了,公职之间的差别少于担任公职者之间的差别,根据他们花费多少钱而
定。家产雄厚是候选人的第一要件,所以一位女士可以成为指挥官(hipparch)或
赛会主持(agonothete),并捐资举办公共宴饮。[56]在西里昂(Sillyon,位于帕菲利
亚)发现有一些铭文[57],得意地记录下许多头衔,用以赞美一个名叫麦诺多拉
(Menodora)的人,她是曾担任各种职位的男子的女儿、孙女和曾孙女,她本人也 151
担任过这些官职,除了为此目的花费许多,记述下具体数额,还花费许多分别给

予三个重要会议的各位成员，以及他们的妻子、被释奴和客籍民，捐赠和官衔掺杂在一起。我们知道有个人"自小"就举办过礼拜仪式；另一位在墓志铭中被称为"英雄"(ἥρως)——亡者(被奉为英雄)的祖传家业用于支付一些公共服务的费用。更妙的是，神可以成为官员，只要他有钱：在科洛丰(Colophon)，阿波罗63次成为委员(prytanis)，在其他地方，经常出现以他名字命名的官员。

以罗马名称命名的最高荣誉(summa honoratia)或用于担任公职的捐款当然是必需的，但我们只知道它的最低值。另一方面，体面的头衔是对慷慨捐赠的最佳回报。显要人物在职期间的开销日益增多，我们发现有讨价还价的线索，所有开销由个人捐赠和公共财政分摊。因为有财力担任价码日高的职位的公民不太多，所以我们发现荣誉和官职在同一批人肩上增加，也有可任职"终身"的官职。尽管有在安敦尼统治时重新适用于亚细亚人民的罗马法[58]，但没有遵循仕途(cursus honorum)或者逐步(gradatim)升迁的措施。一类有钱有势的贵族(nobilitas)形成；根据铭文记载，不止一人为父亲或列位先辈承担官职和礼拜仪式而感到自豪。

就像增补办法一致一样，考虑到现实中财富已成为不可或缺的条件，就职资历几乎无足轻重了，这跟从前截然不同。事实上，在每座城内，从帝国时代一开始，少数显贵就占据了首位，并与协商性会议和罗马官方经常保持联系。被冠以模糊称谓的领导者(οἱ ἄρχοντες)除了由城市秘书组成，还包括限定意义上的执政官或将军(strategi)的联合统治[59]（许多情况下采用同僚制），涵盖同样职责的头衔甚至可以换作同义词，仅代表着希腊人完全忠实于独立时期的古老术语。保留名称的官员可以得到相似的解释，因为从这时起，城镇的编年建立在时代系统的基础之上。[60]

在古典时代，有些情况下城市有出使的需要，但数量少且相距遥远。在罗马的控制下，它们经常派出使团，或求见身在行省首府的总督，或前往罗马皇宫——喋喋不休的说客做着毫无意义的许诺，或是就当地灾难请求支持。[61]图152拉真曾说，一封信就足以表达行省居民的愿望，但他的建议无人理会，市财政继续受到沉重的旅行开支的拖累，使者并非自费出行。这些措施不总是出于礼数，当共同利益岌岌可危时，使者被称为市政官，我们从中看到了4世纪的一个常设官职护民官(defensor civitatis)的雏形。

司法权[62]并不来自当局,至少就无关轻重的案件而言,但诉讼当事人对本地特别法庭不甚信任,他们似乎更多地请求地方长官主持公道,那是一位每隔一段时间便周游各管区或会区(conventus)的巡回长官(praetorium)。此外,上诉皇帝在重大案件中提供了补充保证。管控市场的专门代理人能够处理案情不重的违法行为。这一治安工作似乎没有遇到严重困难:在人口稠密的民众中易于维持秩序,但在构成许多城市"边界"的周边地区则永无宁日;弗里吉亚和卡利亚的一些山区因抢劫而最后荒芜。除了帕提亚边界附近,没有驻军。在任何情况下军队除镇压起义外,现实中别无职责,而起义在亚细亚并无发生,只有类似闹事和罢工的抢匪和工匠。

因此不得不求助于警察(gendarmerie),但当警察学起了偷盗,或压榨他们奉命保护的各民族时,罗马兴致不高地进行干预,设立维和官(eirenarchs)。[63]该官原则上由总督任命,议事会为他挑选候选人,但在制定名单时犯了古老的蠢行:据3世纪的铭文记载,有一个幼童维和官。[64]

但最不尽如人意的是市财政的服务,亚细亚的希腊人于此真正保留着希腊传统。罗马对市财政大幅搜刮;似乎仅一座城市新伊利昂(Ilium Novum)享有永久的免税权,因朱利乌斯家族虚构出埃涅阿斯后裔的身份而受益。[65]城市金库仍因喜好炫耀而负担更多,还有用处不大或太过奢华的宏伟建筑、赛会、雕像和私人无力提供的其他嘉奖。如有需要,则动用神祇金库,神像普通银行家一样放贷。

中央政府采取步骤纠正这些不法行为。从2世纪起,审计或理账人在一些城镇出现,尽管常为亚细亚人,但他们是罗马高级官员,他们的影响范围超过所在城市。在安敦尼王朝之后,审计成为常设和永久官职,是皇权的唯一代理人。而帝国能够认识到罗马法当时仍侧目的一项制度的价值。各城市不经皇帝和元老院的准许,不得收受来自个人的赠礼,他们的准许轻易得不到。当时为支撑个人在当地的地位[66]进行捐赠在希腊十分普遍且数额巨大。政府无视这一事实,直到涅尔瓦赋予帝国全体城市以获得遗产的权利,由此获得的数额常常对于平衡亚细亚诸城市的预算颇有帮助。

然而从各城镇的财政来断定小亚细亚的整体经济状况会出错。国家的繁荣依赖于私人财力,如果富豪统治大大依赖于个人财富,那也不会令他们身无分文,正如铭文中以充分的自豪感所见证的,有世代为官的家庭。商业和手工业继

153

续繁荣[67]，至少直到大入侵时：公司众多[68]，罗马显要（Romani consistentes）的财富无疑留在该项目上；奉承皇帝和帝王崇拜所获得的支持同等重要。住在亚细亚比住在欧洲的希腊更有利可图。

这片土地的智识生活[69]有目共睹。诚然我们可以说没有可与从前的雅典或帕伽马相媲美的研究中心；即使民众仍愚昧，堕落于迷信，并很大程度上沿袭古老方言[70]，但为数众多的有识之士分布各地。许多学者受到嘉奖并豁免市政负担，按常规，他们会教授传统而无用的科目——智术和修辞学，有些人表现出众，医学研究真正继承了科斯学派的传统。正是在小亚细亚，异教的希腊文明才焕发出最后的光彩，基督教才接受了第一批伟大的护教士。

塞浦路斯

并入小亚细亚土地的是塞浦路斯岛[71]，在古时候，由于其在主要商路上得天独厚的位置而为多姿多彩的文明提供了庇护所。我们已经见到其在公元前58年是如何出于加图之命而被征服的。随后进行的可疑交易一定让离开那里的重要居民感到罗马统治下的幸福。它出于管理目的而被并入西里西亚，在公元前51—前50年由西塞罗做总督。他的信似乎清楚地说明了他不屑于去往行省的这一地区；唯有上访者从几座城镇来见他，这些城镇正受到与官府勾结的一伙人的敲诈，若不想给士兵提供住处，则要交纳一大笔钱。此外，尤其是包税人和他们组成的一帮生意人以一些重要人物为靠山，在塞浦路斯寻找商机，我们可以猜测有共和国最显赫的公民，诸如加图的侄子马尔库斯·布鲁图斯。西塞罗不得不插手以限制违法的高额利息。

独立总督、一名财务官最后约在公元前49年领命管理该岛，那里成为恺撒及后来安东尼的个人筹码，首先将它让与托勒密国王们，而后让与著名的克莱奥帕特拉。亚克兴战役像对其他许多事务一样解决了这一问题，奥古斯都保有塞浦路斯。从这位元首那里一定会得到些许宽容和公正，元首不用等着看忠诚的证明，如我们从一些当地日历中看到的，各月份的名称是上缴给这位皇帝的贡赋。[72]

　　此后塞浦路斯的历史我们不得而知——无疑是个好征兆,除几次地震和犹太人的一次起义之外,犹太人在 117 年攻破都城萨拉米那(Salamina),塞浦路斯靠铜矿开发而安然存在。岛上鲜有市政活动,少有竞争,帕福斯(Paphos)是唯一争求都城之名的。15 个城镇没有一个发行自己的钱币,唯独发现在行省同盟有。[73]最终,如今日之英格兰,罗马把该岛仅视为可派上用场的战略基地,但似乎不需要在此长期驻军,因为从公元前 22 年始,奥古斯都将塞浦路斯永久地交给了元老院。

【注释】

[1] H.Sayce, XXXIX, p.259.

[2] XIII, 1, 17.

[3] CLXXXV, p.VII *et seq*.

[4] LXXXII, p.85 *et seq*.

[5] M.Rostowzew, XXXIX, pp.359—390.

[6] LXXXII, p.167 *et seq*.; CCXIV, iii, init.

[7] LXXXII, p.136.

[8] G.Lafaye, *Conférences du Musée Guimet*, XXXII(1909), p.1 *et seq*.; *Forschungen in Ephesos*, I—III, Wien, 1906—1923.

[9] F.W.Hasluck, *Cyzicus*, Cambridge, 1910, pp.178—191.

[10] *Ibid*., p.450.

[11] B.Pick, XIX, VII(1904), pp.1—41.

[12] Brandis, XLVII, III, col.523 *et seq*.; CLXXVI, pp.1—68.

[13] CLXXX, pp.179—197.

[14] 见上文,p.25。

[15] CLXXIX, p.373 *et seq*.

[16] U.Wilcken, *Plinius Reisen in Bithynia und Pontus*[XVI, XLIX(1914), pp.120—136].

[17] Joh. Soelch, XXIII, XIX(1924), pp.165—188.

[18] 关于小亚细亚的这种灾难见 Capelle, XLVII, Suppl. IV, col.352 *et seq*。

[19] D.M.Robinson, *Ancient Sinope*, Chicago, 1906, p.252 *et seq*.

[20] R.Laurent-Vibert, XXIV, XXVIII(1908), p.175.

[21] XLIV, III, 79.

[22] *Ibid*., 97.

[23] CLXXVI, p.173 *et seq*.; V.Chapot, XLII, art. *Galatie*.

[24] V.Chapot, XLIII, art. *Tetrarchia*.

[25] V.Chapot, XXXIX, p.104.

［26］CCII，*in fine*.

［27］CLXXX，pp.221—267.

［28］*Ibid*.，pp.267—314；Ruge，XLVII，X，col.1910—1917.

［29］CXC，p.294.

［30］LXVIII，p.645.

［31］见上文，p.198。

［32］XII，39；CLXXVI，p.365 *et seq*.

［33］V.Chapot，XXXIX，p.98 *et seq*.

［34］XLVIII，II，*passim*.

［35］*Ibid*.，p.144 *et seq*.

［36］CLXXX，pp.361—387；Ruge，*Kilikien*，XLVII，X，col.385—389.

［37］CXXXVII.

［38］W.M.Ramsay，XXII，VII(1917)，pp.229—275.

［39］CLXXXIII，p.363 *et seq*.

［40］*Tituli Asiae Minoris*，I.

［41］CV.

［42］Strabo，XIV，664.

［43］CL，I，p.14.

［44］II，III(1916/1920)，p.5 *et seq*.

［45］XI，1905，p.225 *et seq*.

［46］Ramsay，XIX，VII(1904)，*Beiblatt*，col.57—132.

［47］XLIV，III，290.

［48］Is. Lévy，XXXIII，VIII（1895），pp. 203—205；XII（1899），pp. 255—289；XIV（1901），pp.350—371.

［49］LXXXII，pp.205—216.

［50］LXXXII，pp.195—205.

［51］*Ep.ad Traian*，79，80，112，114.

［52］*Ancient Greek Inscriptions in the British Museum*，III，481，I. 129.

［53］XXXIII，VIII(1895)，p.231 *et seq*.；LXXXII，pp.216—230.

［54］XLIV，III，582，597—598.

［55］P.Girard，XLIII，art. Nevi.

［56］LXXXII，p.162.

［57］XLIV，III，800—802.参见罗狄亚波利斯(Rhodiapolis)的奥普拉摩斯(Opramoas)铭文(*ibid*.，933)，其荣誉和善行被概括为几百行。

［58］*Dig*.，L，4，11.

［59］LXXXII，p.237.

［60］*Ibid*.，p.382 *et seq*.

［61］Premerstein，XLVII，XII，col.1138—1141.

［62］CLXII，X，p.131；LXXXII，pp.125，250.

［63］XLVII，Suppl. III，col.419—423.

［64］X，VII(1883)，p.272.

［65］LXXXII，p.536.

［66］Bernhard Laum，*Stiftungen in der griechischen und römischen Antike*，Leipzig-Berlin，1914.

［67］CLXII，X，p.138 *et seq.*；LXXXIII，pp.76—96.

［68］Poland，*Geschichte des griechischen Vereinswesens*，Leipzig，1909；CCXIV，III，pp.23—65.

［69］CLXII，X，p.144 *et seq.*

［70］Karl Holl，XVI，XLIII(1908)，pp.240—254.

［71］V.Chapot，XLVI，pp.68—83.

［72］W. Kubitschek，XIX，VIII（1905），pp.111—116；A. von Domaszewski，*Abhandlungen zur römischen Religion*，Leipzig，1909，p.234 *et seq.*

［73］G.F.Hill，*Catalogue of the Greek Coins of Cyprus*，London，1904，p.cxviii—cxxxiii.

第十六章　叙利亚、巴勒斯坦和东部边疆

　　　庞培在公元前 64 年获得的疆土构成了一个边界无限漫长的区域,位于卡帕多西亚和埃及边境之间,纵深约 700 千米。为确保那里的和平,崭新而统一的常设政府成功运作不是一件轻松事,尤其考虑到必须纳入罗马统治下杂居的各民族:阿拉米亚人(Aramaeans),主要聚居于北方;腓尼基人,沿他们祖先曾居住的海岸生活;阿拉伯人,居于沿海群山的另一侧和山旁河流的另一侧;犹太人,在巴勒斯坦尤其众多;埃图莱亚人(Ituraeans)和埃多米亚人(Idumaeans)环居在他们周围——所有闪米特族,尽管有些许差异——最后令事态进一步复杂化,塞琉古王朝将许多希腊人引入整个北方和南方地区。罗马人而今已熟谙于在所拥有的东方各地给予或保留希腊因素的首要位置,因为这是最高度的文明,最有适应性,通过其传承下来的与市政制度的联系,对行省政府运作方式最适用。

　　我们列举的所有这些民族通过某种经济渗透大体融合在了一起,以甚为简单的方式进行的双边贸易逐步发展,但每个群体保留其自身的制度:阿拉伯人形成了效命于准军事酋长的游牧部落;其他的闪米特人附属于一个寡头制度或是某个祭司王的统治;希腊人一直忠于市政组织体制,无疑如我们对小亚细亚所研究到的[1],在希腊化时代之后,一直沿着同一轨迹发展。

　　不论是不是临时性的,管理都是件有技巧的事,幸亏罗马人无可质疑地善于处理如此情况。庞培穿越这一行省,明智地在那里分别进行嘉奖与惩罚。[2]希腊城市保持自治,维持着一个自由政府;那些像的黎波里或毕布鲁斯(Byblus)的城市由僭主统治,那是由近期的困难和"社会腐化"[3]而催生的一种寄生物,借助武

力来实现。这位罗马将军对埃梅萨（Emesa）的阿拉伯埃米尔抱持善意，后者曾被监禁，最终被叙利亚的末代国王废掉。其他的小国王（phylarchs 或 tetrarchs）合时宜地用金钱博得这位征服者的仁慈，表示出他们乐意服从。

在巴勒斯坦，两个对手西卡努斯和阿里斯托布鲁斯关系僵持，庞培的副官斯考鲁斯宣布支持拥有国家资金的后者；但庞培接手，在大马士革举行会议处理争端，有来自叙利亚各地的代表出席。两人不可能对冲突置若罔闻并任事态自由发展，因为他们都有党羽。西卡努斯似乎更驯服，所以在对耶路撒冷圣殿发动最后的总攻后以武力把他扶正。

西卡努斯也是高级祭司，但塞琉古王国容其存在的哈斯摩年（Hasmonaean）王朝不复存在，他只是在该词的狭义语义上得到了犹地亚。沿海、加利利（Galilee）和埃多米亚的所有城镇恢复了先前的自由，耶路撒冷在城垣被夷平后不得不纳税。有一个犹太国，但面积大幅缩减，僧侣性大于政治性。这片土地此时恢复为古老的分裂状态，那必定有利于罗马人。

叙利亚和巴勒斯坦的希腊人

叙利亚的所有城镇中唯有一座是真正重要的，那就是安条克[4]，即从前塞琉古王国的都城，罗马总督在此设都府。新主人时常惠及这里，多位皇帝途经此地，因其在去往东方处理事务的必经之路上。法萨利亚战役之后，居民们宣称站在恺撒一边，恺撒以修建一座会堂、一座剧院和热水浴场作为回报。亚克兴战役之后，他们离这位胜利者更近了一步。屋大维在安条克举行凯旋，修建新浴场和赛马场，而阿格里帕修建了几座壮观的住所。一条大街横穿该城，路线笔直，长7千米，路两侧为有棚顶的柱廊，提比略在柱廊下竖起大量雕像，安敦尼·皮乌斯运来埃及的花岗岩铺砌街道，并赋予安条克罗马殖民城之名。这些建筑的彻底消失不单由于地震——每次灾害后遗迹都得到修复，但泥沙不断冲积的奥伦特河（Orontes）所掩埋的近期纪念性建筑远多于我们正提及的。唯独查士丁尼城墙成为名胜，西尔皮乌斯山（Mount Silpius）坡仍有遗存，可望而不可及。

皇帝们的慷慨主要由于这块土地的魅力，气候宜人，风景如画。达夫尼

156

171

(Daphne)的城郊花园有高树和跃动的喷泉,安条克本身水量丰沛。那里生活欢愉,富足无忧,也许可与"蔚蓝海岸"(Côte d'azur)的城镇相比。但是"大都市"精神尽情释放,与统治者发生摩擦的习惯发展为批判和讽刺的趋势,一些易怒的君主通过对该城施加不严厉且短时的惩罚来惩戒这一趋势。在这方面,安条克效法亚历山大里亚,但不在极其内在的智识活动上。赛会和剧场在那里火爆起来,赛马的驭手构成一个独立阶层,哲学思想却无一席之地。尽管西塞罗吹捧安条克各学派,但这座都城、这个富有社会所欣赏的文学,轻浮而放纵,由根据巴比伦诗歌和讽刺诗原作改编的爱情故事组成。甚至在基督教引导安条克走上通往新命运的道路后,讽刺的和反偶像崇拜的精神依然存续,如果两位主教不干预,狄奥多西会让这座城市受到他将对色萨罗尼加施加的严厉惩罚。根据狄昂·克里索斯托(Dion Chrysostom)的记载,安条克后来有逾 20 万人口。

安条克的铸币和军需工厂无疑仅是其商业活动的一小部分,手工艺产业定会从商业活动中获利,因为丝绸贸易在那里有销路。[5]此外,安条克的需求解释了皮埃里亚塞琉古(Seleucia Pieria)港的繁重的固防工作[6],其中最主要的劳动是建造大运河,以使湍急的山流转向。因为它为战船还有商船提供了停靠港,因此常有将领的舰队巡访,且在戴克里先统治时期迈向深入。

港口对当时有益,也给劳迪西亚(Laodicea)带来了财运[7],劳迪西亚是一座自由城,最终成为一座殖民城,塞普提米乌斯·塞维鲁为佩斯坎尼乌斯的劫掠而补偿它,他还在一段时期里给予它都城的地位,以便报复安条克不愿从命。我们也在文本中见识了的黎波里及其恢弘建筑,作家也让我们领略到其他许多繁华中心,其繁华现在已荡然无存,其遗迹今日大多被落后的村庄占据。

庞培宣布巴勒斯坦的所有共同体独立,也就是说脱离犹太人的统治,连由希律王及其子所创建的城市也被给予大多为异教的居民。我们对这些城镇或者黎巴嫩山附近城镇(阿比拉[Abila]、卡尔基斯[Chalcis]、埃梅萨)的政治情况知之甚少,后者在一个多世纪里保留着本地君主的小王朝。我们仅知道,流传甚广的观点认为古代腓尼基共和国——阿拉杜斯(Aradus)、毕布鲁斯、推罗和西顿(Sidon)[8]最后衰落了,仍列为城市。

在最著名的城镇中,我们自然应该提及那些各位皇帝将其地位提升为殖民城的城镇——不是那些为了卡拉卡拉敕令使之毫无意义的名号而向叙利亚皇帝感恩的城镇,而是那些更早获得这一名号的城镇:在罗马时代之前无足轻重的城镇贝里图斯(Berytus)蒙奥古斯都准许,之后因为它的葡萄园和丝绸而成为大的商贸中心,并因为 3 世纪设立的法律学校而成为一个学术之地[9];圣城赫利奥波利斯(Heliopolis)[10]直到现代一直保留着闪米特名字巴尔贝克(Baalbek);托勒密城因克劳狄而闻名,恺撒里亚(Kaisarieh)因韦帕芗而闻名,韦帕芗曾在那里称帝。最后这座由希律王所建的城镇,很快成为整个巴勒斯坦地区最重要的城镇,是犹地亚的罗马财税使的驻地[11],像贝里图斯一样是学术之地,也是犹太人和异教徒之间即将到来的风暴猛烈肆虐的地方之一,两个敌对人群的各自地位往往使所有研究更加困难,但就所关注的城镇范围,它们似乎很有可能享有平等的特权,或者同样被排除于完全公民权之外。[12]

　　当说起希腊化城镇,包括那些希律王所建的城镇,因为他任命的管辖者领希腊头衔(执政官[archons]、将军[strategi]、地方行政官[eparchs]、统治者[ethnarchs])。希腊制度长久以来应用于各地,罗马人不必在这块土地上推广希腊人的城市组织,他们在那里宣布放弃建立新城的想法,将自己限定在通过安置老兵恢复或扩容老城上。但我们不可误解这一希腊化,那往往十分表面,无论如何有许多杂质。管辖语言为希腊语,不过古老语言并未消失,仍在日常生活中被使用;适用的名字,无论地名或人名,大多来自叙利亚语,词语几乎不做改动。塞琉古王国对智识问题了无兴趣,给予这些新希腊人的不过是一层浅薄的文化镶饰。就宗教而言[13],那个年代的叙利亚宗教实践——对于安纳托利亚和多数罗马行省也属实——揭示出古代祭仪保存了下来,如用希腊名字称呼神的词句清楚说明的。叙利亚因此保有巴力神(Baals)的土地;赫利奥波利斯的赫利奥斯(Helios)正是巴力,并不是皇帝所用名的赫利奥伽巴鲁斯(Heliogabalus,埃拉伽巴鲁斯神[Elagabalus])。

　　许多犹太人在同等程度上被希腊化了。

犹太人[14]

　　后者的确从前曾臣服于塞琉古王国的统治,塞琉古王室将希腊语强加于他们的新居地。在马其顿殖民城以外,阿拉姆语(Aramaean)曾作为民间语言,但希

158

腊语一定在巴勒斯坦更为严格意义上的犹太中心为人所知,通过移民而把犹太教传播到古代世界各地,在那里通常采用希腊形式。与文献数量增加相称,我们时常对这一大规模离散(diaspora)了解更多[15],但那没有离散这个民族的团结,罗马政府本身又加强了他们的团结,在各地承认犹太人的特权,除了对西方地区有所限制外,犹太教在西方的确进展甚微。[16]

罗马出于种种原因维持这些特权[17]:在许多地方,特权已经存在,罗马尽可能不做改变;也存在与巴勒斯坦小国王的盟约,获准尊重他们的传统,而且罗马政府认定限制犹太人比监督他们更不明智。此外,机会垂青他们:在亚历山大里亚的大骚乱中,尤利乌斯·恺撒得到一名犹太人的帮助,此人是亚历山大里亚人的天敌,恺撒让他成为犹地亚的国王[18],其子即著名的希律王[19],统治那里33年(公元前37—前4年)。他不是真正的犹太人,是个埃多米亚人,纯粹的以色列人藐视他,觉得他太像希腊人,也太像罗马人,然而他对帝国百依百顺,为帝国履行各种良好公职,得到扩大疆土的嘉奖,奥古斯都没有收回恺撒所保证的一切特权。

这些特权可归纳为几个字——政治独立,宗教自由。以色列有权拥有自己的统治者和议事会、长老议事会、最高评议会(Sanhedrin),后者是集政治、立法和司法权于一体的70人组成的机关。罗马人容许存在的一个固有且独特的制度是"圣银"制。[20]每个巴勒斯坦或离散的犹太人每年向耶路撒冷圣殿交纳1第得拉克玛(didrachma),这一习俗得到罗马政府的批准和保护,所有税贡加在一起数额巨大,得益于这个民族的富庶,显然巴勒斯坦人口十分稠密,分布于世界各地的以色列儿童约达数百万。[21]无论法律地位如何,就兵役而言,我们有许多犹太人加入罗马军队的证据。最后,关乎狂热信徒的一个敏感问题巧妙地解决了,不像异教徒的宗教,他们的宗教提倡自律:他们被允许在帝王崇拜的外在形式中做出选择。除了在卡里古拉时代,他们可以接受等价物或抵消物来代替那些令他们感到震撼的东西:向代表皇帝的耶和华献祭,或献上礼品向皇帝表达敬意。[22]

详细描述埃多米亚王室的内部悲剧,接替希律王的小国王们所经历的困境,不属于我们的主题,我们只是要谈论犹太人之间可怕的世仇迫使罗马政府废除了犹地亚的君主制,成为罗马的一个行省(公元6年)。君主制在戈兰高地(Haurân,直至公元34年)和加利利(直至公元39年)存续。尽管提比略宣布尊重古代习俗,但问题仍存在:税收负担以及最主要的人口普查,导致了暴乱,这被认为是奴役象征。[23]

随后犹太人的仇敌卡里古拉——没想到有回报——为了他儿时的朋友希律·阿格里帕（Herod Agrippa）而恢复了君主制，克劳狄授予他希律王从前的整个王国，但是他的统治（公元41—44年）像其子阿格里帕二世（公元50—100年）对加利利的一些城镇的统治一样，跟罗马的统治相比纯粹是名义上的。[24]与此同时，弗拉维时代的大危机近在眼前，这场危机由各种因素促成：罗马代表的滥用权力，所谓"狂徒"的异常狂热，恺撒里亚的犹太人和希腊人之间的冲突，匪帮的抢劫。在耶路撒冷，最暴力的派别取胜并占领整个犹地亚，犹太人在那里大肆屠杀非犹太人。

罗马决定采取严厉措施，派出一位帝国参将、未来的皇帝韦帕芗率领近5万大军。[25]他被迫一点一点地征服这一地区，但为登上帝位，他把指挥权交给其子提图斯。人数占优、战术得当，被围者中发生饥荒，城内的党派斗争（狂徒、匪徒、高级祭司和温和派的拥护者）将胜利给了罗马人。在包围过程中，该城和圣殿被焚毁，胜利者只能在废墟之上安营。巴勒斯坦至少有1/3民众丧命。[26]

七年战争的结果是——用我们现在的话讲——罗马努力将宗教事务与世俗事务分开。一座受诅咒的城市耶路撒冷不许重建，其全部领土成为帝国领土，生者被卖为奴隶，有些不得不充当角斗士，在提图斯于安条克举办的节庆中拼杀。巴勒斯坦不再有犹太王国，不再有最高评议会，不再有最高统治者，但犹太教存留下来，被准许有士师（Patriarch）——巴勒斯坦或其他地方所有犹太人的精神领袖。大圣殿被毁并禁止重建的事实并没有结束每名信徒每年的税贡，但罗马将之拨给朱庇特·卡皮托利努斯神（Jupiter Capitolinus），所以犹太教偿付了战争开销。[27]

离散的民众不能忍受帝国的决定，不能听凭丧失所有国家中心。现在唯一的纽带——宗教纽带变得越来越强劲，越来越紧实，在126年，就在图拉真的新征服将他卷入始料不及的困局时，酝酿已久的起义爆发了。[28]犹太人在昔兰尼、埃及、塞浦路斯、美索不达米亚冲向他们的敌人，屠杀且折磨，他们的带头导致了对亚历山大里亚犹太人的报复，希腊人在那里迎头打击他们。面对着常规军队，宗教狂热陷于崩溃，尽管严厉镇压，却根本没有使起义者气馁，一场新的、更严峻的起义在犹地亚继之而起（132—135年）。

哈德良以为犹太国家最终会被推毁，不再记得从前耶路撒冷的位置。这位

161

伟大的建筑师认为适宜在那里建一座新城,一座老兵殖民城,在圣殿的位置建立崇拜朱庇特·卡皮托利努斯——一直受益于"圣银"的耶和华的接替者——的圣所。埃利亚·卡皮托林纳(Aelia Capitolina)之名在皇帝的工作和这项新献祭中都有记录。这是第一个怨恨,第二个怨恨产生自严重的误解。割礼——犹太人吸收过来的埃及习俗,因为十分混淆而被认为与"阉割"同义,这自图密善开始即被法律惩罚,因此出台普遍的禁令,以死刑为惩罚,约束阿拉伯人、撒马利亚人(Samaritans)以及犹太人,在这位皇帝看来与宗教信仰丝毫没有关系。[29]但这是宗教仪式,以色列在这个问题上不会妥协。

时机决定了日后在犹地亚会有一些不屈不挠的人、真正的暴民领导者、祭司以利亚撒(Eleazar)和如其钱币上所称的"以色列之王",尽管现实中是亡命之徒的国王,西蒙(Simon)姓巴尔-柯克巴(Bar-Kokheba)或"星辰之子",星辰给他以启示。接下来是三年战争[30],像其60年前的先祖那样的包围战,同样残酷,对于法律地位没有带来改变,却耗尽了犹太人的抵抗力量。此后的历史记载仅讲述抢劫行为,无疑某种程度上与宗教有关,但不需要治安措施去终止。犹太人禁止涉足埃利亚·卡皮托林纳,违者处死,犹太行省的称呼改变,成为巴勒斯坦行省。

但诸恺撒的政策没有影响到该民族的自律。犹太人保有建造犹太教堂或集会地的权利,有权服从他们的长老和领袖,该领袖为纯宗教性质。尽管蒙森相信[31],但不再被相信的是罗马如战俘(dediticii)一般对待被征服者,实际上他们从卡拉卡拉时代开始变成了罗马公民[32],从更早时候起,他们中不止一位成为罗马公民。他们被允许在罗马立法允许的范围内组成本地社团,就像早期的基督徒一样。进而,安敦尼·皮乌斯取消了有关割礼的措施,割礼可能施用于犹太人出身的孩童。基督徒皇帝像其他人一样保留了以色列人的特权,在他们眼中,这些人真诚效忠直到基督降临。[33]事实上,帝国的权力常常进行干涉,以保护这一民族免受希腊人和罗马人的普遍憎恨。

罗马管理

从庞培时候起直到元首制建立,罗马在叙利亚的管理并没有打上常设和持久统治的标记。总督们最初是必须建立统治、确定边界并准备甚至与新邻居开战的军事领袖，新邻居有阿拉伯人和帕提亚人；此外，他们是党派人士而非罗马的代表，因此在不足 40 年的间隔期，叙利亚不可能出众[34]，一个是庞培在叙利亚具有非凡影响力的时期（与斯考鲁斯、伽比尼乌斯、李锡尼乌斯·克拉苏、卡西乌斯·隆基努斯、毕布鲁斯[Bibulus]、麦特路斯·西庇阿），第二个时期是恺撒在那里的利益增多的时期（通过他的亲属塞克斯图斯和安提斯提乌斯·维图斯[Antistius Vetus]），第三个时期是当同一位卡西乌斯作为受到威胁的共和国的支持者前来的时候，最后是马克·安东尼的一种君主统治，他把他的副官部署在叙利亚（萨克撒[Saxa]、温提狄乌斯、索西乌斯、穆那提乌斯·普兰库斯[Munatius Plancus]）。

在亚克兴战役后，屋大维必须对这些地区迅速做出某种规范，然后按公元前 27 年的划分，叙利亚此后成为皇帝行省[35]，一直到后来。它是罗马世界最重要的行省之一[36]，由第一等级的一些要人管理[37]，诸如阿格里帕、瓦鲁斯（注定命丧日耳曼）、奎里尼乌斯（Quirinius），他们不得不在西里西亚打击劫匪[38]，然后主持对犹太人的人口普查；皮索，其记忆与对日耳曼尼库斯之死的记忆分不开；夸德拉图斯（Quadratus），在职十年；科尔布罗，与亚美尼亚交战；一些未来的皇帝（图拉真、哈德良、佩尔提那克斯[Pertinax]）或皇位候选人（阿维狄乌斯·卡西乌斯[Avidius Cassius]和佩斯坎尼乌斯·尼格尔）。

叙利亚的参将统领[39]四个军团，除了戍守边防，也维持内部安定，那里反抗之风盛行，一支驻军专门设立于安条克。罗马认为避免将来自其他地区的军队编入这些驻军是明智之举，安敦尼诸帝时期在某种程度上施行的本地征召制度，似乎早已引入叙利亚。在巴勒斯坦，犹太辅助军迅速组建，根据塔西佗记载[40]，早在韦帕芗统治时期，第三高卢军团（III Gallica）的士兵——一支叙利亚军团，就向升起的太阳欢呼致敬。尽管这一制度在其他行省尽如人意，在这里却是差强人意，因为当地人往往不守纪律，并且由于各骚乱城市的不良示范而没有得到激励去遵守纪律。[41]

一个新政府于公元 6 年在南方建立，犹太被置于行政长官的管理之下，行政长官起初也许叫做长官，后来被称为财税使。[42]他们完全自治抑或服从叙利亚的参将仍是一个有争议的话题[43]，即使他们实际上并不服从，我们也不能相信

163

他们完全独立。他们驻兵恺撒里亚,但一定经常去往耶路撒冷。我们有这些代理人的简短而完整的名单[44],尽管他们大多不是要人且不总是十分勤勉,有时却在职多年。从韦帕芗到哈德良[45]仅有几个名字没被忘却,不过在第一次叛乱之后,犹地亚的总督们为参将,通常为大法官级,在危机时刻为执政官级,例如尤利乌斯·塞维鲁为哈德良时期的叛乱画上了句号。

叙利亚面积往往多变,如在巴勒斯坦,会有临时并入的,新并入地是被放弃而随后再次恢复的。在幼发拉底河和卡帕多西亚之间,一支山民奈目鲁德戴格人(Nemrud-Dagh)就像一个独立部分[46],科马吉尼的国王们在那里稳定存在近两个世纪,尽管实际上是混血的,却称自己为操希腊语的波斯人的王朝。其中一个名叫安条克的国王建起一处纪念物,极好地显示了这个王朝及其臣民的混合属性。提比略曾进攻这一地区,艰难进展,尽管政治上深思熟虑。卡里古拉在其附属于帝国21年之后(公元17—38年)宣布放弃科马吉尼,但韦帕芗在公元72年重新兼并这一地区,这一次是最终的兼并。

安条克诸王中的末代国王曾定都萨莫萨塔(Samosata),拥有被称作"特拉齐亚"(Trachea)的西里西亚的一部分。平地西里西亚之后构成叙利亚行省不可分割的一部分,但其地位当然到2世纪初有了改变。我们不清楚改变何时发生,很可能西里西亚被统一了,不是在图密善或图拉真治下,那时已经拿下,而是从韦帕芗统治时期,公元73年在平地西里西亚建立弗拉维奥波利斯(Flaviopolis)可能与普遍重组同时。[47]

164　　　在1世纪末之前,靠近黎巴嫩山的卡尔基斯小王国和贝里图斯与大马士革之间的阿比林(Abiene)小国王,已被并入叙利亚[48],埃梅萨的王朝在图密善治下土崩瓦解。

阿拉伯

约旦和东黎巴嫩山以东地区所接受的希腊影响并不少,但最迟从塞琉古时期末开始,阿拉伯人的影响在那里居主流。各城镇联合构成德卡波利斯(Decapolis),很难列出名单,现实中一定有多过十个城镇,居民为希腊后裔,多数情况下人口中有为数极少的犹太人,其中最重要的当然是赫利奥波利斯、费拉德尔菲亚(Philadelphia,阿曼)、杰拉什(Gerasa,德杰拉克[Djerach])和大马士革。[49]

最后这个城镇的情况引发了一个深入的问题。马夸特(Marquardt)和蒙森[50]认为,大马士革为佩特拉的阿拉伯国王所有,直到阿拉伯行省建立,十分让人吃惊的是,此后它被排除在外。更可能的是,它在叙利亚行省形成之后和其他希腊城市一起附属于叙利亚,但在市政自治制度之下。[51]不过,由于某位皇帝的偏爱,它一定有段时间属于阿拉伯国王,因为一名国王在圣保罗时期以自己之名统治那里,发现自大马士革的罗马钱币的序列令人吃惊地在提比略到公元64年中断。帝国常与这些统治者阿莱塔斯王族(Aretases)和马尔奇斯王族(Malchi)达成友好协议。无论如何不同民族的人口共同生活在这座城市;有个例外,犹太人在那里尤其人多势众;希律赠与它一座剧院和体育馆。

这些纳巴泰阿拉伯人与现今的阿拉伯人相像,除了我们发现他们中几乎没有人从事农业。几乎所有的游牧民都劫掠希腊和叙利亚农民的田地,并劫持商队索要赎金。他们逃之夭夭,因为他们和牧群住在真正的地下城市,无法强攻进入,人口极难被发现。国王阿格里帕(一世或二世)天真而徒劳地劝说他们放弃。[52]戈兰高地[53]被他们大肆劫掠。

沿红海海岸的印度和阿拉伯与西方的商贸,以及从琉凯科迈港的商贸,有相当部分由陆路经佩特拉至加沙。[54]为了保护商船,图拉真最终占据了这些地方,但纳巴泰人反抗,把这种兼并视为征服。由叙利亚总督奥鲁斯·科尔奈利乌斯·帕尔玛(A.Cornelius Palma)于105年执行[55],不久后阿拉伯行省并入了佩特拉阿拉伯(Arabia Petraea)的纳巴泰人的领地,连同古代德卡波利斯的一些城镇,著名的有费拉德尔菲亚和杰拉什。第一个知名的参将成为111年的总督,但合并发生得更早,如布斯拉纪元(106年3月22日)所示。[56]这个行省的纪元没有取代庞培的纪元,在一些城镇中甚至没有取代本地的纪元。

阿拉伯的边界随时间而改变。东部边界在第一时期有里程碑为据。[57]两条大路早在图拉真时代就已存在:一条竣工于111年,笔直连接叙利亚沿岸北端到布斯拉和费拉德尔菲亚,此后沿行省边界抵达佩特拉和红海;另一条路出于军事用途而于112年修复使用,绕道连接费拉德尔菲亚和布斯拉,经杰拉什和阿德拉(Adraa,德拉特[Der'at])。边界在杰拉什和阿德拉之间的这条道路左侧不远,将

165

阿杰隆(Ajlun)[58]归入叙利亚,而基列(Gilead)的领土被归入阿拉伯,北至雅博(Jabbok)。北部边境距布斯拉和阿德拉不远,也许穿过戈兰高地的山民,那里的道路爬升至约1 800米高,形成一道分水岭,尽管根据铭文证据,水源稀少且断流。[59]最后,仅戈兰高地的南部开始时属于阿拉伯,但大约在塞普提米乌斯·塞维鲁时期北部的某些零散地区也附属于阿拉伯。

在南方,沿西奈半岛东面海湾的尽头的埃拉(Aila),属于该省。此外,东南方的任何边界都可随意划定,我们不知道犹地亚南面的沙漠地区归属于哪个政府。

戈兰高地(阿拉伯人给出了希腊语名字"奥兰尼提斯"[Auranitis])现在甚至在春末已遍地物产,未开化的民众居住在那里,幸亏有罗马人的文明遗迹。古代的水库、盆地或蓄水池仍在汲取水源,许多房屋在历经15个多世纪后[60]仍提供宝贵的庇护所。房屋由灰色火山长石建成,不用砂浆而完美贴合;常有楼房,饰有葡萄叶和铭刻;房顶由平瓦盖成;没有木工,全部石砌。绘制基督和使徒的生活场景的艺术家会发现,那里为他的画作带来忠于背景的元素,此地的住房会帮助他把《福音书》中的伟大人物置于自然场景中,让他们穿着得体,他会从在帕尔米拉城穿着的服装获得灵感,帕尔米拉马上将引起我们的注意,有与戈兰高地的陵墓十分类似的墓葬塔。

有些阿拉伯人原是崇拜一神的异教徒,他们受希腊的影响来命名都萨里斯神(Dusares),也吸收了狄奥尼索斯崇拜(因为这些地方产葡萄,也发现有希腊铭文),不久之后接受了基督教,也是最先一批拥有修道院的。他们在多大程度上承认西方的想法和习俗——尽管管理制度在当地村庄普遍占主导——可以从布斯拉的遗址中辨明,那是行省的首府,不仅保留着残破的外墙和凯旋拱门,而且有热水浴场和一个大型剧场的坐席。[61]在纯粹的沙漠地区,新主人带来的唯一革新是军营和堡垒:杜麦尔(Dumer)[62]、玛安(Maan)附近的达伽尼亚(Daganiya)、埃尔-莱德戎(El-Ledjun)、卡斯尔-巴克尔(Kasr-Bcher)、埃尔-卡斯塔(El-Kastal)[63]、阿卡巴(Akaba)邻近地区的奥德鲁克(Odruk)[64],其中一些的现代名称仍会让人想起古代目的(军团[legio]、军营[castra]、要塞[castellum])。

纳巴泰人的古老都城佩特拉[65]曾奋力抵抗过希腊人,在阿拉伯行省设立前接受了罗马的保护国地位,从王室都城变身为二流城镇。斯特拉波和普林尼的

166

准确描写说明了这一早期渗透带来的影响立竿见影。在这个今日一片沙漠的山谷中有一座气势恢弘的剧场,现代的旅行者仍可以数出 33 级坐席。1 世纪,在岩石中凿出的纪念性坟墓的外观结合了巴勒斯坦和希腊(主要是科林斯的)的风格元素,那种风格的影响远至麦地那的邻近地区。风格粗犷的凯旋拱门和庙宇着实提供了佩特拉繁华的明证,它在几个世纪里位于商贸交通要道上。接下去,当它被列为第三巴勒斯坦或有益巴勒斯坦行省(Palaestina III 或 Salutaris)的首城时,其首府的地位得到恢复[66],但是我行我素的阿拉伯人的推进毁灭了该城,导致交通流流入十分不同的通道。

叙利亚历史第二阶段

193 年,当佩尔提那克斯刚刚遇刺且近卫军拿帝国来拍卖时,叙利亚曾拥护参将盖尤斯·佩斯坎尼乌斯·尼格尔。所有边疆军团都表示愤慨;东方军团拥立佩斯坎尼乌斯——最为重要的行省的统治者,不考虑一些周边总督冷眼旁观。[67]但当他们的首领被打败时,胜利者塞普提米乌斯·塞维鲁认定叙利亚行省过大,总督的权力和诱惑过多,无疑从 194 年[68]将其划分为凯勒叙利亚(Syria Caele,凹地叙利亚[Hollow Syria])和菲尼克叙利亚(Syria Phoenice),前者拥有两个军团,后者仅拥有一个。地处北部的凹地叙利亚不完全包括奥伦特河河谷,很难确定其边界。[69]南部似乎面积更大,一个方向上远至劳迪西亚和阿帕梅亚,另一方向上远至大马士革地区[70],但更远离幼发拉底河和阿提亚人。它包括著名的帕尔米拉。[71]

如今从大马士革乘摩托车几小时便可抵达那里,但这段旅程近来仍是长途探险,并非平安无事。然而商队途经帕尔米拉的步伐没有停止。

当罗马开始关注帕尔米拉时,它才首次出现在历史中,其财富吸引了马克·安东尼,他为了掠夺而经过这座城镇。我们不要以为它像现今的遗址一样,与海岸地区隔离,或是它除了几处汲水地勉强表明的一条沙漠通道外,与大马士革没有交往;它当然与叙利亚世界相距遥远且不同,这解释了其特殊的半独立地位。伊斯兰教砍伐森林的做法使其周围完全变成荒漠。它是像希腊城邦一样组织起

167

来并分为几个部落的从属共和国,其中一个部落取皇帝克劳狄的名字,有民众会议、长老议事会,执政官、委员会(decaproti)和市政官(syndics),居民中民族成分十分复杂,如果我们从他们的名字的构成来判断,有叙利亚人、阿拉伯人、希腊人、犹太人,甚至是帕提亚人。它是一座有三种用语的城镇,帝国容许官方使用本地的阿拉姆语,而更高等级懂希腊语甚至拉丁语,那在与罗马官方打交道时用得上。有铭文为证,极少有铭文仅用一种语言刻写。

从西方人的观点来看,帕尔米拉是在贫瘠环境之中的一大片绿洲,但当地人并不惧怕周围的干旱草原。根据阿庇安的记载[72],当安东尼想要劫掠他们时,他发现那只是座空城。居民携带财产渡过幼发拉底河,准备在左岸进行抵抗,这样他们就占据了幼发拉底河这道防线。近来在距帕尔米拉约 150 罗马里的杜拉-尤罗普斯(Dura-Europus,撒利西耶[Salihiyeh])的发掘[73],提供了能推测出这一事实的重要证据。因此帕尔米拉在共和国时期战略地位突出:在罗马人和帕提亚人之间无休止的冲突中,帕尔米拉会保持中立(安东尼将中立作为借口)或者会帮助两个对手之一。事实上,利益使它倾向于罗马人——距离最近、最容易接触的叙利亚领土的主人,因此叙利亚免于残酷的征服。罗马没有禁止它保留自己的任何武装力量。[74]

图拉真在美索不达米亚的胜利战事加强了罗马与帕尔米拉的联系,最后由哈德良的总体政策而得到重新保证,此城后来自称为"哈德良纳·帕尔米拉",在3 世纪成为罗马的殖民城。其独特性没有改变:横穿该城的大柱廊[75]一定受到了希腊罗马风格的影响,但在类型上仍属亚细亚的;附在圆柱上的承重雕像和半身塑像的枕梁丝毫不见古典装饰。如其地位所示,大神殿[76]将罗马建筑技法与奉献太阳神的装饰风格相结合。墓葬塔、家族陵墓推动了其他建筑类型,但它们属于原创。葬礼肖像[77]带有浓重的现实主义风格并再现了闪米特人的绘画,表现了奢华而繁复式样的珠宝,其中包括穿着托迦的人。然而这些本地人是罗马公民,保存的绝大多数是高凸浮雕作品(即使算不上最美),均在卡拉卡拉时代之后创作出来,它们属于 3 世纪帕尔米拉的顶峰时期。

在罗马的受保护国统治之下,这座城镇依旧繁荣,是途经幼发拉底河岸前来做生意的商队老板的总部。本地金库从关税中得来大笔收入,这无疑是独立的,尽管由上级政府授权。哈德良统治时期的一段长篇铭文[78]为我们揭示了税收水平。

众所周知,环境给予帕尔米拉在 3 世纪中期异于从前的地位。在亚细亚,东方盛行的君主制之风使得这一时期任命了一名最高统治者,凌驾于市政官员之上,是名罗马元老,铭文中称之为"总督"(exarch)或"国王"。一个名叫海拉尼斯(Hairanes)的显要人物因此有权在帕提亚战争中给予塞普提米乌斯·塞维鲁以关键的军事支援。海拉尼斯之子瓦莱瑞安被囚(260 年)后,塞普提米乌斯·奥德那图斯阻挡从安条克返回、自行发动战争的帕提亚军队。还未称帝的伽利埃努斯赶往最危险的地点,对称王的奥德那图斯[79]进兵做出反应,将该城的管理交给另一个要人——帝国财税使和皇室官员。与此同时,这个新君不满于见到波斯人被击败,在卡帕多西亚反对哥特人,两次进兵进入伊朗领土进攻萨珊王朝。他没有废止表面上的同盟关系,而后他与一子遇刺,其中情形我们不得而知。

由他第二任妻子泽诺比娅所生的另一子被拥立为王,她本人持王后的名号代替这位年幼的瓦巴拉图斯主政。我们在此不想重述[80]这段六年统治(267—273 年)的宏大史诗故事,这段时期内,帕尔米拉人占据埃及,他们在小亚细亚派驻卫戍部队远至拜占庭的大门。那是阿拉伯和阿拉姆世界的一种强有力的互动,因时局动荡而起,因帝国出于直接需要而授权帕尔米拉国王而起,在场的罗马官员没有十足的理由加以反对。当奥莱利安为恢复统一与旋即被支持者拥立为王的瓦巴拉图斯关系破裂时[81],驻叙利亚的罗马军队没有齐站同一立场:军团取得了对游牧民军队的胜利,如果中央政府不采取行动,游牧军队会取胜。海岸地区的叙利亚人绝不想独立,也不反对摧毁帕尔米拉,帕尔米拉仅沦为一个村庄,商队不再经常往来。

罗马清楚地认识到危险在哪里:在这些事件之前,第十海峡军团(X Fretensis)从耶路撒冷转移到埃拉;第三高卢军团(III Gallica)后来驻扎在大马士革和帕尔米拉之间,第三斯基泰军团(IV Scythica)驻扎在巴尔米亚附近,巴尔米亚虽作为城市已毁,但成为了戴克里先派驻那里的一支辅助军团的军营。[82]

没什么比 4 世纪这些土地上的小行省的起源和定界更不确知的了。[83]我们不清楚行省会议在这些地方发挥的作用。没有证据证明阿拉伯有这种会议,只有几枚钱币提及叙利亚和腓尼基的联盟。

把阿拉伯酋长[84]重组为帝国封臣的政策在泽诺比娅倒台后没有被废除。

169

从不同史料中,我们得知几个叫做"Imr al-Quais"的小国王,他们在 4 世纪为罗马
170 人提供骑兵,我们还知道一位"萨拉森人"女王马维娅(Mawiya),她与同盟的关系
有些摇摆不定。在 5 世纪末和 6 世纪初,这些萨拉森人和帝国的关系中有一连
串的使节出访和外交谈判。最后查士丁尼不得不批准建立罗马—阿拉伯国,以
抗衡希拉(Hira)的波斯—阿拉伯国,从那里得到不稳固的兵源,且要付津贴,有
时给付津贴对金库来说是件难事。叙利亚地区阿拉伯人的威胁是拜占庭最大的
焦虑之一。[85]

经济状况[86]

　　叙利亚和巴勒斯坦因来自国家联盟的命令而由欧洲强国管理,所以重新进
行人口普查。普查结果是人口稀少:居民 300 万,有三个都城(大马士革、阿勒
颇、贝鲁特)以及一些中等规模的城镇。无疑在罗马时期人口更多。伊斯兰教在
这块乐活的土地上表现懒散,宿命地接受其衰败,不讲卫生,抵制物质进步。此
外,远道而来的许多商品现在已经改从海路运输。如今的叙利亚不再像昔日是
条重要的商贸通道,帕尔米拉的关税表中包含许多甚至不再在沿海岸线运输的
商品。本地特产也减少了,开发地区在缩减,尤其是在北方。在阿勒颇这个源于
吸引人们聚居的安全需要而产生的人为中心的周围,现在尽是沙漠,奥伦特河的
右岸几乎荒芜了。

　　古代让我们得以瞥见一幅与众不同的画面。[87]住帐篷的贫困居民分散四
处,也许用上几个小时,他们可在一张粗糙的帆布之下安顿,有精良卫队陪同探
险的旅行者在那里会看到凿入岩石的水池和水库比比皆是,奥斯曼帝国甚至没
有智慧去维修。穿过那些展现对沙漠有条不紊征服的真正城市遗址的通道,也
许开建于元首制时期,尽管一定被战争打断,却一定在 4 到 6 世纪重建,这一时
期有装饰精美的建筑、房屋、修道院、教堂,揭示了叙利亚在东方基督教艺术发展
中的突出作用。[88]戈兰高地的居住者在罗马时代不满于储存在水池中的雨水供
给,输水道把远处的山泉水引到炎热的土地上来。

　　当地的物产[89]依旧丰富和丰产。哪里播种,哪里就有谷物茂盛生长,果树

和园丁商贩的植物得益于充足的日照。葡萄,在后来被基督教团体和国外殖民地重新引进,扎根在这块最适合生长的土地上,其商品在古代广泛分布于波斯,如在意大利一样。几乎不需照管的绵羊几乎是唯一饲养的动物,安条克平原上的水牛可以与使阿帕梅亚出名的公牛还有种马相比。古代的叙利亚人是从事羊毛和亚麻加工的手工业者,将精美昂贵的衣料送到各个市场,其因戴克里先的限价法令而知名。我们不会对紫色印染业的消失感到吃惊。腓尼基的玻璃制造是唯一的记忆,尽管吹玻璃的手法也许是在西顿发明的,但早在 4 世纪时真正开始衰落。[90] 叙利亚出产珍贵的建筑材料——玄武岩、石灰岩和西顿的大理石。古人的建筑活动——在涉水地区铺砌道路,促进了采石场的开采。埃奈什(Enesh)的采石场在幼发拉底河岸边[91],揭示出了所采用的方法,通常有军队帮助建造。欧洲人如今广泛使用这些材料,而本地人满足于粗糙的黏砌外层。最终,羡煞旁人的丰富木材为造船提供了完美的材料,但是森林消失于黎巴嫩和科马吉尼,高大的树木现在只有在灌溉良好的地区才有发现,如奥伦特河的下游河谷,偶尔或在幼发拉底河岸边。

对过去的研究揭示了叙利亚仍有作为先进的受保护国的可能性。这一民族的才能,主要是商业才能,引导着叙利亚人离开家园,移民到任何可以落脚干大买卖的地方。[92] 保守的罗马人带着怒气见证了这一真正的入侵。

亚美尼亚和美索不达米亚——幼发拉底河边疆

帝国在最东端的边界划定带来了前所未有的难题。没有河流或山脉的天然屏障可供利用。在叙利亚北部和高加索之间是最突出的,在南方,美索不达米亚的广阔平原起伏平稳地延伸至波斯湾;北面耸立的是巍峨的亚美尼亚群山,由数个 1 000 至 2 000 米高的高地组成,在深谷断开,峡谷中河流蜿蜒,有时在大火山口达到最高峰,其中之一为大亚拉腊山(Ararat),那是今日三国的共同边疆,有 5 000 多米高。高地的总体方向自西向东,以至于构成南北一道严正屏障的托罗斯山,仅是小亚细亚和波斯之间一条无谓的屏障。这解释了伊朗对亚美尼亚的影响、语言和民俗;此外,远在希腊和罗马有时间使其受到自己的影响之前,米底

171

172

和卡帕多西亚也受到影响。第一眼看幼发拉底河的大转弯处,河流在深岸之间流淌,似乎提供了从苏腊(Sura)至梅利泰内之外的一条极为合适的边界,现代史学家自觉地采用这一表述——"幼发拉底河边界"。但除去中部地区,河流反过来以两种方式帮助了入侵:在河源附近,两条溪流汇合为幼发拉底河的源头,其中一条溪流实际上是阿拉斯河(Araxes)的延续;在河口附近,它有为穿过广大荒芜的干旱草原做向导和供船行使[93]的价值。多亏幼发拉底河和底格里斯河,美索不达米亚才成为与这些河流比肩的通道,没有什么能暗示出可在两个地域广大且军力强大的国家间划出这道界线。

有专著[94]全面阐述了帕提亚人,在塞琉古王国不可避免的衰退后,亚历山大在伊朗的后继者被称为"古代的土耳其人"[95],他们是坚忍的乡下人,天性向往自由,马其顿希腊化在他们中间长期留存,不断衰退。[96]尽管不想扩张,但他们时常被打且反应迟缓,不能忘记近来外国人的统治,不会对进行反击保持克制,如果这仅是一种防御办法。对于这些弓箭手,像骑马打猎一样去骑马战斗的无畏骑兵,稍事准备就够了。

任何人与他们一接触便引起他们的反抗。在到达幼发拉底河上游之前,罗马不得不完成与密特里达提的战争。我们已经提及他的女婿、亚美尼亚国王提格拉奈斯二世的开拓。他也自称为"众王之王",忍耐着对帕提亚统治的不满,帕提亚人眼见罗马人进攻他而毫无同情。弗拉特斯国王与庞培订立合约,这样庞培迫使提格拉奈斯谈和,从而除掉了密特里达提,使自己成为叙利亚的主人。[97]

此时这样的兼并足矣。双方均同意以幼发拉底河为界,美索不达米亚归安息王朝。然而罗马正为未来的征服铺路,给埃德萨的国王以被保护国的地位,并向南推进现在沦为从属国的亚美尼亚的边疆。帕提亚国王通过对亚美尼亚人宣战,立即表示自己反对。叙利亚总督克拉苏立刻进兵美索不达米亚,并在卡莱(Carrhae,公元前53年)败北,但他的副官卡西乌斯在叙利亚边境拦住了敌人,总体状况没有改变。[98]

在接下来的时期,罗马的利益让位于敌对将领及其党羽的利益。与安息的关系呈现出另一个方面:内战中,有些罗马将领不轻视帕提亚的帮助,庞培则拒绝,认为那将是个负担,但帕提亚人在叙利亚与恺撒的参将交战,卡西乌斯得到伊朗骑兵参加腓力比之战,尽管并不见效。[99]

　　当对方取胜，一个罗马流亡者拉比埃努斯(Labienus)在帕提亚宫廷占有一席之地，就像一些被放逐的希腊人在苏萨的宫廷任官。奥罗德(Orodes)国王显然预见到他会被招见陈述，遂采取主动，他的儿子帕克鲁斯(Pacorus)入侵为克莱奥帕特拉倾倒的安东尼忽略掉的叙利亚。幸亏温提狄乌斯·巴苏斯(Ventidius Bassus)把敌人逐回幼发拉底河，使安东尼得以形成我们已在别处描述过的计划。[100]

　　他的行动失败了，但留下了以后成为新战争根源的深仇大恨。奥古斯都出兵，起初他情愿在亚美尼亚扶立忠于罗马的国王。这一做法激怒了民族情感，由帕提亚人私下煽动，国王被废。提比略没有坚决要求它们接受罗马，但为了使帝国东部更安全，他废黜了一些从属的国王，将罗马的直接统治远远延伸到幼发拉底河。[101]

　　接下来是一段单调重复的贫乏时期[102]，亚美尼亚继续成为不睦的苹果。罗马宣布对其拥有宗主权，帕提亚人回应称这块地区希望归属帕提亚。一系列阴谋在托罗斯山区周围酝酿：东方国王间、罗马将领间、亚细亚各民族间的私仇，意大利的金苹果正在他们中间播撒不和。科尔布罗的两场战役后[103]，有多种政策可用，但罗马选择了起初摒弃不用的一个：亚美尼亚国王应次于帕提亚王室，应从罗马皇帝那里得到授权。最重要的是，尼禄授予按其决定保护高加索关隘的权利。事实上，在韦帕芗统治时期，一支罗马守军在伊比利亚的哈默兹卡(Harmozica)要塞驻扎，在现今的第比利斯(Tiflis)附近。[104]帕提亚人没有理由受其扰，在弗拉维王朝的整个时期，与罗马之间的和平占主流。

　　我们已经说到图拉真的雄心和征服，他一有机会便因投诉而随心所欲，他的继任者足够明智，放弃了他的征服政策。[105]甚至是对亚美尼亚理论上的宗主权，在哈德良和安敦尼治下，都没有重燃不睦的战火，但那是帕提亚在马尔库斯·奥勒略当政第一年入侵的唯一动机。卡帕多西亚的军团由懒散的东方人组成，在敌人渡过幼发拉底河后迅速溃败，但当一些西方军队来援时，亚美尼亚首府在强攻之后被占领和摧毁，作家们称该城为"阿尔塔克沙塔"，尽管在一枚钱币上[106]它被给以阿尔塔西萨塔(Artaxisata)之名和大城市的称号，已成为罗马臣民和元老的一个前安息人被立为国君。

　　要记住的是[107]，在美索不达米亚取得的胜利进展迅速，罗马保住了对奥斯若恩国王的宗主权,争夺帝国的斗争使塞普提米乌斯·塞维鲁兼并了远至阿伯拉斯河(哈布尔河[Khabur])的整个地区,包括靠近一条支流的辛伽拉(Singara)。图拉真时的行省一半被收复了,以尼西比斯为首府。[108]但塞维鲁仅保留凡湖以西亚美尼亚的部分地区,我们不知道他是否保留了驻军,驻军在康茂德统治时期在凯诺波利斯(Caenopolis)有发现[109],在阿尔塔西萨塔和现今埃奇米阿津(Etschmiadzin)附近。

这种安排保证了和平?与帕提亚人曾经很难维持和平,但当波斯的萨珊王朝成为伊朗的主人时,维持和平似乎不大可能,因为那个狂热的民族自高自大,敌视希腊文化和西方的一切。有旅行的考古学家在此发现的证据指出一点,在前几个世纪里,幼发拉底河上中游的防御工事无足轻重。梅利泰内和萨塔拉(Satala)的军营,一个在河岸边,一个在河附近,控制着一些交叉路,把守严密,但他们的驻兵更经常被借去其他地方执行任务。在亚德沙尔(Ardeshire)王朝开始之后,才不依赖北面的高山或幼发拉底河的陡峭河岸,在查士丁尼统治之前,有必要加高加固萨塔拉、梅利泰内、尼科弗里乌姆(Nicephorium)和凯尔凯西乌姆(Circesium)的城墙——仅为普罗柯比乌斯(Procopius)列举的一些基本防御工事。[110]

美索不达米亚现在成为几乎持续不断的敌对的中心。详细描写3世纪的所有战事将是枯燥乏味的:亚历山大·塞维鲁统治时期一场代价巨大而无决定性战果的战争;在马克西民(Maximin)和戈尔迪安(Gordian)统治时的战争;在帕尔米拉扩张时期一场非决定性的战争或鲜为人知的情况。无论如何,塞普提米乌斯·塞维鲁时候的边疆在卡鲁斯逝世时被重建了,主要归功于波斯帝国备受困扰的国内问题。这些使波斯衰弱,以至于伽莱里乌斯赢了一场大仗,之后戴克里先明智地表现出谦逊,甘心只在亚美尼亚南部做出一些改变。[111]战事的大益处在于使得占领阿米达(Amida,狄亚贝基尔[Diarbekir])的底格里斯河两岸并巩固统治地位成为可能。

如此一来,罗马帝国在萨珊领土上建起有威胁的凸角,但我们知道,一切在868年之后被再次打乱:边疆循着最短线路从哈布尔河到底格里斯河的一条小支流尼姆非乌斯河(Nymphius),除此之外,由于一份后来的协定(约387年),边疆几乎以直线扩展到黑海的阿坎普西斯(科鲁克)河口。罗马放弃了尼西比斯,但保留了更有用处的阿米达,最终接受了塞维鲁时期的边疆,尽管在底格里斯河两岸稍有调整,但对南面罗马损失的和在河左岸罗马赢取的都几乎没有任何变动。这是可得到的最好边疆,维持了两个多世纪,因为它保持了两个帝国间的平衡。最后都承认的是,幼发拉底河低地和底格里斯河一样不能充当稳妥的边界,两个同样仅作为入侵的通道。[112]罗马以紧凑的道路网构成"美索不达米亚平行四边形"[113],但除了从西向东的,没有其他道路穿越托罗斯山。

我们有关这些长期有争议的领土的全部信息在一些繁琐的战争细节方面是有限的。我们对于基督教完胜之前的当地生活一无所知,基督教不在我们的话题之内。

【注释】

[1] 这是我们无法避免的印象,尽管我们所掌握的有关这个问题的细节信息十分匮乏,参见 LXVIII, p.458 *et seq*。

[2] *Ibid*., p.444 *et seq*.

[3] *Ibid*., p.441.

[4] CLXII, XI, p.14 *et seq*.; N.S.Bouchier, *A Short History of Antioch*, Oxford, 1921.

[5] Albert Hermann, *Die alten Seidenstrassen zwischen China und Syrien* (*Quellen und Forschungen* of Sieglin, XXI), Berlin, 1910.

[6] V.Chapot, XXVII, LXVI(1907), pp.149—226.

[7] Honigmann, XLVII, XII, col.718 *et seq*.

[8] Id., XLVII, IIa, col.2226.

[9] Paul Collinet, *Histoire de l'École de droit de Beyrouth*, Paris, 1925.

[10] Honigmann, XLVII, Suppl. IV, col.715—728; B.Schultz and H.Winnefeld, *Baalbeck*, 1921.

[11] Leo Haefeli, *Caesarea am Meer*, *Topographie und Geschichte der Stadt nach Josephus und der Stadt nach Josephus und der Apostelgeschichte*, Münster, 1923.

[12] CC, II, section 23.

[13] LXXI, chap.IX.

[14] G.-F.Lehmann-Haupt, *Israel*, *seine Entwickelung im Rahmen der Weltgeschichte*, Tübingen, 1911, pp.210—242; A.Schlatter, *Geschichte Israels von Alexander dem Grossen bis Hadrian*, 3. Aufl., Stuttgart, 1925.

[15] CXLV, I., pp.180—209.

[16] CLXII, XI, p.71 *et seq*.

[17] CXLV, I, p.213 *et seq*.

[18] CC, I, p.543.

[19] W.Otto, *Herodes*, Stuttgart, 1913(extr. from XLVII, Suppl. II).

［20］CXLV，I，p.377 *et seq.*

［21］可能的估算见 *ibid.*，I，p.210 *et seq.*。

［22］*Ibid.*，I，p.339 *et seq.*

［23］CC，I，pp.508—543.

［24］*Ibid.*，I，pp.549—564，585—600.

［25］R.Cagnat，XXXIV，XXII(1891)，pp.xxxi—lviii.

［26］CC，I，pp.600—642.

［27］H.Drexler，XXIII，XIX(1924)，pp.277—312.

［28］CC，I，pp.662—668.

［29］CXLV，I，p.264.

［30］CC，I，pp.670—704；J.Darmesteter，XXXIV，I(1880)，pp.42—55；CXXVII，pp.215—221.

［31］CLXIII，III，p.418 *et seq.*

［32］CXLV，II，p.19 *et seq.*

［33］CXLV，I，p.226 *et seq.*

［34］CC，I，pp.304—316.

［35］J.Dobias，*Histoire de la province romaine de Syrie*，I，Prague，1925(in Czech).

［36］CLXII，XI，p.2 *et seq.*

［37］CC，I，pp.318—337；CXXI，pp.11—42.

［38］F.Bleskmann，XXIII，XVII(1921)，pp.104—110.

［39］LXXXI，p.72 *et seq.*

［40］*Hist.*，III，2.

［41］CLXII，XI，p.5.

［42］CXXIX，p.384 *et seq.*

［43］*Ibid.*，p.406 *et seq.*

［44］CC，I，pp.487，565—585.

［45］哈德良之后，参见 S.Krauss，XXXIV，LXXX(1925)，pp.113—130。

［46］CXXXVIII，p.259 *et seq.*；LXXXI，p.269 *et seq.*；Honigmann，XLVII，Suppl. IV，col.978—990.

［47］CXXI，pp.72—77.

［48］CC，I，pp.707—725.

［49］Benzinger，XLVII，IV，col.2042—2048；H. von Kiesling，*Damaskus*，Leipzig，1909；C.Watzinger and K.Wulzinger，*Damaskus*(*Wissenschaftliche Veröffentlichungen d.deutsch. Türk. Denkmalschutzkommandos*，IV)，1921—1924.

［50］CXLII，p.14.

［51］Benzinger，loc.cit.，and CC，I，pp.734，790.

［52］卡纳塔(Canatha)的铭文，XLIV，III，1223。

［53］CLXXXVII.

［54］Strabo，XVI，4，23，p.780 C；Peripl. Mar. Erythr，19；Plin.，*Hist. nat.*，VI，28，144.

［55］LXXIII，III，p.249 *et seq.*

［56］*Ibid.*，p.303.

［57］P.Thomsen，*Die römischen Meilensteine der Provinzen Syria，Arabia und Palästina* ［XXXVIII，XL(1917)，pp.1—103］.

［58］Carl Steuernagel，*Der Adschlun*，Leipzig，1925.

［59］LXXIII，III，p.265 *et seq.*

［60］M.de Vogüè，*Syrie centrale，architecture civile et religieuse*，Paris，1866—1877.

［61］LXXIII，III.

［62］*Ibid*.

［63］*Ibid*.，II.

［64］*Ibid*.，I.

［65］L.de Laborde et Linant，Suppl. To the *Voyage en Syrie*，Paris，1842；W.Bachmann，C.Watz-inger，Th.Wilgand，*Petra*（*Wissensch. Veröffentl. D.d.türk. Denkm*.，III），1921；see the plates of Alexander Kennedy，*Petra*，*its History and Monuments*，London，1925.

［66］CLXXXIX，pp.22—30.

［67］CXXI，pp.78—86.

［68］*Ibid*.，pp.87—90.有关已知的总督，参见 *Ibid*.，pp.53—64。

［69］LXXIII，III，p.249 *et seq*.

［70］Ulpian，*Dig*.，L，15，1.

［71］LXXX，pp.14—20；XV，1925，p.277.

［72］*Bell. Civ*.，V，19.

［73］F.Cumont，XXXVII，III（1922），p.206 *et seq*.

［74］CLXII，X，p.271.

［75］LXXX，pl.VIII.

［76］*Ibid*.，pl.I—IV.

［77］D.Simonsen，*Sculptures de Palmyre à la Glyptothèque Ny-Carlsberg*，Copenhagen，1889.

［78］XLIV，III，1056；LXXX，pp.23—38.

［79］Homo，XXXV，CXIII（1913），pp.235—248.

［80］CLXII，X，p.290 *et seq*.；Homo，*De Claudio Gothico*，pp.60—68.

［81］CXXXV，pp.84—115.

［82］LXXXI，p.88.

［83］LXXIII，III，pp.260，271 and *passim*.

［84］*Ibid*.，p.285；C.

［85］LXXXI，pp.30—35.

［86］LXXXIII，pp.36—65；CXC *bis*，pp.242—253.

［87］CLXII，XI，p.26 *et seq*.

［88］H.Crosby Butler，*American Archaeological Exedition to Syria in 1899—1900*（II，*Architecture and other Arts*），New York，1903；*Exploration to Syria 1904—1909*，Leyden，1915 *et seq*.；Honigmann，XXXVIII，XLVI（1923），pp.149—192；XLVII（1924），pp.1—64.

［89］LXXI，chap.VII

［90］XLIII，art. Vitrum，pp.937，938，944.

［91］XCII，p.151 *et seq*.

［92］CLXII，XI，p.31；LXXXIII，pp.54 *et seq*.，and 253.

［93］因此罗马人造出了它的一个神：XCII，p.247 *et seq*。

［94］C.Huart，*Ancient Persia and the Iranian Civilization*.

［95］CLXXXI，pp.25 and 245.

［96］*Destinées de l'Hellénisme au delà de l'Euphrate*，XXVII，LXIII（1904），pp.207—296.

［97］见上文，p.28。

［98］LIII，p.54 *et seq*.

［99］CLXII，X，p.179.

［100］见上文,p.39。

［101］见上文,p.54。

［102］LIII，p.81 *et seq.*；85 *et seq.*

［103］见上文,p.56 *et seq*。

［104］XLI，III，ad n.6052.

［105］见上文,pp.61 and 63。

［106］Ern. Babelon, XV, 1911, pp.363—374.

［107］见上文,p.67。

［108］CXCII, p.392.

［109］*Ibid.*, p.373；XLI，III，6052.

［110］LXXXI, pp.269—297, 347—355.

［111］见上文,p.72。

［112］LXXXI, p.377 *et seq.*

［113］K.Regling, XXIII, I(1902)，pp.443—476.

第十七章　埃　及

鉴于过去的三十多年里我们源源不断地发现大批文献,于是强烈吸引着我们长篇描写这个国家。但主题的宏大迫使我们想到给出的仅是某种大纲或梗概,那与我们对帝国的总体看法并非迥然有异。毕竟,罗马埃及的许多制度只是沿用了托勒密王国的制度,有关托勒密王国已在其他著作中描述了。[1]

历史概览

我们已经说明[2]兼并的初期阶段,尽管因内战而延迟[3],但途径准备就绪,没有直接统治的政府,限于在三角洲进行军事占领,这便足够了。屋大维本人没有冒险越过三角洲:作为埃及王权的继承人,他是这个国家的主人,行省实际上形成了(公元前30年)。

第一位总督科尔奈利乌斯·伽鲁斯(Cornelius Gallus)势必镇压两次起义,一次在北方,一次在南方。当地居民的习惯还没有抛开抵抗外来者的本能。这位罗马将领轻而易举地取胜,他的塑像被竖立起来,歌颂他的铭文刻在金字塔上,三种语言标识的纪念物记录了他最远进抵菲莱岛(Philae)[4],在那里接见来自埃塞俄比亚的使节。与之达成的协议将他们的国家置于罗马的保护国之列,没有武装干涉,以第一瀑布为界。

罗马确实很快控制了尼罗河谷,奥古斯都得以组织经济使团前往阿拉伯人那里,我们在别处说过阿拉伯人。[5]在那种情况下,对埃及的唯一威胁来自南方的邻居埃塞俄比亚人,即便有一份合约约束,他们趁着远征阿拉伯进行了几次掠夺,甚至掳走了一些居民。总督盖尤斯·佩特罗尼乌斯(C.Petronius)没收了他们所掳掠的东西,俘虏了他们中的一些人,并在撤兵前把 400 名驻兵留在普莱米斯(Premis)要塞。埃塞俄比亚人急于挣脱这一枷锁,但争端通过谈判解决:他们不得不放弃部分领土,即下埃塞俄比亚,那附属于埃及近三个世纪。尼禄野心勃勃,不过三角洲发生的事件阻碍了他实现这些抱负。

177

埃及人没有留下直接反抗帝国的更多迹象,尤其在禁止携带武器的禁令发布后进行了一次全面排查,事先便使所有反叛图谋陷于瓦解。但既不试图反抗罗马军队、威胁程度又小、重要却赤手空拳的一部分民众引起我们的关注,那就是犹太人。[6]早在卡里古拉在位时,武力反闪米特人的运动开始于亚历山大里亚。克劳狄竭力制止[7],罗马在传统上支持以色列人,我们已经谈过他们的特权。[8]其他人嫉妒他们,这种嫉妒掺杂着蔑视。为了找到一个借口,亚历山大里亚的其他居民激发起忠诚感,为犹太人拒绝参加帝王崇拜而愤怒。有一个行政长官撑腰,他们热情迸发,纠纷一直到克劳狄治下一位持反对态度的总督才结束,反闪米特人运动的煽动者被处死。

一次武装起义比上一次更严重,发生在公元 66 年。[9]希腊人在圆形竞技场集会,选出派去面见尼禄的使团。人们发现一些犹太人入场,于是向他们进攻。当时的总督提图斯·尤利乌斯·亚历山大(T.Julius Alexander)[10]本人是犹太人,但已放弃希伯来信仰。然而希腊人至少利用了他的中立,全体犹太人行动起来,反击反犹主义,并试图焚烧竞技场。亚历山大命军队介入,犹太区沦陷并被焚毁,甚至在士兵离去之后战斗仍在继续。

犹太人似乎最终被征服了。也许他们认识到了自己的劣势,不久之后耶路撒冷的毁灭一定使他们的希望彻底破灭了。实际上他们的仇恨在灰烬之下隐燃,在半个世纪的末了燃起火焰(115 年),起初不在犹地亚,而是再度发生在埃及,即巴勒斯坦运动领导者被处死的地方,也在塞浦路斯和昔兰尼加。在这两个地区,由于缺少驻兵,起义者为所欲为,成千上万的希腊人和意大利人被他们折磨致死。在尼罗河地区,他们期望取得同样的成功,因为这时不仅皇帝忙于一场反抗帕提亚人的远方战争,而且在远至特拜(Thebaid)的村庄和空旷地带,起义四处蔓延。亚历山大里亚的起义失败了，军团离得太近，希腊人对起义者大开杀戒。其他地方的镇压则举步维艰，许多动乱中心不得不调拨多支分遣队来应付。地方将领没有能力完成这项任务，他们四处征募农民兵，但农民兵态度消极。常规军队不得不从远方调来，在长期的游击战后战胜了敌人。[11]

很难解释为何发生在哈德良统治时期最后一次被无情镇压的犹太起义，会有相应的起义——尽管并非重要——发生在埃及（136—137年）。那仅证明了这一民族无法熄灭的斗志，那是中央政权最焦虑的。

在东方各行省享有特权的希腊人没有不满的理由。本地人中有几次偶发的动乱，第一起发生在安敦尼时期，我们对其知之甚少，由雇佣兵（ξένοι）发起，他们为了逃避不动产和个人财产税，抛弃当地村庄、他们的家业（ἰδία）逃走，暂时到别处生活。他们不被收留，有些以劫盗为生。[12]在2世纪末，一次真正的民族起义爆发，尽管规模不算大。该起义反抗总督，由一名祭司领导，由经常活动于亚历山大里亚以东沼泽地的游牧民组成。[13]似乎恰逢时机到来，因为一支军团被派往多瑙河前线。叙利亚参将阿维狄乌斯·卡西乌斯率军火速赶往此地拯救了都城，赢得了以后支持他雄心的许多党羽。215年[14]，雇佣兵再次进入视野，有亚历山大里亚人的默许，这以我们所掌握的资料难以解释。卡拉卡拉本人亲赴该地，以我们料想到的残忍行事：在屠杀叛乱者及其家人后，他在这座城市驻军，这支军队此前一直在亚历山大里亚附近地区驻扎。

这一预防措施没能阻止动乱，因为元首制总体上无法止住颓势。布伦米人（Blemmyes）——北方的埃塞俄比亚人，自奥古斯都时代以来没有迁移，此时大批穿越边界，在约262年成为特拜的主人。不久之后，帕尔米拉统治者对三角洲的战事鼓舞了亚历山大里亚人独立的希望，也许他们觉得自己要比陷入混乱的罗马政府更能阻挠外族的野心。结果却是罗马的代表，长官埃米利亚努斯取胜，他们称呼他为埃及皇帝。伽利埃努斯的一名使节在埃及恢复了帝国的统一（268年），但代价惨重。罗马世界的第二大城市在一场巷战后景象悲惨，许多房屋损毁，居民人数大幅减少。

直到帕尔米拉的力量被推翻，罗马才成为这座城镇真正的主人。在被奥莱利安重新征服后，亚历山大里亚在泽诺比娅的同党菲尔姆斯（Firmus）的领导下再次叛乱。但当这位著名的女王去世后，这座埃及的首府投降，起义者居住的地区遭到进一步破坏。我们对这场在戴克里先统治时期持续多年的起义的原因和发展知之甚少，但起义可能是这些拙劣的报复行为遗留下的深仇引发的。在三角洲的布西里斯(Busiris)和上埃及的科普托斯(Coptos)被毁后，为了惩罚同时起义的公民和本地人，仍有必要以武力重新获得亚历山大里亚。事后，该行省荒芜，以至于皇帝不得不下令限制谷物出口。

在其他地方，在同一时间，别的危险初露端倪：南方的布伦米人、西方利比亚沙漠的牧民迫使普罗布斯投入艰苦战事。戴克里先本人通过让努比亚人反击他们，只能铲除掉前一个敌人，那些努拜人(Nubae)或诺巴德人(Nobades)被列入屠弱帝国不得不向其纳贡的诸多边疆蛮族(297 年)。

行政区划[15]

这片土地的古老区划是将尼罗河谷与上埃及分开。罗马人没有长期不变地维持这一划分：在一个不确知的年代，也许在韦帕芗统治时期，他们在两者之间插入第三部分，称为"七州区"(Heptanomis)，因为至少在最初由七个称作"州"(nomes)的地区组成；其他州后来加入，但古名留存下来，尽管与事实不一致。这三个部分组成埃皮斯特拉泰吉埃(epistrategiae)，得名自高级官员(托勒密王朝设立，尽管国王之下仅有一位)，该官员后来分管每个部分。

在这些较大区域内，罗马仍将土地细分为州，这些地区全以主要人口中心的名字的形容词形式来命名。其数量各异，要考虑到行省的整个地区和民众的活动，以及各地的不同发展水平。文献让我们得以还原约 24 个州的名字，但一些州随时间更名，托勒密在公元前 2 世纪仅提及 47 个州。每个州的首府是人口密集的中心，被称为"大城市"，除作为某些官员的常驻地之外没有特权。在法雍(Fayyum)，地域广阔的州阿尔西诺厄[16]经济上十分重要，细分为三部分(μερίδες)，其他州没有一个有多于一个将军(strategus)的。各州面积各异，每个州分为地方(τόποι)、小国，通常有两个——上和下，有时三个，有一个中间区，有时甚至更多，如阿尔西诺厄州。

最后，土地在人口稠密的各中心划分，据在公元前 60 年游历过埃及的狄奥多鲁斯记载,各中心可达 3 万人。[17]无论如何,在史学家约瑟夫时期,750 万居民付人头税,希腊人和罗马人免税,因此一定总共有八九百万居民生活在相对狭小的地区,大批人口分散于几百人的小行政区,与现代阿拉伯农村相像,尽管这样的人口密度在今天的埃及找不到。

就城镇而言,在罗马时代很少,如果我们所说的城镇是指有行政机构使之成为微型国家的城邦。这是唯一一处罗马人在此无心发展、甚至倒退的地方。截然 181 不同的制度保证了法老治下的国家繁荣。托勒密王朝忠于这一制度;罗马效仿,毫无增加地保留了三个现存城市——亚历山大里亚、托勒密、瑙克拉提斯(Naucratis)。直到哈德良时代,为了纪念他溺亡于尼罗河的爱人,130 年他在这位青年消逝的 182 地方附近建起安提诺(Antinoe)或安提诺奥波利斯(Antinoopolis)。

其他地方在法律上均仅被视为村庄[18],3 世纪前既没有法律地位,也没有公共财产,管理机构单纯以通过法律在生于同一地方的所有人之间建立的强制性纽带为基础。此外,努力保持各乡村人口之间的某种均势,如果必需,则将一个村庄的农民迁往另一村。[19]至于大城市(μητροπόλεις),我们不能被它们名称的后半部分误导。斯特拉波使用"村城"(κωμόπολις)一词,说明它们不重要。词尾通常附加在神名后面作为专有名称(克罗克狄洛波利斯[Crocodilopolis]、赫尔穆波利斯[Hermupolis]、尼罗波利斯(Nilopolis))。但州的大城市的实际地位比其他村庄的大城市重要得多。除了人口众多,需要分区[20](ἄμφοδα,有区长[amphodarchs]),州的大城市拥有一些当地官员,没有协商会议,帝国公务的分支机构在此设办事处。

罗马埃及的疆界只能大体划定。在亚洲一面,止于莱诺克鲁拉(Rhinocolura,阿瑞什[El-Arish])附近地区。在西面,边界在名义上多于事实上包括的利比亚州和迈尔迈里卡州(Marmarica),人口一定很稀少,松散地附于土地上。这些地方都没有受益于洪水泛滥。像这些地区一样,沙漠绿洲仅是附属。罗马的统治像希腊的统治一样扩展到尼罗河以东的阿拉伯采石场,以及沿红海的非洲海岸分布的港口:阿尔西诺厄、迈奥斯霍尔莫斯、白港(Λευκὸς λιμήν)、贝列尼凯(Berenike)。在南面,边界线更加不确定,从来没有埃及边界。这一有道路网和驿舍的边境地带可以作为种植地区的终点吗? 是否限定在大瀑布地区,或者边疆更远? 如果更远,那该在哪里终止?

地图 6　罗马治下的埃及

我们已经看到罗马人起初甘愿毗邻特拜边境的努比亚地区作为保护国，但是当地人的行动迫使他们改变主意。他们因此合并了被称为"12 里地"（120 斯塔德[stades]）的地区，从赛伊尼（Syene）到希拉·西卡米诺斯（Hiera Sycaminos，马哈拉卡[Maharrakah]）。在 2 世纪末，短期内连普莱米斯（伊布里姆[Ibrim]）也被占领了。我们已发现有塞普提米乌斯·塞维鲁时代的一座防御建筑，通达古代努比亚。下努比亚显然不被看成独立地区，仅附属于最南边的州。当戴克里先将我们曾提到的服务委托给诺巴德人时，他放弃了多德卡斯科埃诺斯（Dodecaschoinos），将边界又向北撤。[21]

戴克里先在埃及几乎未做划分，只是将之与下利比亚分隔开来，将下利比亚置于与上利比亚（前昔兰尼加）一样的管区。特拜此后开始略向南扩，余者——河谷和三角洲，在从北向南延伸的一条线分隔的两个行政区间做以划分，埃及在该词的严格意义上位于这条线以西，赫尔库莱亚埃及（Aegyptus Herculea）在亚洲一侧。根据其他权威作品，这些新行省与旧有的埃皮斯特拉泰吉埃等同。[22]之后在 341 年，奥古斯塔姆尼卡（Augustamnica）在东侧被分出去。386 年，法雍构成了一个单独的行省（阿卡狄亚）。不久后，特拜和奥古斯塔姆尼卡像三角洲一样被细分，包括第一埃及和第二埃及，却将我们带入拜占庭时代。[23]

不同成分的人口[24]

也许没有哪个地方像埃及一样把人口严格按照等级划分。

罗马人当然位居最高等级，尽管他们中仅有少部分人是意大利本地人。气候并非对所有人适宜，罗马不要求显要们（consistentes）永久居住在该行省，首都从这里获得粮食供给，暂时出现的为数不多的代理人严格服从中央，正合罗马心意。有所增加的是（尤其在前两个世纪）在冬季前来的大批游客[25]，他们期望在埃及度过精彩之旅，那是个神秘而富有魅力的国度，一个令人好奇的异域文明的故乡。他们的无数铭文好似一本游记，记录了对异域之旅的着迷。

罗马公民所尊重的希腊人仍基本保持希腊方式，也有其他特权，是常住人口中最受尊重的成员。罗马不加限制地延续他们在托勒密王朝的工作，他们的语言被接受为行政用语。主要官职由当地的罗马人担任,次级官职由希腊人担任。在后者之中,许多人通过加入军团或退出辅助军而成为帝国的新公民。人们可能以为,在这块土地上"罗马化变为希腊化了"[26],尽管原则上罗马法适用于这些罗马—希腊人,但对希腊法做出了许多让步。

184 　甚至犹太人[27]都在很大程度上受到这一占主导的希腊化的影响。他们与希腊人的关系在国王时代是正确、和平的,此后纷争开始[28]:一些富裕的以色列人位居高位,吹嘘与皇廷的关系。希腊人鄙视这些竞争对手的处事天赋,这些人在希腊化的外衣之下掩藏着敌意,他们讲希腊语,甚至用希腊语创作整部文学作品,并取会令人困惑的名字。此外,他们人数很多,据 1 世纪中期的菲洛(Philo)估计,在埃及具有双重信仰的人总数为 100 万,他们分布于各地,主要在大城市。阿尔西诺厄和奥克西林库斯(Oxyrhynchus)的莎草纸专门提到这些人。在亚历山大里亚,他们除了散居于其他人中间,还足以占据该城的五个区,还建有犹太教堂。没有少数民族聚居区制度,不过他们自己形成了一个单独社区,有首领、统治者、其他官员及长老会议、最高评议会。摩西律法由他们自己的法庭在他们中间贯彻。他们似乎没有获得亚历山大里亚的公民等级,除非在后期。他们付人头税,在公元 70 年之后,如我们所见,他们的第得拉克玛成为朱庇特·卡皮托利努斯神的收益。

　　尽管罗马对犹太人采取了所有严酷的措施,他们却从来没有处于如罗马将当地埃及人降格一样的卑微地位。因为长久接触,或更准确地说,多地杂居,在托勒密王朝当政时产生了混血的希腊—埃及人,他们取希腊名字或名字中必有希腊词尾,会讲希腊语,展现他们在商品交易或与政府打交道中的最佳能力,但在宗教和精神情感上仍是埃及式的。希腊文化不愿接受这种融合,罗马政府赞成其反对态度,决意让每个人各安其位。[29]在政府眼中,每个人的个人地位是头等大事,为了核实身份并保证其结果,每 14 年对臣民(λαόι)或交人头税的当地人进行人口普查,同时其他民众的特权通过决议(ἐπίκρισις)得到确立或确认。我们往往认为,这些希腊—埃及人只需付上税额减少的人头税。他们是否常常就是在莎草纸中以一个含糊短语指代的等级成员——"来自体育场的人"(ὄι ἀπὸ γυμνασίου)? 我们认同该短语本质上为希腊的,那么我们就以为他们一部分明显希腊化了? 要么这些"来自体育场的人"是通过血缘关系或依靠与健身长(gymnasiarch)的联系而地位更高的一少部分非希腊人？这个问题仍存争议。[30]无论如何,这些词涉及一个选择性群体,该群体的官职表被拟定出来,最有可能的是,希腊人和希腊化的当地人也混杂在这个群体当中。

卡拉卡拉敕令将罗马公民权授予大批臣民,这对埃及的农夫至关重要,但我们越来越相信尼罗河谷的本地人在法律上与战俘类似,他们被排除于这一新恩惠之外。[31]根据非直接性考察,212年之后产生的公民大多进入卡拉卡氏族,并成为奥勒利乌斯家族(Aurelii)一员。但在敕令颁布后的前20年,我们在埃及的奥勒利乌斯族人(Αὐρήλιοι)中只能发现希腊城镇的公民,或在大城市中发现那些不明来历的"来自体育场的人"[32]。这一事实可以通过罗马拒绝在埃及发展市政制度来解释:成为某个城镇或其他城镇的公民在埃及是成为罗马公民的前提条件。

埃及作为数个世界间的要道,最主要是亚历山大里亚,自希腊化时代以来目睹了世界各地大批人口穿梭往来或在国门内逗留。我们可以在小青铜像和陶像中分辨出十分明显的种族类型:来自非洲的黑人、亚洲民族,甚至如有些人所想的,还有中国苦力。"希腊人、意大利人、叙利亚人、西里西亚人、埃塞俄比亚人、阿拉伯人、巴克特里亚人、斯基泰人、印度人、波斯人",这是圣约翰·克里索斯托(St John Chrysostom)晚在4世纪所给出的一份名单,但不是完整名单。有些民族极少走访城镇,例如,阿拉伯人在当时如现今一样是游牧民,踏遍尼罗河与红海之间的沙漠。那些与自己的家园联系最紧密的是居住在沿海群山山洞里的隐士。

罗马官员[33]

我们不能太过强调埃及在罗马世界异乎寻常的地位。存在"皇帝"行省,但埃及是其中之一吗？它几乎算不上行省,在官方用语中回避使用那一名称,在铭文中,该名称也没有被加在总督的头衔后面。

我们已经得到这个国家在被兼并前的军事占领年代里的所有必要信息。"难以到达,物产丰富,因迷信和狂热而动荡不安,不知法,不懂官制"(Aditu difficilem, annonae fecundam, superstitione ac lascivia discordem et mobilem, insciam legum, ignaram magistratuum),塔西佗的这段话[34]是对目前观点的完美概括,我们得以理解当时所采取的政策。奥古斯都认为解放一支民族将一无所获,应对之长期奴役使其主人获得财富,不管是对法老还是托勒密王朝。在成为国王的财产之后,在该词的本意上,埃及成为这位皇帝的私产,同时这位皇帝也从中发现了统治罗马最简便的方法。作为一处私人领地,埃及合情合理地由一名财税使管理,但那个官衔不加区分。公文中提到一名埃及"长官"(praefectus Aegypti)(ἔπαρχος),或甚至更含糊的"领导者"(ἡγεμών),那等同于后来的拉丁语"太守"(praeses)。[35]

这一安排把元老排除在外,到此时一直如此实行,他们被禁止[36]涉足埃及的土地,哪怕只是观光,审批速度不快。提比略当政时,皇位的继承人日耳曼尼库斯敢于违反这一规则,参观了金字塔。我们手头的一份莎草纸保留了他写给亚历山大里亚人的信,拒绝了仅应呈给皇帝的崇拜证明,提比略没有掩饰内心的不悦。[37]

根据斯特拉波的记载,在埃及人眼中,长官甚至就是托勒密王朝的继承人,向他致以皇帝般的敬意。他的地位在帝国初期最高,对骑士等级开放,尽管他们不能把埃及用作待开发的土地,因为收税方式使其不能这么做。

尽管长官仅为一名骑士,却具有代行执政官的全部民事和军事大权(imperium)。但他任职时间不短,没有限定年限,仅皇帝一人有权把他调离。实际上,职责在很长时间里被同一官职分管:皇帝会任命一个可靠的人,几乎不会判断失误。作为最高法官,长官将许多案件交给下级办理,他本人也四处巡察。这些长官的各个法令流传至今,不止一项在签署人离去后仍长期生效。[38]对军队的最高指挥权——至3世纪末民事和军事权力相分离——给他带来的难题不及监管财政多,所以皇帝常常任命从前的督粮官(praefecti annonae)担任这一职位。

我们可以追溯埃及辖区近七个世纪的历史,直到阿拉伯征服。[39]这一职位通常授予本地的罗马人,犹太叛徒亚历山大是个例外,可从其他原因来解释。长官亡故或出乎意料地突然被调回,他的位置暂时找人以副长官之名接替,由亚历山大里亚法官(juridicus Alexandreae)担任[40],他也出身骑士,旋即由皇帝和长官选择授权给他的司法部门首脑来任命。

较少得到提拔的是埃皮斯特拉泰吉[41]，因为他们的权力没有扩展到整个埃及。这个头衔用法很多，被授予托勒密王朝治下特拜的总督，兼具军事和民事特征。罗马的埃皮斯特拉泰吉马上被限制在纯粹行政之职，职务仍没有完全确定，但专门与司法管理和税收联系在一起。在一个不确知的年代，不晚于公元 71 年，七州区的埃皮斯特拉泰吉埃设立起来，尤其包括法雍；三角洲地区不可能设立得更晚。这三个埃皮斯特拉泰吉在戴克里先当政后不复存在，他建立了这三个"行省"。毫无例外，我们知晓名字的那些人均是骑士等级的罗马人，拉丁语称为"proc. Aug. epistrategiae"（例如七州区［septem nomorum］），在一些莎草纸中也称其为"管理人"（ἐπίτροπος）。他们于是成为皇帝在埃及的主要财税使，但其他许多官员被任命来监督市场、矿山和采石场，或是从个体所有人没收来的皇帝财产。骑士等级的人没有太自傲而不愿担任这一重要职位的，但对于其他低级官职，获释奴足矣。

本地政府和城市生活

本地生活在希腊—罗马治下埃及史研究中最受关注，新文件揭示出的那一部分为数最多。我们的许多信息碎片是由于书面资料充足：法老的抄胥后继有人，即秘书（γραμματεῖς）。这不是一个言语断裂的国家，文件残篇和官方信件无中断地累积在一起。尽管人们繁忙准备着莎草纸，但如果不能清洗再用，这一书写材料会不足。同一张莎草纸被反复使用，直到整理存放在相当于我们的文件夹一样的花瓶里，或在木乃伊的包裹之中。然而我们必须打消可能是欺骗性的印象：沙漠的黄沙为我们保存了这些过往的依据，但那追随的是仅在尼罗河谷盛行或强烈延续的形式主义吗？

政府组织的基本细胞是村庄——这块土地（χώρα）的小镇。寻常的模样可以从与仍引人联想的现代阿拉伯农夫的联系生动地再现[42]：密密麻麻的低矮房舍或简陋棚屋。尼罗河的泥土与干草混合制成未加工完全的砖块，快速烧制，垒砌筑墙；茅草或黏土搭建的房顶架在横梁上。棚屋很容易倒塌，新住所在其遗迹或他们堆放垃圾的地方建起，这个过程无休止地重复。一般说来，村庄比周围地区地势稍高。

希腊时代以来村庄的地位没有改善，仅仅是出于国家独有利益而进行管理的领土单位，后来成为共同体的对立面。在册臣民（λαογραφούμενοι）居住在这里，名字已被登记在缴人头税的名单里，除了他们，可能也会发现几个希腊人、罗马公民，构成了具有低等级的一切权利及一些补充特权的独立等级。

188　村官[43]是中央权力的代表，却是这块土地上的当地人。年代上最早设立的村官是"comarch"，即托勒密王朝的官员。在罗马统治开始后，他实际上被助手架空了，即抄胥或"comogrammateus"，其影响来自职业实践，他时常制定国库要求他做的无数计划、报告和名单，没有人比他对人口和行政机构更熟悉的了。他是埃及人或是一个受地公民（cleruch，老兵或士兵之子），他在村子及其附属地区行事，由皇帝的大臣任命，后者从居民征缴的税收里付其酬劳。在村子里，这是最主要的收入来源，抄胥的首要职责是准备和管控税收估算，接受申报，核查土地丈量，保管土地登记，将记录和收益呈交给上级农业部门，并上交所有相关申请书。估算出的税收计划在他的关照下被交给收税的主管人（sitologi）或其他人，他负责税收的复原。他不参与这些代理人的官方行动，但根据上级下达的指导来发挥他们各自的作用。我们将会看到经过塞普提米乌斯·塞维鲁的改革，这一制度所发生的改变。

不同数量的村子构成了小国，首脑为罗马时代地位不高的"topogrammateus"，他们很少被提及，有时也在人口更多的村子里履行抄胥的职责。小国看起来像价值不大的虚假区划，似乎没有首府，其总督像如今法国的区长一样无足轻重。同样的叙述无疑也适用于阿尔西诺厄州的民事长官（meridarch）。

然而州是真正的实体，当然也是财政区，因为整个埃及不得不为罗马人辛苦赚钱。根据仍未令人满意地解释的二元性，如其名称所示，州长（nomarch）原是其首脑，当时一直保留着，但大部分职能被另一代理人——将军取代[44]，且成为州长的上级。奇怪的是，将军的数量与州不一致：这里一个州同时有两个将军；那里一个将军控制两三个州，尽管在其他时间里，每个州都会有各自单独的将军。这一官员是希腊人，其职务根本不是一份令人嫉妒的美差。对该地区进行总

189　体监管，委托他人进行决断，发布长官法令，所有这些都很琐碎，但艰巨的财政职责（一直全神贯注在此）落在他的人身和财产上。那一定是努力规避而非寻求的职

责,亚历山大里亚的居民庆贺自己这方面义务全免。被授予的将军之职——或更准确地说被强加的——任期三年,实际上成为一名"执事"(如州长之职)。

另一个重要人物在需要时发挥临时将领作用而不冒过多风险,那就是抄胥长,被称为"βασιλικογραμματεύς"[45],甚至在罗马人统治下依然如此称呼。他监管抄胥团,是与将军任期相等的秘书长,担任税收计划和土地登记的保管人,必须向将军提供所有必要信息。

两者都居住在"大城市",尽管我们不晓得他们住在哪个"大城市"、何时负责数个州。埃及"大城市"是一个令人吃惊的混合体,是原创类型的城镇,其他地方没有与此相似的。[46]尽管其像村庄一样被剥夺了司法权,实际上却有德莫(δῆμοσ),在我们所不知道的条件和范畴之内,即与希腊化埃及人杂居的希腊人的核心区。隔上很长一段时间,或不定期地间隔一段时间,德莫必须开会向驾临这里的皇帝或要员致敬。它有一批职业官员,却是城镇而非中央的代表,作为城镇代表与中央长期沟通。[47]一些罗马人被授予这些大城市的官职,从这些官职中获取物质利益,甚至不如当地人服从中央,有些长官的来信要求他们遵守将军的命令。

公务长(κοινὸν τῶν ἀρχόντων)的职责是固定的,包括:(1)一位顾问(ἐξηγητής),监督青年(ephebi)名单的拟定,作为年轻人的监护人,并防止公民的称号被盗用;(2)一位安排者(κοσμητής),组织赛会和公共节日;(3)一位市政官(ἀγορανόμος),监管市场,订立买卖双方的合约,后来成为登记私人事务的办事处的领导;(4)一位审核(εὐθηνιάρχης或ἐπὶ τῆς εὐθυνίας),负责粮食供应,经由他的指导,粮食以低价出卖,甚至免费施与穷人;(5)其中最重要的是健身长[48];且不提我们除了名字外别无所知的各种托管制度和官职。

最后这一官衔由一些家族垄断,甚至到了授给妇女儿童的程度,于是本地贵族产生,尽管投入不菲,却仍渴望被接纳为贵族。入职时要举行庄严仪式,仪式中健身长在大庭广众之下由将军授予头冠,在亚历山大里亚他穿φαικάσια或白鞋而与众不同! 他指挥体育场的训练和赛事,在许多训练有素的助手的帮助下管理机构,并偿付开支,负责油和油膏的供应、浴场的维护和供热、附属建筑和池塘(piscinae)的照明。根据一些文献的记载,花费一定很大程度上落在他肩上,尽管这些职责有时由执政官分担。也有为此目的接受捐助的证据,捐赠者可能就是

190

我们所知被描述为终身健身长的那些人。同样,健身长的所有财产也依赖于管理费用。

无疑,有了一所体育场才将"大城市"升至其他人口众多的村庄之上。但州的首府也是经济中心。商队途经这里,这有本地市集,将军或其代表在那里管理司法,结果是许多诉讼当事人和律师蜂拥而至。"大城市"有帝国银行、公共谷仓、会计办公室和文件档案。最后,民众前来举行希腊或埃及的宗教节日,这些节日在每个州更加隆重,因为那里不举行行省的祭仪。

至于位居"大城市"之上的城市[49],我们无法绘制其概貌。简单的村庄仍旧贫困,比在大城镇进行挖掘提供了更多可挖掘的地点,大城镇现在再次覆以重要建筑。然而需要注意的是,如果城市与各州的"大城市"相比,趋近于通常的希腊类型,那么它仍保留着一些突出特征。法老对市政制度一无所知。托勒密王朝引入了马其顿精神,那不是希腊固有的精神。这就是该制度极为罕见并且罗马人根本没有进一步扩充的主要原因。还有可能罗马人在城市制度上做了一些革新,但仅有一小部分根据公元前1世纪到公元1世纪的莎草纸得以复原,于是我们罕有机会去了解改革的进程。

与"大城市"相反,城市的统治实际上是统一的,有各自的许可证,但似乎许可证彼此越来越相似。城市中没有民众大会,"公民大会"(ἐκκλησία)一词在莎草纸词汇中见所未见。在国王统治下,只有一个议事会(βουλή),这显然是贵族机构,我们往往认为它在瑙克拉提斯在罗马人统治下大体上仍然予以保留,也许是因为该城从亚历山大时代开始不断衰落。托勒密城有没有议事会我们不得而知,由哈德良所建的安提诺[50],或更准确地说,为统一许多分散的希腊人而升至城邦地位的安提诺,可以放心地被授以这一恩惠,因为城中不存在公共精神。但有300年历史的亚历山大里亚有成分复杂的众多人口,总是很快发生骚乱,还嘲笑统治者,当然它在帝国初期失去了议事会,徒劳地试图从克劳狄那里重新获得,克劳狄的回答模棱两可。[51]所以,因为议事会在其他城市充当审议会议并选举领导者(ἄρχοντες),我们会设想亚历山大里亚的管理模仿了"大城市"的管理。这个问题仍不涉及城中的希腊人,市民(ἀστοί)群体可能由曾具有全部希腊公民权但没有政治权利的半公民组成,我们却不清楚他们的地位如何。

一座才刚由希腊统治的恢弘城市,艺术和研究中心,希腊化在那里呈现新形式并得到最后的装饰[52],当转由种族和语言上都是外国人的新主人统治时,这座伟大首都没有一丝改变吗?罗马人确实保存了其博物馆,斯特拉波仍有提及[53],学者们在这里可以获得食宿和对其作品的赞美,但古老建制的精神一去不返,从此以后这里仅是为才华中平的学者们提供庇护,他们行动独立,在城外的私学中教书。这座城市在面积上没有大幅增加,因为它一面被利比亚沙漠包围,另一面被尼罗河的浅湖包围。我们一定总是把该城描绘为在主要街区有套间出租的高楼。该城一定保留着两条主道、四面门(Tetrapylon),此处两路交叉,有热闹的市场、供马车通行的宽阔街道、繁忙一时的码头,码头的精确位置是个未解的问题。我们也比较熟悉其界墙的边界,15千米长,由哈德良和安敦尼重建;卡拉卡拉似乎在第一道城墙之内建造了第二道,第一道城墙被奥莱利安摧毁。继起义而起的3世纪灾难尤其影响了拉科提斯(Rhakotis)附近的贫困地区,即原埃及区,对该城另一端的布鲁切昂(Brucheion)的包围所造成的破坏一定少得多。尽管如此,不断重建会改变城市的市容;罗马时代红色的烧制砖代替了晒干的灰泥,追求奢华会增加石料的使用,石料起初只用于公共建筑和城市富豪的门厅。最后,士兵从卡拉卡拉限定的郊区潮涌般返回,几乎散布到各地。

这座城挖掘出的莎草纸极为罕见,使得我们无法获知有关亚历山大人口的信息。在奥古斯都时代似乎有30万自由人居住。这意指男子还是所有人,各类希腊人还是仅全权公民?甚至以最狭义而言,这座当时世界第二大城的居民一定近100万。要不是因为该城濒临大海,居民习惯在露天生活,在房顶过夜,极为稠密的人口注定带来肮脏不堪的卫生环境。

192

房宅[54]以极小块出租;房宅更多的二线城镇依旧过于拥挤;阿尔西诺厄一栋房屋的1/10容下27人。然而,在这些房屋群的中央时常发现有方形庭院,让人们透透气,家具少,不会阻挡。这些宽敞空间里有宠物——孔雀、鸟、狗、猫,甚至猴子——在人们中间嬉戏。房屋没被商业侵蚀,没有货物储藏间,新鲜商品常从摊贩和小店中购得。

街头斗殴和谋杀频发,这在难以监管的偏远地带易于理解。但激情被快速引燃,暴徒快速聚集。诽谤与控告、地方性的恶行,有助于政府查出瞒骗财政的行为。帮会组织晚间闹事并谋划犯罪活动。

可以想见这座双面城市的浮华富丽,财富之源的活力屈从于纵乐。自希腊时期以来,外部装潢由华丽材料建成,而希腊式的审美会使某种简洁风格盛行;罗马人统治时,被东方的奢靡领入歧途,我们发现各种风格掺杂一处,有阔边装饰带、繁复的雕刻装饰,这是圣克莱门特(St.Clement)会气愤并猛烈抨击的。同样的影响作用于传统节日,体育场的运动加入了角斗士的血腥拼杀和赛马竞技,赛马场各派在猖獗于拜占庭之前将把这座城市撕得粉碎。

我们对埃及其他地方的生活表象知之甚少。在特拜,埃及人尤其众多,那些不在安提诺奥波利斯会集的希腊人多半住在托勒密,据一段铭文记载[55],托勒密也许是共同体中心。可以证明[56]这个小中心活力持久,在充满敌意的环境中存续到后期。这一地区孕育了学者。在底比斯,希腊书籍直到 5 世纪仍有人阅读。阿芙洛狄托城(Aphrodito)的一个希腊人拥有约八个世纪前的作家米南德的新版作品。

在由士兵殖民的法雍地区,城市很少见,罗马政府在此没有沿用托勒密时期的土地分配制度;而从前的克罗克狄洛波利斯,即阿尔西诺厄,没有萧条,实则在帝国治下达到鼎盛,琳琅满目的商品汇聚于此,输水工程为热水浴池、人造喷泉和水池供以充足水源。街道和建筑的取名也见证了该城得到的宽容对待。尽管一直努力把最早殖民者的后代、色雷斯人、马其顿人、色萨利人、密细亚人和埃托利亚人融合一起,并在此地方便退伍士兵分得地产,帝国的一份莎草纸却记录了在法雍安家立业的希腊男子和女子不超过 6 475 名。

官员(ἀρχαί)和"执事"[57]再次出现在埃及,我们按照惯例设想他们有不同。像其他地方一样,因为术语失去了严格的语义,经现行语言不当表达的自然发展,对财产的负担增加了其他职责。健身长成为官员,实际却要负担一名执事的开销。我们已经提到的那些人免于承担这一开销:运动员、艺术家、各类"知识分子",但显然不包含祭司。因为执事被强加给富有者,出身(origo)不是问题。那些应召任职的人构成了富裕者(εὔποροι)等级,根据文本,该等级极具灵活性,因为所要求的财产数额依赖于用场和职位的重要程度。这一制度的强大灵活性使得一个职务由一人担当或根据实际情况由几人兼领成为可能,还有可能批准完全和最终免于承担,例如因为年龄,可能对老兵有五年期临时豁免;最后,可能在埃及四个城市之间存在差异:哈德良允许居住在自己城镇之外的安提诺人民免任该职,至于亚历山大里亚[58],有关这方面的文本似乎存在矛盾。罗马人当然

193

被豁免,除非为了做出上佳表现而主动担当。

以家产而被固着在一个村里的所有人($oἱ\ ἀπὸ\ τῆς\ κώμης$)被要求每年就空缺的执事之职拟定候选人名单,候选人或自愿或根据财产多寡由官方征召。他们可向上级部门申请免于征召,但"村民"自觉履行,因为他们为个人的表现共同负责。同样的做法在大城市亦有发现,但这一职责落在执政官肩上。所拟定的名单是暂时性的,人数多于候选人的必要人数,当地抄胥要根据皇帝本人的规定进行筛选,保留一些名字并记录其收入。之后把建议经将军转达给埃皮斯特拉泰吉,后者抽签选出规定人数的名字,并宣布信函内的结果,信件立刻在相关各地公布。

流程起初如此,后经改革变动,将臣民包括在内,由塞普提米乌斯·塞维鲁做出,也许在199—200年他走访埃及之后。[59]《帝王史》(*Historia Augusta*)[60]对亚历山大里亚的叙述经证实也适用于几座"大城市",也许真实描述了所有"大城市":获得某种自治,没有民众会议,有议事会,直到12年后卡拉卡拉授予希腊人居住的所有埃及城镇以城市之名——它们自鸣得意。鉴于长官和将军继续运用管理手段,那确是虚假的自由。蒙森[61]所认为的意欲损害安条克居民,难以解释这些后设立的议事会。莎草纸学家正确地看到塞维鲁的决定背后隐藏的财政考虑,塞维鲁的决定是一次勇敢尝试,助长了反抗精神。之前管理城市财政的执政官团人数不过5到10人,所有富有公民的共同责任更尽人意。显然成员人数多得多的议事会从他们中抽调,执事候选人后来由议事会批准任命,除省级执事之外,抽签选举不再适用。这个会议实际上取代了执政官,甚至受托处理国家事务,因为与将军协同管理。最终,所有居民不论出身,在城镇中全部负有责任。作为村镇代言人的抄胥和长老团($oἱ\ πρεσβύτεροι\ κώμης$)消失了。

这样一来,在这些改革中只有自由的表征。"大城市"现在与道德人士同级,当下分工更明确的各办公部门的组织性消除了自托勒密时代以来损蚀其组织性的无序。

防御手段

尽管罗马驻埃及军队偶尔派出几支远征军,其基本职责却是保证居民顺服和原地待命。唯一的外敌——尼罗河上游的埃塞俄比亚人,一开始曾被掌控,除3世纪末的乱世外不曾顾虑。人数不多的军队驻扎在菲莱岛对面的赛伊尼,监视附近地区的活动。除了大起义时不得不外招分遣队,这支军队人数从未超过18 000人,2世纪时缩减为13 000人。其任务是维持常受游牧民威胁的大河道与红海交通的安全,这多少解释了驻兵的位置,也解释了军队的组成。

195　　　第三昔兰尼加军团(III Cyrenaica)和第二十德尤塔鲁斯军团两支军团在克劳狄统治时期在亚历山大里亚城前会师,这座大城需要最强监控,尽管仅由东方人组成的军队不被看作精锐之师。仅这两支军团有骑士等级的官员,这在其他地方闻所未闻;指挥官当然不可能是元老,埃及长官都不是元老。每支军团原有军团长官(praefectus legionis)一名,以及一名军营长官(praefectus castrorum)。根据一个合理的理论[62],当军队移兵尼科波利斯时,军营长官增补为军团长官。两军团在任何情况下都有自己的中心和军需库,但必须遣分队于三角洲各据点,出名的有巴比伦的战略据点,在老开罗的位置上,注定某天因拜占庭的壕沟(φοσσᾶτον)而重见天日,佛斯塔特(Fostat)的阿拉伯居住区即据此得名。

　　除去这两支军团,轻装兵和骑兵主要为雇佣兵,因为必须考虑在平坦地区由灵活机动的小股军队进行战斗。[63]这些军队驻扎在沿蜿蜒河道延伸的道路两旁,另有沙漠边缘的一些观察点。可以确凿无疑地寻查到主要兵站:作为阿拉伯贸易[64]主要商路交汇地的科普托斯,还有古代法老的首都、已穷困衰微的底比斯,但也许傲视外邦人的圣城的古老精神依然存在。矿山和采石场附近地区,尤其是开采赛伊尼红色花岗岩的那些地方,增强了南部据点的重要性,军队在此驻防,甚至参加劳动。[65]在埃及如在其他地方一样,士兵的闲暇时间献给了公共工程,如尼罗河、海港和道路的建设。同样的劳动一定也建立起了小要塞,其遗迹和地基在利比亚绿洲仍有发现。军队可能帮助修建汲水池(ὑδρεύματα),在水源地、水井和水池建有防御工事,沿线是尼罗河与红海间的道路。[66]许多要塞位于南部地区,由"贝列尼凯长官"督管,后者的名称来自卸货的港口。这些稀奇建筑的遗迹已被发现,像如今的"客栈"一样呈长方形,环绕内部庭院有多个房间待客,在庭院中央或一角挖有水池(lakkos)。

　　在此不便详叙[67]目前已清楚了解的东方道路系统,这些道路从尼罗河延伸至隐居者(Troglodytes)地带,士兵对其洞穴加以利用。道路极为坚固,

以承载在科普托斯的关税中提到的马车,但大多由骆驼驮物,如为维持侍卫 196
(ἐρημοφύλακες,商队的护送队)而征收的关税所证明的,留一张称作骆驼票
(σύμβολον καμήλων)的收据为凭。这些牲畜也充当军队的替换坐骑,每年进行统
计以备征用,有时租用,有时也从主人那里买得。

　　我们从铭文和文献中了解到其他地区的军队,有莎草纸文献的帮助,我们可
以更加深入地了解到征兵、内部生活和相关私法问题的细节。此外,军队在埃及
具有十分鲜明的特征。

　　帝国之内,唯有这片土地的居民免服兵役:罗马政府因前辈得埃及属民之助
打赢拉菲亚(Raphia)之战的经历而获益,此后却感到埃及人越来越不驯服。在
我们唯一知情的一件事中,一些农民参军对抗在尼罗河谷一直被仇视的犹太人,
但这些农民败北,那是不再沿用试行办法的又一原因。职业军起初主要由安纳
托利亚的山民、弗里吉亚人和伽拉提亚人构成,他们被优先派遣到像阿非利加这
样的非希腊语国家,但从 1 世纪初开始,征兵日益本地化。

　　所以埃及士兵成了希腊人,也许有极少数的罗马人和免丁税的人增补。他
们的个人地位由决定(ἐπίκρισις)确定,每年都由长官或其代理人监督并由级别
至少与决定者(ἐπικρινόμενοι)相当的代表经手。根据最新研究显示[68],他们兼
具军事和财政职能。原则上士兵在加入军团时,若在辅助军中服役,则在退伍当
日得到罗马公民权,但有证据表明从 2 世纪初开始,骑兵支队(alae)和步兵大队
里均是罗马公民。如此一来,埃及的军团兵和辅助兵间的政治和社会差别比其
他地方更快地被废除了,所有入伍士兵地位等同。

　　另一方面,从奥古斯都时代起军团有了"少年军"(ex castris, castrenses),也
借此继承传统和展望未来。托勒密王朝的土地分配制度、世代服役前提下由士
兵所在家族继承土地的制度,帝国政府未予保留,但某些部分留存在新形式里,
包括边境的边防部队和士兵劳力的组织。

　　有关士兵日常生活的埃及文件内容丰富。[69]各类现役士兵一律禁止结婚, 197
至少直到塞普提米乌斯·塞维鲁统治时期情况如此,但他们有意通过与自由人
女子或奴隶同居以达到合法结合之实来逃避法律制裁。遇到分手或服役中阵亡
的情形,妻子和子女会突然变得穷困潦倒。当地法律容许靠伪造借款或押金进
行财富交易,因此士兵言称自己向妻子借钱,涉及借款或押金,而她有权要求偿

还。在上述两种情形下提出还款要求时,官方同意真正的嫁妆以这一造假方式为掩盖,但出于征兵的考虑,也不总是执行还款要求。

官方急于提前得到入伍兵员。军团兵的孩子按民法(ex jure civili)为私生子,不能得到罗马公民权,辅助兵的孩子是对叛乱的惩罚性措施带来的,却按万民法(ex jure gentium)是合法的。父亲在退役时成为罗马公民,儿子同时成为士兵,于是次一级军队有了特权。从约145年起,除非主动参军,罗马公民权不得授予在辅助兵父亲服役期间所生子,这是政府鼓励自愿参军的做法。在缺少罗马权利的情形下,他们也荣耀地获得了希腊公民权;在安提诺城,许多人获得了这一地位。

警察职能[70]主要由军队承担,但不具排他性。有本地军队和专为此目的设立的官员,他们的性质从未得到清晰界定。细说来,我们大略了解托勒密王朝在亚历山大里亚设立的“夜岗主事”,斯特拉波提到过。“大城市”有同样的岗位,这无疑是偶然现象,以我们手头的资料,直到伽利埃努斯统治时期才能察明这件事。任何情况下,若奥古斯都以自己的形象在罗马创立警卫长(praefectus vigilum)为真,那么这个官职在亚历山大里亚的地位一定头等重要。我们很难设想他没有得到也见于其他行省的夜防团(νυκτοφύλακες)或莎草纸中提到其配给或工资(ὀψώνιον)的那些卫兵(φύλακες)的支持。

除了大的人口中心,警备措施大多在城镇之外执行,为此所有公民被要求必要时协助当局。一项特别任务当然交付给巡山警卫(ὀρεοφύλακες),其管区在嫌犯藏匿并帮助他们摆脱追捕的多山地区。有时全称表明了监管地区,去往绿洲的巡山警卫(ὀρεοφύλακες ὁδοῦ Ὀάσεως)为护卫从尼罗河西行的商旅调拨警力,其他人在帝国疆域内维持秩序。警察显然得益于国家驿递系统。[71]这一领域分工明细:有卫兵分别守护农田(ἀγροφύλαξ, πεδιοφύλαξ)、葡萄园(φύλαξ ἀμπελωνῶν)、水利设施(αἰγιαλοφύλαξ)、码头(ὁρμοφύλαξ)、防护塔(μαγδωλοφύλαξ)、城门(πυλωνοφύλαξ),面面俱到。

在小城镇里,警卫(ἀρχέφοδος)之职交给执事的代表,也因此交给一个有钱人——也许贪赃枉法的可能性最小。警卫保护金库的各级雇员,雇员一定不受有负担的纳税人欢迎,还负责公布长官告示,抓捕罪犯,甚至在负责地区进行犯罪案件的初审。他没有正式的判决权,但有时当少数案子十万火急时,诉讼当事人乐意交他审理,而不愿按常规程序负担所有费用与不便。他的上级是东方行省的常设维和官,是州政府中的执事级国家官员,官衔后来失去了意义,被下级的警卫取代。也是在拜占庭时期,整肃者(ριπάριος)出现在各城市中。

最后我们必须提一下税收,文献不足以对之准确定义,但其多种多样,由东海岸与尼罗河之间沙漠地带的关税官员(原从阿拉伯人中招募)的领导阿拉伯长官负责。

内地的警戒无论如何从哈德良时代有了亚历山大的奥古斯都舰队(classis Augusta Alexandrina)[72]相助,有为此建造的平底驳船,类似于现代的三角帆客船(dahabeeyah),尼科波利斯的军团为这支河上舰队提供人员。至于地中海中队,闻名的托勒密舰队一定成为了其精锐,因为并非所有战船都在对抗屋大维的决战中沉没,那也许是1世纪中期之前我们唯一没提的一次。该舰队守卫三角洲,甚至向西执行任务,直到新利比亚舰队(classis nova Libyca)创立,后者出现在康茂德统治时期,一定在昔兰尼加海岸设有基地。亚历山大里亚和叙利亚舰船可能同时聚集在远至西面毛里塔尼亚的港口。因为海盗从未彻底消停,我们料想来自亚历山大的船只远航护送运至意大利的谷物。

司法管理

这是最重要的职能,所有的罗马代理人都被赋予此项责任。长官在亚历山大里亚设有特别法庭,他在那里有来自大城市的代表的协助。此外,在理论上,他在全埃及巡回办案,但实际上由埃皮斯特拉泰吉主持巡回法庭,每位有自己的管区,仿佛每位将军在自己的州所为,后者行事更频繁,也许一月一次,尽管法律上说来只是这些活动的代表。

不仅如此,有许多相似和相抵的司法权令我们讶异。除了普通行政官,对根据文献所述的亚历山大里亚法官[73]或埃及法官(δικαιοδότης Αἰγύπτου καὶ Ἀλεξανδρείας)有什么需要?埃及各地的当事人向谁的特别法庭提起诉讼?仅有一名还是多名法官?为何又有了一个小法官(ἀρχιδικαστής),即托勒密王朝时期金融家特别法庭的领导,该法庭的废除在逻辑上也意味着其主席被废?这

199

位要员长期坐镇亚历山大里亚，无疑仅受理民事案件，同时保管档案，可获得与每个案件相关的法律文件。他的司法权也扩展到整个行省，特别法庭的这一优势难以理解，也许某些补充文件将向我们说明如何区分这些部门。法官和小法官属于骑士等级，所有这些法官都是地位显赫的人物。在重大案件中，希腊人一定愿意求助于将军所拥有的决定权，后者与他们是同胞，也容易见到；而在小案子中，贫困农民求助于警官，简便易行，后者不会有复杂程序的麻烦事，且能更好地体谅这些人的想法，这要归功于日常接触。在此我们武断地认为，这一定在实践中达到完美的结果。

经济资源

埃及物华天宝，必要时能不赖进口提供一切必需品以满足当地需求和喜好。民生产业的商品大多出口。希腊征服已为商品打开了更大的海外市场，罗马人在这一领域没有改变。[74]他们偏爱向埃及输入亚洲产品——象牙、香料等，途经安宁的红海，这从航海日志可以获悉，后者在亚历山大里亚最后成书，以《航海志》（*Periplus*）为名流传后世。

尼罗河谷的大宗商品是谷物。尼罗河为运输提供了理想通道，运粮驳船溯河而上，卸货完毕，船只借北风顺利返航，沿岸道路专门用于军用目的。其他船只可以把名贵商品运往奥斯提亚（Ostia）和普特奥利（Puteoli），后期则运往君士坦丁堡。大麦生长茂盛，用于造酒（ζῦθος），那是普通人的国民饮品。葡萄树生机勃勃，还有椰枣树及各种蔬菜，尤其是野豌豆、大豆和小扁豆，连同一些榨油作物，当地人用其来榨油，以减少价格高昂的橄榄油进口。另一重要且价高的产品是亚麻，和我们的棉花地位相当。纺织业吸纳了大量就业，布料和裹尸布由亚麻制成，埃及生长的植物种类最为齐全。也只有在埃及才出产莎草纸叶，莎草纸叶在罗马世界广为使用。玻璃制造业生产出许多出口器物，玻璃在国王时代为奢侈品，但在发明吹玻璃工艺后变得普通。至于当地人的日常生活，陶工在亚历山大里亚和欧洲继续用更简陋的原料进行制作，那里的贵金属工艺尽管需求很少，但没有失传。

商铺和工场里的手工业多集中于乡镇,胜过大城市,我们掌握的关于本地贸易的资料要少于农业方法的资料,这归因于土壤肥沃,人们可以保留基本的农耕方式,实际上直到现代仍未改变。尼罗河的定期泛滥,但有广布的大大小小的运河网保证安全,将河水分流;运河两旁围以堤坝,以防止河水溢流,并保护相连的道路。莎草纸中提及的"建筑师"指的是建起堤坝、负责维护修缮、在各处堤坝间建桥梁、开掘水闸以最大限度泄洪的人。在最后几位托勒密当政的动乱时期,堤坝维护工作废弛,从奥古斯都时期起却进行了大规模修缮,罗马当局从未放松监管。罗马人没做革新,但十分明智地防止重要的防洪措施疏于监管。

土地制度

据说早在法老时期,还有托勒密王朝时期,罗马此后接管,把土地分为三部分:领地、祭司地和私有地。[75]

王室土地(γῆ βασιλική)在帝国时期沿用这个名称,由之前的托勒密王朝和后继的诸位皇帝的领地组成,另有增加,我们后面将有机会提到。圣地(ἱερὰ γῆ)属于神庙,在名义上保有地产,面积很大,但皇帝们不如法老或是托勒密国王那样关心圣地。皇帝们懂得如何充分利用神圣之名,在神庙中另一位神身旁确立自己的位置,又不必照管领地,以至于圣地的耕作者不久便被称为"公有地耕作者"(δημόσιοι γεωργοί),像皇室领地的耕作者一样,这两部分合二为一。私有权似乎有了发展,但极其复杂,神秘的专有名词让我们对其发展过程不得要领。有些专有名词有赠礼和份地的意思,我们将其看作皇帝的封赐或酬付官员的方式。

王室土地由于没收土地而增加,以惩罚为理由或幌子没收土地,这些新地产由一名专设官员(ἰδιόλογος)控制,有赖于发现的一份2世纪极为重要的莎草纸,我们可以了解这一官员的工作。[76]然而这些被没收土地的一部分,不知到底有多少,以公有地(δημοσία γῆ)之名构成了一个独立部分,由财政官(dioecetes)控制。除了对土地的总体控制,两类土地同样都由付实物地租的农夫(βασιλικοὶ或δημόσιοι γεωργοί)耕种。称为"份地"的有编号的土地以拍卖方式出租,耕作方式在租约中事先定下,很难猜想这些租约的详细规定。份地不同于播种小麦或大

201

麦的大规模耕种的土地,不同于种植葡萄、油籽或棕榈树的土地,不同于花园(菜园)、天然或人工的草场,不同于每三年休耕一年以养护土壤的土地及建筑用地。

给予农夫指导是根据长老会(πρεσβύτεροι)和村官之间的协议。租金数额根据租户的素质而不同,有些租户更有效率,也根据地块的价值而不同。在由书吏制定的不可变更且十分详细的公文里,良田和瘠土之间有明确区分,良田按固定或可变税率收税,瘠土为天然形成,因堤坝或小径而成。维持固定租金额是洪水带来的结果[77],因为有些地区由于地势高或者距运河远,无法从洪水受益,其他土地则仅覆盖着灌木、沙土或盐土层,沼泽是唯一适合莎草纸生长的土地。与慢慢干燥的土地相反的是那些洪水没有退去的土地,或退去太晚、不能一年收获两季的土地。这类份地,命运未卜,租约内容经常改变;位于高处靠人工灌溉的份地,则在租约中说明。因意外歉收而申请改约可以接受,但要经过调查。

租金根据调查在理论上固定为每阿卢拉(arura,略多于 1/4 公顷)收取多少阿特巴(artabae,约 30 升)。就长租而言,份地基本上世代继承,甚至可分租出去或由农民社团共有,但后者总要冒财政当局贪婪地随意取消契约的风险,如果当局已经得到或期望得到更高税额的话。不过有誓言约束,集体对整个村子的债务负责,如果有缴税义务的农民违约,统治官员会抽签选出一些村民,把应缴税金分摊到他们头上,因为整个村子都有责任交税。长官亚历山大同意免除妇女的缴税义务,祭司也免于此项义务,再者是受地公民和"catoechs",我们可以假设两者没有差别,同是托勒密王朝古老屯兵的后裔,若动员令下达,则必须服兵役,全因为他们保有土地。他们中一些人被征调,余者一定成了土地所有者,份地总以第一位所有人的名字命名,在金库同意下可转让,金库常怕被欺骗。

私人土地需纳税,就像国有土地上的农场一样,必须在财产书记处(βιβλιοθήκη ἐγκτήσεων)有记录,是设在州首府的登记处,个人间的契约和不动产产权证保存在那里。当然必须知道每个人财产的价值,便于执事分派。不经登记处同意,土地不得买卖,以保证不动产不出状况。许多莎草纸都提到这些登记处:各地档案独立保存,各地财产条目分开存放,例如土地和房屋,各类财产以字母为序列出所有人名单,便于区分的标签,每五年改动一次,归纳出每份文件的内容。我们不清楚戴克里先时期之后这一登记处的发展,也许是所有权大规模发展的缘故。不过私人土地[78]仍分别通过州和村的土地登记簿来控制,登记簿由书吏保存,用于编订亚历山大里亚土地调查的主要登记簿。所有权按照上文说明的差别仔细分类,并根据每年检查员巡视之后所做的修改进行更新。

如此一来,个人所有权受到严格监管,也被无情征税,通常以每阿卢拉1阿特巴小麦的税率征收;只有归国家所有的贫瘠土地上的购田者,两年不交该税,土地由长官按固定价格卖给他们。一些宜作葡萄园或花园的土地被出售,写明条件称土地应作此用。并非所有土地都可私有。国家保留对水道和湖泊(出租捕鱼权)、矿山和采石场的地下财富,也许还有盐井的所有权。硝石中的矿物碱在各产业中用途很大,尤其用于尸体防腐和木乃伊敷裹。

税收与财政[79]

一个受剥削的国家,以该词最完整和最阴暗的意义来说,埃及向主人接连缴 203 纳的税收数额惊人,上缴罗马人的绝不少于上缴前任统治者的。每个官员也是协助管理财政的代理人或通报者。纳税人如何忍受重负却没被重负压垮引起我们的好奇。

额外的负担通过被要求填写的声明书强加给纳税人。有产家庭的家长送交当局一份居住登记(ἀπογραφή κατ' ὀικίαν),描述房屋,报告家庭人数、奴隶和房客,落款有他的签名和诚实保证。每14年重复一次,因为14岁是有义务缴丁税的起征年龄。这两件事之间的联系不太清晰,因为每个人的年龄在声明书中均有记录,连同他的体貌特征,甚至包括看不见的身体缺陷,事关纳税和服兵役的职业和地位。登记表(ἀπογραφή)一式几份[80],交给多位代表,连同曾变更住址的签字人从前登记的办事处地址。出生和死亡声明使这份重要的民事地位文件更完整。

除对人的详细记录,还有对财产的记录,以其他登记表(声明书)为根据,尽管我们仍不确知填写这些中间间隔多久。[81]就迁移者而言,他们是很难掌控的特殊人群,大概填写登记更加频繁;就非迁移者而言,土地簿上有这些记录,尽管日积月累的变化使之混淆。之后长官要求对这个国家各地的全部迁移者有一份总登记表,这只是间隔很久才做的核查,因为任何所有权变更都在交易的六个月内由购买者提出声明,连同居住者的抵押和债权人的名字。

税收估算势必要责任分摊。埃及征税总额由罗马制定,长官确保征收,在一群训练有素的财税使(ἐπίτροποι)和专家的帮助下制定每人需缴税额,后者驻于亚历山大里亚(无疑是为把棘手事务以最快的速度交给上级),每位都为所负责的州拟定待缴税收和待征个人的清单,每人应缴数额随后通过除开总额得到。名单(不止一份流传下来)分给各位收税人,仅包含一地纳税人的名单为每个登记处拟定出来。这两类名单的副本保存在亚历山大里亚的中央档案库里。收据大多刻写在陶片上,海量陶片(ostraka)[82]在埃及被挖掘出来,为我们提供了一些宝贵信息。

所有人均需纳税(ἐπικεφάλαιον),可追溯到罗马占领的最早时候,如我们所见的高等级除外,包括罗马人、亚历山大里亚的公民和受地公民的后裔,其他年龄在 14 岁(女子 12 岁)至 65 岁的所有人均需纳税,总税额甚至各地区都有不同。一种丁税也根据所有者的申报对奴隶和家畜征收,即牛、驴、骆驼、绵羊和猪。土地税大体固定,但产量被考虑在内,因此我们发现税额根据收获多少有增有减。有建房的土地需征税,加入地租里。

奴隶按一头牲口来征税,如果从事经营则按一名工匠来征税,但这种被所有商人要求的许可无疑由从其工作中获利的主人买来。这一工税(χειρωνάξιον,在埃及之外称为"金银税"[chrysargyron])按该职业保持不变的工资按月征缴,但奢侈品贸易税收更高。财务法把靠行医维生的祭司看作生意人[83];许多圣职被国家出售,国家要求就职要再付钱,并要在各种"额外收入"中分红,如祭坛税,是对被断定毫无瑕疵的牺牲身上的盖章所缴的税,凡此种种。在所有获许可的人中,几乎很少有人像祭司这样受到严苛对待的。

国家要求的总税额为净利润,除去管理开支,因为地主为土地调查付税,给予许多代理人的津贴(ὀψώνιον)是进一步摊派的借口。国家以同样方式付给医生、律师和警官工资,提供猎捕河马的工具,弥补办公和市场的开支,支付保卫尼罗河的费用,其他暂且不论。

与摊派到富有阶级头上的执事相反,罗马法为建造和修固堤坝和运河发明了脏活(sordidum munus)或法定劳动。堤坝和运河需要经常维护,以免逐渐损蚀,阻止洪水泛滥带来如常的结果。除了帝国官员和亚历山大里亚人,每个人都需服劳役;特权等级通过付税免服劳役,也想这么做的本地人不止一个,因为工匠发现工作过于繁重。但政府在寻找劳动力中遇到困难,所以276年的财政官将如下意见送交给将军:"别让任何人有借口以钱抵劳。"

除了有如此负担,私人产业还不得不与少受拖累的国有产业竞争。国家生产香水和在埃及消费的大量芝麻油,皇帝们有自己的出版社、建材场和工场,也许从元首制时代就拥有亚麻布厂和莎草纸工厂。[84]如果垄断扩展到啤酒业确有其事,那么国家不仅密切关注出口商品,而且关注对人民生活至关重要的商品。生活支出[85]因为关税和港口税、通行费和城镇税而进一步增加,尽管后者的确为共同体带来了一些好处。男人必须付通行费,哪怕使用自己的交通工具,还要另付从陆上或水上运输商品的费用,通行费根据所使用的牲畜和使用者的地位而不同。交通业因为政府的船只免税而大受影响。现代国家对商业性高速公路收费,但国家出资兴建,或者至少由国家来维护。埃及—罗马国家通过仅由农夫的体力来维护道路以获取利润。

考虑到现代的实际情况,我们对就契约、买卖、馈赠和继承征税不感吃惊。释奴税(vicesima)几乎不会烦扰到尼罗河谷的人,因为那里奴隶数量不多,主要用于家内劳动。

最糟糕的也许是偶征税——使人更反感的附加税,因为会像自愿捐赠的样子出现。王冠税(οτέφανοs)可以追溯到王国时代,是在一些特殊情况下为购买献给政府的礼物所做的捐赠。在皇帝统治之下,这一金冠税(χρυσòs στεφανικόs,aurum coronarium)的征收变得更为寻常,每年甚至每月征收,但其中一些因自觉缴纳而停收。另一项非常税是为竖立或复建主要立于神庙内的皇帝雕像而交纳的。另外,公粮沉重地压在有义务提供的人肩上(尽管我们还不清楚这些人到底是谁),无论其目的是供应亚历山大里亚或罗马,还是配送军队——谷物、蔬菜、葡萄酒和草料都包括在内,且不说货币捐税。皇帝很少巡视埃及[86],但总督出于职责,巡访这块土地。他并非单独一人出行,有一整队人员陪同,征用住所、食物、马匹和驮畜。不止一位长官试图限制这一滥用职权的做法:佩特洛尼乌斯·玛麦尔提努斯(Petronius Mamertinus)在图拉真时代教导士兵和市民要表现谦卑,以免受严刑之苦。[87]当一位皇帝有机会亲自视察时,剥削无处不在:需要紧急为他建造一所宅邸,如果当地没有合适的房子,则动用劳力建造。在阿尔西诺

205

206 厄,一支排场奢华的护卫队陪同皇帝去往朱庇特·卡皮托利努斯神庙。给予一些好处、批准几项请愿并不是对大规模掠夺地方的额外补偿。

帝国政府无论如何不愿因征税方式而恶化税收负担。农耕,在托勒密统治时期曾为常规制度,除间接税外不再征税。政府不承认大肆掠夺,因为契约仅涵盖单个州,有时是单个村庄,但甚至在这些区块之内,农耕几乎总是由一个社团从事,尽管为了简化程序,后者由一人来代表。常设机构和专门调查员进行监管,以防农民欺诈。为征收直接税而设立了一名执事,对担任者而言当然不是美差,该职位似乎延长了几年,上任时把收税人(πράκτωρ)放在与他相识的村镇居民的独一无二的关系上。他不得不听许多人诉苦,却不能受之影响。收税人从所有希腊—埃及人中选出,各类税收收据按规定转交给长老会或村子的长者。在塞普提米乌斯·塞维鲁之后,在每个"大都市"转为由议事会收税,为此目的任命执事代表(δεκάπρωτοι),每个小国有两人负责。

经过一番极为复杂的程序,税赋入账,我们对此的了解仅来自莎草纸。[88]支付的现金流入像银行一样的国家金库,得名"银行"(τράπεζαι),被称为"国税"(δημόσιαι)或"王税"(βασιλικαί),是因为所有这些税赋都属于皇室收入。每个"大都市"有一个金库;税官和农民把现金带到金库,连同写好的有多位官员署名的账目;收据由一位缴税见证人证明。金库在遵守某些严格手续之后也处理国债:一份详细的开支账目列在付款清单的前面,付款清单上有许多签名,表明经各级官吏之手。大部头的日账簿和每月收支账方便了当局的实时管控。

大量税赋以实物征收,主要是按粮食(σιτικά)征收,有必要在银行之外设一专门机构。被指定接收收获物的粮仓称为"δησαυροί",有些是私人的,有些是官方的(δημόσιοι),甚至建在村里,因为粮食要比现金重得多。这种建筑经常被刻画在浮雕上,可远溯到法老时代[89]:为大型的砖制或板条建筑,有用不成形的黏土建造的粗糙墙壁,立在宽阔的场院里,由墙封围,把各种储藏室、地窖、拱室和存放干草的地方围起来。这些存放粮食的地方,外形像高大的糖块,有两个开

207 口,一个接近顶部,粮食从这里投进去,另一开口接近地面,粮食从这里运出来。这些"财库"中最大的位于亚历山大里亚,由一班代理人和监工监管。各州的粮仓交给主管人监管,由书吏拟定库存清单和搬运粮食的劳动者。账目和在银行一样一丝不苟、十分准确。

经济危机(3—5世纪)

这样我们有了一个富饶的国家,一个勤劳驯良的民族,在专业官员精心管理之下健全的管理机器,但我们不要以为它没有缺点——"红头文件"的滥用、法律的拖延、对细节问题的繁琐决定。然而这些都不是新鲜事,均继承自托勒密时代。在托勒密时代,我们已经看到一名财政官指责官员行事武断、懒惰和缺少智慧。各种防范措施被用来抵制这些,官员被禁止在当地做某些事,但没什么可制止他们腐败和施暴。罗马本身对经济不稳定负责,尽管罗马的步骤是将类似的不稳定带到各地,但更深入地研究埃及的经济不稳不会没有意义。

国王时代的旧货币继续流通,钱币质量上乘,胜过罗马钱币,后者越来越贬值。直到戴克里先统治时期,有些契约规定需以托勒密钱币付款。第纳尔币和其他货币贬值,造成3世纪物价飞涨;私人银行拒收一些硬币,尽管强制流通并禁止收取官方价格以外的额外费用;如此徒劳的做法屈服于环境的力量。一份文件提到,仅一枚金币便可兑换2 000万德拉克玛(drachma)。灾难性的贬值不再令我们吃惊,而让我们在缺少正式证据的情况下猜想,古代的度量衡除了用于计算,已经没有任何作用,纸已经取代了金属。[90]随后君士坦丁打造他的"索斯"(sous)金币(solidi),但投入流通的数量极为有限,无法满足需求。破坏流通工具的错误造成我们不久前在一些民族中目睹到的,回归自然经济,回到简单的物物交换,小交易一定全受到这一方式的影响。

如我们现在,最少经历风暴侵袭的人是以自己的土地为生并从土地得来生活最不可或缺产品的那些人。另一方面,危机给城镇带来了巨大损失。批准大城市[91]设议事会发展为市政无能的祸根,我们对此深恶痛绝:实际并无收入的城镇愚蠢地把钱用在虚荣和排场上。亚历山大里亚——一座商业城市,再未从货币贬值中恢复生机,其光芒被开罗盖过,在萨拉森人征服后变得更为显著,因为阿拉伯人不是海上民族。

在4世纪,官员的权力由于辖区面积缩减而被系统性地削弱了[92],我们已经看到这如何影响了戴克里先治下的该行省。约310年,马克西民·达扎(Maximin Daza)将古老的州分成区(pagi)——新的财政区,区长(pagarch)出现了,尽管不是整个区的主人,其中部分地区由"大城市"通过议事会进行管理,另一部分是大土地所有者的领地,但他们不再屈从于官方。区长本人更像一位军事统帅,而非一位金库官员。元首制时期的税赋消失了,最明显的是丁税,但我们对之后的税赋了解不多,税收名称含糊[93]——"圣"税、公粮、来自分配(largitiones)的收入,征收的确切方式我们也知之不多。执事代表一定在4世纪消失了,如财产书记处一样,在文献中没有更多提及。纳税人的书面声明在一名登记官(censitor)手里。显然收税人在工作中制造了混乱,如同抢匪。纳税人逃税,居然发现让自己的全部土地休耕有利可图。因此当运粮船即将驶抵君士坦丁堡时,那里忧心忡忡。粮食够吗?其中多少已被船员(navicularii)拨出?甚至在埃及,食物日益匮乏,因为没有足够的人力耕种。从4世纪开始,这一劳动力短缺带来了帝国领土的缩减,随后小地产消失,大地产仍旧广大,有时导致从前繁荣的乡村完全消失。埃及的历史最后如世界其他地方的历史一样遵循同样的轨迹。

大土地所有者在现实中是独立的,甚至被封为高级官职,他们因为手握私家军队而受到尊敬。小土地所有者处境堪忧,沦为需寻找一位"庇护人"的地步,他们丢掉了从前的名号,变为"占有者"或"耕种者"[94],在415年后,庇护人被允许向他们收税。这是自征税区(autopragia),从经济观点看来是一种劫掠形式。耕种者所受压榨不比从前少,走投无路时,他们要从哪里得到庇护?答案是在军队中,或最好是在修道生活中,因为教会土地享有免税权。

祭仪[95]

209　　在世俗事务中十分突出的人口二元构成特征在宗教事务上依旧表现明显。两者确实彼此间产生吸引。希腊人感到自身被拉向埃及人的神秘仪式,埃及人被认为是世界上最具宗教性的民族,基于一些不甚明显的相似之处,希腊人将当地神祇吸收成为希腊神祇。但这些取希腊—埃及名字的神主要是埃及神,其中仅一位神也许成为连线,尤其在帝国时期,即塞拉皮斯(Serapis),或奥西里斯—阿比斯(Osiris-Apis),成为亚历山大里亚的保护神,通过交互而在神圣节日上与崇拜者结合在一起。我们必须区分外在形式和内在情感,所有将希腊人与当地人区分开来的因素都必须考虑在内。农夫出于自我表现的需要,在艰苦劳作中寻求可以寄托信仰并做祈祷的崇拜。他们奇妙纯真的祭仪仍充满着原始图腾崇拜的残余,不总是促进一州与另一州的和平,他们会为争朱鹭、猫、猴子或鳄鱼神孰高孰低而开战。[96]

埃及人和希腊人、罗马人不同,他们有一个僧侣等级,这几乎是一个排他性等级,因为祭司为世袭,要求具备一些理论知识,在埃及至少有十万名祭司。为了削弱他们的重要性,罗马[97]出售有薪俸的圣职,神庙再没有从前富裕,并基本被剥夺了作为避难所的权利,在神庙之上设立一名罗马骑士,他的职责是视察神庙,其视察令人害怕。帝国政府进行监督,确保圣仪正确进行(遵循财政主事[idiologus]的指导),因为一旦疏漏被发现,将成为处以罚金的最好借口。帝国政府严守中立:长官不模仿托勒密王朝,托勒密王曾参加纪念阿比斯的祭仪和被杀牲牛的掩埋仪式。皇帝们从臣民那里得来非比寻常的称号——"永远被普塔神(Ptah)和伊西斯神深爱的恺撒"、"由普塔神和努姆神(Num)选出的众王之王",但这些称号仅为象形文字。荣耀被给予在埃及落脚的皇帝——奥古斯都和哈德良,他们想要将安提诺斯与死神奥西里斯联系起来。向世界之君许下的官方誓言被世俗化了,伊西斯和塞拉皮斯不再出现在誓言套语中,不再如他们曾奉托勒密国王之命所为。

我们鲜有关于尼罗河谷的希腊宗教的证据,但那里的祭司和其他行省的祭司之间没有令考察者感兴趣的差异。有一名祭仪的总指挥,即保护整条尼罗河的高级祭司(ἀρχιερεὺς Ἀλεξανδρείας καὶ Αἰγύπτου πάσης),至少在 2 世纪与财政主事由同一人担任。在"大城市"和城市里,存在兼具宗教和世俗身份的人物,例如解释者(exegete),我们听说过安提诺的解释者(ἐξηγητὴς Ἀντινόου)。[98]王朝崇拜消失了,只有亚历山大的王朝崇拜继续举行。[99]罗马官员对希腊祭仪推崇备至,长官参加在亚历山大里亚举行的祭仪。

帝王崇拜[100]被希腊人出于礼貌性的兴趣而接受了,也被当地人出于他们伪装得极好的冷漠而接受了。甚至在征服之前,屋大维宣称自己拥有如亚历山大和托勒密家族的荣耀,一旦成为奥古斯都,便在埃及神庙中作为同伴(σύνναος)占一席之地。几位作家提到的恺撒区(Καισάρειον)建在亚历山大里亚,一定是由

210

奥古斯都修竣的。他的继任者接着成为伴神（σύνναοι Θεοί），但他们中的许多人也有自己专门的圣坛，这甚至在最南端的菲莱岛都有发现。

帝王崇拜在埃及从未得到它在帝国其他一些地方所获得的崇高地位。在没有行省会议的情况下，在其他地方那是崇拜者集会的场所，在尼罗河谷保留着城市崇拜，其组织者主祭（ἀρχιερεῖς）仅为当地官员。他们的职责是在皇帝出生或继位的周年庆典上庆祝皇帝日（ἡμέραι σεβασταί）。但随着"同名"日不断增加，这些日子在图拉真统治之后逐渐销声匿迹。就该词严格意义上的奥古斯都[1]崇拜而言，在 2 世纪末以妥当的方式消失了。大城市的经济衰退，以非明智的做法被塞维鲁的改革遏制住了，经济衰退不允许这些城市为纪念遥远的国外君主而负担高昂的费用，帝王崇拜起初受到威胁，随后被一个强大的对手取而代之。

基督教[101]事实上很早便被引入这个国家，那里出了许多殉教者。[102]从莎草纸文书中，我们对那些小册子（libelli）或在德基乌斯迫害期间要求所有人的异教献祭证明书有了更多了解。但真相是埃及有两个基督教。亚历山大里亚的基督教（智识的、神学的和诡辩的）是博物馆的高雅希腊文化的产物，其家长式的主席团因一些饱学之士而享盛誉，这些人实际上达到了远超民事总督的地位。与此相反的是乡民的基督教，特别是在特拜。信徒中也有希腊人，不止一个打上了当地神秘主义的印记，往往从这个世界撤到沙漠之边——大陵墓附近人类生活的边缘地带。我们已经看到大土地所有者和金库代理人的压迫使得一些有义务进行强制劳动的人过上了修道生活。修道士人员众多，能够保护自身，他们的共同体获得了某些特权。选择变为僧侣还是变为土匪，天性平和的人不会过多犹豫。

但这些僧侣中的大多数为没有准确教义的埃及人，没有信条，只有克己的美德，将耶稣和圣徒看作奥西里斯和善魔的后继者。这一没有教旨的基督教无论如何像这块土地本身一样保留着埃及的特色和传统：为了争取这个不识字民族的信众，新宗教不得不用他们的语言传教。僧侣语不成问题，通俗语变得太过学术，在近 5 世纪中期时消亡。贫苦劳动者所使用的科普特语形成，用希腊字母写成，增加符号填补那些在希腊字母表中缺少的发音。整个埃及到阿拉伯征服前

---

① 拉丁语意为神圣的。——译者注

都使用科普特语,但新来者的语言胜过科普特语,尽管后者直到 7 世纪才最终
消亡。

　　总而言之,埃及没有真正罗马化,只是部分和在极短时间内希腊化了[103],
希腊因素没有移往国外而是消耗殆尽。对这一现象令人满意的解答是:"从长远
来看,非洲使一支来自欧洲的民族消亡,他们不适于在拉神和西蒙风①的土地上
繁衍生息。在埃及落脚的希腊家庭很少能忍过一代人的时间,炎热天气造成许
多孩童死亡。"[104]只有混血儿可以组建家庭,但长远来看,他们变成了纯粹的埃
及人。那就是为何今日我们看到的在耕犁、沙杜夫旁边或三角帆船上的人和法
老壁画上他们的祖先极为相像。过去的几个世纪对农夫永不改变的灵魂没有留
下任何痕迹。

　　我们可以将昔兰尼加和埃及联系在一起[105],它是埃及古时的附庸国,是最
终作为东方帝国一部分的操希腊语的行省。在得到阿皮昂的遗产之后,罗马试
图维持简单的被保护国,20 年后又不得不放弃(公元前 75 年)。昔兰尼加被安东
尼授予他与克莱奥帕特拉的一个女儿,在奥古斯都治下被交还给罗马人,迈尔迈
里卡高原并入昔兰尼加(公元前 20 年)。在东罗马帝国早期,两者都与克里特分
离。罗马统治下这些地方的历史不为人知,我们只有它们不断衰落的清晰印象,这
可以由松香草的消失、土壤的多变、蝗灾的来袭、打击不力的盗匪、犹太人和希腊人
无休止的争斗来解释,而对昔兰尼而言,最致命的对手是亚历山大里亚。[106]

【注释】

[1] P.Jouguet, *L'Impérialisme macédonien et l'Helldénisation de l'Orient*.
[2] pp.35 and 40.
[3] LV.
[4] Maspero, XV, 1896, p.110 *et seq.*; XLIV, I, 1293.
[5] 见上文,p.48。
[6] CLX; XXXIV, LXXIX(1924), pp.113—114.
[7] LVII; P.Jouguet, XX, 1925, pp.5—21.
[8] 见上文,p.220。

---

①　非洲与亚洲沙漠地带的干热风。——译者注

［9］CLII，p.21.

［10］Stein，XLVII，X，col.153—157.

［11］CLII，p.24.

［12］CLII，p.27.

［13］*Ibid*.，p.28.

［14］*Ibid*.，p.31.

［15］CXXXI，Part I.

［16］V.Martin，V，VI(1913)，pp.137—175.

［17］Diod. Sic.，I，31，7.

［18］CXL，p.91 *et seq.*，208 *et seq.*

［19］CXC，p.212.

［20］参见实例，Hermann Rink，*Strassen und Viertelnamen von Oxyrhynchus*，Diss. Giessen，1924。

［21］CLII，p.464 *et seq.*

［22］CXXXI，p.89.

［23］CXCI，p.2 *et seq.*

［24］I，V(1924)，pp.100—102.

［25］CXCVI，p.444 *et seq.*

［26］*Ibid*，p.42 *et seq.*

［27］A.N.Modona，I，II(1921)，p.253 *et seq.*；III(1922)，p.18 *et seq.*

［28］U.Wilcken，*Zum alexandrinischen Antisemitismus(Abhandl. Der sächs. Gesellschaft der Wissenschaften*，1909).

［29］G.Glotz，XX，1922，p.221.

［30］CXXXI，p.180；CXL，p.78.

［31］M.J.Bry，*l'Édit de Caracalla de 212 (Études d'histoire juridique offertes à P.F.Girard*，Paris，1912，I，pp.1—42).

［32］CLIX，p.137 *et seq.*

［33］CCXIX，I，I，p.28 *et seq.*

［34］*Hist.*，I，11.

［35］CXXXI，p.8 *et seq.*，260 *et seq.*

［36］M.A.Levi，I，V(1924)，pp.231—235.

［37］CXCVI，p.25.

［38］U.Wilcken，*Zeitschrift der Savigny-Stiftung*，Rom. Abt.，XLII(1921)，pp.124—158.

［39］一份长官名录由 L.Cantarelli，*Memorie dell' Acad. Dei Lincei*，1906 and 1910 拟定出来。

［40］CXXXI，p.198.

［41］Victor Martin，*Les Épistratégies*，Geneva，1911.

［42］CXL，p.202 *et seq.*

［43］Hohlwein，XXVIII，X(1906)，pp.38—58，160—171；XI(1907)，pp.203—208.

［44］J.G.Tait，XXI，VIII(1922)，p.166 *et seq.*；N.Hohlwein，*Le Stratège du nome*，XXVIII，XXVII(1924)，pp.125—154 and 193—222；XXIX(1925)，pp.5—38，85—114 and 257—285.

［45］Erhard Biedermann，*Der βασιλικὸς γραμματεύς*，Berlin，1913.

［46］关于实例，参见 Georges Méautis，*Une métropole égyptienne sous l'Empire romain*，*Hermoupolis la Grande*，Lausanne，1918，关于利科波利斯，A.Calderini，I，III(1022)，pp.255—274。

［47］CLXXIX.

［48］B.A.Van Groningen，*Le Gymnasiarque des métropoles de l'Égypte romaine*，Paris-Groningen，1924.

［49］I，V(1924)，pp.97—100.

［50］Cf.Ernst Kuehn，*Antinoopolis*，Goettingen，1913.

［51］LVII；Jouguet，XX，1925，pp.5—21.

［52］P.Jouguet，*L'Impérialism macédonien*，etc.，CLIV，and Ev. Breccia，*Alexandria ad Aegyptum*，Bergamo，1922；P.Perdrizet，*Bronzes d'Égypte de la collection Fouquet*，Paris，1911，p.x *et seq.*，and *passim*.

［53］*Geogr.*，XVII，p.793 C.

［54］Fritz Luckhard，*Das Privathaus im ptolemäischen und römischen Aegypten*，Giessen，1914.

［55］XLIV，I，1070.

［56］CXCVI，p.331 *et seq.*

［57］Friedrich Oertel，*Die Liturgie*，Leipzig，1917.

［58］CXL，p.105 *et seq.*

［59］CXXII，p.121 *et seq.*

［60］Spartian.，*Vit. Sev.*，17.

［61］CLXII，XI，p.159.

［62］CLII，p.119.

［63］有关分队详情，*ibid.*，p.39 *et seq.*。

［64］M.Rostowzew，*Zur Geschichte des Ost-und-Südhandels im ptolemäisch-römischen Aegypten*［V，IV(1908)，pp.298—325］.

［65］K.Fitzler，*Bergwerke und Steinbrüche im ptolemäisch-römischen Aegypten*，Leipzig，1910.

［66］G.W.Murray，*The Roman Roads and Stations in the Eastern Desert of Egypt*，XXI，XI(1925).

［67］CLII，p.436 *et seq.*

［68］CLII，chap.VI.

［69］CLII，p.262 *et seq.*

［70］N.Hohlwein，XXVIII，VI(1902)，p.159 *et seq.*

［71］M.Rostowzew，*Angariae*，XXIII，VII(1907)，p.249 *et seq.*；A.M.Ramsay，XXII，XV(1925)，pp.60—74.

［72］CLII，p.98 *et seq.*

［73］Rosenberg，XLVII，X，col.1151—1154.

［74］L.C.West，*Phases of Commercial Life in Roman Egypt*，XXII，VII(1917)，pp.45—58；CXCVI，pp.51，65，214，227，444；LXXXIII，pp.16—34.

［75］CXC，pp.85—228；CCXIX，I，1，pp.287—309；CXC *bis*，p.265 *et seq.*

［76］CLXXXIV；G.Glotz，XX，1922，pp.215—224.

［77］W.L.Westermann，XIV，t. XII，XV，XVI and XVII；A.Calderini I，I(1920)，p.37 *et seq.*，189 *et seq.*

［78］Hans Lewald，*Beiträge des römisch-ägyptischen Grundbuchsrechts*，Leipzig，1909.

［79］CCXIX，I，1，pp.153—161，185—219.

［80］A.Calderini，I，II(1922)，pp.341—345；Id.，*Rendiconti dell' Istit. lombardo*，LV(1922)，pp.533—541；A.Caldara，*Studi della Scuola papirologica*，Milano，IV，2(1924).

［81］O.Eger，*Zum ägyptischen Grundbuchwesen in römischer Kaiserzeit*，Leipzig，1909.

［82］CCXVIII.

［83］CLXX，II，p.245 *et seq.*

［84］关于罗马时期莎草纸的生产和销售的垄断，见 Fr.Zucker，XXX，LXX(1911)，pp.79—105。

［85］L.C.West，*The Cost of Living in Roman Egypt*，XIV，XI(1916)，pp.293—314.

［86］另一方面,他们常常向埃及臣民派发信件；U.Wilcken，XVI，LV(1920)，pp.1—42。

［87］XXIX，I，2，p.42 n.26.

［88］Fr.Preisigke，*Girowesen im griechischen Aegypien*，Strasburg，1910.

［89］XLIII，art. *Thesaurus*；fig. 6879；A.Calderini，ΘΗΣΑΥΡΟΙ *Ricerche di topografia e di storia della publica amministrazione nell' Egitto Greco-romano*，Milano，1924.

［90］CXCVI，p.70 *et seq.*

［91］Pierre Jouget，*Les βουλαί des cités égyptiennes à la fin du IIIe s. apr. J.-C.* ［Revue égyptologique，I(1919)，pp.50—80］.

［92］CXCI，Introduction.

［93］André Piganiol，*L'impôt de capitation sous le Bas-Empire romain*，Chambéry，1916，pp.74—77.

［94］Cf.H.I.Bell，XXI，IV(1917)，p.86 *et seq.*

［95］CCXIX，I，1，pp.113—130.

［96］有关这一时期在法雍的鳄鱼祭仪，见 J.Toutain，*Revue d'histoire des religions*，LXXI(1915)，pp.170—194。

［97］CLXX，I，p.386 *et seq.*；II，p.276 *et seq.*；I，V(1924)，pp.95—97.

［98］G.Blum，XXXII，XV(1913)，p.456 *et seq.*

［99］G.Plaumann，V，V，4(1913)，pp.77—99.

［100］Fr.Blumenthal，V，V，3(1911)，pp.317—345.

［101］LVII，CXCVI，*passim.*

［102］H.Delehaye，*Analecta Bollandiana*，XL(1922)，p.5 *et seq.*

［103］Cf. Fr. Oertel，*Der Niedergang der hellenischen Kultur in Aegypten*，XXIX，XXIII(1920)，pp.361—381；H.I.Bell，XXI，X(1924)，pp.207—216.

［104］P.Perdrizet，*Les Terres cuites grecques d'Égypte de la collection Fonquet*，Nancy，1921，pp.xxxi and 23.

［105］G.Costa，VI，XIV(1912)，pp.97—144.

［106］CXXXVI，II.

第十八章　高卢人和日耳曼边疆

我们的读者将发现有专门的书籍介绍罗马时期的高卢。此外，征服的条件
已在上文描述过，所以我们只需研究占领及对这块土地的影响。

历史概览

起初罗马的领土没有扩展到 121 年前后组建的山北高卢行省以外[1]，该行省把主要的阿维尼亚人同盟者降为属民地位，尤其是阿洛布罗吉人和沃尔凯人（Volcae）。最初的想法似乎是为保证经汉尼拔途经的通道与西班牙的自由陆上交通，这条路后来以第一位代行执政官的名字命名为"多米提亚努斯大道"（Via Domitiana）。在阿尔卑斯山的未开发地区，边界没有划定。边界北达日内瓦湖和罗讷河，这条河的右岸被大面积占领，西南囊入鲁塞尼人（Rutheni）土地的广大地区，那是抵挡来自加伦河的侧翼进攻的有利位置。

罗马只是运用后来惯常使用的原则。理论上，罗马只是统治上述边界内各民族的一部分，而"同盟"国尽管数量少，却仍拥有广阔的领土。马赛为迦太基的毁灭欣喜若狂，为与罗马人为善而得到回报。马赛成为周围整个高山地区的主宰，在下半个世纪里，为自己的利益掠夺数个民族甚至盟友，边境扩至罗讷河以外，包括整个南部河谷直到河流开始变窄的地方。在德罗姆河（Drôme）附近地区的沃尔凯人及后来的沃孔提人（Vocontii）获得了特权地位。其他地方有臣属的

城镇,现实中保留了自己的习俗和世袭国王,但没有明确的权利,往往受到搜刮。

迁入罗马人口的尝试限在一个中心内。殖民地纳尔波·玛尔斯(Narbo Martius,"战神之城")建于公元前 118 年,因为缺少竞争者而轻易获得重要地位,如这个行省后来的名字"纳尔榜"(Narbonensis)所强调的,马赛注定受到这个意想不到的对手的冲击。在西南和东南边界仅建立起两个据点:托罗萨(Tolosa,图卢兹)和塞克斯提乌斯温泉区(艾克斯[Aix])——"塞克斯提乌斯(卡尔维努斯)的水域",塞克提乌斯征服了该地区的人民。

赶走了辛布里人和条顿人后,南方的高卢人认识到他们此后可以依赖一位强大的保护者,尽管他们不能忘记是如何仇视所受到的剥削的:大投机商和一些总督串通一气,或竞相角逐,如维瑞斯之流的丰提乌斯(Fonteius),西塞罗以与控诉西西里总督维瑞斯一样的热情揭发他,同样取得了成功(公元前 69 年)。保存下来的西塞罗篇幅不小的演说残篇,记录了当地人的所有怨恨,好像他们在恶意中伤他一样。我们在字里行间读到的以及我们从其他同类史料中得知的,都说明了在这位总督统治的三年里(公元前 79—前 76 年)乃至之后的无情压迫。

因此我们更吃惊于高卢人在内战期间没有找到更多时机揭竿而起,但就在丰提乌斯鱼肉他们之时,他们给予了塞尔托里乌斯支持,不过这样也挽救不了这个派别,仍落得不幸的下场。也许他们惧怕比罗马的商业强盗更可怕的敌人:日耳曼人正侵入离北方的凯尔特人不远的地方,他们似乎威胁到纳尔榜各民族的安宁。这一威胁被主宰整个高卢的那个人最终铲除了,历经八年艰苦战斗,战争最后结束了凯尔特人的困局,他们以独立为代价换得了和平与繁荣。

除去这位征服者认为完成其计划必须实行的一些严酷无情的做法,我们会发现恺撒很人道。他对高卢人的确征以重税,靠高卢的钱财成为罗马的主人,但希尔提乌斯(Hirtius)称恺撒对这些城市晓之以理,甚至试图改善其处境,它们是宗教实体[2],其神明和崇拜值得尊敬。如果城中新派坐拥权力,如果前任领导者对罗马人表现出友善,城市的名称、组织、传统就均被保留了。这些"长发"高卢的居民注定与纳尔榜和山南高卢有着相同的命运,从前是凯尔特人的土地,终被兼并。这两个地区的政治组织与首都罗马没有多少差异,除了一些极为原始的方面让人联想到刚驱逐国王后意大利的制度。

高卢对恺撒抱以真诚,尽管他已离开这块土地并很难有机会在必要时回来。

他的一名参将足以镇压贝洛瓦吉人(Bellovaci)的一次短暂起义(公元前46年)。除了税赋,罗马还要求高卢提供兵源。高卢军队——步兵和骑兵,根据符合恺撒要求的作战方式被派驻不同地区,他们很高兴进入罗马军队,参加往后年代里的大仗。他们不太愿意在从前老主顾的私人军队里服役。

新征服的领土最初没有成为一个单独行省[3],恺撒将之归入山北高卢,直到公元前44年才被划分出来。“长发”高卢保持政治地理上的一体,其广阔领土没有被划割出去。他们没有在塞文山(Cévennes)以北建立殖民地,但在纳尔榜,老兵散布于各民族中间,尤其是在扼守天然大道的要地。恺撒爽快地给予许多南方高卢人以公民权,也将之给予“云雀军团”(legion Alauda)[4],许多人进入让人困惑地被这位独裁者重组的元老院,恺撒面对说他变得颇似高卢人的指责,坦然视之。此外,早在公元前48年,元老院建立了两个殖民地,其中之一是劳里卡(Raurica[5],奥格斯特[Augst]),扼守经贝尔福特(Belfort)关隘的入侵路线的战略要地;另一个是更具理想和象征性的卢格杜努姆(Lugdunum,[6]里昂),它立刻成为高卢人的首府——因此保留了凯尔特语名称——和罗马人生活的中心,建在高处(富维耶山[Fourvière]),成为一座圣城,靠近河流交汇地,预示了其未来的商业繁荣。其建立者、支持三头同盟的总督普兰库斯保证了罗马和平。

奥古斯都巩固了业已完成的工作。[7]他五次巡视高卢,每次长达数月,显示了自己是一位积极的统治者和公正的法官。其他时候,他的女婿和得力助手阿格里帕在边界建立起良好秩序,制服仍拒不服从的阿奎塔尼人(Aquitani)[8],征服特莱维里人,巩固莱茵河边疆,解决了阿尔卑斯地区的一个突出难题。这项工作需要近20年时间(公元前25—前7年),一系列我们所知甚少的战事结束于对几个高山之上的野蛮村落的占领。[9]这些村落也降为行省地位,但没被纳入更广大的高卢。指挥官(praefecti)在克劳狄统治时期之后被财税使取代,他们被派驻到许多小地方[10]:南方的滨海阿尔卑斯(Alpes Maritimae)、控制着伊泽尔河上游的格拉耶(Graiae)、罗讷河上游和奥斯塔山谷(Val d'Aosta)中间的派尼奈(Paeninae)。唯有考提埃(Cottiae)留守着独立小王国的外表,那里的考提伊国王(Cotti),父子相承,愿意充当罗马的代理人,修建道路,并在他们的首府苏扎(Suza)建设纯拉丁风格的建筑。图尔比安石(Turbian rock)上的阿尔卑斯战利品纪念了这项工作的完成。[11]

公元前 27 年的大规模重组将高卢人划入几个行省之中。随后第一次得到 216 该名称的纳尔榜在公元前 22 年成为元老院行省,名称一直不变。"长发"高卢被分成三个同样重要的政府:阿奎塔尼亚、凯尔提卡(Celtica)和贝尔吉卡(Belgica)。不以从前的人群分布为基础,但各地各民族间的实际关系被考虑在内。阿奎塔尼亚向北扩展至卢瓦尔河,要比恺撒所知道的那个名称所指的地区大得多,原来限于加龙河和比利牛斯山之间的伊比利亚人的土地。贝尔吉卡合并了塞纳河以北的所有地区,实际说来,东南界为萨昂河(Saône)。其余地区为凯尔提卡,成为卢格杜南西斯(Lugdunensis),是卢瓦尔河、萨昂河和塞纳河中间的一块领土。

这一安排的构想源于一位总督变成了三个高卢地区的参将,总督的驻地在里昂,各地区实际上都在那里交汇。但除了他,每个行省由自己的参将管理,我们不清楚他们与上级的关系如何。三高卢区参将的职务接连由一些赫赫有名的人物担任:阿格里帕、未来的提比略、奥古斯都的女婿,接下来是他的兄弟德鲁苏、瓦鲁斯和日耳曼尼库斯,所有人都与这位皇帝关系密切。他们的任务是征服日耳曼,那解释了为何他们经常出现在莱茵河两岸。但这一轻率的计划被放弃了,指挥大权也画上了句号,三个行省独立出来(公元前 17 年),里昂成为卢格杜南西斯的首府。但无论如何,在那建起的罗马和奥古斯都祭坛继续作为把它们重新统一起来的中心,因为如此,"三高卢区"一词仍沿用。

尽管他们名为参将,但总督们实际上没有兵权。军队集中在莱茵河附近地区,这导致一个新指挥权的设立,它太过重要,不可不拆分兵权。军事区从贝尔吉卡分离出来,尽管无法找到精确的分界线。在今天的用语中,我们应当说其中一个军事区包括整个阿尔萨斯和巴伐利亚的普法尔茨(Palatinate);另一个军事区包括比利时的东半部、莱茵河行省的其余地区,最后是远至莱茵河口的低地国家。需要注意的是,据我们所知,它们在 2 世纪之前不是官方命名的行省。[12]直到那时,它们由"日耳曼军队"(上日耳曼或下日耳曼)的参将管理,他们是执政官级的参将,高于高卢大法官级的参将,因此他们获准紧急情况下在通常的区域之外采取行动,内地发生的起义,他们也有权镇压。

很少需要这样的镇压,本地的小规模骚乱与真正的动乱不同。无疑作为征服标志的人口普查和财产登记会激起不满,甚至是在奥古斯都到访期间。皇帝获释奴的无数欺诈、高利贷和搜刮燃起私底下的仇恨。只有一次是需要镇压的。

埃杜伊人和特莱维里人——自由人和盟友,曾免于缴税,他们现在发现自己受税收负累,税收也许用于日耳曼战争,提比略坚持收取。其他地方的起义很快被镇压下去,但这些民族中发展起来的起义十分棘手:埃杜伊人萨克罗威尔(Sacrovir)和特莱维里人弗罗鲁斯,两人都出身显赫家族,是罗马的公民、罗马军队的军官,成为这次起义的领袖。他们在贵族中间没有找到支持者,贵族紧密依附于罗马,但下层民众竭尽所能提供分遣队。缺少军纪,缺少团结,他们不是来自日耳曼的强军的对手,起义很快被镇压下去,走投无路的领导人自杀,起义者被杀(公元 21 年)。

217

这次起义没有带来中央长期的憎恨。日耳曼尼库斯之子卡里古拉,期望充分利用父亲和祖父德鲁苏在高卢留下的巨大影响,他在那里表现出自己是个自负虚荣、反复无常的疯子和尼禄的前辈。父亲德鲁苏在里昂的交汇处建起祭坛时生在那里的克劳狄,随后也打算开始一段高卢之旅,却因远征不列颠而耽搁了。他的旅程与罗马化进展一致:城市失去了古老的本民族名称,德鲁伊教的祭仪完全并最终被禁,而另一方面,从恺撒去世后被慷慨授予的公民权开始被广泛授予同盟各民族。流传下来的克劳狄对元老院的一段演讲残篇[13],建议接纳一直效忠的高卢人进入元老院,并赋予他们公民权。作为皇帝,他有了借口,至少是对埃杜伊人。

认为他的话语和接下来发生的事件相矛盾就错了。尼禄因其破坏性和残忍的愚蠢行为惹怒了整个世界。把他赶下皇位的想法的确产生自高卢:公元 68 年卢格杜南西斯的总督,即尤利乌斯·文德克斯(Julius Vindex),有皇室血统的阿奎塔尼亚人,写信给附近行省的同僚,支持近西班牙的参将伽尔巴为帝。但有着悠久历史的凯尔特独立精神只是部分地在高卢南半部被唤起,不包括里昂,里昂刚从火灾的影响中复苏。北方的民族拒绝支援,因为日耳曼人的靠近使他们觉得任何反对恺撒的行动都是危险的。高卢的军队再次愚笨地尝到了苦果,在贝桑松附近与莱茵河军队的正规之师交手,像在萨克罗威尔时候一样,人们被诛杀,领袖自杀。

现在所有行省在选择共同主人时意见不一,甚至在高卢人中间,对这个问题也没有达成一致。[14]伽尔巴不够老练地对纳尔榜过分慷慨,因而触怒了北方的凯尔特人,他们推举下日耳曼参将维特利乌斯,南方在伽尔巴遇刺后接受了奥托。当维特利乌斯一派向意大利进发时,他们劫掠、焚烧、屠杀征途上的所有人。一个神志不清的波伊人农民马里库斯(Mariccus)宣称自己是先知,甚至是神,把 218 大家聚集在一起"恢复高卢的自由",8 000 农民在欧坦(Autun)丧生于维特利乌斯的支持者埃杜伊人之手。维特利乌斯一抵达罗马,就意识到最好把他带来的半蛮族化的军队遣返莱茵河。于是他蒙骗他们,尤其是巴塔维人(Batavi)——日耳曼因素较凯尔特因素更多的一支民族,他们的领袖基维里斯(Civilis)鼓动起同胞并建立与他们在日耳曼的同族的联盟。一位女先知维勒达(Velleda)进行布道并预言军团将毁灭。基维里斯懂得如何投高卢人所好,和他们讲独立,他梦想着建立一个横跨莱茵河的帝国,成功说服了在罗马军队中领有指挥权的特莱维里人和隆戈尼人(Longoni)的首领。他们的城市跟随他们反叛,部分从当地征召的两支军团屈服于起义者,愿意为"高卢人的帝国"尽力。但基维里斯还有其他打算:他是一个血统纯正的日耳曼人,他向莱茵河右岸寻求帮助。不太狂热的高卢人开始有顾虑:罗马的统治似乎对他们来说不太可怕,韦帕芗在意大利刚刚恢复了秩序。莱米人想在自己的土地上建立一个正式的代表大会,这赢得了许多人的支持。代表们产生争执,不久后变得明显,在独立的高卢,所有的老对手将再次活跃起来,人们更喜欢"和平"(屈服)胜过"自由"(起义)。当韦帕芗的参将凯里亚利斯许诺会宽恕他们时,只有日耳曼人冒险进行徒劳的抵抗,因为只有他们在这次大起义中代表着境外因素;其他人,不管是临时招募的或是头目(克拉西库斯[Classicus]、图托[Tutor]、萨比努斯[Sabinus]),都清晰地显露出罗马在他们身上的深深烙印。

如此一来,只需恢复统一的规范,镇压局部反抗和基于当地利益的冲突,罗马应显示出自己坚定的态度——这很重要——去铲除近期发动起义的煽动者。萨比努斯被发现藏身于山洞,他和妻子艾伯妮娜(Eponina)在那里躲避九年。他被施以酷刑,他们在这处藏身地哺育的两个孩子被流放到距高卢很远的地方。

弗拉维王朝标志着将持续一个多世纪的和平时代的来临。此外,在高卢的统治地位因更完全地占领不列颠岛以及罗马力量在莱茵河对岸扩张而得到加强。[15]尽管不再梦想征服日耳曼,但韦帕芗和其后的图密善通过组建起十区领地,为坚守汝拉山(Jura)以北的入侵路线建立起堡垒。

上日耳曼参将安东尼乌斯·萨图尔尼努斯(Antonius Saturninus)发动的起

义(公元 88 年),被一个注定身着紫袍名叫图拉真的人轻而易举地镇压。虽忙于其他地方的战事,这位皇帝却没有忘记高卢人,他想要保持北方地区的稳定,在那里建立了两座乌尔比安殖民地,一个在利珀河交汇处(克桑滕[Xanten])[16],另一个在巴塔维人的土地上——诺维奥玛古斯(Noviomagus,诺伊马根[Neumagen])。哈德良像他的前任一样不遗余力地加固边界。他穿过"日耳曼"才开始他的高卢之旅,但他在那块土地上的多次旅行仅剩铭文还有这位"保护者"和"高卢人的复建者"——如他希望称呼自己的——下令铸造的钱币保存下来的模糊记忆。

尽管安敦尼·皮乌斯与哈德良正好相反待在国内,他却与这块土地有家族联系:他的祖父来自尼姆(Nîmes),正因为如此,这座城蒙皇恩,也惠及整个纳尔榜。他修缮其交通系统,个人出资修复被毁后的纳尔榜。

马尔库斯·奥勒略再次面对困境。里昂的殉道者没有给那里带来多少动荡,基督教这时在那里吸收的入教者极少,但蛮族入侵给多瑙河带来了忧患,在莱茵河边疆也造成了反响。有必要对黑森(Hesse)的卡提人和汉诺威的考吉人发动战争。有关这一时期,我们仅有《帝王史》模糊且多少值得怀疑的描写,但在贝尔吉卡和弗朗什孔特及内陆地区埋藏的财物[17],以及可见的破坏痕迹,都足以证明处境艰难。建筑物减少,呈现出一定程度的衰败;一些手工业销声匿迹,彩陶就是一个明证。在高卢的罗马文明改变了,因为东方因素的侵入而呈现出不拘一格的外貌。

先是在康茂德统治时期有抢匪,随之而来的是皇位争夺。198 年,高卢四分五裂:北方拥立不列颠总督阿尔比努斯(Albinus),他乘胜抵达里昂;南方拥立塞普提米乌斯·塞维鲁,他曾任卢格杜南西斯总督,在那里留下的良好印象助了他一臂之力。塞维鲁取胜的里昂战役,对那里而言是个严酷的事件;许多子民在两支军队中效力。同时武装暴徒四处搜寻,只为他们自己的利益劫掠。最终这位胜利者严惩了许多曾反对他的当地头领。

塞维鲁的士兵焚毁高卢人的首府,标志着一直持续下去的衰亡过程。尽管他是个自律的人,但他不太关心把各行省提升到相同的水平,他不觉得复兴当地的古老习俗有什么不妥之处,他帮助恢复。在他统治时期,我们发现高卢里格成为官方的计量单位,代替了里程碑上到目前为止一直使用的罗马里;在法庭上,拉丁语被凯尔特语取代;当地的神恢复了其古老的外形,德鲁伊教的夸张描述被再次提供给信奉者。这时,古老部落国的名称在许多情况下要比罗马组建的首府名称流行,绝好的例子是巴黎——帕里西人(Parisii)的城市,取代了鲁特西亚(Lutetia)。这是扩展罗马公民权的卡拉卡拉敕令[18]的一个结果吗? 无疑,因为此后每个城市都容纳着罗马公民,罗马公民通常聚居的地区首府因此失去了特殊地位,而最先被授予罗马公民权的一些贵族一直住在僻静的别墅里。鲜有我们所知繁华、人口稠密、充满活力的城市发生这些名称改变的,也许地名变更表示了那里的贫困。总之高卢尤为明显,那当然证实了留存的古代记忆,让我们不能以为罗马公民权的恩惠就改变了受众的头脑。

然而并没有发生叛乱,或是我们没有那时任何叛乱的证据。帝国一直严密关注边防,但守卫边疆的任务将变得难上加难。中欧的蛮族人起初没有在意高卢东部的边疆,他们更愿意向意大利推进。卡拉卡拉生于里昂,因为他喜欢穿着高卢服饰而得到绰号,不像他父亲那样必须使入侵的洪流从高卢人那里改变方向,但即将到来的灾难的预兆开始累积。

蛮族正在集结队伍,他们的名称——法兰克人(Franci)和阿勒曼尼人——包含从前有不同名称的各民族混合体。在他们许多不同的计划里,劫掠和征服的愿望似乎最为强烈。在马克西民[19]统治时期,对日耳曼的大远征仍使罗马竭力在其本国抗击的祸患在高卢土地上缓解了。当蛮族人后来冲向边境据点时,他们发现设防边界坚不可摧,但到3世纪中期,情况变了。根据我们不多且简略的文本可知,法兰克人和阿勒曼尼人随后渡过莱茵河,渗透到高卢腹地,甚至穿过比利牛斯山。

瓦莱瑞安因禁于波斯,伽利埃努斯无能,中央政府不再胜任这项任务,各民族只能自己保护自己。从这时起,在高卢形成了分离主义的帝国,通过不甚巩固的联盟使附近的不列颠和西班牙国家附属于它。

莱茵河边境的将领珀斯图姆斯被军队拥立为帝,这是一个不同寻常的创新,不是想成为整个罗马世界的主宰,只是想要他受命防御的边界内集合的各国,也就是说旨在各个高卢行省,如历史将表明的,构建起一个地理上的统一体。然而他取罗马皇帝之名,而非高卢人皇帝之名。简言之,他有后来将被系统尝试的解决之道的想法:一个帝国,几位皇帝,每位管理庞大整体的一部分。

伽利埃努斯徒劳地试图重建他在高卢的权威,十年后(257—267 年)并不是他结束了珀斯图姆斯的统治,他也没结束维克多里努斯(Victorinus)的统治,前者与后者联合起来。而且之后没有人想着从罗马分裂出去,就珀斯图姆斯的当地军队而言,远非支持他们已选出的领袖而拒斥其他到来者,军队有一天因为劫掠的要求被拒绝这样的小争吵而杀了他。我们手头后期和不充分的史料至少让我们了解到,此时进行后来的实验,时机还不成熟。幸运的是,高卢帝国相继登位的皇帝在总体上都是有才干的人,但他们的军队缺乏政治觉悟,他们几乎都命丧自己军队手下。士兵们满足于拥立皇帝,皇帝们把野心限定在西方地区。

还有第二个创新:维克多里努斯的母亲出于建立一个纯粹民事性权力的想法,让波尔多(Bordeaux)一位富有但平和的地主提特里库斯(Tetricus)为帝。在那时这只是妄想,不把握好混乱的军队就不能统治,蛮族的威胁使其他任何制度都不可能建立。就在高卢,觉醒开始了:整个地区最为罗马化的城镇之一欧坦城,表现出偏向意大利的君主,宣布支持刚在米兰称帝的克劳狄二世。但他在其他地方无法抽身,没有抓住机会。在他两年的统治结束之前,高卢军团疯狂地冲向欧坦,将之变为一片废墟(269 年)。他们不关心王朝问题,他们身为高卢人与身为罗马人的程度相同,他们不愿像叙利亚或多瑙河的其他许多军团一样远离自己的国家作战。

克劳狄的继任者——英勇的奥莱利安,最后做出了恢复统一的必要努力。提特里库斯厌烦了毫无成果的权力,他只是做出抵抗的样子,在骚乱中放弃了军队,并自愿交出自己的权力。作为知足常乐的嘉奖,阿奎塔尼亚的前任国王得到了意大利一个地区的总督之职。他的态度可以代表整个阶级的观点。大人物——对罗马感恩备至的富人和地主,本能地对罗马尊敬和效忠。

奥莱利安没有忽视通过巩固西部行省防止分裂的重要性,他可能把对付它们的最高指挥权交给了一位副官萨图尔尼努斯。他也采用新措施抵抗日耳曼人,他们只是因为人数众多才可怕。人们认为城镇可以在坚固的城墙背后抵抗他们,城墙形成一道无法突破的防御圈,几乎各地的高卢城市都以罗马为榜样开始修建防御城墙。[20]石棺、石柱、雕像,要塞里所有的东西都被用来建造围墙,都被胡乱堆叠在一起,但在席卷高卢的入侵强流(275—276 年)面前,很难按部就班地进行这项工作。相关证据很简短,但十分一致,甚至没有提到罗马军队,罗马军队不能或没有进行抵抗。灾难势不可挡,我们得知 60 座城市落入入侵者之手,那意味着几乎整个高卢。我们可以从埋藏的财物[21]和当地收集起来的被烧焦的碎片来估计当时的毁坏程度。在来袭之前人们掩藏自己的财物,随后被付之一炬的宏伟建筑的断壁残垣在以后的年代里被再次当作建筑用料。不仅城镇失去了其外在装饰,商业和手工业也丢掉了就业岗位。如果一伙掠夺者走遍了这个国家,那是因为工匠和劳工找不到工作。甚至被破坏地区以外的土地都被入侵者践踏了。

　　史书没有表现出对皇帝普洛布斯(276—282 年)的感激,他为这种严重事态找到了解决方法。在短时间里,他通过加固边界把在高卢的蛮族围困起来,然后把他们俘获,杀死拒不服从者,把其他人囚禁起来,希望有朝一日充当士兵和殖民者。一些日耳曼国王受到他胜利威名的感召,后来在那里成了他的附庸,对他抱以敬意。他以同样的热情致力于被破坏地区的经济复苏。但许多首领因为近来的混乱而仍与罗马对立:一个叫普罗库鲁斯(Proculus)和一个叫波诺苏斯(Bonosus)的人争取到冒险者组成的军队,以支持他们的野心,并被拥立为帝,前者是在里昂,后者在哪里我们不清楚。他们的起义很快被镇压下去,但起义给莱茵河上的士兵做了一个不好的示范,他们总是牢骚满腹,并杀死了英勇的普罗布斯。

　　复兴只可能是一项长远改革的结果,主要是戴克里先的任务。

　　首先,他批准前一个世纪自发形成的组合:“高卢人”的辖区除了高卢,还包括不列颠和西班牙,他还并入廷基塔纳(Tingitana)①;首府不在里昂(里昂已趋衰落)而是特雷沃(Trèves),其重要地位经受了危险的考验,尽管在 5 世纪被阿尔勒(Arles)取代。此外,地区细分的政策在那里像在别处一样取得成功,皇帝们对官员的不信任多过对臣民的不信任。[22]这在高卢是一个错误,在高卢最好加强其统一的纽带。罗马精神最适合维持和平,没有罗马精神的维系,那里总不太平。在 3 世纪末以前,尽管阿奎塔尼亚的九个民族隔着比利牛斯山,却觉得自己是伊比利亚世界的一部分,从“高卢人”[23]中分出来,组成诺万波普利(Novem-Populi)省,首府在欧兹(Eauze),在 5 世纪包括 12 座城市,依然保持原名。两

---

① 即廷基塔纳—毛里塔尼亚。——译者注

个日耳曼——上日耳曼和下日耳曼,第一和第二的新名没变。戴克里先创建了三个贝尔吉卡,两个以数字得名,第三个称为塞夸尼亚(Sequania),首都分别位于特雷沃、兰斯(Rheims)和贝桑松;第一卢格杜南西斯(首府里昂)和第二卢格杜南西斯(首府鲁昂[Rouen])。阿奎塔尼亚首府在布尔日(Bourges),仍是一个面积广大的行省,仅诺万波普利被分出去,但一个世纪后,第二阿奎塔尼亚(Aquitania Secunda)被分出去,波尔多为首府。与此相似,戴克里先从纳尔榜仅分出维埃南西斯(Viennensis),但后来在艾克斯附近组建第二纳尔榜,从 4 世纪末开始有了第三(首府图尔[Tours])和第四纳尔榜(首府桑斯[Sens])。阿尔卑斯诸行省被重组:格拉耶和布匿(Poeninae)阿尔卑斯被统一,以穆捷(Moutiers)为中心;滨海阿尔卑斯(首府昂布兰[Embrun])没有变动,但考提埃成为意大利的一个地区。最后,两个管区(首府维埃纳[Vienne]和特雷沃)之间的分界线使北方与南方之间的鸿沟日益扩大,尽管甚至从统治集团的立场来看也没必要如此紧迫,因为北方的"主事"(vicar)就是高卢人自己的行政长官。

223

　　所有这一重新安排和军权与民事权的分离,被期望带来奇迹,但都没有产生预期的乐观结果。在东罗马帝国[24],同样的问题继续产生,因为情况没变,例如帝国式微以及凯尔特人的民族倾向,这一地区天生的民族倾向仍燃起同样的雄心,并激起同样的努力。伽劳西乌斯(Carausius)[25]的起义只是一段插曲,但由于其非比寻常之处和持续时间(10 年),这次起义是重要的。当高卢被分配给一个常设的君主为驻地时,我们会以为四帝共治制会使他有能力把高卢发展到与帝国境内最具活力、位置最佳的行省相比肩的更具优势的程度。

　　在君士坦提乌斯·克罗鲁斯(Constantius Chlorus)及其子君士坦丁统治时期,高卢经历了一段有利于和平事业的繁荣时期,但继之而起的是曾在军中习以为常的军事阴谋再度发生,军队在训练上是罗马军队,在精神上再不是罗马军队。军队选出一个纯粹的日耳曼人马格南提乌斯(Magnentius),最后被他的征服者、君士坦丁之子君士坦提乌斯俘虏,在里昂自尽。随后军队推选一个法兰克人希尔瓦努斯(Silvanus)——帝国的一位高官,不久后便被把他扶上权力宝座的那些人出卖。个人野心摆在第一位。为了快速了结马格南提乌斯,莱茵河防线的军队被撤回,蛮族人渡过该河,占领要塞并迫使余下的罗马守军后退。

　　就在此时,皇室的一位幸存者——因马格南提乌斯之令受灭顶之灾、几近灭绝的家族,他就是小尤利安,未来的"叛教者",在帝国政府中与君士坦提乌斯共治。他发现高卢被劫掠,完全陷入动荡。在第一次颇为艰难的战斗中,他击退了阿勒曼尼人,下一年(357 年),他在阿尔根托拉图(Argentoratum,斯特拉斯堡)城门下赢得了一次辉煌的胜利。只要他人在高卢[26],入侵就被遏止,有近五年时间。他严守边疆,也努力为被搜刮的纳税人讨回公道。他把鲁特西亚作为自己通常的驻跸地,对这座正在发展的城市的偏爱为它未来的强大铺了路。他的统治从鲁特西亚开始,以强硬而公正之手赢得了所有人的青睐。当君士坦提乌斯因嫉妒他的人气而想派他对抗波斯人时,军队异口同声地拥立他为奥古斯都,尤利安接受了他们的要求。

君士坦提乌斯进而向蛮族求援,请求他们对付马格南提乌斯,但没有得到回应。尤利安在亚洲亡故。当瓦伦提尼安获得西部帝国时(364 年),那个粗鲁的军人发现阿勒曼尼人在马恩河(Marne)河谷落脚。他驱逐他们并在他们的土地上打败他们,尽管如此,接替他的年轻的格拉提安(Gratian)不得不在莱茵河和孚日山脉(Vosges)之间再战一场。

此后事件不限于当地。西部的皇帝继续以特雷沃为总部,但竞逐帝位的角逐在其他地方进行。狄奥多西一世(395 年)真正标志着"罗马"高卢的结束。他的儿子——西部皇帝霍诺里乌斯(Honorius)是一个年仅 11 岁的孩子,以汪达尔人斯迪里科(Stilicho)为导师。不久后(406 年),势不可挡的大入侵终于开始了。苏维汇人、汪达尔人和埃兰人的浪潮最终开始退去,但只是当这些人去往比利牛斯山以南寻找掠夺目标的时候,北方才变得难以掠夺,北方已被他们搜刮殆尽。哥特人阿拉里克的两名继任者无关紧要,帝国的崇拜者阿道夫(Ataulf)和瓦利亚(Wallia)起初在霍诺里乌斯手下效力,对抗各地产生的篡位者。高卢分裂而成的国家——勃艮第人(413 年)、苏维汇人和西哥特人(419 年)的王国,不会一下子消除帝国的拉丁特征,但它们很快改变了帝国未来的命运。

罗马的政府

我们已经看到高卢的领土是如何分成几块的,它们面积广阔,无法成为单独一个行省。奥古斯都是第一个得暇组建高卢的人。没有任何预先的设想，他不止一次对所做的安排重新调整，建立起的管理制度在一段时间里依靠于根据与日耳曼的接触而制定的计划。当严密的防御政策落实于顽强抵抗入侵的各民族时，防御莱茵河边疆的任务变得尤为重要。

因此罗马人建造边界[27]，如其名称所示的边界线，尤其是罗马人环绕新领土所建的军用道路，就像环绕私人领地的道路一样。仔细探查这条边界的踪迹以及与此相关的所有工作是一项繁重的任务，日耳曼研究致力于此。[28]经过探查，一些地方的边界修建可以追溯到图密善时期[29]，尤其在卡提人的附近地区留下了他活动的痕迹，而一些迹象甚至暗示出，提比略和克劳狄在靠近美因茨的莱茵河右岸保有几处前哨。兼并十区领地改变了问题的本质：不再可能留在莱茵河和多瑙河的两条天然屏障背后，但如果新月形的边界需要建造防御工事，那将因几乎全部削去日耳曼面朝瑞士的凸角而减少罗马领土所面临的危险。

225

在官方用语中，日耳曼边界（limes Germaniae）和莱提亚边界（limes Raetiae）是有区别的，两者在所形成的三角形的顶角洛尔希（Lorch）附近交汇。这两道边界相连，后来放弃莱茵河以东土地也必然附带着多瑙河以北的地区。莱提亚边界沿曲线伸向日耳曼，但日耳曼边界形状更复杂：从洛尔希笔直伸向美因河，与该河一同伸向河流向西转的地方；随后，在现今法兰克福的地方围成一个大圈，并穿过陶努斯山（Taunus），与莱茵河平行，但离河不远，在日耳曼两行省地界内的布罗尔（Brohl）偏北处与莱茵河交汇。

在帝国边疆的物质见证防御土墙（agger）后不远，一道堡垒（castella）线修建起来。最早的堡垒无疑与边界一起可追溯到图密善时期，和边界一样简单地以土建造。随后余者用石头建造，复建在土垒之上或在一处新位置，两个堡垒平均间隔约为1万步。小股卫戍部队可驻扎在堡垒内，必要时得到比堡垒多得多的瞭望塔上发来的警报，瞭望塔起初是木制脚手架的单薄结构，但后来为真正的石制角楼。这道障碍没有形成严密的防线，没有经过规划；建为直线，而不考虑地势，无疑证明了这一点。但因为这道障碍，劫掠者的入侵变得更加困难，可以抵挡一阵对防线的真正进攻，进攻的消息会被火速传到守军那里。此外，频繁重复的一点是，一道容易被突破的障碍就够了，只要在各地都能让世人看到。[30]研究表明，组建这道边界有两个极为重要的时期。哈德良满足于简单的栅栏，高约3

米,由橡树干建造。它在康茂德统治时期达到顶峰,甚至在日耳曼的一些地方用石墙取而代之,但从洛尔希到莱茵河一整段都挖掘壕沟(vallum),建在罗马一侧的栅栏后面,也许建于卡拉卡拉时期。如此建造起初令人吃惊,其原因为何?栅栏无疑会阻挡境外哨兵的视线,但如果主要工事——壕沟挖在栅栏前面,敌军就能得到一处在夜色掩映下躲藏的所在,而所采用的这一安排使之全无可能了,因为需要首先冲破栅栏。另外,这道壕沟尤其用于阻挡骑兵——日耳曼军队最核心的力量。从洛尔希到多瑙河,人们似乎认为有必要建造一道更为坚固的防御土墙。无论如何,从同一时期开始,莱提亚边界开始以连续石墙为外形,但这也许是因为第二条界线的要塞在这里距第一条界线要比距莱茵河边界远。

226

然而我们知道,所有这些预防措施都没能挡住 3 世纪及后来几个世纪里的深重灾难。但这道障碍更易于海关监管,因此唯有直接由要塞把守的一些道路可以通行,在和平时期用于与蛮族的商品交易。帝国的经济规章得到了更好的遵守,在走私通道上设置永远的障碍。对于高卢的安全,罗马当局主要依靠兵力,莱茵河军队是真正的日耳曼军队,所以对兵力的依赖加强了。的确,这些日耳曼军队倾向于发动有朝一日所谓的军事政变(pronunciamientos),他们不想离开祖国在异乡作战,但在国境线上,他们总体来说是十分稳固的。服兵役只在名义上是强制性的,现实中不仅招募日耳曼雇佣军,而且从来不乏志愿者,征兵官可以从中挑选。高卢人天性好战,认为以当兵为业要比以务农为业或当一个卑微的手艺人赚钱多,军团也提供了得到罗马公民权的一条途径。不太可能从将驻扎的地区附近招募高卢人,因为除了莱茵河边界,很少有军队驻守,如果为数众多的辅助军来自贝尔吉卡,那么他们是从阿尔卑斯诸行省招募的。军团最大的兵源来自纳尔榜。有妻子在身边——官方默许——士兵感到自己好比在家里,即使不在家乡。

估计驻扎在高卢的军队人数在 6 万到 10 万。不管怎样,他们构成了帝国最重要的军队之一。[31] 军队人数在兼并十区领地后减少:图拉真时期从八个军团减为五个,哈德良时期减为四个。最主要的卫戍部队一部分驻扎在乌比人(Ubii)的土地上——在诺韦西乌姆(Novaesium,诺伊斯[Neuss])[32] 和博纳(Bonna,波恩),以及更北的老营(Vetera Castra,克桑滕)和诺维奥马古斯(诺伊马根);一部分驻扎在上日耳曼——在阿尔根托拉图和温多尼萨(Vindonissa,温迪施

［Windisch］）。分遣队当然驻扎在各地。

至于海防,有莱茵河舰队,随帝国的灭亡才销声匿迹,还有尤利乌斯广场城的舰队,废弃于 2 世纪,后来有几支小型河流舰队。[33]罗马对这一部门缺乏主动,仅做以一般性的努力来改善海上航线。[34]但说到陆上交通要道,独立的高卢绝不是没有的,帝国政府表现出一如既往的对交通的关注[35],特别是在阿格里帕及之后的克劳狄的影响下。国道将每个首府与附近地区的首府连在一起,更不用说各城市负责维护的二级道路。

至于税收,在高卢没有特别之处。有税贡,这是标志臣服的一种直接税,有特权的城镇免于此税;土地税,以人口普查为基础,奥古斯都时期按人头、图拉真时期按财产由专门的财税使定期修改;赋税以实物形式征收,一些众所周知的间接税——关税和通行税,所有的对人们来说似乎都是负担。帝国曾减少直接税的征收,在其他情况下则进行改革,但乱收税在 3 世纪重新开始,当这块土地也因时局动荡而变得贫困时。财务代理按照与行省划分不一致的具有很大灵活性的制度被分派出去。

在司法管理方面[36],与高卢人从前的司法实践完全相左:由德鲁伊教祭司和贵族解释的简单的凯尔特习惯法,现被世俗法所取代,成文且统一,除去几个特殊案件,这样的案件需要皇帝做出新裁决,或是事先在总督告示所公布并对是否适用于当地有所考虑的某些法规涵盖的。随着时间的流逝,所有的此类改革都越来越多地保留在皇帝本人手中。参将(除去在日耳曼)和纳尔榜的代行执政官十分乐于将许多时间用来履行司法职责,但我们无法断定高卢每个管区的范围。我们也不知道担任法官的当地人在私人民事案件中的权限,我们只能从纳尔榜一段铭文[37]中得知,奥古斯都允许他们从各等级中选出。上诉权有时扩展(除后期之外)至皇帝本人,最终给予行省居民一种保护,他们一定对此感激不尽。

本地政治生活[38]

除了在贝尔吉卡,罗马人在那里给予一些臣属的部落以公民权;除了在纳尔榜,因各民族似乎拥有太过广大的领地而在那里仍进行细分;除了在阿奎塔尼亚,有人在那里谋反。此外,罗马人几乎没有改变各邦国中高卢人的分布,但多

228 数邦国已由被称为"区"(pagi)的小部分组成。随着时间的流逝,没有任何突然的变革,城镇与领地之间的关系发生了改变:城镇逐渐变得比领地更重要,那是与高卢人的想法相左的。这种改变自然在纳尔榜发展得最快,在日耳曼发展得最慢,在十区领地,这种变化从未完全实现。长期以来,整个邦国的管理部门与其首府的管理部门的差别一直存在着。

帝国时期建立或罗马化的高卢城市对代表制度一无所知,他们只有用来选举官员的市政议员组成的贵族团。法官、警官、财政长官有罗马执政官一般的毫无意义的徽章。每五年任命一次,头衔为"五年任官"(quinquennales),至少是在纳尔榜,后来由他们进行人口普查。两名市政官监督所有不甚重要的城市事务,两名财务官担任财务主管。

宗教严格以罗马的方式安排,祭司像官员一样被任命,以大祭司或占卜官为头衔。神(被奉为神的皇帝)的弗拉明祭司或祭司(sacerdos)位居其他僧侣之上,古老国家神的祭司地位尤轻。他们的职责,像议事会成员的职责一样,只能由富人履行,通常由大土地所有者担任,他们因为担任官位并负有职责而需支付大笔开销。中等阶级的小业主和获释奴保留了"奥古斯都祭司"(augustalitas)的荣誉[39],这也是大家羡慕的。

以帝王崇拜为途径的忠诚表现在行省组织上体现出其重要性[40],尽管表忠的活动也受到中央的规范。高卢人的会议提供给表忠活动一个机会。

自从奥古斯都时期[41]就有纳尔榜的行省大会(concilium provinciae),其成员是来自各城市的代表,由一名高级祭司,即该行省的弗拉明祭司主持,他在纳尔榜的奥古斯都神庙侍神,大体是与我们在帝国其他行省所看到的相一致的制度。但这块土地的特别之处是建立了一个"高卢人"议事会[42],与会人数经常变化,还不能清楚解释,整个地区都派代表参加,不包括从前的山北高卢。每年在献给奥古斯都的8月的第一天举行大会,由祭司主持,在萨昂河和罗讷河的交汇处召开,那是神圣的区域,我们后面还会说起。由此,罗马通过支持曾独立的全

229 高卢代表召开的会议而表现出自由大度,尽管罗马没有放弃从里昂城堡的有利位置监视所发生的一切。里昂是内陆唯一常驻军队的城镇。

这些宗教性质的会议不久后一定会开始尽情表达政治见解或抱怨离任在即的总督,总督们往往关注通过一些手段把自己的亲信和支持者安插在议事会里。抱怨可能来自处境最差的社会下层,但像所有的本地政治家一样,代表们属于贵族,这使得达成妥协更加容易。我们的确不知道任何一桩让高卢参将获罪的事,托里尼著名的纪念碑[43]向我们显示出,他们聚众商议,往往倾向于歌颂那些管理受到质疑的人。

在基督教时代,里昂的高级祭司因其不甚明确的头衔"行省祭司"而出众,仅保留了傀儡的地位。行省会议失去了其宗教特征,帝国法律批准了它们的议题并方便它们开会,但大众的冷漠和日益严重的腐败无法不让这些会议陷入瘫痪,以至于行省会议也变成了欺骗之地。在三部分高卢的会议消失后,可能每个行省都有自己的会议,其中最重要的当属管区会议,是由霍诺里乌斯敕令规定的[44],会址在阿尔勒。

与在戴克里先之后随行省数目增加而变得明显的瓦解之势相对应的,是城市的增加,但这里的中央权力部门我们尚不太清楚。许多大的人口中心毁于一旦,动荡岁月里,小规模地重新组建行省会议不算是危险的事。从其他视角来看,其管理制度经历了我们对整个帝国通常所描述过的变迁。

社会经济状况[45]

无疑罗马占领的一个结果便是人口增长及人员更新。[46]殖民地建立,受社会稳定和部落间争端得以解决吸引的各地人员大量涌入,引进有文化的罗马地主或罗马化的地主,未受过教育的高卢人不需要文化人,还有引进对富裕的意大利人的生活方式至关重要的奴隶,除了凯尔特人在那一时期繁衍生息,所有这些都产生了一种论断:高卢—罗马人一定至少与今天的法国人口相等,尽管这个说法很难被证实。

另一方面,人口必定重新分布。在许多地方,城镇地位优先于地区,这是由于舒适(从前不为人知)、更大的物质优势,甚至是诸如竞技表演的消遣娱乐带来的一个结果。独立时候,高卢的生活以农业为主,随着商业和手工业的发展,许 230

多劳动者被从农田吸引过去。最终,完善的交通使一些地主在巡视完自己的地产后回到城里的房宅,这要感谢货车充分使用的当地道路系统,而多数地主就住在自己的土地上,这是高卢独有的一点。

城镇中的工作经常在形式上结成社团。尽管罗马重组意大利的众多职业行会,但罗马不甚关心行省中的行会,高卢的那些行会对罗马说来不太危险,大群进驻纳尔榜和里昂附近地区。[47]它们不总是表现于职业方面,名义上是宗教或葬礼社团,但通常在实践中统一了同业人员。作为商人(negotiatores)的中产阶级或工匠(artifices)积累了丰厚的财富,有他们的坟墓为证。这些行会中,最有实力的似乎是建筑工人和木匠(fabri)、木材商(dendrophori)、主要在罗讷河下游及其支流的船主和船夫[48]以及为穷人制衣的商人(centonarii)的行会。这些行会的组织使它们成为由有钱有势的资助人供养的真正团体或协会。政府的单纯容许在3世纪时让位于明显扶持,有了把行会当作方便统治大众和恢复税收的代理人的想法。

富有阶级包括骑士和元老,但这些头衔只被当地承认,不能满足要人们的抱负,他们希望得到罗马元老的地位。罗马元老是个虚衔,他们中许多人得到了,甚至可以传给女子。最终,每个自治市都有这些高卢元老。他们绝大多数是大地主,因3世纪十分普遍的社会经济发展而富有。他们的庄园雇用了大批工人,成为许多村庄和市镇的中心,村镇今天的名字还能让人想起曾有一处古代的大地产,甚至地产主人的名字。地产主人可能从其凯尔特人的骨子里就有打猎的兴趣,从其拉丁式的教育得来对研究和文学的喜爱。这些人就是诗人奥索尼乌斯(Ausonius)和成为诺拉(Nola)主教的鲍里努斯,尽管他是波尔多人。

斯特拉波在说罗马人教会高卢人如何耕种土地时言过其实了。高卢臣民在那一方面不是最需要教授的,也许唯一因罗马人而起的创新是广泛种植葡萄,在条件适宜的任何地方,葡萄种植代替了谷类种植。但我们必须记得图密善的禁令[49],直到普罗布斯时期都在遏制这一倾向。从普罗布斯统治时期,波尔多和摩泽尔(Moselle)河畔的葡萄酒才享有盛誉。关于养牛没有值得一提的需要学习的新秘密,但罗马的水利工程有利于开发土地的方式,不亚于对农业带来的益处。

不像在西班牙和不列颠,罗马人在高卢没有发现许多地下资源,尽管该地区

231

许多地方都有冶金业带动起来的繁忙手工业。当地人从他们的新主人那里学到了如何开采矿山并以制造者的艺术匠心利用所有资源,他们的建筑艺术水平还处于萌芽阶段,很少关注住所。这一艺术分支的所有精良技术设备对他们来说都变得习以为常,据说在弗兰德语中,相当一部分相关技术词汇显然为拉丁词源。[50]最终,高卢住宅的内部饰以并不粗糙的家具。服装方面十分守旧,社会上层矫情地身着拉丁式样的服饰并不能掩盖一个事实——传统的民族服装仍最受欢迎,适于穷人雨天穿着的托尼织造对出口贸易贡献不小。罗马的影响只是取代了对绚丽颜色的喜爱,那种喜爱甚至在恺撒时代仍十分明显。

独立时候,凯尔特人寒酸的陶器与有纹饰的陶器差别很大[51],仿照阿雷佐(Arezzo)类型,众多高卢作坊都生产陶器。从纯粹的审美角度来看并与范本比较,这显然是做工不佳的仿制品,但从经济角度来看,这象征着一个无可置疑的进步。相似地,制瓦和造砖从木屋被废弃时开始,给许多工匠提供了工作岗位。在泥土使用方面,地中海的影响带动了一个新产业,虔诚者到目前为止还觉得不需要的,就是在希腊—罗马世界的宗教庆典上发挥很大作用的陶制小雕像的制造。

商品出口超过了进口。[52]高卢出口各类食品销往意大利,用于打猎、竞技或运输的活畜、士兵和农民穿着的羊毛织物;高卢把蛮族不会制造的廉价商品运往日耳曼和不列颠的凯尔特人那里,好比今日非洲民族从欧洲得到的一样。高卢的财富迅猛增长直到大入侵开始,手工匠人经历了一个繁荣时期,各地使用统一货币、度量衡和没有不同之处的税收制度促进了繁荣。[53]浩繁的财政工作不合凯尔特人的秉性,这些留给意大利人或东方人去做,尤其是叙利亚人,但这块土地主要依靠农业人口和中等阶级,高卢在那一方面像极了法国。此外,人民康乐似乎是普遍现象,穷人少,小康家庭多,按财富差别划分的等级之间没有不可逾越的鸿沟,他们在公共浴池、大竞技场,最主要是角斗表演上随意地混杂一处。角斗表演在我们祖先中的受欢迎程度不亚于在意大利。

232

思想和艺术

罗马对高卢人的宗教影响[54],作用于其信仰少于作用于其表现方式。罗马人和高卢人都不自觉地希望安抚神明,都逐渐形成了抽象的和自然的观念,往往存在做法幼稚的奉献和探求获神眷顾和摆脱厄运的诀窍。罗马人受希腊人影响,变为神人同形同性,也以同样的方式改变了高卢人,无需施压或恳求。他们带来了自己的偶像,他们的神像给当地人以一种新式奢侈品的印象。[55]从如阿波罗·波尔沃(Apollo Borvo)或玛尔斯·卡姆卢斯(Mars Camulus)这样的名字可知,希腊—罗马的复合神与高卢—罗马的复合神是相通的。就像在前者的情况下,人们会发现有些太难同化或不可能同化,所以有些神仍为凯尔特神:贝勒努斯(Belenus)、埃波娜(Epona)、埃苏斯(Esus)、条塔特斯(Teutates)诸如此类,在最后提到的条塔特斯神的外形之下,墨丘利(Mercury)总保持着当地特色。古老的象征物——科尔努诺斯(Cernunnos)的角、苏克鲁斯(Sucellus)的木槌、埃波娜的马保持着原来的特征,在古典宗教里没有类似的情况。而一些奇怪的改变已被指出了,例如,阿波罗变成司泉水的寻常神。[56]最后,出于一份自发或有私心的忠心,他们接受了一些抽象的神:守护灵,尤其是皇帝的守护灵;拉瑞斯神(Lares),被称为奥古斯都的家庭神;图特莱(Tutelae)是城市守护神,虔诚者无疑带着与对神圣诸帝相同的目的向这些神祈祷。以这份接受新神的心态,一定也会接受东方的崇拜,那要比接受罗马的崇拜更顺利,也为基督教打下了基础。我们好奇地注意到,新神带动起造型新颖的纪念物:打倒龙掌巨人的骑士[57],显然是圣乔治和龙的原型。

另一方面,真正的革命发生在崇拜的组织上。德鲁伊教销声匿迹,仅保留对巫师或占卜者轻微且绝对私人性的影响。不再有在山顶或丛林、露天圈地里的集会,此后高卢人有了自己的神庙,像所有的地中海民族一样。

233　　罗马对高卢人的精神生活也留下了不小的印记,尽管罗马除了自己所拥有的无法给予其他。在新秩序将随元首制建立起来的几乎同一时间,这块土地被征服了,从一开始就认识了让人失望、挥霍浪费的意大利人。帝国十分快速地达到权力和版图的顶峰,平和的个性从一个文雅完善的社会里消失了,人们极为关心自身的舒适,极少受到崇高理想的感召。其宗教是怀疑论的,与此相连的是仪式规则和常规实践。宗教态度通常不是恶毒或仇恨的,而是自私和平庸的。高卢人以此塑造自身。一种普遍的利己主义侵入到人们的灵魂,那没被城市的或学院的精神取代。服从城市或团体的便利机构是因为这么做能给他们带来好处,或是在某些情形下能得来荣誉,因此这种对制度的遵守不可被误解为公民责任感。当人们的负担似乎过重时,那只象征着恐慌。各式各样的努力是其中最难的事。

人们不太需要努力从事拉丁语研究,拉丁语甚至在商业交易中都有使用,对希望成为罗马公民、哪怕只是想改善自己在本城地位的人都是不可或缺的。学校[58]发挥了重要作用,尽管我们只能模糊地察觉到这点,无法知其细节,无论如何对小学教育来说情况如此。一些法律文本证明了国家在更高级阶段干预教育,我们有修辞学家的作品,像欧迈尼斯和西玛库斯(Symmacchus),他们讲起就读的学校。传统意义上的大学需要解释一下:在马赛、欧坦、兰斯、特雷沃、波尔多,所给予的指导与现代法国对少年进行的"人文教育"十分相似,文法包括其中。没有任何研究中心,可借助建起的一些图书馆对名家的研究,实际练习和修辞比赛构成了恒久不变的课程,培养出敏锐、雄辩、有学识的人,尽管他们的想法如出一辙,为东方式的。希腊文化在马赛占居首位,但哪里都少不了,因为希腊的教师分布各地,甚至是在欧坦,尽管欧坦地处偏僻并具有典型的高卢特征。这些学校由皇帝把控,皇帝在学校贯彻自己的想法并确定教师工资,带有很大的自由度,因为他们把发放工资的责任交给城市。学校不缺少学员。文学训练要比其他的更有价值,它为履行公共职责和更高的管理生涯做准备,那让我们想到中国文学在社会上的重要性,却也带来缺乏创新的影响。

创新无法打破如此让人闭目塞听的惯例并不让人吃惊。所有的高卢作家都 234
是"中间人",是对希腊人和罗马人的模仿者,高卢人却没有借鉴他们最好的方法。言辞雄辩(Argute loqui)!高卢人中的这一趋势从一开始就被记录下来,因此出现了许多修辞学家,他们对拉丁风格着迷,以至于许多人离开了自己的国家。在4世纪总体衰颓之势下,他们的名字不曾黯淡下去[59],但我们不必理会那个年代撰写颂词者热切的诌媚,纳玛提亚努斯对日趋衰落的罗马盲目赞颂,奥索尼乌斯如履薄冰般的表现被他对波尔多或摩泽尔的赞美很好地弥补了,通过这些赞美,他获得了类似国家诗人的地位。

在艺术上[60],本身即模仿者的指导者在一块白板上创作:希腊人从不间断地重复自己;罗马人除了一些不甚重要的建筑发明没有取得进步。他们没有向高卢人隐瞒为生活增添乐趣和使城市更加宏伟的方法。神庙、长方形会堂、剧院和竞技场、纪念性大门或凯旋门、坟墓、高塔、陵墓、金字塔、礼拜堂、祭坛和石棺，没有哪个让罗马来的游客感到完全陌生的。希腊雕像让他想起首都收藏家的美术馆。在高卢像在意大利一样，国外艺术家亲自前来寻找订单。多姆山（Puy-de-Dôme）的墨丘利巨像出自希腊人泽诺多图斯（Zenodotus）之手，除了铭文没有什么是阿维尼亚人的。渗透进来的神话没有放过高卢的雕塑，尽管有时掺杂着日常生活的主题。与日常生活相关的雕塑还有葬礼半身像，利用一些低劣的当地石材，技法粗糙，但要比让人乏味的石块吸引人得多。尤其在贝尔吉卡，我们发现了某种新的观察力和真实感：中等阶级或工匠的生活在家庭或作坊的场景中向我们展现出来。然而，石材用料不亚于泥土、最投凯尔特人所好的装饰风格——层叠镂空的装饰、曲折变幻的外形——从高卢销声匿迹了，除了在十分罕见的地方。唯有在不列颠，古典艺术的影响才不甚压倒性地保留着传统，并传承给中世纪。

高卢各地区[61]

我们国家的古代遗迹并未完全消失，除了在几处多有开发的地区。充实的文本和大量的发掘无论如何都让我们大体了解到每个地区的生活和主要人口中心的状况。

让我们从纳尔榜说起[62]，这是最早被征服、最快发展起来的地区，统统因为与意大利毗邻、这块土地部分地方的地中海特征、早期的希腊殖民地以及恺撒和奥古斯都的创建。[63]恺撒之前罗马的工作不为人知，罗马可能完全或几乎完全约束自己，仅建立三座城[64]，在这位独裁者进入视野之前，情况尚不清楚。首先他迫于形势而毁掉了狂妄的马赛城。只有除掉这一基地，庞培才可能被打败，所以有了艰苦的围困、该城的投降、领土和战船的丧失。实话讲，因为相隔，它对内陆地区没有多少带动作用。空荡的港口，所有的活动几乎瞬时停歇，但其优越的地理位置、宜人的气候、居民的教养和高度文明带来了复兴。我们提到过马赛的大学，意大利青年大批来到这里接受仍负盛名的希腊教育，他们在那里遇到受政策牵连和效仿旧式的雅典放逐法从罗马放逐的同胞。

235

　　两个城市继承了马赛的幸运。尤利乌斯广场城（弗雷瑞斯）[65]——"恺撒的市场"，比之恺撒，其短暂的繁荣更要归功于奥古斯都。这位皇帝在那里安置了打赢亚克兴战役的海员，把缴获的船只停泊在港湾。它是一座纯粹军事性的城镇，如其铭文（士兵的话）证明的，控制着附近地区和交通要冲，但奥古斯都所建的港口——纯粹为人工修建、经常处于险境——很快被泥沙淤积堵塞，需要维护，中央政府最后放弃了这一尝试。如我们所说，海军在2世纪消失不见，这标志着无可挽回的衰退的开始，从这时起，这座城市再没有复苏，其雄伟的防御土墙、地下兵械库和两座堡垒的遗迹要比它从前的娱乐性建筑更让人浮想联翩。弗雷瑞斯因马赛毁灭而得到作为海军基地的重要性。

　　在商业领域，纳博讷（Narbonne）取代了那个著名城市。纳尔波—玛尔斯曾两次迎来罗马的殖民者，已发展为一座繁华的城镇。像弗雷瑞斯一样，只是更甚，它离海不近，但在罗马时代，因为有了环绕该城并流入锡让（Sigean）泻湖的湖泊，才有了与地中海的水路交通，所有这些相连的水湾形成了十足甚至辽阔的港口来容纳那个年代的平底船。此外，它控制通往西班牙的要道和连接塞文山两坡的关隘。但它在2世纪中期被焚毁而从首府一级下滑之后，就像其他沿海城市一样不再重要。其宏伟建筑，现已完全破损，得到了晚至5世纪的希多尼乌斯·阿波利纳里斯（Sidonius Apollinaris）的称赞，尽管甚至对他来说也看起来十分老旧。 236

　　商路改道了。沿罗讷河河谷，河附近的城市因这一改变而受益：艾克斯（塞克斯提乌斯温泉区）[66]——一个尽是古老家族但最主要为农业家庭的中等城市，不像尼姆和阿尔勒那样受益良多。尼玛乌苏斯（Nemausus，来自凯尔特语nemetum，圣地）像艾克斯一样在蛮族入侵时被劫掠，但没有完全毁灭，来法国的游客是在尼姆看到了许多古代遗迹。[67]直到奥古斯都在亚克兴战后引入从安东尼战船上俘虏的来自埃及的希腊人[68]作为殖民者，这座高卢城市才兴旺起来。用作钱币上符号的棕榈树和鳄鱼长久以来让人们回想起这一源头。

　　从附近山坡流淌下来的圣泉给予尼姆以宗教地位。这条泉水（尼玛乌苏斯）有自己的神庙，也许在浴场附近而得以辨认，还建有许多神庙，尤其是卡皮托尔神庙和闻名的"方形神庙"（Maison Carrée），其希腊风格无疑折射出部分居民的族裔。在这一干旱、灌溉不足的地区，泉水是天赐之物，但罗马人不满足于此，阿格里帕想人们所想,积极地通过现今仍屹立不倒的"加尔大桥"(Pont du Gard)引来两条小河的水。如果尼姆不是一座商业城市,那么很难解释怎么会有来自世界各地的人,但我们对其手工业一无所知。其宏大的表演场地完全为人工修建,不倚靠天然的斜坡,表明那里有不因高昂投入而望而却步的众多人口。

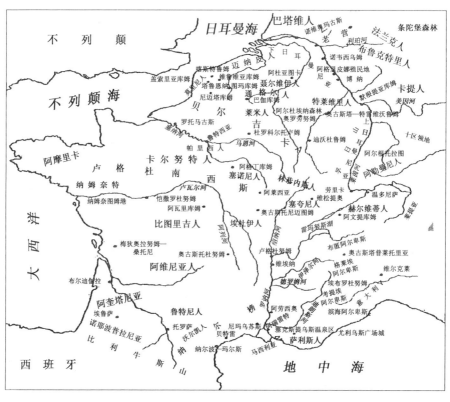

地图 7　高卢人

237　　　然而,不是尼姆而是阿尔勒(阿瑞雷特[Arelate])从 1 世纪开始代表着"普罗旺斯的经济之都及最重要的文化和艺术中心"[69],尽管阿尔勒只是逐步令竞争对手纳博讷和里昂黯然失色的。它从马赛的倾覆中受益,吞并马赛从前的领土,在兼并弗雷瑞斯的领土后,面积大幅增加。著名的"马略壕沟"——由马略在向条顿人进发时为其军队挖掘的运河,后来使这处被陆地包围的地方在河运贸易之外又增加了海上贸易。然而,若不是一件使该城复苏并增加其先天优势的意料之外的事,3 世纪危机将给阿尔勒带来致命一击。君士坦丁对其居于交通要冲的有利位置感到吃惊,使之成为"高卢的罗马",并几次造访。而不过一个世纪,那里变成一名近卫军长官的驻地。多亏这些特权,阿尔勒不仅仅是一个船主们的城镇,在帝国接纳基督教的这个世纪,它的建筑在受新信仰激发的艺术作品中出类拔萃。[70]阿尔勒的大教堂没有被保存下来,但我们仍可见大量有刻纹装饰的石棺,尽管事实上这被认为是罗马艺术家的作品,后者的出现无论如何证明了这一时期这座城镇的富庶。[71]首先,是在阿尔勒,经过凯尔特、希腊和罗马因素的愉悦融合,普罗旺斯的文明有了新的源头。[72]

238

沿着罗讷河,在迪朗斯河以北,有一连串农业城镇。其中仅有一个保存了这一时期非比寻常的纪念物,那就是殖民地奥朗日(阿劳西奥)。剧场几乎完好无损,近来发掘出了其入口[73],凯旋门真实记录下镇压弗罗鲁斯和萨克罗威尔的起义。[74]

接下来是殖民地尤利亚—维埃纳(Julia Vienna,维埃纳)[75],它是拉丁人的而非罗马人的殖民地,阿洛布罗吉人强势部落的首府,贵族居住的地方富丽堂皇,正如我们从几乎各地都有挖掘的艺术品碎片可知的。那里的意大利人不多,因为殖民者从辅助军中抽调;而在卡里古拉治下,在奥古斯都和李维娅(Livia)的神庙建立起来以表忠心时,维埃纳成为罗马人的殖民地,其繁荣和影响要归功于广阔的领土,远至伊泽尔河,包括阿尔卑斯山脉两侧的地区。未来的一些城镇都在它的管理之下,这些城镇随后逐渐形成,例如艾克斯莱班(Aix-les-Bains)、阿纳西(Annecy)、日内瓦和格勒诺布尔(Grenoble)。

贝济耶(Béziers,贝特雷[Baeterrae])由一些老兵建于罗讷河右岸远处,迅速成为延续至今的大型葡萄酒市场。进而出于战略考虑,托罗萨(图卢兹)被纳入纳尔榜,尽管面向另一方向,这里值得一提,不是因为其无关紧要的古代遗存,而是作为马提亚尔笔下的文化中心,我们称之为"密涅瓦之城",它也被很久以后的奥索尼乌斯称道。

我们已经看到纳尔榜直到戴克里先统治时期一直维持原来的边界,但被普遍接受的演讲说明西部地区被任意与之连起。在戴克里先从中划出一个新行省即维埃南西斯后,纳尔榜仅剩下典型行省、古代的普罗温西亚(Provincia)的东南部,其众多殖民地大多是拉丁殖民地,我们现在的普罗旺斯由此得名。

接下来,按年代顺序我们会想起高卢人的首府里昂的重要地位[76],没有被完全解读的凯尔特名字卢格杜努姆,表明之前有一座城镇,尽管是个很不起眼的小镇,正因为罗马的选择,变化几乎就在一夜之间,使高卢的这座卫城卓越不群,239 正如斯特拉波后来所说的。里昂并不能容纳如今这般的人口。另外,即使公元65 年的大火没有起阻碍作用,也延缓了里昂的发展,但它领土上出现的如织游人在很多时候可能与稳定的常住人口相等。其优越的地理位置在日后的征服中更引人注目,那时广阔的内地还不为人知,在一块仍然全新的土地上,最安全方便的交通就是主要河道。这个交汇处控制着三个方向的交通线,为了严守通道,有必要占据控制索恩河的高地,这座罗马城市就建在那里,有殖民者、卫戍部队和图拉真所建的老广场(Forum vetus),法语里将之更名为富维耶山。山坡上的公共建筑没有被保存下来,考古发掘已证明高地上有位置极佳的私人住宅,但除了地基,只发现了钱币和陶片。[77] 的确,大规模保存下来的唯有在山顶为全城供水的引水渠的壮观遗迹。[78]

富维耶山下是凯尔特人居住区、交易市场和商铺,客流络绎不绝。在最先被排干的罗讷河的岛上及附近地区,市政当局不久后用结实的建筑取代了木屋,沿两条河而来的葡萄酒商人和船夫在那里设立办事处和货栈。并非所有人都是高卢人,国际贸易带来了许多外国人,其中许多为该城的位置和赚钱的便利所吸引,打消了回去的念头。这样一来,世界各地的人汇聚这里,希腊人、叙利亚人和各类东方人强烈反抗马尔库斯·奥勒略和塞普提米乌斯·塞维鲁的迫害,基督教通过他们找到了进入该城的路径。[79]

最终,在这座偏南城市的北面有一块神圣之地,即联盟的领地,代表们每年都会涌入那里参加行省议事会。中心矗立起罗马和奥古斯都的巨大祭坛,镀金雕饰,富丽堂皇,围以两排廊柱,其外形为我们保存于当地钱币上。祭坛周围是神庙、祭司和代理人助手的住处、赛马场和举行赛会的竞技场,这些泛凯尔特节以希腊精神为主调,尽管这里没有成为里昂的一个文化中心。

240 　197 年的大战使这座城市蒙受了损失,3 世纪进一步加剧。4 世纪,帝国城市特雷沃和阿尔勒让这座旨在充当统一中心的城市黯然失色。

当血统纯正的罗马人进入"长发"高卢后,他们感到不比在家。我们可以轻易发现那里的生活在中世纪以前几乎没有变化。铭文十分少见,考古纪念物更集中,城镇距离很远,平均间距是纳尔榜城镇的五到六倍,它们的建筑往往破烂不堪,似乎只是外来客的居住中心。从浮雕来判断,当地人保留着传统和农夫的衣着,部落保留其民族称号。

除了比利牛斯山行省诺万波普利(Novempopuli,伊比利亚的抵抗中心,正因如此,巴斯克[Basques]和贝亚恩[Béarnais]仍保留了本地习语),在阿奎塔尼亚[80],其转变过程最慢。因为土壤和气候,这个被加龙河分成两半的大三角形平原容留来自南方的民众不令人吃惊。然而那里的城市生活退步了,唯有波尔多[81]达到了一座大城市的水平。它的第一个名字布尔迪伽拉(Burdigala)来自伊比利亚人,但中央高地的凯尔特人在那里定居,他们没有来自罗马或军事殖民者的帮助,就懂得如何从整个周边地区的农业资源中获利和充分利用深植于吉伦特(Gironde)河口的港口。波尔多不必感激罗马人,除了罗马将不列颠并入帝国所带来的日益增长的贸易便利,少有意大利人因行省管理工作而被吸引到那里。当这座城的面积大大扩张时,罗马的影响才在很久以后显现出来,直到3世纪,那里的宏伟建筑才多起来。从这一乡村地区产生的新贵发现,厚实的建筑和出身阿非利加或叙利亚的皇帝引入时尚的繁复是炫富的办法。此后遭遇的不幸改变了布尔迪伽拉的外貌,不得不用城墙围起,其贸易因此时的变乱受阻,像其他一些城镇一样变成文人、诗人、演说家进行研究的地方。

起初,波尔多有对手梅狄奥拉努姆·桑托尼(Mediolanum Santonum,桑特[Saintes])——一个最具影响的凯尔特部落的中心。这座城镇从德鲁苏和日耳曼尼库斯家族以及奥古斯都的规划中得到恩惠,又与肥沃土壤和织造业合力,解释了其古代纪念物所见证的繁荣。

罗马的阿奎塔尼亚也包括整个中部高原,截然不同于该行省的其他地方。它周围有几个无足轻重的城镇,北面阿瓦里库姆(Avaricum,布尔日)的高卢光彩大大褪去,那是征服前一个主要部落比图里吉人(Bituriges)的首府。陡峭的高山没有吸引南方的各民族,他们的大商路避开这里。在独立最后的支撑阿尔韦尔尼(Arvernes)地区[82],利马涅(Limagne)仍丰产,消逝的火山涌出温泉,制陶业远近驰名。最后,宗教给奥古斯托尼迈图姆(Augustonemetum,凯尔特语意为"奥古斯都的神庙")带来了重要地位,要感谢附近多姆山耗巨资修建的气势恢弘的国家圣地,多姆山享誉高卢,因此被称为"名山"(Clarus Mons),它留给朝圣者启程的最后中心(克莱蒙[Clermont])。

241

卢格杜南西斯包括埃杜伊人的土地[83],埃杜伊人是恺撒时代一个重要而专横的部落。在他们的领地上仅发展起一个有名的城镇——"奥古斯都的城堡"奥古斯托杜努姆(Augustodunum,欧坦)[84],一开始就是座堡垒,不止从 3 世纪开始,因其遗迹揭示出繁荣年代的技艺。它是如里昂一般的先进要塞,不建在伯夫赖山(Mount Beuvray)的凯尔特古城毕布拉克特(Bibracte)的位置,该城被废弃了,一座新城建在这里 15 000 步内的未开垦的土地上,按照整齐的规划布有宽阔的大街。它与罗马关系融洽,表现在造价高昂的建筑上,纯粹为罗马风格,有纪念性大门、大型的剧院和竞技场,还有为教授希腊—罗马文学而建的享有盛誉的学府。但凯尔特精神扎根于这些学校,学生绝大多数是高卢人,很少有外国人杂入其间。然而,在帝国总危机下的高卢,欧坦仍向罗马尽忠,尽管如我们所见[85]必须回报这一善意的表达。4 世纪的皇帝徒劳地试图带来复兴,这座"凯尔特的罗马城"远离大道,此后似乎只是人工建造的城,当年的风光不再。

在紧靠源头的约讷(Yonne)河谷,我们来到塞诺尼人(Senones)的首府阿格丁库姆(Agedincum,桑斯)才发现真正的城镇。一个雕塑博物馆证明了它在 1 世纪的重要性,中世纪时的范围仍与 3 世纪时相同。作为第四卢格杜南西斯的首府和后来高卢人的大主教区,基于这些理由,它名列巴黎之前。

然而鲁特西亚[86]已经远远大于其发祥地——水手(nautes)或船夫的大行会仍留有办事处的小岛,河左岸尤其因该城的扩大而受益。圣热讷维耶沃山(Mount Sainte-Geneviève)就在近前,提供了一处可以轻松防御的庇藏地。山下在 2 世纪建起的浴场、竞技场[87]仍有部分被保存下来,还有赛马场和剧院,均有与一座长期保持低调的城市相配的规模。后来,经历 3 世纪的灾难之后,形成了一个有防御工事的军营,热情的下属在那里呼喊小尤利乌斯·恺撒为奥古斯都。[88]

242　　诺曼底肥沃的土地使之从一开始就成为高卢最大的农业区之一,但其首府罗托马古斯(Rotomagus,鲁昂)在那时还没显现出未来命运的任何迹象:它有一些亚麻工坊,但不能弥补河运的无足轻重。除此之外,该地区没有城市,仅在主要庄园的附近地区形成了破败的村庄,那是坚守古老职业和乡村生活的农夫的土地。

与大西洋的联系要比与附近地区更密切的阿摩里卡(Armorica),仍被古老传统裹束。唯一的城市纳姆奈特(Namnetes,南特),其商业活动没有被罗马人忽视,这要归功于河流及其与不列颠岛的关系。这个城镇拉丁化了,以其主人的风格装饰一番。考古发掘已证明,同样的文明也扩展到其古代名称我们还不得而知的众多地方——安茹(Anjou)的城镇和卡尔努特人(Carnutes)的大粮仓。

罗马的贝尔吉卡[89]面积要比现今比利时大得多,南面包括瑞士西半部[90]、低地的一半以及除瓦莱(Valais)以外的罗讷河上游河谷,瓦莱服从布匿阿尔卑斯(Alpes Poeninae)代理人的管理。罗讷河上游河谷起初被看作抵抗阿尔卑斯强盗的军事区,城镇或殖民地只是出于战略地位才建在那里,因此尼翁(Nyon)、奥格斯特和阿旺什(Avenches)一旦不再服务于战略目的便开始衰落。十区领地的兼并和这些城镇的稳定改变了赫尔维蒂人的处境。罗马的文化更广泛地传播,持续了几个世纪,因为仍存在瑞士罗曼方言,而孤立的、扎根不深的凯尔特语在使日耳曼瑞士得以产生的入侵前衰落了。但这一罗马化进程,是由于相邻而非任何系统性努力,并没有产生大城市:这块土地被许多天然屏障分成几块,已经开始了行政区的生活。

与此相似,我们的弗朗什孔特(Fanche Comté)的山地特征解释了其城镇无足轻重的原因,其中唯有维松提奥(Vesontio,贝桑松)因作为要塞而重要,也向平原扩展,平原处的一些拉丁城市遗址保存了下来。

我们对林恭内斯人(Lingones)的都城朗格勒(Langres)或兰斯(杜罗科尔托卢姆[Durocortorum])知之甚少,后者是莱米人的总部和罗马的首府,尤其归因于那里是道路交汇的地方。那个年代没有现在属于两个不同国家的地区间的划分,但横贯法国和比利时的道路穿过前者多于后者,因为在盖索里亚库姆(Gesoriacum,布洛涅[Boulogne])有最佳的入海通道,布洛涅从一个凯尔特港口转变为军事据点,也是与不列颠交通的捷径。一条大道从兰斯直通控制着一条二级道路的巴伽库姆(Bagacum,巴韦[Bavai]),大道向西叉开一点,一条支路经过尼迈塔库姆(Nemetacum,阿拉斯[Arras])和塔鲁恩纳(Taruenna,泰鲁安纳[Thérouanne]),在此与另一条途经图尔纳库姆(Turnacum,图尔奈[Tournai])、维鲁维亚库姆(Viroviacum,维尔维克[Verwicq])和喀斯特鲁姆(Castellum,卡塞勒[Cassel])的支路交汇。尽管不服务于一线城市,这些却是重要道路,它们的位置相似,但位于埃斯科河(Escaut)流域的仍十分突出。

243

公道地讲,那时的比利时是一个连城镇都没有的地区,农业人口居住在农场和村庄。罗马的影响缓慢渗透,从未扎下根,通过间接方式扩展。在最有效的方式中,我们会首先记述始终不变、基于自愿对这些好战部落成员的招募,像弗兰德斯(Flanders)的迈纳皮人(Menapii)、埃诺(Hainaut)的聂尔维伊人(Nervii)、林堡(Limbourg)的通古里人(Tungri),其次是公粮代理人的经常性活动。从最早时候开始,意大利的商人在莱茵河军队活动范围内发现商机。迈纳皮人为加莱海峡的舰队和河道上的驳船提供人力。农夫、养牛人、裁缝和金属工匠,甚至是矿工,都通过从罗马学来的新方法发展手工业。居民的安居乐业从分布于该地区各处的庄园遗迹显现出来。[91]其中最富丽者,由坚固材料建成,带有意大利风格,只是因气候原因而有一定改动。这样一来有了防潮的很深的地下室、玻璃窗、像意大利浴场的供暖系统、取自当地的瓦和石板。还有装点别墅的家具、器皿和美食。比利时人显然都在模仿他们的主人,在无法自行制造时远道进口奢侈品。希腊—罗马艺术影响到他们,但对该民族的现实主义或其鉴赏力不持偏见。最后,教育甚至扩展到乡村地区,这是一件非比寻常的事。蛮族的浪潮席卷比利时,带来了如其他地方的灾难:蛮族为省时起见,绕开比今日更宽阔茂密的阿登(Ardennes)森林,这无疑从一方面解释了瓦隆尼亚(Wallonia)具有的拉丁特征。

入侵者沿着在兰斯交汇的两条主要路线,即桑布尔河(Sambre)和默兹河(Meuse)的路线,经过通格尔(Tongres,阿杜亚图卡[Aduatuca])后,又向诺伊马根(诺维奥马古斯)、克桑滕(维特拉[Vetera])和科隆(阿格里皮娜殖民地[Colonia Agrippina])三个方向。更南面的路线从莱茵河途经特雷沃和阿尔隆(Arlon,奥罗劳努姆[Orolaunum]),要比其他路线发挥更大的和平与开化作用,是里昂和莱茵河边界之间的主道。梅斯(Metz,迪沃杜鲁姆[Divodorum]或"圣村")标志着从朗格勒到特雷沃①和从兰斯到斯特拉斯堡的道路的会合点,但后面这条服务于阿尔萨斯[92]和南部普法尔茨的道路,向东终止于一个十分贫瘠的地区,此处的重要性直到后来才被认识到,那里鲜有卫戍部队,仅有小股军队。

再往北,情况截然相反:两个日耳曼行省[93]充斥着驻军,聚集于大型永久性

---

① 即特里尔。——译者注

的军营内。为供应其日常所需，在军营附近形成了许多小村子（conventus，vici），由众所周知和养护良好的道路连在一起[94]，它们不断发展直到变成如诺伊马根、科隆[95]和美因茨（默根提亚库姆［Moguntiacum］)[96]一般的城镇，美因茨迅速成为行省首府和莱茵河船运中心。[97]然而很少有发展为名副其实的城市的，少数几个也从未家喻户晓，如古代的殖民地被埋葬于废物堆之下，整理出来的碎片都是默根提亚库姆残存下来的。

在沿莱茵河河道而建的宏伟土墙的这一侧，有必要建立一个军令部（尤其是在日耳曼人侵犯之后），不如这些城镇一般暴露，但距离更近，可以监督所有日耳曼人，这带来了特雷沃（奥古斯塔特雷维沃鲁姆［Augusta Trevirorum］)的繁荣[98]，它到目前为止还是个不出名的殖民地，此后却成为西部皇帝的驻跸地，随后是一位近卫军长官的驻地。因位置得天独厚，有阳光充足的山坡环绕，尽管纬度高，土壤却适宜葡萄生长，像大"黑门"一样庞大而晦暗的遗迹，既晦暗又宏伟，是险况重重的一个世纪中最好的记忆。权贵及随从奢侈享乐的生活经常被打断，在经常存在的威胁之下，人们渐生一种"边疆精神"和对残忍血腥的娱乐活动的钟爱。

罗马的成就

这可被总结为几个字。首先让我们来驳倒认为那仅虚有其表、没有触碰到原有根基的过时理论。没有人会再冒险继续持此观点，唯一的保留意见是纪念物主要向我们揭示出富人的生活[99]，有关大众的变化的信息很少。但对两者而言，过去的一些东西真的被打破了，例如德鲁伊教祭司的影响迥异于取而代之、对传播帝国观念实为外行的行省祭司。在那之后，被罗马接纳的古老形式的崇拜变得无足轻重，只需基督教传入，将之摧毁。

有无制度上的发展？在身为罗马公民的高卢人中，我们必须相信是有的。 245
至于其他人——在3世纪后没有其他人可言——清楚的是，氏族的家长制家庭逐渐被拉丁类型的家庭取代，从公有制到私有制的进步无论如何因罗马人的到来加快了。结果带来个人的解放：当地头领不再依据出身，而是经选举或经他们的主人任命。高卢人不会反对一种不平等和摧毁经济发展的制度的消失,他们的态度会由授予个人公民权来决定,而不必有其他诱因。当帝国陷入衰退,古老的个人附属关系又重新建立起来,但这一复古现象的影响不及日耳曼人的入侵。

就语言而言,我们得出的仍不完满的结论到目前为止是令人满意的。[100]的确,到入侵之时高卢语言仍在使用,作家们偶尔引用。178 年起里昂的主教圣爱任纽(St.Irenaeus)在布道中使用"蛮族的方言",但在布列塔尼(Brittany)不用布列塔尼语布道,还是在科西嘉不用科西嘉语布道? 圣哲罗姆(St.Jerome)比较了亚细亚的伽拉提亚人的语言和特莱维里人的语言,但尽管如此,我们看到拉丁语是 6 世纪最后的赢家,通俗拉丁语注定要产生罗曼语,但萌生在凯尔特语的废墟之上。当时使用古老语言并不妨碍懂得拉丁语,在现代,几乎所有说方言的人都懂法语。从大众铭文使用的拉丁语找出凯尔特语的影响是徒劳的,尽管它们自然有时不正确,如帝国所有行省一样。铭文对高卢是有价值的。那的确没有给我们以市政法令的范本,我们由此假设一定是由一个发言人宣布而不是张榜公布。[101]事实却是墓志铭并非社会上层的专利,在我们读到那些墓志铭时,许多卑微的工匠仿佛为我们复活了。我们会相信刻写在同盟墓碑字行中的继承人不懂那些墓志铭吗? 拉丁语成为商业通用语不是最为重要的一点吗?

如果我们愿意承认最后取得的统一惠及高卢,那么我们将对帮助实现它的罗马统治引以为豪,因为那不止事关边界。我们会犹豫地承认凯尔特人中间保持的和平被觊觎王位者的对抗抵消了,甚至给各行省带来恶劣后果[102],如果凯尔特人仍保持独立,这样的斗争也会发生在他们中间。中央权力的威名对他们的思想有着深远的影响,在他们身上激发起与忠诚杂糅在一起的尊敬。

这种影响甚至在 5 世纪之后中央权力不再或几乎不再被感受到的时候仍存在。梅罗文加王朝(Merovingians)和罗马教廷结成紧密联盟,教廷使用拉丁语,因此从诸帝开始的罗马化由他们的敌人完成了。对高卢人的文化传播无疑停滞了,甚至到头来倒退了;文化没有原创性,除了一些细节,纯粹是缺乏独立性的模仿。一些严厉的批评由此而来:"罗马按照自己当时的样子重塑了高卢,阻碍了其自然发展。"[103]但我们不知道后者会是什么,这涉及一个更加普遍的问题,我们在其他地方必须回头再讲。[104]

246

第十八章　高卢人和日耳曼边疆

【注释】

[1] LXV，p.79 *et seq.*；CLXXXIII，p.169 *et seq.*

[2] CXLII，IV，p.14 *et seq.*

[3] *Ibid.*，p.29.

[4] CXLII，III，p.574 *et seq.*

[5] Tkae，XLVII，Ia，col.289—296.

[6] CXXX，pp.133—153.

[7] *Ibid.*，pp.112—126；XCVI，p.405.

[8] CXXX，pp.209—238.

[9] CLXVIII；CLXXXIII，p.159 *et seq.*；XCVI，p.409.

[10] LXV，p.132 *et seq.*；CXXIX，p.382 *et seq.*

[11] J.Formigé，XV，1910，p.76 *et seq.*

[12] 但似乎在公元82年到90年间就在计划改变（CXLVII，p.70）。

[13] 翻译见于XLI，XIII，1668；Allmer and Dissard，*Musée de lyon*，I，p.81 *et seq.*。

[14] Bernard W. Henderson，*Civil War and Rebellion in the Roman Empire*，London，1908.

[15] CI.

[16] IX，CXIX（1910），p.235 *et seq.*

[17] LXIII.

[18] CXLII，IV，p.525 *et seq.*

[19] *Ibid.*，p.547 *et seq.*

[20] LXII.

[21] LXIII.

[22] LXV，p.275.

[23] CXXX，p.217 *et seq.*

[24] LXV，p.320 *et seq.*

[25] 见下文"不列颠"。

[26] LII，I，p.440 *et seq.*

[27] CXLVII，p.56 *et seq.*；XC，pp.31—49；Stuart Jones，*Companion to Roman Studies*，Oxford，
　　1912，p.244，map 7；XLVII，XIII，col.582—605.

[28] Von Sarwey，Fabrioius and Hettner，*Der obergennanisch-rätische Limes des Römerreichs*，Hei-
　　delberg，1894 *et seq.*

[29] 由军团砖块所提供的证据，说明军队被用于此项工作，在这些军团驻扎我们所知的军营的年代。

[30] LXV，p.143.

[31] F.Drexel，*Die Grenztruppen des obergermanischen Limes im II Jahrhundert*〔*Germania*，VIII
　　（1924），pp.13—19〕.

[32] Niessen，IX，CXI/CXII，（1904）.

[33] LXV，p.292.

[34] CXLII，V，p.129.

[35] *Ibid.*，p.81 *et seq.*；有关道路系统，p.85 *et seq.*。

[36] LXV，p.146 *et seq.*

[37] XLI，XII，4333.

[38] LXV，p.176 *et seq.*；CXLII，IV，chap.VIII.

[39] 见上文，p.109。

[40] LXXIX.

［41］CLXII，IV，p.426.

［42］CXXX，pp.127—132.

［43］XLI，XIII，3162.

［44］LXV，p.304.

［45］CXC *bis*，pp.202—212.

［46］CXLII，V，p.10 *et seq.*；XXXII，XXIV（1922），p.57.

［47］CCXIV，III，pp.520—582.

［48］L.-A. Constans，*Arles antique*，Paris，1921，p.184 *et seq.*

［49］S.Reinach，*Revue archéologique*，1901，I，p.350 *et seq.*

［50］XCI，p.40.

［51］J.Déchelette，*Les Vases céramiques ornés de la Gaule romaine*，Paris，1904.

［52］LXXXIII，p.191 *et seq.*

［53］CXLII，V，p.344.

［54］*Ibid.*，VI，p.3 *et seq.*

［55］Adr. Blanchet，*Les Figurines de terre cuite de la Gaule romaine*，XXVII，LI（1891），pp.65—
244；LX（1901），pp.189—272.

［56］Espérandieu，*Conférences du musée Guimet*，1921，pp.1—57.

［57］Friedr. Hertlein，*Die Juppiter-Gigantensäulen*，Stuttgart，1910.

［58］Th. Haarhoof，*The Schools of Gaul*，Oxford，1920.

［59］R.Pichon，*Les Derniers écrivains profanes* ［dans les Gaules］ Paris，1906.

［60］Adr. Blanchet，*Étude sur la décoration des édifices de la Gaule romaine*，Pari，1913.

［61］LXV，pp.333—384；CXLII，VI，p.302 *ad fin.*

［62］CXXX，pp.19—39 and 47—95；CLXXXIII，p.189 *et seq.*

［63］J. Kromayer，XVI，XXXI（1896），pp.1—18.

［64］见上文，p.293。

［65］C.Jullian，*Fréjus romain*，Paris，1886.

［66］Michel Clere，*Aquae Sextiae*，Aix，1916.

［67］H.Bazin，*Nîmes gallo-romain*，paris，1891.

［68］CXXX，pp.40—44.

［69］Constans，*Arles antique*，Conclusion；Id.，*Esquisse d'une histoire de la Basse-Provence dans
l'antiquité*，Marseilles，1923.

［70］H.Leclercq，XLII，art，*Arles*.

［71］Edm. Le Blant，*Étude sur les sarcophages chrétiens antiques de la ville d'Arles*，Paris，1878.

［72］Constans，*op.cit.*，p.405.

［73］J.Formigé，XXVI，XIII（1923），pp.21 *et seq.*，201—223.

［74］L.Chatelain，*Les Monuments d'Orange*，Paris，1908.

［75］H.Bazin，*Vienne et Lyon gallo-romains*，Paris，1891.

［76］*Ibid.*；A.Steyert，*Nouvelle histoire de Lyon*，Lyon，I（1895）.

［77］C.Germain de Montauzan，*Annales de l'Université de Lyon*，N.S.，II，Nos.25，28，30（1912—
1915）.

［78］Id.，*Les Aqueducs antiques de Lyon*，Paris，1909.

［79］CXXX，pp.154—185.

［80］*Ibid.*，pp.209—238.

［81］C.Jullian，*Histoire de Bordeaux*，Bordeaux，1895.

［82］CXXX，pp.186—208.

［83］*Ibid.*

［84］古法语奥斯特顿(Ostedun)，参见 Harold de Fontenay，*Autun et ses monuments*，Autun，1889。

［85］见上文，p.305。

［86］F.-J.de Pachtère，*Paris à l'époque gallo-romaine*，Paris，1912.

［87］C.Jullian，*Le Paris des Romains*，Paris，1924.

［88］CCI，IV，chap. VIII.

［89］XCI.

［90］CLXXXVI.

［91］*Ibid.*，p.42 *et seq.*

［92］J.Toutain，*Notes sur l'Alsace gallo-romaine*(*Pro Alesia*，1920，pp.145—161；1921，pp.52—67).

［93］F.Drexel，*Germania Romana*，2 Aufl.，II，Bamberg，1924；H. Dragendorff，*Westdeutschland zur Römerzeit*，2 Aufl.，1919.

［94］CXVIII.

［95］A.Grenier，*Quatre villes romaines de Rhénanie：Trèves，Mayence，Bonn，Cologne*，Paris，1925，p.123 *et seq.*；R. Schultze，IX，CXXX(1925)，pp.254—261.

［96］Grenier，*ibid.*，p.73 *et seq.*

［97］H.Aubin，*Der Rheinhandel in römischer Zeit*，IX，CXXX(1925)，pp.1—37.

［98］Grenier，*ibid.*，p.11 *et seq.*

［99］CXLII，V，p.9.

［100］LXV，p.385 *et seq.*；F.Brunot，*Revue des cours et conférences*，1923—1924，II，pp.481—490.

［101］CXLII，VI，p.127.

［102］*Ibid.*，p.545.

［103］*Ibid.*，p.553 *et seq.*

［104］见我们的结论。

第十九章　不列颠

历史概况

　　在罗马征服很久之前,不列颠曾被横渡海峡的人入侵。血统纯正的凯尔特人与来自高卢北部的高卢—凯尔特人混杂,因为民族间的关系很大程度上由地理环境决定,从高卢海岸很容易到达并同属一个大陆块的这一地区吸引了移民,他们在不列颠轻松落入罗马人之手前单独或结伴前来。[1]各民族与高卢部落相似,各自分立,以至于恺撒第一次远行而来进行接触,我们已经记述了结果。[2]我们知道那无果而终,是克劳狄第一个取得成功[3],创建了新行省。

　　这从公元43年开始,但边界待定。一处立足地已在这块土地上取得,但那需要平定,这包括向北向西的艰难进展,与战斗相随。罗马采用了已在其他地方成功使用的政策,那就是得到当地君王的归附,留给他们名义上的权力,但不幸的是民众不总是顺从。让罗马人焦虑的一个特别原因是德鲁伊教祭司,他们在莫纳岛(Mona,安格尔西[Anglesey])有一处用壕沟防御的地方。总督苏埃托尼乌斯·鲍里努斯(Suetonius Paulinus)在他们后退时阻击他们,但他们逃走了,无疑逃往仍免受外来统治的地区。

　　这一进攻、老兵的过分之举、罗马参将的搜刮和强制征兵导致了一场大起义,起义中一名女子鲍狄卡(Boudicca)发挥了重要作用,在她的召唤下,许多部落合力结成大联盟(公元59年)。在鲍里努斯不在场的情况下,一支军团被打得落花流水;有许多罗马人居住的三个不设防的城镇被占领了,按照古代习俗,他们在屠杀森林中抓获的俘虏后继续劫掠和放火焚烧。而这名参将战术得当,在一场战斗中镇压了起义;另一场屠杀为第一次屠杀雪耻,鲍狄卡服毒自尽。此后只有偶发的抵抗尝试,直到韦帕芗的到来。

韦帕芗的想法十分乐观,他的一个主要帮手——格奈乌斯·尤利乌斯·阿格里古拉(Cn. Julius Agricola)[4],已领不列颠的军事指挥权,韦帕芗让他负责该省,他在公元 77 年负起担任参将的职责。[5]他的女婿塔西佗记录了他所引入的管理改革,没有疏于以武力征服威尔士的一支作乱民族,并再度迫使莫纳岛服从,莫纳岛似乎在后来的起义中重新赢得了自由。随后他将其政策措施向北方推广,平定占据现今约克郡的好战的布里甘特人。还不清楚他接下来的战斗是来自罗马的命令还是自己的决定。战场都还是个问题。可以肯定的是他进行侦查,远至克莱德湾(Firths of Clyde,克罗塔[Clota])和福斯(Forth,波多特里亚[Bodotria]),后来甚至越过此线。塔西佗十分详尽地描述了他参加的战斗和采用的富有远见的战略:他在陆上调兵遣将的同时,派出一支海军中队环苏格兰巡航,这样就能对撤退的方式做到心中有数,也了解了该岛的大小。

他在一段长期管理后于公元 84 年被召回,为罗马军队增光添彩,但图密善不允许他再接再厉。无疑他不求征服整个苏格兰北部[6],那里从未成为该省的一部分。

不列颠的邦国在与罗马人最初接触时不同于高卢人服从于小国王。恺撒说得简单明了,仅有几个南部地区,也许受了海峡另一侧事态的影响,由寡头统治。征服一定会带来或推动的改变在阿格里古拉下面一段话中可见一斑[7]:"从前布立吞人服从国王,如今他们根据世仇或利益分别由一些头领(principes)领导。"最后一词含糊不清,可能指的是一个贵族派别或有罗马支持、扮演其代理人的傀儡国王。无论如何,如果领土划分继续存在,如他们在高卢所为,那么总督似乎在与他本人意见一致的政权中获得了主导地位。

我们的史料几乎对阿格里古拉离开后的时期完全静默无声。过去人们认为他的远征只是一次发现之旅,该行省甚至没有扩展到索尔韦湾(Solway Firth),如此温和的做法是因为更雄心勃勃的政策所需要的军队用于其他边疆。但现在通过考古信息[8]能够证明,对不列颠北部的占领实际上一直持续到图拉真统治末期,

248

当灾难降临在第九军团而不得已撤退时。随后,布里甘特人被留在行省之外,罗马对他们送来的贡物心满意足,但他们不能轻易被征服,似乎在他们的附近地区埃布拉库姆(Eburacum),一些严重的动乱让哈德良动了造访该岛的念头,以便在那里249 建立起持久的秩序。有关他出兵干涉的细节我们所知甚少,但无疑他主要关注北方地区,一定在那里划出了边墙(vallum),特别给采矿业带来了有益的推动。

安敦尼·皮乌斯感到迫切需要结束布里甘特人掀起的动乱,决定剥夺他们所剩的自由,以便把他们与难于管理的近邻喀里多尼亚隔开,后者时常煽动他们造反。他把他们的领土重新并入行省,边界更往北移,用新边墙标示出来。

但这个防御土墙注定被侵犯,当进攻者冲破土墙时,他们粉碎掉一支罗马军队,并四处劫掠。随后康茂德派出总督乌尔皮乌斯·马凯路斯(Ulpius Marcellus)抵抗他们,并迅速取得胜利,似乎足以让他(指这位皇帝)配得上"布列塔尼库斯"(Britannicus)这一姓氏(184年)。然而似乎可能的是,这时两道土墙间的地带不再被政府军占领,至少未全部占领。另外,这些后者已经露出兵变的迹象,并宣称他们有权拥立皇帝,由此危险地鼓动着野心勃勃的参将和不被重用的忠诚参将。前者之一是阿尔比努斯,于195年被他的三个军团拥立为帝,他舍弃自己的行省向对手进发,在里昂以北打败了对手。

塞普提米乌斯·塞维鲁一旦扫除各个竞争对手,便很快把似乎将过多兵力交予一人的政府划分为两个行省。这样就有了两个不列颠——上不列颠和下不列颠,其共同边界查无结果,但通常认为,总体说来,下不列颠包括北部领土,上不列颠包括距罗马不太遥远的领土。我们已经对这一点表示出了怀疑[9],认为总体上一定是沿从北向南的方向大致划出分界线,保卫边墙和西部山区尤其是威尔士[10]的任务交给一名参将,在威尔士有两支军团驻扎,分驻这一地区的两端;东部地势较低的地区交给另一名参将,那里仅有携领几支辅助军的约克军团驻扎。说他们兵力均等有些夸张了,尽管拥有装备优良的两支军团的参将目睹自己统领的兵力大幅缩减。

由此一来采取措施以防内部危险,但仍有来自外部的危难,且逐渐增长。尽250 管做出许诺,但喀里多尼亚①人打算支持一个起义部落,总督迫不得已以高价换

---

① 罗马人对现今苏格兰的称呼。——译者注

取该部落极不稳固的和平。[11]时局不稳,塞普提米乌斯·塞维鲁虽年老体弱,却认为有必要亲自走一趟。他和一批随员在约克落脚。

两年后,他在一系列远征后在那里亡故,征途上被迫遭遇"苦不堪言的事",砍伐森林、挖掘壕沟、填埋沼泽地,以便为桥头堡获得坚固的地基,抵抗没有实力主动进行一场真正激战却腿脚敏捷的蛮族,蛮族发现凭借对这块土地的了如指掌,易于开展游击战。他们表现出让人难以置信的审慎,几乎赤身裸体,势不可挡。他们调开罗马分遣队远离自己的基地,用计让没有向导的一群人迷路,好像掉队了一样,然后杀死为数不多敢在离军营有段距离处落脚的随军小贩。最后军队逐渐减少,而塞维鲁坐在轿辇中跟随着军队。根据狄奥的记载,他不可思议地表现出坚定与冷静,渴望征服整个喀里多尼亚。实际上,这次艰辛尝试的实际结果最为不详,我们仅有的准确信息来自最近在阿伯丁附近发现的一座罗马军营。[12]

如果我们可以相信铭文证据,整个 3 世纪,直到最后几年,没有哪个皇帝享有"布列塔尼库斯"的称号或"布立吞人的征服者"之名。从此得出这块土地最终被平定了的结论有些仓促,因为喀里多尼亚人就在塞维鲁亡故时再次揭竿而起。今人仅留存敌对的野心把帝国搅得粉碎的记忆,遗失了这个情况不明的时期的所有详细记载。不列颠的军团卷入了那些纷争,他们合力支持在高卢行省被拥立的各个篡位者。[13]不清楚篡位者在当地人中发现了怎样的支持或怎样的反对,但像伽劳希乌斯的情况,我们可以对这个问题做出猜想。那个出身贫寒的人是门奈比人(Menapian)①——或如被暗示的来自爱尔兰,或更有可能的,来自弗兰德斯平原——因此是个凯尔特人,要比当地罗马人容易被人接受。此外,他号令一支规模不小、训练有素的海军,在不列颠和高卢的各条海岸线上努力肃清遍布北海的海盗,这不是个小托付。这位冒险家得到了整个不列颠的认可,他还把大量作为入侵者开路人的法兰克人和撒克逊人(Saxon)收入军中。君士坦提乌斯·克罗鲁斯派出一支远征军对付他,此时伽劳希乌斯被一名下级军官阿莱克图斯(Allectus)刺杀(293 年),后者接着使自己被拥立为帝,又活了三年,在维克提斯(Vectis,怀特岛)附近的一场战斗中身亡。不列颠与罗马割断了约十年。胜利时刻,人们向新一位布列塔尼库斯·马克西姆斯(Britannicus Maximus)欢呼,

---

① Menapii,高卢北部一个部落。——译者注

说明这个篡位者招募的法兰克人得到了人们的接受。

251　　于是分为两个行省的不列颠没有达到塞维鲁期望的结果。戴克里先决定这一划分应该继续实行,也许从他统治时期起,我们要记下早在约 297 年在维罗纳表上提到的四个行省:第一、第二不列颠(Britannia I and II)、大恺撒(Maxima Caesariensis)、弗拉维·恺撒(Flavia Caesariensis)。他曾试图划定边界,却是徒劳[14],仅有一段铭文证明杜洛克诺维乌姆(Durocornovium,赛伦塞斯特[Cirencester])[15]位于第一不列颠,因此那一定包括该岛的西南部。后来创建了第五个行省瓦伦蒂亚[16],相关研究让人茫然无措。

地图 8　不列颠

在 4 世纪上半叶,不列颠的历史对于我们就像 3 世纪一样模糊不清。我们 252
不清楚君士坦丁为何有"布列塔尼库斯"的称号。他的儿子君士坦斯(Constans)
不得不渡过海峡处理苏格兰边境的难题,我们对那些难题一无所知。但从尤利
安统治时期开始,阿米安(Ammianus)为我们提供了有关不列颠的一些详细情
况,与从帝国其他行省了解的情况颇为相似[17]:诸如此类的不法行为和国家派
去的类似的高级官员;凶残而具破坏力的北方蛮族不断来袭,他们以新名称"皮
克特人"(Picts)和"苏格兰人"(Scots)、"法兰克人"或"撒克逊人"卷土重来,后者
从海上来,蹂躏距高卢更近的地区。一位精力充沛的领导者狄奥多西——未来
同名皇帝的父亲,懂得如何处理两种危险,但岛上一个名叫马克西姆斯的高级官
员被紫袍加身,他调兵遣将,率军队和与他志同道合的不列颠青年一齐动身前往
意大利。此时不列颠无人防守,再次腹背受敌。我们不必给出总在重演的历史
细节。总体上的不安定被埋藏财物的不断增加证明了,现在布立吞人向罗马军
队求援,罗马军队已从他们的国家撤出并投入其他被认为更紧迫的战事中。当
霍诺里乌斯清楚地宣布从 407 年起已存续三年的事态为常态时,这一天终于来
了:受撒克逊人压迫的居民,不能依赖任何人,只能自力更生。[18]

罗马军队曾尝试[19]卷土重来,并维持随后被放弃的北方边墙,一直拖延到
442 年瓦伦提尼安三世统治时期,才全部撤退。这一观点来自《要职录》,但证据
薄弱,鉴于从罗马分离出去的其他地区的情况,这里指的是仍然就位的帝国驻
军。[20]严酷的现实对皇室抄胥来说太震撼了。另一方面,通过钱币研究可能说
明了[21]边墙在约 383 年被废弃了,在 410 年后不列颠与前任主人之间断绝了所
有联系,主人的位置由撒克逊人顶替。

工作[22]

断绝联系时,罗马与臣民的关系已经变得更加友善。在 3、4 世纪不列颠拥
立皇帝时,常备军发挥着主要作用,民众依然忠诚,几乎没有对篡位者给予支持,
但显而易见,在早期,任何起义理由似乎都适用于当地人。配有辅助军的三个军
团构成大部队,守卫极短的边界线。此外,至少一半军队驻扎在离边界线很远的 253

地方,以便受命应对其他可能发生的紧急情况。[23]

两个重要的事情值得我们思考:这些单元甚至在哈德良之后根本不从当地补充兵员[24],我们发现戴克里先之前不列颠军队里没有一支辅助军队伍是从当地人里征召的——彻底排除在外,除了在埃及,我们在其他地方从未见过。除了在各个地方都能找到的西班牙人,该岛驻军的兵源原则上多数来自贝尔吉卡的高卢人和两日耳曼。他们在不列颠找到了同源民族,除了共同的凯尔特血缘纽带,一些比利时部落在独立时就渡海在海峡另一侧安家落户。不列颠的相对罗马化很大程度上是由于高卢人,尤其是比利时人。[25]

我们对那里应用的管理机器所知不多。参将——在塞普提米乌斯·塞维鲁之后不止一个——在一些情况下是知道名姓的。[26]原首府和行省划分后的几个首府不止一次被提到,我们只能依据可能性论证。关于司法管理,仅凭几名法官(legati juridici)的名字我们不能猜出在任何特定时期或设立之日时这些代理人的人数。有关该岛财政制度和税收征缴的证据十分匮乏,我们的史料对行省会议和帝王崇拜也几乎完全沉默,一切都让我们觉得这里三心二意,皇帝们不会在那里发现最热心的崇拜者。

总体来说,我们的所有信息都指向以军事为重的组织。当然道路不仅具有战略意义,像在其他地方一样,道路满足商业需要并供平民百姓行走,但道路建造高于人们的要求。道路网被逼真地绘制出来——要比人口更接近于原貌[27]——若是我们信得过粗制滥造的《安敦尼旅行指南》(*Itinerary of Antoninus*),那在细节上值得推敲。但我们对不列颠道路的不完全了解得到了现场许多研究的帮助。里程碑几乎没有任何帮助,存量少、被更换或难以辨认,但因在潮湿多雨的国家经久耐用的道路至关重要,所以建造者以技术顾问规定的所有注意事项为己任。事实上,不止一条古代道路变成现代大道的地基。中世纪的特许状和王室法令以全新的名称提及了与罗马占领者的道路区别不大的道路。主要方向线由地形决定,只需考察今天使用的主要铁路图就可有根据地了解到古代交通网。已有多条道路在伦敦会合,南部路线当然年代最早,随行省进一步北扩,并入新地区[28],甚至领先于边界的建设。

后者吸引了考古学家的最多注意。并非该行省其他地方缺少要塞,而是经研究得知它们运用到了罗马军事科学通常采用的多数类型。布立吞人有了自己

254

的以堤道包围的据点,垒在山顶上的土堤。罗马人偏爱平原和山谷[29],不考虑其要塞的坚固,他们不以纯粹的防御目的做要求,主要寻求控制交通,以迅雷不及掩耳之势快速出击,抵达受到威胁的地点。

大型土垒构成行省边界,对其必不可少的系统性发掘直到1890年才开始,所以此后逐渐形成的理论不可能像前人那样反复变化。

哈德良的工程[30]是第一道边墙,动工于122年至127年间,主要包括南面的壁垒(vallum)、北面的围墙以及两者间的一条军道。总体上壁垒是最古老的部分,由三道常加掺石块的土墙和壕沟组成,壕沟平底,侧面为钟形,平均深度为4.5米;三道土墙中最小的低矮土墙控制着壕沟的南坡,其他土墙与此相距约7米,2米或3米高。从壕沟挖出的土提供了建造土墙的大多数原料。壁垒显而易见为这一类型,但设计建造的目的一直广受争议。现在的观点一般赞成它并非防御工事,而是具有纯粹民事特征的工程。它标志着行省边界的终点,对所有人开放,与更远的围墙间的土地则是严格意义上的军事区,壕沟和土堤用于防御目的是远远不够的。另外一点是,壁垒以直线而行,甚至是在穿过坑洼沼泽地,不从战略角度或地形变化来考虑。

壁垒的北面也从哈德良时代起就有一长串要塞,平均间距4英里,尽管事实 255 上分布极不平均。一些要塞已被发掘出来[31],部分果真与小镇相当,挖掘出街道和各式建筑物,这些重要的防御据点可容纳500乃至1 000人的大队。它们通过扩大一些次级要塞或"里堡"而形成。现代考古学家之所以称其为"里堡"是因为堡垒间距更平均,总数大致为73个,换言之,每隔1英里就有一座有土墙的堡垒。这些次级要塞以小规模加紧建设,经常被两者之间的瞭望塔连在一起。

1895年发现的草皮墙,通过焚草留下的每层腐殖质上的黑色条纹辨识出来,使得一段时间里认为哈德良只是建起壁垒北面的这一土方工场,而石墙是塞普提米乌斯·塞维鲁所造的观点成为主流。但没有证据证明这道草皮墙延贯整条边界,最重要的是,1911年的发掘证明了石墙的较低层是于2世纪上半叶所造,因此后者的建造一定照搬要塞。要塞原被认为是孤立而独立的建筑,每座都被壕沟完全包围。最近的研究[32]已说明壁垒在各处重建,在土堤上刨出缺口,把壕沟填满,以便让从壁垒南面的采石场运来建造边墙的各种材料的货车通过。

总而言之,整个建造工作是军队承担的大工程。我们不清楚塞维鲁的工程到底什么样子,得到完善整修还是重新采用。斯巴提亚努斯(Spartian)的孤证文本里认为[33],"从一条海岸到另一条海岸,横贯该岛直达海边有一道边墙防御的防线"归功于他,这无疑不比《帝王史》里其他记载更值得相信。边墙与壁垒之间的地带,宽度从 27 米到 800 米不等,平均为 60 米。从中间地带尤其可以看出差别,因为边墙与壁垒不同,不沿直线延伸;相反,边墙依地形地貌而建,以便控制重要地点。[34]军道穿过横贯两片海的这一地区,通常离边墙很近。

喀里多尼亚的壁垒在福斯湾和克莱德湾之间最窄处穿过苏格兰,长度仅为一半,且更简单。它包括一系列由另一条外围军道连接起来的要塞和据点,军道与之相距 30 米,旁边是有壕沟的土堤,更远处另垒起高出一点的外部土堤。卡皮托利努斯称它为草皮墙,这个定义准确适用于道路与壕沟之间的主要土墙。256 安敦尼·皮乌斯满足于这个快速建造起来的工程,后继者没有将之改建。堡垒数量比哈德良的边界更多,但要小得多。这位皇帝一定将其看作补充防御的措施,阻挡一些入侵者小规模进犯的一道屏障,入侵者有可能落入灌木丛遮盖的陷阱,人们认为已经发现了一些相关线索[35],同时也是延迟和牵制更厉害的入侵者的措施,甚至在他们突破第一道防线时,还必须应对哈德良长城。两道防线之间总是荒无人烟的地方,收获物匮乏,在此大加破坏也不会有严重损失。

在没有明确文献的情况下,学者对占据这道北部防线的时间长短没有达成一致意见。英国考古学家通常采纳哈弗菲尔德(Haverfield)的观点,认为最晚在 180 年就放弃了。[36]

罗马人不仅为北部边疆忧心忡忡,我们已经看到,尤其在安敦尼诸帝时期之后,北海海岸以外的威胁加剧了。古代的海盗之患,不列颠舰队(Classis Britannica)起初没有大动干戈便将之遏制(至少在沿海一带),该舰队尽管以不列颠为名,主要基地却在高卢的盖索里亚库姆(布洛涅),文献和铭文使我们得知,它早在克劳狄时期就创建了。这个舰队的真正任务是保卫该岛与大陆间的交通,一定也为其他船只护航。作为进一步抵御海盗的举措,沿海建起了一些要塞,至少可以阻止他们登陆。军港设在加莱海峡或在该海峡附近——杜伯莱(Dubrae,多佛)、勒马奈港(Portus Lemanae,利姆[Lympne])、鲁图皮埃(Rutupiae,桑威奇[Sandwich])、雷古比乌姆(Regulbium,雷古弗[Reculver]),灯塔或信号站帮助它们彼此通讯。在北方,朝向苏格兰,不列颠舰队拥有更多军港,甚至是粮仓,显然是为在必要时另行供给所用。[37]根据铭文记载,它在爱尔兰海旁边的哈德良长城附近有一些土地,因此一定也在那片水域发挥作用。

在很长时间里,该舰队一定恪尽职守:在海峡沿岸有样式新颖的别墅,其位置显然被认为是安全无虞的。而卫戍部队必须在紧邻海岸的地方驻扎,两支威尔士军团不在内地扎营,近来发掘出[38]的莫纳岛对面的塞贡提乌姆(Segontium,卡那封[Carnarvon])据点,无疑是为抵御可能来自海上的危险而建的,原为木结构,又用石块重建,有强兵驻防,特别是在塞维鲁王朝时期。

的确,从那个时代起,形势变得日益严峻,必须采取新措施抵御来自北日耳曼的进攻。[39]伽劳希乌斯专门被任命来抵抗进攻,但他利用舰队宣布罗马统治下的不列颠独立,自己称帝,第一次让人感到这片海的主人可以让这块土地摆脱对大陆的依赖,他凭直觉感到接下来几个世纪里不列颠的政策。

但罗马政府采用了新制度。在伽劳希乌斯死后和该行省收复后,戴克里先或他的一位共治者或紧随其后的继任者,任命了一位不列颠撒克逊海岸官员(comes litoris Saxonici per Britannias)[40],沃什湾(Wash)和怀特岛附近地区之间的九个要塞听他号令。原先不列颠舰队的位置,由桑布里卡舰队(Classis Sambrica,由萨马拉[Samara]或索姆河得名)负责被视为一体的不列颠和高卢两条海岸的防务。“撒克逊”海岸(即受撒克逊人威胁的海岸)的自然环境被仔细探查以吸引远洋而来的劫匪:他们在那里发现船只可以安全停泊的平坦海岸,有他们可以躲避的小河,有他们可以轻易藏身的沙丘。为了保证时刻警惕,据点数量增加,驻军人数增加,近年来发掘出几座为此修建的港口。已经查明,4世纪下半叶同样的预防措施被进一步推广到沃什湾以外,特别是在埃布拉库姆的东面和北面。在这块荒蛮之地(被称为“埃格顿沼泽”[Egton Moors])的边缘有瞭望塔,初遇险情时向内地的驻军发送情报。在索尔特本(Saltburn)、斯卡伯勒(Scarborough)和法利(Filey)附近,最好是在小河河口处,建起许多军营,建立和重建的大致年代已经通过在其废墟发现的钱币揭示出来。一些瓦片证明了一些堡垒被重建,甚至在霍诺里乌斯继位后。此时放弃该岛是没有事先考虑到的,但需要士兵落实一项周密的政策,帝国正缺少兵员,因为其他地方的危机被认为更加严峻,军队从不列颠撤出。

257

当地生活

我们几乎对这一地区所采用的市政制度一无所知。[41]墓志铭至少证明了邦国一直存在[42]，每个都以部落为名，或甚为罕见地以城镇为名；从卡拉卡拉时代起，它们与自治市（municipia）同级，有他们的市政议员，但更早时期模糊不明。当地官方觉得没必要勒石记下决议，铭文大多是罗马移民或军队所作。

最古老的老兵殖民地建在北海沿岸已经变得重要的卡姆罗杜努姆城（Camulodunum，科尔切斯特[Colchester]），它是献给凯尔特的玛尔斯神的，这一侵入使该城在鲍狄卡时期被当地人敌视。格莱乌姆（Glevum，格洛斯特[Gloucester]）成为尼禄统治时期的殖民地，重建该城的规划变得可能，建以两条大道，发现了其城墙、城门和其他建筑的遗迹。[43]埃布拉库姆也许在 2 世纪达到了同样的水平，古代城墙的遗迹在今天的约克仍可发现。[44]也许我们应该补充上林都姆（Lindum，林肯），是弗拉维王朝时所建，到此为止。吝啬地授予殖民地权利可以解释为恺撒和奥古斯都都时代后逐渐兼并了不列颠。

现代鲜有罗马—不列颠古城被充分探查的。在威尔士北部、迪河（Dee）河口的军团总部所在地德瓦（Deva，切斯特[Chester]），只出土了少量古代碎片。最知名的是伦敦西南一个重要的交通枢纽卡雷瓦阿特莱巴图姆（Calleva Atrebatum，锡尔切斯特[Silchester]）[45]，那是座有城墙和壕沟防御的城镇，其不规则的多边形和笔直街道约包括 40 个街区（insulae）。在两条主要大街的交叉口有一个宽阔的广场[46]，可与罗马的图拉真广场媲美，一面坐落着一座长方形会堂，其他三面围以柱廊，柱廊下的货摊有了遮蔽处；客栈（hospitium）、与一些高卢建筑风格相仿的神庙、城外的竞技场都是其标志性建筑。我们也从该地的遗址受惠，了解到罗马—不列颠房屋极为详尽的信息。在温塔·希路鲁姆（Venta Silurum，凯尔文特[Caerwent]）进行了相似的发掘，其广场似乎仿照了卡雷瓦的广场。[47]

我们仍不清楚大伦敦伦蒂尼乌姆（Londinium）的起源，其地理范围足以证明所取得的大发展。[48]鉴于发现有可追溯到公元初年的罗马遗迹，似乎可以清楚得知在创建该行省前，那里就有一处聚居地，因为商业不会进入人迹罕至的地

258

区。在这座城镇附近没有发现古代道路的踪迹,尽管塔西佗[49]称从尼禄统治时期开始,它以商旅的财富和贸易活动闻名。它大约在这一时期被焚毁,又从废墟中重新站起,就在这时建起低矮却坚固的城墙。尽管人们在中世纪对城墙做了改动,但仍可基本准确地探寻城墙的轮廓。粗略说来,城墙环绕着今天的"城",从伦敦塔到圣保罗大教堂更远处;在泰晤士河岸边,城墙与该河保持一定距离。[50]从在发掘时代[51]出土并被定年的高卢陶器场的位置来判断,伦蒂尼乌姆达到了早在图密善时代所建土墙确定的界限,其界限在蛮族入侵前一直未变。由考古发现的钱币表明,这个纯民事性的中心也许缺乏统一,也与大陆没有联系,一定对 400 年左右撒克逊人的进攻放弃了抵抗。伦蒂尼乌姆在作为将领狄奥多西(368—369 年)的冬营地时风光一时,因他的胜利而得名"奥古斯塔城"[52]。

259

但就我们对罗马统治下不列颠开始的多元文化的了解而言,发掘这些城镇的意义要小于对乡村设施的发掘[53],如有根据地谈论到的[54],称之为一种城市文明是不恰当的,它为人瞩目的表现将发现于乡村,甚至我们了解最多的城市似乎也更像棚户区。尽管我们所能研究的私人寓所多数与地面差不多高,但它们向我们揭示了所有秘密。经过初步研究,一件事让我们称奇:装饰风格为拉丁式的,为家居更为舒适所做的改良也是拉丁式的,但地基设计仍是凯尔特式的。据说布立吞人喜好的布置分为两种形式,有带走廊的房屋和带庭院的房屋的差别[55],尽管那不是一个最根本的差别。[56]如果仔细看看带庭院的类型,我们会发现它与庞贝的或纯粹拉丁式的房屋没有一点共同之处:庭院四周没有围以开放的柱廊,而是各房间面向的走廊;在较为宽敞的房屋中,另一道走廊环绕房屋的外围,以便各房间完全被前厅封在里面,前厅把房间与邻近街道隔开。一般来说,有走廊的房屋更普遍、更简朴,这是最早的类型。如果屋主家境殷实,他会增建带新走廊的翼房,与第一排房屋垂直,另一排则与原屋平行,甚至增加第三排。最后便有了四套房间,构成一个方形,每套房间有自己的走廊,中央围起一块空地。[57]在房屋的外围再增加一道走廊意味着房主家资充盈。然而,通常这种类型的房宅并不超过一套房间,而富丽的别墅有由几栋建筑隔开的两个庭院。

沃德(Ward)[58]也描述了穷人住的"长方形会堂"型房屋,没有庭院,也没有廊道,在独栋房子里用两列平行的柱子分出几套公寓。

260　　　侧面为墙壁的廊道要比开放式柱廊更能满足阴冷多雨气候的要求。自然环境带来的另一特点是供暖系统极为普及,甚至在简陋的建筑里,所以供暖系统并非在所有情况下都用于加热公共浴池[59],玻璃窗像在高卢一样被自由地应用,以防热气散失。

有关罗马—不列颠的经济生活,我们的史料显然不肯多谈。[60]这样的气候造福于牧场,大批牲畜出口,谷物也是这块土地最大的一项资源。罗马人将其农学家的知识传给当地人,引介新农具,不列颠劳动力和军队一同劳动,开垦沼泽地。开矿,尤其是锡矿,在被占领前就开始了一段时间,但占领的一个结果是快速建立起国家的半垄断地位。然而必须承认,半垄断的结果带来了更多矿藏产量,矿产被用于各行各业。最后,强大的推动力被给予制陶业,作为一项一般规律,器皿与大陆有图案装饰的陶器(terra sigillata)相类似。[61]

罗马化

这在每个行省都是一个困难的问题,和其他地方一样棘手。[62]尽管有关这个话题的观点并非完全一致,但至少在英格兰,人们通常认为[63]在罗马人撤出后,不列颠再次变为凯尔特人统治下的不列颠,如 4 个世纪以前的样子。这是民族的自尊?如果仅是那样,我们不应该本能地表示赞同。我们愿意拿罗马和不列颠的关系与英格兰和印度的关系来比较。[64]赞成凯尔特风俗的人,在我们争论的这件事上在语言学上很少有反对意见,但他们十分怀疑罗马影响的深度和效力。对某些相关线索的准确意义持保留意见看起来是有道理的,我们不能忘记罗马在各地都努力影响富人和有教养的阶层。只要收集巴黎各处使用的英语短语的数量,任何人都会认为我们的首都客观上来说变得不是我们国家的,但是可以看到人们在抵制这一趋势。在罗马—不列颠,查明他们的抵触要困难得多,因为那是穷人或没文化的人所为——立刻解答了为何缺少凯尔特铭文的一个事实。

在哈弗菲尔德[65]定义的区域之外,我们所关注的问题根本没有出现。北方

的整个军事区可以忽略不计;当地人烟稀少,人们怀有敌意,倔强难驯,土地贫
瘠;罗马在那里扎营,却没同化任何东西。在西部,除了德文郡和康沃尔,整个威
尔士也类似地被排除在外。在低地平原,罗马生活的遗迹也极少,或相隔很远;
城镇罕见,在极少的例外情况下也是小城镇。拉丁语一定已经传入这里,甚至在
恺撒之前;卡雷瓦的绘画被认为是下层布立吞人所作。即便如此,东部的情形仍
能让我们知晓一小部分人的想法,甚至包括一些穷人,他们来自世界各地,因为
被占领的性质而在某种程度上使用多国语言。阿格里古拉提倡要人的子弟学习
拉丁语,因此我们不必对公元 80 年前后不列颠有文法教学感到吃惊[66],尤文纳
尔(Juvenal)提到[67]由高卢—罗马的教师培养的不列颠法学家也仅此而已。一
些现用地名似乎以古代地名为基础,但拉丁形式与不列颠形式之间有相似之处,
我们不知道后者的正确发音。哪个是真正的源头?

我们描述了不列颠的房屋结构,其内部装饰从拉丁范本中得到灵感,涂抹的
灰泥层和马赛克不是当地有的。然而,在被接受的风格中,螺旋形线脚和几何纹
刻在数量上占优,后来的凯尔特艺术说明了人们对此的偏爱。卡斯托(Castor)和
杜罗布里崴(Durobrivae)的陶器也揭示出特有的偏好:狩猎场景,头部扭转的猎
物,来自这个蔬菜王国的许多文字记录,而鲜有重现人像的尝试。一些钩扣(fib-
ulae)似乎是中世纪蛮族艺术的先声。当地传统从未被丢掉。清楚的是有大批物
品从意大利进口,今天黑人和未开化的人以同样的方式随心所欲地购买欧洲商
品。毋庸置疑,城市在官方形式上是罗马式的,有引进的官员。我们在这些城市
里发现广场、浴场、长方形会堂,还有剧场或竞技场,尽管少见,但罗马人居住在
那里,他们以自己的形象创建一个社会。我们对乡村共同体的外观一无所知。
在邦国里,部落和其主要乡镇松散地联系在一起,在高卢,部落的名字保存下来
并传入现代法语,但这种情况在不列颠没有发生。

这一罗马化进程在程度上十分有限,只是在 1 世纪取得了一般性进展,在 2
世纪被打断,3、4 世纪恢复。但不久后,当不列颠被交还给它自己时,苏格兰和
爱尔兰的凯尔特人边陲产生了影响力,来自那些地区的移民废弃了罗马的中心,
杀死或驱逐以拉丁方式生活的人们。在这个国家重获自由后,多数古代作家,如
6 世纪中期的吉尔达斯(Gildas),只保存了对距他们不足 100 年的历史的混乱或
错误的记忆。

【注释】

[1] CXXIII.

[2] 见上文, p.36。

[3] *Id.*, p.54.

[4] Gaheis, XLVII, X, col.125—143.

[5] R.Knox MacElderry, XXII, X(1920), pp.68—78.

[6] CXCIII, p.74; CXV, p.174 *et seq.*

[7] Chap. XII.

[8] G.Macdonald, XXII, IX(1919), pp.111—138.

[9] V.Chapot, XXVII, LXXI(1911), pp.154—164.

[10] R.E.M.Wheeler, *Segontium and the Roman Occupation of Wales*, London, 1923; *id.*, *Prehistoric and Roman Wales*, Oxford, 1926.

[11] Dio Cass., LXXV, 5.

[12] G.M.Fraser, *Scottish Geographical Magazine*, XXXI(1915), pp.561—567.

[13] 见上文, p.69。

[14] CXCIII, p.217.

[15] F.Haverfield, IV, LXIX(1920).

[16] Amm. Marc., XXVIII, 3, 7.

[17] CXCIII, p.239 *et seq.*

[18] Zosimus, VI, 10, 2.

[19] J.B.Bury, XXII, X(1920), pp.131—154; Edward Foord, *The Last Age of Roman Britain*, London, 1925.

[20] F.Lot, XXXII, XXV(1923), p.56.

[21] R.G.Collingwood, XXII, XII(1922), pp.74—90.

[22] L.Le Roux, *L'Armée romaine de Bretagne*, Paris, 1911.

[23] 见上文, p.343。

[24] CXCIII, pp.187 and 371.

[25] Léon Halkin, *Le Diplôme militaire romain de Flémalle-Haute*(*Publications du Musée belge*, No. 44), Louvain, 1913.

[26] Cf. Donald Atkinson, *The Governors of Britain from Claudius to Diocletian*, XXII, XII(1922), pp.60—73.

[27] LXXXIV, Introduction and map.

[28] 有关爱丁堡地区, 参见 Harry Inglis, *Proceedings of the Society of Antiquaries of Scotland*, LII(1918)。

[29] CXCIII, p.140 *et seq.*

[30] CCXVI, pp.118—137; R.G. Collingwood, XXII, X(1920), pp.37—66; CXXVII, p.151 *et seq.*; pl. ad p.82.

[31] CCXVI, p.127.

[32] F.Gerard Simpson, *Transactions of the Cumberland and Westmoreland Antiquarian Society*, XXII(1022); fig.6 to 10.

[33] *Sev.*, 18, 2.

[34] CCXVI, p.122, fig. 37; CCXX, p.68, fig.13.

[35] CLV, p.232.

[36] CCXV, p.62; CCXX, p.56; R.G. Collingwood, XXII, XIII(1923), pp.69—81.

［37］CXCIII，p.205.

［38］XXII，XI(1921)，p.224 *et seq.*

［39］F.Haverfield，XXII，II(1912)，p.201 *et seq.*

［40］*Not. Dign.*，Occ. V，132 Seeck；J. Mothersole，*The Saxon Shore*，London，1924.

［41］CXCIII，p.209. 有关城市名称，见 LXI。

［42］CLXXXIII，p.222 *et seq.*

［43］Huebner，IX，LX(1876)，p.142 *et seq.*；LXI(1877)，p.157 *et seq.*

［44］G.Home and W.E.Collinge，*Roman York*，London，1924.

［45］John Hope，IV，LXI，2(1909)，pp.473—486；CCXX，p.132.

［46］CCXVI，pp.217，221.

［47］IV，LXI，2(1909)，p.569；CCXVI，p.221.

［48］F.Haverfield，XXII，I(1911)，p.141 *et seq.*；W. Lethaby，*Londinium*，London，1922；Gordon Home，*Roman London*，London，1926.

［49］*Ann.*，XIV，33.

［50］规划见 IV，LXIII(1911/12)，pl. LXIV。

［51］Frank Lambert，IV，LXVI(1914/1915)，pp.225—274.

［52］Amm. Marc.，XXVII，8，7—8；XXVIII，3，1.

［53］CXCIII，pp.334—341.

［54］LXXXVI.

［55］CXCIII，p.332 *et seq.*

［56］LXXVII，I，p.297.

［57］参见沃德所做的简表，CCXVI，p.143，fig.41；p.169，fig.51，复原的走廊。

［58］*Ibid.*，p.174 *et seq.*

［59］CCXX，p.149，fig. 36.

［60］LXXXIII，pp.208—221；CXC bis，p.212.

［61］CCXV，pp.153—176；CCXX，p.156 *et seq.*

［62］CXXIV，p.76.

［63］科林武德除外，LXXXVI。

［64］CCXX，pp.226—235.

［65］CXXIII and CXXIV.

［66］H.Dessau，XVI，XLVI(1911)，pp.156—160.

［67］XV，111.

第二十章　多瑙河地区

我们以这个标题来囊括凯尔特人称之为"达努比乌斯河"（Danubius）、希腊人称之为"伊斯特尔河"润泽的所有行省。[1]它们的共同命运是河上的航运业带来的结果，更甚者，是与该河左岸以北部落的紧密血缘关系、贪婪的天性和经常试图进逼意大利北部边疆的结果。保卫这一侧的意大利半岛及其首都的必要性有助于我们理解罗马征服的开始、不断推进及相关政策的改变。多瑙河领地的这种团结一致已经被蒙森论证了[2]，我们只有一点与他不同：撇开将罗马在南俄的希腊殖民地置为受保护国这一点之外，后者有不同的源头，与安纳托利亚诸行省联系更紧密。

作为边疆的保护者，这一章所研究的各行省大多被军事占据，有关这一辽阔地区仅留给我们极为匮乏的信息，主要与军队的历史有关。

莱提亚

我们已经看到在奥古斯都统治时期德鲁苏和提比略的活动如何最终制服了日耳曼氏族莱提人，他们聚集起来劫掠波河河谷。[3]罗马人掳走该族的众多青年，也许变为奴隶，只留下耕种这块土地不可或缺的劳动力，老兵渐渐取代流亡者的位置。除了几个不做反抗而屈服的部落，重税压在那些留下来的人的肩上，但起初在被征服地区，这些负担中没有加入征兵一项，只是后来这块土地才被要求提供常备辅助军。

地理条件将这块土地分成两个截然不同的部分:西北温德利奇人的平原和莱提人居住的山区,前者大体相当于巴伐利亚南部,后者相当于蒂罗尔。最初莱提人和温德利奇人的唯一纽带是他们共同听命于一位总督,总督有时称为 praefectus,有时称为 pro legato provinciae Raetiae et Vindelic. et vallis Poeninae[4],只有辅助军听他号令。直到克劳狄时期才有纯粹而简单的"莱提亚"行省,不包括最南面的地区,那在奥古斯都的战争之前就被兼并了,被划给意大利城镇特伦特(Trent)、科莫(Como)和布雷西亚(Brescia)。从那时修建起道路和要塞。瓦利斯一布匿(vallis Poenina)在日耳曼地区最远处,形成了四座城镇的小联盟,克劳狄授之以拉丁权,相当于现今日内瓦湖南面、罗讷河岸边的"瓦莱"。

莱提亚仅在东面与诺里库姆接壤处才有清晰边界[5],被因河(Inn)隔开,从帕绍与多瑙河交汇处远至库夫施泰因(Kufstein)附近地区。在北面,起初以多瑙河为界,但后来越过多瑙河,直到哈德良兴建莱提亚边界。起初该行省像诺里库姆一样,由奥古斯都的财税使(procuratores Augusti)管理[6],但在图拉真之后由代行大法官的参将(legati pro praetore)取代。[7]

首府很快在行省最富裕地区奥古斯塔温德利奇鲁姆(Augusta Vindelicorum),即现今奥格斯堡建立起来。在很长时间里,这个山区无人关注,那里罗马文明的唯一线索发现于库里亚莱托鲁姆(Curia Raetorum,库尔[Coire])和布里甘提乌姆(Brigantium,布雷根茨[Bregenz])。迄今为止,居民生活在独立的居地里。拉丁作家认为他们与埃特鲁里亚人有密切关系,但他们之间除了语言之外没有任何联系,他们的某些语言留存在罗曼什(Romansh)方言里,对语言学家来讲那不过是罗马化的莱提亚语。

在蒂罗尔很难找到罗马文明的踪迹,尽管有军队、各类官员和后来的基督教作为传播者,基督教也许比其他更见成效。但这个大山区的山谷不久后吸引来蛮族入侵者。早在马尔库斯·奥勒略时期,卡提人在那里施压,更凶蛮的马克曼尼人随后而至。我们可从军方公文得知多次对莱提亚增兵[8]以应对这些威胁。后来商业城市奥格斯堡有了对手莱吉纳堡(Castra Regina,雷根斯堡[Ratisbon])[9],那由第三意大利(III Italica)军团驻防,其参将也成为该行省的总督。

从此以后,该行省的所有生活开始集中于边疆。康茂德通过把军队召回从前驻地而取得和平,使维鲁斯和马尔库斯·奥勒略在这一地区取得的成就几乎化为乌有,然而也要求马克曼尼人放弃多瑙河左岸 1 英里内的领土带,殖民者在那里定居。一系列新的要塞沿这条线建立起来。塞普提米乌斯·塞维鲁给予道路修建以强劲动力,或修筑新路或整修旧路[10];阿迪杰河(Adige)与布伦纳(Brenner)的大道[11],中世纪的"罗马人路"(iter Romanum),在他的关照下恢复了;另一条穿过施普吕根(Splügen)关隘的道路,从科莫引向库尔,从那里朝向莱茵河,温迪施(温多尼萨)和布雷根茨、因斯布鲁克和萨尔茨堡之间的交通也建立起来。与此同时,哈德良所建的木栅边界变成一道石墙。[12]

从亚历山大·塞维鲁时代起,一些边防军(milites limitanei)和河岸军(ripenses)占据了不久后撤离的多瑙河左岸上的一个据点。在该河以北,年代最晚的拉丁铭文是在伽利埃努斯时代。[13]阿勒曼尼人迫使当地官方躲到该河后面,在戴克里先以第一、第二莱提亚之名收复实际上从前分为温德利西亚(Vindelicia)和莱提亚的地方之后,边境冲突依然持续,两地由一名莱提亚将领(dux Raetiarum)共同管理,附属于意大利辖区。这块不富饶的地区人口稀少,与首都鲜有贸易往来的一支民族在此居住,那是因为他们长久以来保有外侨权利,此地物产匮乏,难以维持守卫在那里的民兵的需要。由一支军团分遣队管理来自意大利的护送队。在斯提里克统治时期,罗马势必向南回撤;而在狄奥多里克(Theodoric)时期,莱提亚将领说明了他们的意志仍如此坚定。莱提人随匈奴人加入沙隆(Châlons)战役,沙隆的日耳曼成分占上风,这块平原最后落入马克曼尼人的后继者拜乌瓦里人(Baiuvari)之手。唯有罗曼什语见证了罗马对因河和莱茵河上游河谷更为持久的影响,但多数山峰和河道保持着来自早期用语的名字。

这样,莱提亚的罗马文明[14]实际上因缺乏城市生活而消失殆尽,只有三座自治市建在那里。深受日耳曼影响的凯尔特居民住在这块土地的丛林深处,他们可以接受给予边防军土地,但军屯地居民(canabenses)从未构成真正的人口中心。

罗马人只是缓慢地、一点点地放弃这处自己国家北面的堡垒。[15]沿着通往意大利的道路,他们最后撤退的各阶段由无数上方工程体现出来,每个都证明了他们在伤亡惨重的奋力一战后被放弃。只有一个重要的罗马建筑被保存下来——雷根斯堡的近卫军大门。[16]房屋遗址说明它们做了改动以适应当地的恶

劣气候,房屋是低矮建筑,几乎没有窗子,既不华美也不牢固,但值得注意的是有 266
供暖设备。罗马的习俗最后被引入进来,还有罗马大众的服饰,但该行省不同地
区间的交往受到这块土地自然环境的制约。

诺里库姆

　　诺里库姆东临莱提亚,相当于现今上奥地利(Upper Austria)、卡林西亚
(Carinthia)、施蒂里亚(Styria)。那里迅速发展起来的独立王国在公元前 16 年一
定没费大力气便被征服了,因为图尔比安纪念碑对此忽略不谈。它与莱提亚相
较,对拉丁影响的抵制要少[17],尽管这并不意味着罗马对它另眼相看。事实上,
罗马对所有这些多瑙河地区一视同仁。蒙森把重点放在 181 年阿奎莱亚(Aquil-
eia)[18]的建立上,那给罗马商人进入弗留利(Friuli)谷地和萨韦河谷地大开方便
之门,但这些便利对潘多尼亚要比对诺里库姆重要,他们可能局限在马克曼尼人
的附近地区,后者在变成危险敌人(从马尔库斯·奥勒略时期起)前,对罗马人怀
有的敌意要比对其他日耳曼人少,甚至在奥古斯都和他们的国王马洛波杜斯
(Maroboduus)统治时期曾与罗马达成友好协定。[19]也应记述的是,诺里库姆居
民复杂,少有与外来影响相对立的统一趋势。原来伊利里亚的中心最终与凯尔
特移民结合,这些人与当地人友好交往,对意大利的渗透没有强烈抵制。一个罗
马市场已经在共和国时期建起,取名"瑙波尔图斯"(Nauportus,奥博雷巴赫
[Oberlaybach]),在埃莫纳(Emona,卢布尔雅那[Ljubliana])另建一个,奥古斯都
在完全兼并诺里库姆前在那里建立了一处殖民地。近来的发掘揭示出公元 34
年这座城的规划,呈棋盘形,街道建在拱道上。[20]尽管以防万一而设防,但埃莫
纳基本上致力于和平事业,附近的河流也提供了方便条件。而其他城镇建在商
业干道旁边:凯莱亚(Celeia,[21]希利[Cilli])、阿贡图姆(Aguntum,利恩茨
[Lienz])、尤瓦乌姆(Juvavum,萨尔兹堡)、维鲁努姆(Virunum,克拉根福[Klag-
enfurt]附近)、陶尔尼亚(Teurnia,[22]彼得因霍尔茨[Peter in Holz]),仍可看到
广阔的遗址。如今仅有无足轻重的村庄坐落在这些城镇的几个地方。在山上也
有清楚可见的罗马居住遗迹。这一工程不是军队所为。这些人口中心从克劳狄

那里接受了意大利自治市的统治机构。军事占领[23]在公元后的前两个世纪限定于驻扎骑兵支队或步兵大队的几座军营。马尔库斯·奥勒略不得不在劳里亚库姆(Lauriacum),即恩斯(Enns)附近驻扎一支军团,但只监督当下的邻人:内陆的人还远没有起义的想法,他们中大批人自愿加入罗马军团和近卫军。

267

诺里库姆的总督[24]最初也许领"诺里库姆邦国长官"(praefectus civitatium in Norico)的头衔,后来以"诺里库姆国财税使"(procurator regni Norici,或"诺里库姆行省代理"[provinciae Noricae])为号,那足以证明兼并那里易如反掌。马尔库斯·奥勒略继而在莱提亚采取行动,接着给予第二忠诚意大利军团(II Pia Italica)的参将以全权。[25]戴克里先把该行省一分为二:沿多瑙河河岸延伸出一个滨河诺里库姆(Noricum Ripense),南部与地中海诺里库姆(Noricum Mediterraneum)接壤。但如潮水般淹没众多繁华城镇的蛮族入侵只能被拖延片刻。

伊利里亚—达尔马提亚

罗马的目光自然在很早时期就锁定了达尔马提亚海岸,意大利人以十足的热情采取"我们的海"(mare nostro)政策,因为强国马其顿就在另一边,他们不愿与马其顿分享海洋,就像从前与迦太基人平分秋色一样。继而许多他们的宿敌蛮族氏族,开始抵制罗马的统治,但我们已经看到[26]罗马统治是如何逐步建立的。桀骜难驯的各民族属阿尔巴尼亚种族,如今他们的代表稀少分散,但在当时分布极广,远至匈牙利。那里出产骁勇的士兵,因在伊利里亚人放牧牛羊的山区的露天生活而意志坚强。他们是半游牧民,土地更适于饲养牲畜,所以几乎不事农务,对城市生活几乎一无所知,城市生活仅集于亚得里亚海岸。这些人随凯尔特人的扩张而分布各地,凯尔特人没有像从前一样与居民混杂,实际上将这块土地与他们分开:凯尔特人在多瑙河附近最为稠密,伊利里亚人聚居区域即现今的塞尔维亚。

佩尔修斯在皮德纳战败后,罗马可轻取斯科德拉(Scodra,斯库台[Scutari])的小国王甘提乌斯(Gentius),轻易从女王条塔(Teuta)手中赢取希腊人的伊利里亚,连同阿波罗城和埃皮达姆努斯(Epidamnus)。这块领土被分成三块,边界时

常变换，经历了一个世纪时断时续、毫无成果的战争才确立稳定局势。[27]随后在
内战时期，敌对的领袖掌握过度权力时，伊利里亚在身为代行执政官的尤利乌
斯·恺撒的管理之下，成为与高卢合并在一起的政府地区。最后在公元前45年
组建了单独的伊利里库姆行省，从公元前27年起将其交予元老院，这是过分乐
观的做法，因为长期动乱而一直需要武装干涉。在许多小规模的起义后（公元前
11年和前10年），公元6年爆发了一次大起义，未来的皇帝提比略奉命镇压。

起义的中坚是达尔马提亚人或德尔马提亚人（Delmatians）[28]——罗马在
这些地区最可怕的敌人，为纪念他们的勇猛，伊利里库姆南部称为达尔马提亚。

罗马为夺取波西米亚而与马克曼尼人交战，给这次大起义以可乘之机，波西
米亚是可俯视整个日耳曼的优越据点，起义的根本原因在于收税人和征兵官的
横征暴敛，他们强拉达尔马提亚壮丁补充死伤大半的军团。罗马急于在才刚兼
并的地区征兵，同样在潘诺尼亚招募辅助军时，罗马发现自己同时受到打算投入
战场的己方士兵的进攻：如我们刚才所说，他们是天生的士兵和勇士，兼具与生
俱来的素质和罗马军事训练之长。来自外部的危险加入到帝国境内产生的危险
中来：附近民族很快与伊利里亚人联合起来，杀死罗马士兵和随军的意大利
商人。

提比略率领匆忙从各地调来的1万余人，他们必须守住主要堡垒的据点，迎
击在各个地区开展的游击战。他的侄子日耳曼尼库斯前来增援，负责朝向马其
顿边界的南方战事。起义者在距海不远靠近萨罗那（Salona）的安德特里乌姆
（Andetrium）堡垒的最后据点被攻破了，该地被其指挥官放弃，由强攻取得。此
后尽管仍从当地征兵，但不用在这块土地上，事实证明这块土地太过广大而被再
分：南部仍为伊利里库姆本土，此后被称为达尔马提亚。尽管它与潘诺尼亚的边
界线我们并不确知，但萨韦河河谷一定包括在后一行省内。

此外，阿波罗城[29]和在罗马人统治下成为第拉奇乌姆（Dyrrachium，都拉
斯[Durazzo]）[30]的埃皮达姆努斯的古老商贸站附属于马其顿，因此这一沿海
地区仍为希腊人的。意大利语直到中世纪才渗入那里，传入威尼斯。在达尔马
提亚本土的海岸，罗马商人在许多城镇立足：亚德尔（Iader，扎拉[Zara]）、萨罗
那（斯帕拉托[Spalato]）、那罗纳（Narona，维多[Widdo]，靠近梅特科维奇[Metk-
ovitch]）、埃比陶鲁姆（Epitaurum，靠近拉古萨[Ragusa]）。萨罗那是首府，由布

尔努姆(Burnum)[31]和德尔米尼乌姆(Delminium)两座军营保护,两营位于在距
萨罗那稍远处从其两侧流过的两条河的河岸上。但这些地区长久维持和平。当
达尔马提亚本地人戴克里先在萨罗那附近建起一座气势恢弘的王宫时[32],王宫
现在庇护着以此命名的城镇(斯帕拉托[Spalato]),他的做法不标志开始,而标志
着对其繁荣兴旺的无上认可,因与意大利的交往而更加繁荣。两条海岸和无法
穿过的内陆地区政治上的断绝,导致达尔马提亚港口衰落,但至少高山屏障使罗
马治下的达尔马提亚在很长时间里免受蛮族入侵的影响。

另一方面,它构成了内地罗马化的严重阻碍。[33]城镇罕见,且迥异于罗马或
希腊类型。它在那里创建起三个司法区(conventus:萨尔多纳[Sardona]、萨罗
那、那罗纳),只是以氏族组织起来的外侨聚居地。每个区被分为 decuriae,保留
了一些独立措施,有自己的金库。这一制度需要漫长时期的发展才能达到古典
城市的标准[34],近来从南斯拉夫王国的发现很少有因罗马殖民带来的,尽管人
们努力强调其保存下来的所有遗迹。[35]然而帝国的政府没有忽略渗透的方式:
行人往来最多的道路建在海岸边缘,其他道路早在提比略时期就开始修建,鉴于
其里程碑[36],不能再宣称它们后来被废弃了。"伊利里亚"诸帝忽视道路修建的
事不常有。这些道路具有军事意义,有助于缩短通往多瑙河下游的路程,但不足
以带动当地民生。

在戴克里先之后,这份管理地图中唯一改变的是在南面分出一个名叫"普莱
瓦里塔纳"(Praevalitana)的小行省,大体相当于一个区,首府一定是被看作戴克
里先出生地的多克莱亚(Doclea,靠近波德戈里察[Podgoritsa])。这个普莱瓦里
塔纳被括入默西亚辖区,因而成为东部帝国的一部分,而达尔马提亚其他土地仍
附属于意大利。

潘诺尼亚

另一方面,从前伊利里库姆北部地区的潘诺尼亚[37],大约在此时变成东哥
特人的王国。尽管是否保持同样的边界最难判定,因为该省的边界在后期才
确定下来。西南地区最繁华的城镇埃莫纳,有时被放入诺里库姆,有时被放入潘

诺尼亚,凯莱亚也被从一个行省转入另一个。如我们所见,在奥古斯都统治末期,潘诺尼亚与达尔马提亚分开,粗略说来包括现今萨韦河与德拉瓦河之间的克罗地亚,连同多瑙河以南、从维也纳以西不远处起始的匈牙利西部地区。它最主要是个军事区:一名参将短时间里在那里指挥三支军团;继而,在整个1世纪,该行省由一名执政官级参将管理,通常认为两支军团由他支配。这块土地上的文明进程与罗马军营的移动紧密相连。渐渐地,各地区的军事组织才变为民事组织。

地图 9　多瑙河地区

最古老的营房把守着萨韦河一线,其中最主要的是锡斯吉亚(锡萨克[Sissek])。第一步进展是将防御工事稍向北移,布列在沿德拉瓦河一线,随后锡斯吉亚被紧邻诺里库姆的珀埃托维奥(Poetovio,佩陶[Pettau])取代[38],其位置使得政府可在必要时出兵干涉那一行省。德拉瓦河北面的大平原似乎在1世纪上半叶几乎没有军队,小股军队驻扎在多瑙河岸边,另有一个小舰队驻防。韦帕芗似乎将军营推进到多瑙河,在文多波纳(Vindobona,维埃纳)[39],尤其是偏东的卡农图姆(Carnuntum,彼得罗内尔[Petronell])扎营,后者在当时从诺里库姆划

271 分出来,其防线仍看得见[40],在那发现一个军营连同其附属物,甚至一个大竞技场。

罗马文明最早被引入,也最显著的是在诺里库姆边界。[41]在卡农图姆一支军团的总部所在地,从亚得里亚海通往波罗的海的琥珀贸易大道途经多瑙河。就在这条道路上,斯卡班提亚(Scarbantia,欧登堡[Oedenburg])和尤为出色的萨瓦里亚(Savaria,松博特海伊[Szombathély])仍有壮观的遗址,这条路也经过珀埃托维奥。该行省其他地方进展缓慢。其人民如潘诺尼亚浮雕[42]所刻妇女衣着所证明的,混杂凯尔特人、伊利里亚人、日耳曼人和色雷斯人成分,当然对罗马不存敌意,但琥珀大道、多瑙河与德拉瓦河中间的四边形区域几乎没出殖民空间,甚至今日可以很快数出重要的城镇。而军事事件给周边一些地方以某种战略价值。

在图拉真的达西亚战争(106—107 年)后,有两个潘诺尼亚,上潘诺尼亚(Superior)和下潘诺尼亚(Inferior),一个在布列格提奥(Brigetio,科莫恩[Komorn]对面)驻有军团,另一个在阿昆库姆(Aquincum)一处高地,从那里布达(Buda)现在可俯瞰佩斯特(Pest)。危险不再只来自马克曼尼人,在多瑙河左岸,在折向南边后,令人畏惧的亚吉格人部落[43]向提西亚河(Tisia,蒂萨河[Tisza]或泰斯河[Theiss])移近,造成了一定的忧患。在离该河与多瑙河交汇口不远,一支驻军驻扎在阿库珉库姆(Acumincum),那在同一时期涵盖德拉瓦河河口附近的罗马殖民地穆尔萨(Mursa,埃斯杰格[Eszeg]),还有下潘诺尼亚首府希尔密乌姆(Sirmium,密特罗维察[Mitrovitza]),后者占据德拉瓦河上的一处重要地点,几条道路在那里交汇,3 世纪时因武器制造和皇宫而变得卓尔不群。

马尔库斯·奥勒略的统治对潘诺尼亚来说是个关键时期。奥勒略纪念柱向我们大体描绘的[44]多瑙河上的许多据点,没有威慑住蛮族,然而一个艰难战事让他们保持礼貌的距离。和平恢复了,河上的航运受到促进。没有表现出从这块土地的古老组织乡村(vici)、行政区(pagi)、地区(regiones)离开的愿望。塞普提米乌斯·塞维鲁在卡农图姆称帝,使之变成罗马殖民地,并在锡斯吉亚引入新殖民者,但这些城镇后来被废弃了,一些是被阿勒曼尼人废弃的,一些像珀埃托维奥一样是被哥特人废弃的。[45]

戴克里先从下潘诺尼亚分出一个行省,名叫"瓦莱里亚"(Valeria),沿多瑙河右岸从北向南延伸,使萨韦河和德拉瓦河之间的整个地区成为一个独立行省(萨维亚[Savia])。钱币证明了保存于这一地区晚至狄奥多西一世的军事和管理组织的框架。[46]　272

默西亚

棘手难题向东扩散,兼并潘诺尼亚之后是兼并默西亚。[47]无疑巴尔干山脉和多瑙河之间地区的动乱——从前的塞尔维亚和保加利亚北部——可以追溯到帝国以前。马其顿的代行执政官起初负责镇压动乱,那解释了盖尤斯·斯克里波尼乌斯·库里奥(C. Scribonius Curio)在公元前 75 年已进军到远至该河的达尔达尼亚的事实。但甚至屋大维时的达尔马提亚战争(公元前 35—前 33 年)都没有带来政局的改变。巴斯塔奈人(Bastarnae)在公元前 29 年来色雷斯要地寻找新家园,这是征服的时机。[48]小缓冲国制度在公元前 1 年被身为"默西亚有代行大法官权力的皇帝参将"(legati Aug. pro praetore in Moesia)的马其顿总督取代。继而在默西亚有专门的军事指挥权[49],尽管这仍附属于马其顿。真正的行省何时创建不确知,难以设想奥古斯都采取了这一步骤[50],我们怀疑是否提比略如此而为,可能直到克劳狄统治时期才单独管理默西亚。[51]在图密善统治时期,也许在公元 86 年,该行省被划分为上默西亚(塞尔维亚)和下默西亚(保加利亚),多瑙河支流希布鲁斯河(Cibrus,吉布里察河[Tzibriza])为两者的界限。前者由老达尔达尼亚和特里巴利人(Triballi)的河岸地带组成,后者包括原被授予色雷斯国王的色雷斯海岸(ripa Thraciae)。该行省与色雷斯行省相隔的边界不明,随着时间的推移,似乎向南回缩。在色雷斯最终脱离与默西亚的官方和等级联系之时,约 115 年为纪念达西亚战争而建尼科波利斯亚的斯图姆(Nicopolis ad istrum,靠近特尔诺奥[Tirnovo])起初是一座色雷斯城镇,但从康茂德统治时期起,或最晚在 198 年,它被囊入默西亚。这一边界变动只是一次微调,边界将被确定,不是以海姆斯山(巴尔干山脉)为界,而是以语言的差别,在色雷斯操希腊语,在默西亚操拉丁语。[52]

由军队传播的罗马文化沿多瑙河扩展,没有传播到与该河河岸相距遥远的地方,值得一提的默西亚城镇均在那里。一座凯尔特城镇,从其名字"辛吉杜努姆"(Singidunum)可辨识得出,它在贝尔格莱德所在地发展起来,最早成为自治市,后来成为殖民地和一支军团总部所在地。维米那基乌姆(Viminacium,科斯图拉齐[Kostolatch])有一段相似的历史。在默西亚必须增兵之时,新的卫戍城镇出现了,通常靠近河流汇合处:拉提亚里亚(Ratiaria,阿特察[Artchar])[53]、奥斯库斯(Oescus,吉根[Gigen])、诺维(Novae,西斯托瓦[Sistova]);军屯地(canabae)发挥了功能,在杜罗斯图卢姆(Durostorum,锡利斯特里亚[Silistria])尤其明显。[54]蒙森认为[55]锡利斯特里亚下面的多瑙河三角洲最初不包括在帝国境内是正确的吗?在多布罗加的一系列发掘[56]让我们对该问题产生了疑问,至少另一军营不久后在特洛埃斯米斯(Troesmis,伊戈里察[Iglitza])建起,靠近伽拉茨(Galatz),即该河最后一个转弯处略下一点。

默西亚的帝国工事可以追溯到安敦尼诸帝时期。在他们统治时期修建起了道路,多瑙河右岸旁边的主要大道也在此时期竣工。这条大道在铁门①遇到非比寻常的阻碍,图拉真克服困难,劈山架梁(montibus excisis anconibus sublatis)。[57]从维米那基乌姆和拉提亚里亚的两条支路在奈苏斯(尼什)交汇[58],另外,与之垂直的两条道路向色雷斯延伸。

默西亚军团在右岸有一处基地,在阿卢图斯(Alutus,奥尔图)以东,下默西亚总督的权力扩展到提拉斯河(阿克曼[Akkermann]),该河河口以北,甚至包括黑海城镇,远至克里米亚[59]。从1世纪起,那里的卫戍部队为来自默西亚的分遣队,之后来自卡帕多西亚。最终,蒂萨河下游两岸的领土带被囊入默西亚。

但3世纪给这些地区带来灾难。235年,哥特入侵者的浪潮席卷了帝国治下多瑙河以北的下默西亚,甚至该河以南的地方也悉数丧失,此时克劳狄二世以在尼什的大胜仗(268年)挽回了局势。[60]身为默西亚人的奥勒略采取必要措施,通过在多布罗加以外的一系列反攻,保证边疆的安全。君士坦丁轻而易举地击退了这些劫掠者的新尝试。与此同时,戴克里先把称为第一默西亚(Prima)的上默西亚一分为二,东部构成达尔达尼亚行省,而多布罗加变成小斯基泰。

---

① 多瑙河上的一个峡谷。——译者注

达西亚

图拉真胜利后[61]组建起达西亚行省,人们随即会想到默西亚行省不再是沿整条边界的第一道防线。事实上,罗马人没有立即决定占领整个多瑙河左岸。在默西亚对面,从一端到另一端,除了没法提供任何优势地位的冲积平原之外什么都没有,很难看出所包括区域的边界应划在哪里。东面与无垠的草原接壤。特兰西瓦尼亚至少提供了一处广阔的天然前哨或"盾牌",如果只是防止当地居民时常威胁帝国边疆,将之占领似乎是明智之举,但这一广大的凹形地带已经被占了,不再是其原有者,而是有色雷斯血统的民族达西亚人,他们入侵该地,于是摆脱了从前兄弟民族盖塔伊人的管束,后者现在居住在瓦拉几亚(Wallachia)和摩尔达维亚(Moldavia)的低地。[62]

然而它当时的状态只是作为强盗的据点,摆在罗马面前的任务便是有条不紊地占领它[63]并将之并入其他行省。托奇莱斯科(Tocilesco)[64]的研究清楚阐述了许多细节,例如说明了达西亚的防御工事并非尽在图拉真之后所为。在图拉真时代之前,为了标示达西亚与瓦拉几亚地区的分界线,罗马在那里已经定出一些界线:一道宏伟的壁垒,由壕沟和三米高的土墙组成,自西向东延伸,从塞维林堡(Turnu-Severin)以南的多瑙河开始,经克拉约瓦(Craïova)和普洛耶什蒂(Ploïesti),在布勒伊拉(Braïla,现在的名字用于界标)以南的图菲斯提(Tufesti)终止,围绕着喀尔巴阡山余脉的根据地。第二道壁垒更短更往南,仅大体上涵盖多瑙河支流阿尔吉修河(Argesiu)和奥尔图河之间的环行地带。这就是大家知道的多瑙河边界(limes Danubianus)。

我们很难怀疑其年代久远,因为从平行于阿鲁塔河(Aluta,奥尔图河)的阿鲁塔边界(limes Alutanus)将这道河流屏障与喀尔巴阡山连接起来之日起,其西部就不为达到任何有用的目的。这是一道土墙,2米宽,3米高,顶上是垛式土垒,在奥尔图河以东绵延235千米,短距离内就有一系列要塞和瞭望塔扶助。其建筑年代不是从图拉真之时,甚至不是从哈德良时开始,哈德良仅在奥尔图河两岸派驻小规模驻军,而是从塞普提米乌斯·塞维鲁时起,他不得不面对比上一世纪严峻得多的形势。在该河和边界旁边的战略要道,保持着各辅助军军营间的交流。

很难追溯西北和北方的防线,也许那里的山峦就足够了。而一部分壁垒已被发现,从博罗利苏姆(Porolissum)向南延伸,在平原上掘出的一系列土墙与蒂萨河平行,东距该河河岸约100千米。通往多瑙河的道路横穿土墙各处。[65]对向东终止于黑海沿岸德涅斯特河(Dniester)河口附近的壕沟,我们也所知尚少。

为消除因战争造成的隔阂并迅速在这块土地上传播拉丁精神,罗马人异乎寻常地采取措施同时移入大批殖民者[66],他们涌入几乎每个地方,但主要是在色雷斯—伊利里亚半岛的希腊语地区。矿工来自达尔马提亚,士兵来自凯尔特地区,图拉真将12 000个达西亚家庭从喀尔巴阡山山脚下仍独立的地区迁到这个新行省。最终,许多意大利人被金矿吸引而来,不同成分的人口通过联姻统一在一起。

图拉真创建了两个达西亚——上达西亚和下达西亚,边界我们无法确定。继而马尔库斯·奥勒略在统治之初,将其数量增加到三个,至少我们清楚其相对位置:北面的博罗里森西斯(Porolissensis),得名自主城博罗利苏姆(靠近默杰格莱德[Mojgrad]);毗邻的是阿普兰西斯(Apulensis),主城阿普鲁姆(Apulum)是一个殖民地、道路交汇口、军团总部所在地,那里仍以卡尔斯堡(Karlsburg)的重要矿藏闻名;南面的马尔文西斯(Malvensis,瓦拉几亚西部)。达西亚人的古代王城萨米兹格图萨[67](瓦黑利[Varhély])仍是共同的首府,自图拉真时代起随殖民地建设而复兴。萨米兹格图萨通过道路与默西亚的维米那基乌姆和阿普鲁姆相连,还与弗拉维王朝时的古老自治市德罗贝塔(Drobeta,塞维林堡)相连,从那里经图拉真修建的石桥与多瑙河对岸交通,该城成为一座欣欣向荣的城市和宗教生活的中心,几座密特拉神庙见证了它与帝国其他地方的联系。人们在这里建起一座纪念物[68]以表对马尔库斯·奥勒略的感激,他剪除了马克曼尼人的威胁,使之远离其城门。一些皇帝从这里得到"双头执政"(duovir)的称号,这导致他们的位置被监督官(praepositi)取代。遗址的规模、经常提及奴隶和获释奴都暗示着这里有繁忙的经济生活,如达西亚多数城镇一样。由三个财税使负责收税。

开拓殖民地[69]几乎完全限于河两岸:奥尔图河、马罗斯河(Maros,马里苏斯河[Marisus])、索莫什河(Szamos)及它们的支流。当地民众最终被收入囊中，尽管我们不应离题太远说起兼并的发生。同样的铭文描写了人口最稠密的城市阿普鲁姆同时是自治市和殖民地。拉丁语随军队和公司的兴起传播开来，因为那是作为互助社团的殡葬社团以及船夫组织(utricularii)使用的语言，后者运输这块土地的物产——盐、铁、大理石。达西亚国王们开始开采金矿，罗马国家继续在这一开采制度下开矿。道路主要用于军事用途，不仅把辅助军，而且把从第十三对组军团(XIII Gemina)抽调的众多分遣队连起来，因为分遣队几乎驻扎在每个地方。征服紧接下来的时期最为和平，尽管哈德良不得不击退萨尔玛提亚人和罗克索朗人的进攻。我们很难相信后来作家的论述，称这位皇帝想放弃达西亚，我们宁可倾向于把开掘喀尔巴阡山和德涅斯特河之间的坑道归功于他。

276

在马尔库斯·奥勒略统治时期，形势变得严峻，马尔库斯·克劳狄·弗朗托(M. Claudius Fronto)率领默西亚和达西亚联军[70]，被夸狄人和马克曼尼人战败身死。皇帝亲征，将敌人击退。塞普提米乌斯·塞维鲁巩固要塞，增加兵营，古老的德罗贝塔[71]现在的名字塞维林堡或塞维鲁塔就源自他。在罗姆拉(Romula)所在地，现代的卡拉卡尔(Caracal)也让人回想起卡拉卡拉的活动，尽管十分模糊。此后达西亚的不稳定变成长期问题。[72]马克西民、德基乌斯、伽利埃努斯、奥莱利安接连得到达西库斯的称号，这是因为在被征服的领土之外，一些达西亚人仍保有自由，尽管他们的自由并不完全，在一些人口中心，出于征税目的要进行人口普查。[73]他们摆脱这种部分臣服状况的努力引发了镇压他们的战事，这也解释了一些拉丁铭文发现于该行省以外，连同见证罗马分遣队长期驻扎而非随时调遣的军营砖块。

两位腓力失去了达西亚部分领土，德基乌斯不得不重新征服。他们因驱逐卡尔皮人(Carpi)得名卡尔比库斯(Carpicus)，卡尔皮人是仅居哥特人其次的敌人。戈尔迪安、德基乌斯、伽利埃努斯打赢后者的小胜利以及克劳狄二世取得的大胜利一定减轻了他们的威胁，当这些蛮族瞄准多瑙河以南地区而非他们绕开的达西亚时，当帝国兵力不足时，对那一行省的占领于事无补地占用了军队。所以奥莱利安坦率地接受撤离之计，尽管也许紧随该行省的重新征服之后重又放弃，一些作家称是伽利埃努斯放弃的。[74]奥莱利安想要有序回撤，他从达西亚撤出"军队和行省居民"[75]。罗马尼亚学者认为[76]只有富人随军队一起，他们的

293

277　财产因驻军的离开受到损害,而穷人——无名的殖民者和老兵——自此与所有罗马组织脱离,他们发现离开这块土地更难,留下来反而风险小些。因为他们没文化,在这些事件之后没有发现铭文记载。

出于用词上的矫饰或对图拉真的尊敬,奥莱利安保留着达西亚的名称,好像暗指此后放弃的不是一块领土,而是一群流亡者,他把这些人送过多瑙河并安置在人口锐减的两个默西亚行省之间,新居住地构成了河岸达西亚(Dacia Ripensis)和地中海达西亚(Dacia Mediterranea)。[77]人们认为放弃罗马的"特兰西瓦尼亚"不是官方宣布的,蛮族像盟友一样占据着近来撤空的兵营,多瑙河两岸仍为帝国领土,达西亚北部的居民形成一个自治的"罗马尼亚"[78]。而现代罗马尼亚人不太留意占据的时间,更重要的是罗马因素一直存在,将2世纪时对罗马的珍贵信赖不间断地传给后代[79],那是图拉真经历几年时间努力最终完成的。

乍看之下,我们会期望找到与这些辽阔的多瑙河地区相关的更充分、更详尽的信息。尤其是当地的生活状况,我们几乎一无所知。[80]对这些地区的占领时间太短,刚刚开发或是频繁废弃。保持每个行省的统一一定是项艰巨的任务,我们不寄希望于确定行省会议发挥的作用[81],因为几乎没留丝毫线索。三达西亚议事会(concilium Daciarum trium)在萨米兹格图萨召开,但就诺里库姆和莱提亚,史料没有记载,至于达尔马提亚和两潘诺尼亚,我们对皇帝祭坛和在祭坛上献祭的祭司有模糊记忆,无疑祭司献祭时各城镇代表都到场。然而必须承认,考古发掘才刚起步,考古发掘会最终使我们看得分明。

【注释】

[1] 参见地图 XLI, III, Supp. II, *in fine*。

[2] CLXII, IX, chap. VI.

[3] CLXXVIII; Vigilio Inama, *La Provincia della Rezia ed i Reti* (*Rendiconti del R. Istituto lombardo*, ser. II, XXXII[1899], pp.797—815); Haug, XLVII, Ia, col.42—46.

[4] CLXXV, p.165 *et seq.*; CXLVI, 23.

[5] CLXXVIII, p.55 *et seq.*

[6] CXXIX, p.390.

［7］有关它们的名称，参见 CVIII，p.54。

［8］H.Arnold, *Beiträge zur Anthropologie Bayerns*, XV(1901)，pp.43—100；B.Fabricius, XVII，XCVIII(1907)，pp.1—29.

［9］Oertner, *Das römische Regensburg*, Regensburg, 1909.

［10］Inama, *op. cit.*, p.804；XLVII, Ia, col.55；CVIII, p.18, map p.72.

［11］P.H.Scheffel, *Die Brennerstrasse zur Römerzeit*, Berlin, 1912.

［12］*Der römische Limes in Österreich*, Vienna, 1900 *et seq.*；LXXXIX, pp.31—49.

［13］XLI, III, 5933.

［14］CVIII, pp.371—430.

［15］*Ibid.*, p.158.

［16］CXLVII, p.47, fig. 37.

［17］CLXII, IX, p.25.

［18］C.Herfurth, *De Aquileia Commercio*, Halis, 1889.

［19］Almgren, *Mannus*, *Zeitschrift für vorgeschichte*, V(1913), p.265 *et seq.*

［20］XIX, XIX—XX(1919), *Beiblatt*, col.155—164；V(1902), col.7 *et seq.*

［21］其发掘已经展开：*Ibid.*, XVI(1913), *Beiblatt*, col.93 *et seq.*；XVII(1914), *Beiblatt*, col.5 *et seq.*。

［22］CLXXV, p.196 *et seq.*

［23］R.Egger, *Teurnia*, Vienna-Leipzig, 1924.

［24］*Ibid.*, p.170；CXXIX, p.383.

［25］H.Van de Weerd, XXVIII, VII(1903), p.101.

［26］L.Homo, *Primitive Italy*, etc., p.342；CCXXII.

［27］Richter, XVIII, XIII(1898), p.87 *et seq.*

［28］Patsch, XLVII, IV, col.2448—2455.

［29］C.Praschniker, XIX, XXI—XXII(1922), *Beiblatt*, col.17 *et seq.*

［30］Philippson, XLVII, V, col.1882—1887.

［31］M.Abramitch, in *Strena Buliciana*, Zagrebiae, 1924, pp.221—228.

［32］E.Hébrard, and J.Zeiller, *Spalato*, *le Palais de Dioclétien*, Paris, 1912.

［33］有关沿海的罗马化，参见 CLXXII, pp.151—173。

［34］LXXXVII, chap. VI.

［35］C.Patsch, *Bosnien und die Herzegowina in römischer Zeit*（*Zur Kunde der Bankanhalbinsel*, XV），Sarajevo, 1912，同一作者对 *Wissenschaftliche Mittheilungen aus Bosnien und der Herzgowina* 的颇多贡献。

［36］Besnier, XLIII, art. *Via*, p.806.

［37］CLXII, IX, p.260；CXXIII, p.205 *et seq.*

［38］考古发掘已在那开展：M. Abramitch, XIX, XVII（1914）, *Beiblatt*, col. 87 *et seq.*；Id., *Poetovio*, *Führer*, Vienna, 1925。

［39］W.Kubitschek, in the *XLIII*. *Jahresbericht über das Staatsgymnasium VIII*, Vienna, 1893.

［40］W.Kubitschek and S.Frankfurter, *Führer durch Carnuntum*, 3. Aufl., Vienna,1894.

［41］Ant. Hekler（*Strena Buliciana*, pp.107—118）.

［42］Margaret Lange, XIX, XIX—XX(1919), *Beiblatt*, col.207—260.

［43］Vulitch, XLVII, IX, col.1189.

［44］CXLVII, p.49, fig. 39.

［45］Rud. Egger, XIX, XVIII(1915), *Beiblatt*, col.253—266.

［46］Andreas Alfoeldi, *Der Untergang der Römerschaft in Pannonien*, I, Berlin-Leipzig, 1924.

［47］CIV, pp.1—6; CCIV, p.IX *et seq.*

［48］见上文, p.44。

［49］XIX, I(1898), *Beilatt*, col.172 *et seq.*

［50］CXI, II, 3, p.786 *et seq.*

［51］CCIV, *Introd.*

［52］G.Seure, *Revue archéologique*, 1907, II, pp.257—276.

［53］XIX, I(1898), *Beiblatt*, col.149.

［54］V.Parvan, *Rivista di filologia*, 1924, pp.307—340.

［55］CLXII, IX, p.289.

［56］Parvan, *Ausonia*, X(1921); H.Grégoire, *Revue belge de philoloeie et d'histoire*, IV(1925),
    pp.317—331.

［57］XLI, III, 1699, 8267.

［58］有关塞尔维亚的道路, 参见 XIX, III(1900), *Beiblatt*, col.104—178; IV(1901), *Beiblatt*,
    col.73—162。

［59］Rostowzew, XXIII, II(1902), pp.80—95.

［60］Homo, *De Claudio Gothico*, pp.49—59.

［61］见前文, p.60。

［62］Brandis, XLVII, IV, col.1948 *et seq.*; CCX, p.12 *et seq.*

［63］CCX, p.179 *et seq.*

［64］CCVII.

［65］Finaly, *Archaeol. Ertesitö*, 1903, p.104 *et seq.*

［66］CCXXI, p.59 *et seq.*

［67］Vulitch, XLVII, IIa, col.25—27.

［68］XLI, III, 7969.

［69］CCXXI, p.73 *et seq.*

［70］Premerstein, XXIII, XII(1912), p.145.

［71］Patsch, XLVII, V, col.1710.

［72］CCX, p.192 *et seq.*

［73］XLI, III, 827.

［74］N.Vulitch, XXVIII, XXVII(1928), p.253 *et seq.*

［75］Vopisc., *Aur.*, 39; CXXXV, pp.313—321.

［76］CCXXI, p.100 *et seq.*; CCX, p.195.

［77］B.Filow, XXIII, XII(1812), pp.234—239.

［78］N.Jorga, XV, 1924, p.60.

［79］相关理论参见 CXXXIV, p.316, note 3; Jorga, *Revue belge de philology et d'histoire*, III
    (1924), pp.35—50。

［80］参见 XCX *bis*, pp.216—232。

［81］Kornemann, XLVII, IV, col.807 *et seq.*

第二十一章 阿非利加的拉丁行省

罗马版图的范围[1]、当地战争

就在作为本书起始点的那一年(公元前146年),共和国怀着在那里留驻的意图首次立足于这块土地。在摧毁迦太基后,有必要在阿非利加驻足,以防被击败的敌人以新名称和来自附近城镇的人们卷土重来,但当时的政府断定占领一条狭窄的地带就够了,那相当于今日突尼斯的约1/3,也就是其东北部,那仍是人口最为稠密、从政治观点看位置得天独厚的地方。占领这一领土意味着把其他民族排除在外并保护意大利。像路易·菲利普(Louis-Philippe)统治时期的法国,罗马人没有立刻产生进一步扩大征服的想法,西庇阿的壕沟象征着这一明智的克制之举,划出盖尔甘奈(Karkena)群岛对面泰伯拉卡(Thabraca,泰拜尔盖[Tabarca])和特奈(Thenae,亨奇尔提纳[Henchir-Tina])[2]之间西面和南面的罗马领土。这一地区被十分简单地称为阿非利加——"稍显狂妄"的名字,按波瓦西耶尔(Boissière)所言"充满威胁"[3],尽管在另一方面可能暗指这是罗马想要在阿非利加兼并的唯一一块土地。其首府在乌提卡(Utica,卜沙特尔[Bu Schater]),从这一权利和领土扩充中受益,因为早已臣服罗马。它没有囊括从前迦太基的所有领土,以及马西尼撒近来征服的领土,后者被交给这位国王,他在后来的事件中曾是共和国的盟友,现在成为了一个"奴役机器"[4],罗马明智地借此以最少代价来保护新斩获的领土。

　　阿非利加行省因朱古达战争（公元前106年），面积极少扩展，似乎只是对锡尔提斯湾（Syrtes）①旁边的沿海城镇具有虚有其表的保护国地位，在恺撒战胜庞培党羽时那是兼并的交换条件（公元前46年）。但从另一个角度来看，这位独裁者迈出了决定性的一步：他拿下从泰伯拉卡到安普撒加河（Ampsaga，瓦德尔凯比尔河［Wad-el-Kebir］）的北部边疆，如今被称为"老阿非利加"（Africa Vetus）的最早的行省，从西北到东南以一条宽阔地带为界，官方上称为"新阿非利加"（Africa Nova），但目前常被称为"努米底亚"，实际上是努米底亚王国最

279　富庶的部分。比安普撒加河更往西的一块新海滨地带，延伸至瓦德萨赫勒（Wad Sahel），原被交予波库斯（Bocchus），公元前41年与新阿非利加合并。但通常说来，安普撒加河以西的所有地方构成毛里塔尼亚王国，名义上独立，实际却在公元前33年波库斯死后由罗马长官管理。在公元前25年，奥古斯都通过将之交给朱巴二世（Juba II）而确认了这个虚构出来的自治国家，此人是当地人中最为罗马化的一位。朱巴之子托勒密在卡里古拉授意下在罗马被绞死。根据狄奥·卡西乌斯的记载[5]，这个不幸王子的财富让魔鬼皇帝觊觎。我们可以设想，不仅是他个人所拥有的财富，还包括他的国家。然而，如果毛里塔尼亚随后成为一个行省，那也是到克劳狄统治时期才组建为行省的（公元42年）。

地图10　阿非利加行省

---

① 即锡德拉湾。——译者注

到这时,整个北非都是罗马的领土,在我们下文便会记录的边界之内。无论如何,帝国版图沿海岸扩展到西班牙最南端海角的对面,甚至占据了大西洋海岸的一个重要地区。视野内没有外部敌人,可以向内地推进,但在 430 年汪达尔人的征服之前,没有其他的改变影响到罗马统治下的阿非利加。一个世纪后贝利撒留的收复以及君士坦丁之后拜占庭的管理,尽管受到伟大先例的鼓舞,但不在我们记述的时代以内。

带来重要结果的克劳狄之前采取的最后一步,与其说勇敢不如说残酷。当我们将之与法国统治下北非的逐步、尽管不大缓慢的形成进行对比时,整个蚕食过程似乎相当谨慎。[6]尽管罗马人没有穆斯林那样对征服的热情,也没有其他力量阻挠他们的进展,但他们的征服长达两次,而法国战胜摩洛哥当地的反抗要比战胜其他欧洲国家的嫉妒更快。另一方面,罗马被他的野心和三块大陆同时而起的长期内战左右。所以不存在阻挠罗马在阿非利加活动的外交问题,但为了在那里建功立业,罗马不得不投身一系列战事。[7]首先,在奥古斯都统治时期,这块土地长期处于战乱状态,后期作家暗指这一情况,但语焉不详。在起义部落中,他们尤其提到了盖图里亚人(Gaetulians),通常指高地和撒哈拉地区的居民,无疑与拜扎基乌姆(Byzacium)的穆苏拉米亚人(Musulamians)以及生活在锡尔提斯沙漠(Syrtian sands)附近的伽拉曼特人(Garamantes)有血缘关系。他们似乎只受劫掠的本能激发,那促使他们年年突然进犯,一被打败就立刻撤退。在朱巴的帮助下,一些罗马将领最终赢得了胜利,要不是一个精力过人的酋长塔克法里纳斯突然出现(公元 17 年),那将是一场决定性的胜利,此人在当地人中间颇负声望。[8]

这个努米底亚人——辅助军的逃兵,懂得如何招募、组织和以他自己的热情激励那些游牧民,进而懂得如何将该行省边疆的摩尔人部落收入他的麾下。但他的头脑为领兵的快感所麻痹,鲁莽地接受在开阔地一战,被代行执政官弗里乌斯·卡米卢斯(Furius Camillus)打败。然而这个战败的首领逃脱了,撤回沙漠,重新组织他的军队,并采取新战略,袭击孤立的据点。有时他得胜了,但其他时候他失败了,因为包围设防据点并非他能力所及,他认识到了这一点,再次改变战术,效法朱古达,增加突袭的次数,同时进攻许多据点,使之措手不及,如果情况不妙则立刻撤退。但他所赢得的战利品最后证明是种拖累,罗马人也让军队

280

熟悉突袭战:一支飞行军表现出色,以至于蛮族不得不再次退回沙漠,他在那里才感到自己摆脱了追击。公元 21 年,他的势力突然死灰复燃,他的使者要求提比略让出领土,否则"战争无止"。实际上,他们所要求的正是帝国注定在三个世纪后愿意让与边疆民族的那些。但时机还不成熟,提比略奋力组织一次反抗。军队被分成几支军团,在各个要地建立小据点,粉碎了努米底亚人的进攻,迫使他们在蒙受严重损失后撤退。军队的多次阻击使这位皇帝自信满满,提比略削减兵力,因为朱巴之子弱小,摩尔人起义并强力增援塔克法里纳斯。整个阿非利加陷入危难,从锡尔提斯湾到赫拉克勒斯柱以外。幸好这个努米底亚人遭到足智多谋的多拉贝拉(Dolabella)的突袭,他的军队被冲散,他在构成罗马七年连续占领(公元 17—24 年)的危险之源后,被处以死刑。

281

这些时运突变带来的一个结果就是占领曾被置于帝国境外的南部领土,在突尼斯南部发现的一系列地标证明了罗马对那些地区进行过大规模调查,为征税做准备。[9]摩尔人以托勒密遇害为借口发动起义,教训士兵在酷热难耐的土地上战斗将经历各种磨难,这点反倒对罗马有利。在接下来的统治时期偶尔发生起义,但到图密善时期,盖图里亚人被驱散了,或囊入(在监督之下)帝国,帝国有他们作为殖民者而受益,且不说辅助军。伽拉曼特人和纳沙莫尼人(Nasamones)被遏止于的黎波里,此后哈德良的后继者主要是在西部出兵干涉。

摩尔人拒不屈服,对抗他们的兵力不足,安敦尼·皮乌斯不得不派援军,尤其是骑兵。结果占领了奥拉西乌斯山(Mons Aurasius)[10],到目前为止,山脚下仅有朗贝锡斯(Lamboesis)军团驻扎。继而在含糊不清的史料中,我们发现有对马尔库斯·奥勒略和康茂德时期对抗这些摩尔人的记载,他们甚至冒险入侵拜提卡。[11]随时间流逝,叛乱日益加剧。在马克西民时期,农民不堪忍受行省代理的横征暴敛,在戈尔迪安一世短暂统治之初爆发起义。[12]此后武装民众的起义时有发生,许多部落加入起义,不仅为劫掠而进攻。起义自然被镇压下去,镇压却总不得已重新开始。

在 4 世纪初期,局势因为新问题来源的出现而变得复杂。这块土地为宗教纷争所扰,这些纷争更加暴戾,因为皇帝们不再像从前的帝王对这些事保持宽容态度。也有个人不和,如在名叫菲尔姆斯的毛里塔尼亚小国王和一个罗马高官之间:阿非利加人对前者的忠诚使战争拖延下去,但因狡猾而起的背叛使战争画上句号。不久以后，一名军事将领反叛，宣布拥护东部帝国，以便摆脱任何近处权力的监管，对从阿非利加获得谷物来源的罗马而言前景黯淡。然而这一牵绊在 30 年后加剧了，宫廷阴谋给汪达尔人成功进入这里提供了机会。

　　所有这些往往沉闷拖沓的片段，组成了一个枯燥乏味、模糊不清的故事，它们说明了在四个世纪的占领中，当地一些人桀骜难驯，真正的和平从未在各地完全建立。现在让我们概括一下罗马统治下的阿非利加的边界：东抵大沙漠，越过的黎波里，几乎到达大锡尔提斯湾(Greater Syrtis)，南部边疆随殖民地开拓的进展逐渐向内地推进。

　　幸亏有终将全部重见天日的铭文和边界上的小堡垒，我们能够准确追踪每段相连边界线的时候正要到来。在相当于如今利比亚的地区，前几位帝王的政府觉得有一条狭窄郊区地带包围的几座可用港口就可以了。从卡贝斯(Cabes)开始，起初在费迪杰大盐沼(Shott-el-Fedjidj)以北没有移民，继而边界经过加夫萨(Gafsa)和泰贝萨(Tebessa)向北扩展，实际上沿着现今突尼斯的边界再向西折，南面是高山。当进抵沙立夫河(Sheliff)中段时，在河边离海不远处经过，并离海越来越近，直到穿过穆卢耶河(Muluya)后，止于一座古老的腓尼基商贸站，就是现今梅利拉(Melilla)所在地。里夫山实际上不被看成任何行省的一部分，但有些城镇沿大西洋沿岸最适宜的地方分布，从丹吉尔(Tangier)到萨利(Sallee)，甚至在内地河道旁建起几个醒目的聚居点。[13]在罗马版图以外的不仅有撒哈拉地区的摩洛哥和阿特拉斯山中段以及高原地区，甚至还有如今由一线城镇卡萨布兰卡、摩加多尔(Mogadore)、阿加迪尔(Agadir)和马拉喀什(Marakesh)占据的地方。简言之，除去突尼斯大部和我们的君士坦丁省①相当大一部分，整个占领区略呈面向大海的管锥形，这在各时代都没有改变。从沿边界的几乎每一地都向南明显推进，在 3 世纪的前 1/3 时间里一直继续，甚至努米底亚最南端、比斯克拉(Biskra)西南 40 千米处的杜桑(Doucen)，被戈尔迪安三世占领并布防。[14]已经表明岗哨稍显稀疏地分布在俯瞰内地平原的山崖南面。在上文描述的大三角中，在我们的阿尔及尔省中间拐了一个大弯(détour)，以便绕过盐沼地区和瓦德图尔(Wad-Touil)谷地，之后边界几乎以直线自东向西继续朝梅利拉延伸，大

①　1848—1962 年间法国设在阿尔及利亚的一个省。——译者注

体上沿高地的北坡。至于摩洛哥,我们的了解仍十分有限,但在拉巴特(Rabat)以南对廷基塔纳边界的发掘已经开始。[15]

在南部边界前面也有几个前方观察哨,特别是在奥拉德—奈尔(Aulad-Naïl)山区,但像的黎波里一样没有深植于沙漠中心[16],常设卫成部队驻扎在本杰姆(Bonjem)、伽里亚(Gharia)和盖达米斯。[17]

283　　这是一项不能匆忙实现的计划。在利比亚和突尼斯可以实现,但在阿尔及利亚,不容置疑的是需要多次才能取得内陆高原。另外,兵力短缺。最后挖掘的壕沟(fossatum)和数量增多的小堡垒都拖延了占领,直至5世纪,但在最后两个世纪有必要待在这些防御工事的掩蔽之下。

阿非利加诸行省

这条漫长的领土链和今天一样不服从于单一的管理,但罗马的划分与我们今日的划分绝不相同。此外,前者和后者都和地理环境没有清楚的联系,一切由历史背景决定。

迦太基文明已在现今突尼斯地区发挥作用,实际上在该地许多地方开拓了殖民地,商业和农业甚至在罗马人到来前就已兴旺。尽管仍有一些敌对的蛮族留在离海有段距离的地方,但他们是最早被收降的。相似的情况见于现今阿尔及利亚的附近地区,终在整个代行执政官治下的阿非利加实现了和平,可以安心把它交给一位民事总督。居民的数量十分庞大,多数人专注于自己的工作,没有陷入独立的迷梦。

最晚从1世纪末开始,该行省的边界西起莱吉乌斯—希波(Hippo Regius,博纳[Bona])偏西,包括卡拉马(Calama,盖勒马[Gelma])、提帕萨(Tipasa),也许还有泰贝萨。南面以我们后面将说到的一连串据点为界。的黎波里附属于代行执政官的行省,因为在广阔的沙漠地带,几乎没有哪个地点可以实行单独管理的。总督住在迦太基,那里的确比本章涉及的所有其他领土都拥有精神文化上的至高性。

西临努米底亚,西界为瓦德尔凯比尔河整个下游河谷,之后边界线西折——

所以库伊库尔(Cuicul,贾米拉[Djemila])在努米底亚,西提菲斯(Sitifis,塞提夫[Setif])在毛里塔尼亚——沿霍德纳盐沼(Shott-el-Hodna)边缘,远至东扎赫赖兹盐沼(Zahrez-Shergui),最后朝埃拉古亚特(El Aghuat)方向南折。这是比第三军团参将的军事指挥权要小的行省,他只是额外得到了代行大法官的头衔,由皇帝本人任命,常常留任数年。实际上,阿非利加在卡里古拉时期就与努米底亚分隔,在那之前令人好奇地违背了始自奥古斯都的禁止军事指挥权从属于代行执政官的原则。甚至在公元 41 年后,努米底亚继续被虚构地看作这个代行执政官行省的附属国,尽管在 150 年时间里,代行大法官作为管理者和法官直接向皇帝负责,但两者的区别直到 2 世纪末才得到官方认可。努米底亚总督的驻地——也是其首府——是军团总部所在地,先定在阿迈达拉(Ammaedara)[18],随后从韦帕芗统治时期起设在更东面的泰贝萨[19],最终在图拉真时期之后设在朗贝锡斯(Lambaesis,兰贝撒)。[20]分遣队驻扎在边界的各处地点,甚至的黎波里。由此,努米底亚成为一个独一无二的行省,总督尽管是名参将,却在完全和平的北部地区拥有其管理区以外的军事权力和民事权力,古时努米底亚国王及寒酸得多的近邻的首都锡尔塔城(Cirta,君士坦丁),享有很大自治权,这减少了管理上的矛盾。所有这些都让我们明白罗马政治制度的极端灵活性。

284

再往西是一个狭长的行省,相当于我们的阿尔及尔和奥兰(Oran)省北部,因为它延伸至马尔瓦河(Malva,穆卢耶河)河口,也就是叫做"恺撒瑞安锡斯"(Caesariensis)的毛里塔尼亚的一部分,以首府恺撒里亚(沙尔沙尔[Shershel])得名。这里的物产略逊于前面两块领土,也没有得到迅速而积极的开发。一名皇帝代理似乎足以充当罗马统治权在那里的代表,有这一优势,也就是说他可以长期留任。同一制度最后扩展到廷基塔纳—毛里塔尼亚,完全包括了现今的摩洛哥,首府在廷基思(Tingis,丹吉尔)。[21]

我们可以极为确定的是,这一划分和那里的各种组合里没有政治打算或划分的潜在目的,是为了轻松统治和防止民族精神增长,唯有伊斯兰教注定后来催生这一精神。在每个新兼并的领土上,罗马根据当时的管理需要以及对开发这块土地的希望,创建了新的政府机器。

生性猜忌的戴克里先进行的改革,当然对阿非利加的重新划分和分割带来了普遍影响。这个新的代行执政官行省或泽吉塔纳(Zeugitana),仅包括其前身的1/3(保留了原首府迦太基),从它划分出的黎波里塔纳(Tripolitana)和拜扎基乌姆(突尼斯南部),以哈德鲁梅(Hadrumetum)为都城。直到君士坦丁时期一直有一个军事努米底亚(Numidia Militiana),中心在兰贝撒,但从那位皇帝统治时期起,从前的努米底亚恢复了统一,首府锡尔塔更名君士坦丁,直到如今一直沿用这个名字。恺撒瑞安锡斯—毛里塔尼亚被一分为二,西部形成一个截然不同的行省西提芬锡斯(Sitifensis),如此称呼源自首府名为西提菲斯(塞提夫)。另一方面,原是为保护西班牙人而征服的廷基塔纳,官方上附属于那些行省——合乎常理的想法激发出的唯——一个创新。

本地生活

285　　北非对于罗马和对法国一样,都不是如经济学家所言的为移民而建的殖民地。此外,在它开始被全方位开发时,意大利像今天的法国一样正经受着出生率的急速下滑。而事实上,突尼斯的多数殖民者来自意大利,就像西班牙人曾向西

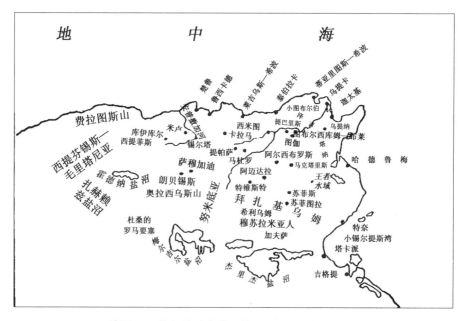

地图11　代行执政官治下的阿非利加和努米底亚

迁移一样。取代两倍多移民的是古代新近创造的罗马公民,其他行省的当地人升格为公民,作为服兵役的嘉奖。在这个意义上,我们只能同意波瓦西耶尔[22],在阿非利加一定有许多罗马人。他本人在承认不可能估算出人数的同时,也认识到铭文上的罗马人名不都指的是土生土长的罗马人,某些碑文甚至明确写明是有三个名字(tria nomina)的人的本地后代所立。通婚当然有利于帝国公民的繁衍,因没有深重的民族仇恨和存在于阿非利加人与这块土地的主人之间明显的宗教抵触,一定程度实现了同化。

　　阿非利加的城市数量巨大,罗列起来会甚为枯燥。仅在突尼斯就有不下 35 座殖民地或自治市[23]位于马杰尔达河(Majerda)及其支流,14 座位于瓦德米利亚纳河(Wad Miliana)河谷,尽管它们中许多直到塞维鲁王朝时才真正获得地位。鲜有哪个国家有如此多的古代名称流传下来,几乎毫无改变地保存于阿拉伯语中:小图布尔伯(Thuburbo Minus)存于特布尔巴(Teburba),图布尔西库姆·布莱(Thubursicum Bure)存于特步苏克(Tebursuk),图伽(Thugga)存于杜伽(Dugga)[24],提巴里斯(Thibaris)存于提巴尔(Thibar),西米图(Simitthu)存于施穆图(Schemtu),乌提纳(Uthina)存于乌德纳(Udna),这还省略掉不甚重要的地名。城镇集中于沿海,唯有泰伯拉卡(泰拜尔盖)地处偏远,但从绝佳的锚泊地蒂亚里图斯—希波(Hippo Diarrhytus,比塞大[Bizerta])开始,地图上的地名密密麻麻,我们特别会想到哈德鲁梅(苏萨)、塔卡派(Tacapae,加贝斯[Gabes]),我们在的黎波里想起奥亚(Oea,的黎波里)[25]和大莱普提斯(Leptis Magna,莱布达[Lebda])。在内陆的整个突尼斯南部,甚至靠近北部海岸的克鲁米里亚(Kroumiria)地区,城市数量要少得多。在南面泽吉塔纳的连绵群山,从西南向东部延伸,海拔 4 000 英尺到 5 000 英尺,曾是穆苏拉米人的领土[26],在安敦尼诸帝时期之后立即被辟为殖民地。那里崇拜海神乃至新水域的神尼普顿,希望他施法让泉水喷涌,从山上流趟的溪流滋养了城镇,马克塔里斯(Mactaris,迈克塞尔[Maktar])、阿迈达拉(海德拉[Haidra])、王者水域(Aquae Regiae)、希利乌姆(Cillium,卡斯林[Kasrin])、苏菲斯(Sufes,亨奇尔斯比巴[Henchir Sbiba])、苏菲图拉(Sufetula,斯彼特拉[Sbitla])彼此相距较远,但一些城镇周边是面积不小的郊区地带。在它们之外,面向盐沼有广阔的草原,仅由本地人耕作,主要受到游牧部落的侵害。至于锡尔提斯湾地区,从东面与之相连,这里的农业居住区遗迹丰富,但均为本地人居住区。记录于旅行指南中这些地方的名字和罗马名字丝毫没有关系。

努米底亚北部有一座面积不小的城镇锡尔塔(君士坦丁)[27],那从很早时候起就是意大利商人前往的地方。内战期间,它被交给冒险家西提乌斯(Sittius)及其家族,从恺撒时代起,成为罗马殖民地。奥古斯都将之与鲁西卡德(Rusicade,菲利普维尔[Philippeville])、楚鲁(Chullu,科洛[Kollo])和米卢(Mileu,米拉[Mila])合并为"四殖民地联盟",锡尔塔居于首位,管理各个要塞或萌芽公社,且不论无数的村(pagi)。这一联合在3世纪末最后瓦解了,一些村升格为自治市。罗马管理形式在这块土地各地不断扩展,自治市和殖民地逐渐取代本地"共和国"。在1世纪末有12座城镇,安敦尼诸帝统治时代后期有26座,在3世纪末有37座,汪达尔人到来时有45座,少于突尼斯的城镇,却比毛里塔尼亚多得多。[28]奥拉西乌斯关隘(Saltus Aurasius)不尽如人意地中断了——尽管接近兰贝撒和萨穆加迪(Thamugadi,提姆加德[Timghad]),那里却一直是个地方精神的抵抗中心,从那里退役的多数军团士兵仅仅是虚有罗马文明外表的阿非利加人。[29]

287

盐沼地区在西提菲斯地区以南,被留作种植当地作物。在盐沼地区以北可以更真切地感受到罗马人的文明影响,主要是在殖民地西提菲斯(塞提夫),在哈德良吞并一个努米底亚部落而创建广阔的帝国版图后,没有哪里可与该地媲美,但因靠近比班山(Biban)和卡比利亚(Kabylia)的造反游牧民,其安全堪忧,要塞和瞭望塔的数量在3世纪不得不增加。在碑文中十分突出的柏柏尔语的名字,说明罗马文明在这一地区极为有限。整个卡比利亚地区遍布遗址,靠近险峻关口的古老兵站的残余部分给维护这块土地治安的军队提供了营房。

恺撒瑞安锡斯—毛里塔尼亚总是处于独立部落劫掠的危险之中,村庄和农舍必须以防御工事加以抵御,那里的罗马居住区仅沿两条线排列,一条沿海,包括恺撒里亚[30]、提帕萨[31]和卢斯古尼埃(Rusguniae,阿尔及尔偏东),另一条沿沙立夫河下游河谷,那里仅发现不甚重要的中心,完全被守护通往那些地方的交通线的小堡垒包围着。南面整个瓦塞尼斯山区(Warsenis)不包括在罗马的活动范围内,罗马的活动也仅是几项军事防范措施而已。唯独在西部,一些辽阔的版图形成于4世纪,有边防兵站和分散的哨卡保护,许多都显露出被火焚毁过的痕迹。

整个奥兰省的特点相似,除了卫戍部队及其设防营房,那里的罗马居住地并不重要,且零星散落。此地铭文罕见,我们需依赖《帝王史》,上面记录了许多与拒不服从的当地人之间的小冲突。阿米安·马塞利努斯(Ammianus Marcel-linus)详细记述了一些摩尔人部落,但十分相似。[32]部落首领不得不接受称为"部落官"(praefectus gentis)的罗马政府代表,相当于法国在 19 世纪任命的"阿拉伯办事处长官"(chef de bureau arabe),他的责任是进行总体上的监督,如果可能,则为辅助军召募兵员。部落兵或臣服的摩尔人仅承认自己的首领,但首领要受这名官员的监督。当帝国的实力衰退时,隶属关系变得岌岌可危,不再说臣民,而称同盟各民族,这些人自认为是帝国雇来的仆人,帝国在定期支付他们时遇到了大难题。

那里留存下摩洛哥或廷基塔纳,当后来开展的挖掘已达到必要的规模时,我们对这一地区多了一份了解。除了沿海城镇,内地还有几座自治市,著名的有沃吕比利斯(Volubilis),从其遗址的规模和壮丽外观来看,似乎是个不同寻常的例外。也许不算沿海,在廷基塔纳显而易见的是罗马的至高地位在戴克里先时期发生的入侵后仅虚有其表。

我们对刚刚提到的那些部落[33]的政府模式所知甚少,但我们瞥见十分不成熟的机构,尤其是在游牧民中间。邦国则有某些出色之处,普林尼计算阿非利加诸行省中有 516 个邦国,但许多一定为本地类型,因为在他所处时代,同化进程几乎停滞不前。如果碑文让我们得以确定完整的统计数字,我们将证明在东罗马帝国治下更大比例的城镇在罗马边界线上真正组建起来,这一方面的进展从塞维鲁王朝起变得显著。

然而在这件事上,我们必须记住罗马从一开始不必着手。[34]迦太基已经推动了市政制度,拥有约 800 座城镇,我们听说许多是在阿加托克利斯(Agatho-cles)①、莱古鲁斯(Regulus)和恺撒远征时攻下和占领的。希腊人也有功劳,却是很零散的影响,未能建立真正的希腊化中心,而当地人对希腊人习以为常,照比拉丁文化,最初似乎对希腊文化更不陌生。

_____

① 叙拉古僭主。——译者注

反复说起[35]市政制度从帝国一端到另一端都大同小异,但夸大这一点就错了,尤其就阿非利加而言。罗马缺少同等相待的性情,以极端审慎和灵活取得进展,考虑到业已存在的事实和习俗。一些城镇在共和国时期保留着迦太基的机构,直到恺撒时代才被意大利权利取代。[36]有一座城市迦太基,其毁灭被看做神的使命,迦太基的名字变成了仇恨的符号。而其地理位置如此得天独厚,就在被摧毁 23 年后,禁止其复兴的庄严誓词被遗忘,罗马派驻人员在那里建立一处拉丁殖民地,由盖约·格拉古领导,受天神朱诺(Juno Caelestis)庇佑,古老的腓尼基女神塔尼特(Tanit)被冠以新名重新敬拜。但朱诺殖民地(colonia Junonia)没什么两样,布匿成分多于罗马成分,像独立时一样由苏菲特管理。也许是为结束这一事态,恺撒才决定在公元前 44 年派出第二批殖民者,主要为老兵。[37]起初扩建而非改建,形成下辖 83 个小共同体的广袤领土的中心,这些共同体的管理在其控制之下。迦太基任命双位职官,但也选举自己的市政官。这些共同体有时被称为"要塞"(castella),有时被称为"村",恺撒用一条整齐的殖民地圈将之包围。许多共同体在 3 世纪初仍服从迦太基,例如,安普撒加河岸边的图伽尽管地处遥远,耐人寻味的是那里长期留存着双轨制:克劳狄创建的图根锡斯村(Pagus Thuggensis),旁边是哈德良创建的图伽邦;马尔库斯·奥勒略时期,邦国的两部分(utraque pars civitatis)行动一致,但每个部分都有独立的会议和不同的官员。最终塞普提米乌斯·塞维鲁将它们合并为一个罗马城市。

村在各地意义并不相同。锡尔塔辖地的面积也相当广大,由许多村组成,似乎不止一个保留了始自努米底亚时期的机构。每个都有自己的官员(magistri)、终身祭司和元老团。另外,也有村里的纳贡人(civitates stipendiariae in pago)。类型不同的是军团,我们举的几个例子就够了。倘若铭文如一般情况没有完全忽略当地共同体——恰好一定看起来多种多样的那些共同体,我们就会有更多了解。

有一点特别之处,它们遵循其他地方确立的规则,也就是富人的至高无上。富有或小康家庭的阿非利加人世袭担任市政官员,那些被上级特别看重的人甚至被提拔为国家官员,或在本地行省或在另一行省。任何情况下,他们都与家乡保持联系,保护其利益,对之慷慨大方。这样的人真正助力阿非利加的罗马化,因为罗马化也对他们有利。

是为生活在这些土地上的他们以及意大利后裔的少数罗马人才引入了宗教崇拜，尤其是卡皮托尔山三主神，因为让人颇为吃惊的是除了意大利，帝国其他地方没有竖立起许多共同献给朱庇特、朱诺和密涅瓦的神庙。[38]但这一崇拜纯粹为官方性质：当地人没有对此反感，他们表现出对这些神的名字漠不关心[39]，有时会让他们的主人误会他们接近拉丁偶像时的感觉。但他们偏爱的神，即使取拉丁名字，特征上也主要为布匿的，表现出埃及影响的渊源。[40]此外，宗教崇拜牢牢控制住了他们，柏柏尔人在这方面十足的保守性尤其表现在殡葬习俗上。从前，在罗马征服之中和之后，这些民族依旧忠于铁器时代的习俗，继续使用那时的工具——切割用的燧石和用光滑石块制成的板斧。他们仍旧建起巨石墓，如竖石纪念碑让人联想到的，呈圆筒状，覆以一块大石板，人类学家已经注意到这些遗风流传下来，晚至 19 世纪。

因此阿非利加对帝王崇拜一定比其他行省更加三心二意，但至少社会上层 290 表现出对帝王权威的神圣性的崇敬，因为各城镇从他们所在的等级选出代表参加行省会议。[41]这些会议为他们表达愿望或怨愤提供了机会，这样一来，当地人间接地分享到管理权。在军事领域，他们发挥了更加重要的作用。

军队[42]

我们已经看到[43]阿非利加仅有一个军团——第三奥古斯都军团（III Augusta），那证明了平均 5 500 人，外加大批辅助军的兵力足矣。最晚从 2 世纪起，该军团多数由阿非利加人组成，一些是公民子弟，但多数在入伍时成为公民。士兵广泛分布在努米底亚各个卫戍部队中，主要在南方。500 人的大队驻扎在迦太基，充当代行执政官的护卫队，人员每年轮换，如我们从哈德良在巡视途中对阿非利加军队的讲话所知，几段至关重要的残篇流传后世。[44]这支军团极少在遥远地区服役，因此要比其他军团更具地方性。它在所有其余军团中以人数和从事工作的多样性见长，有纯粹民事性的工作，也有如今交给技工大队的工作。各城镇，尤其是兰贝撒，要感谢军团的建造者和公共建筑的修建。

至于辅助军，约 6 000 人在努米底亚招募，约 15 000 人在毛里塔尼亚招募，骑兵支队和步兵大队较为罕见,偏好骑兵大队和混装军队,如果决定进攻,那么有时必须全速追击,有时又须牵制,抵制对手时颇见成效。起初这些辅助军里有亚细亚人、布立吞人、科西嘉人、达尔马提亚人、西班牙人、高卢人、潘诺尼亚人、帕提亚人、撒丁岛人和色雷斯人,但从2世纪中叶起,尽管沿用原名,大队里却几乎没有阿非利加人,新辅助军被直率地称为摩尔人、努米底亚人或穆苏拉米人。后来,一些叙利亚人被包括在其中。[45]

有时当地人提供非正规军,像极了法国的阿尔及利亚部队。不时还被用于阿非利加之外,就像图拉真记功柱上记录的在达西亚立下战功的摩尔人骑手。

291 　不算最后这些分遣队和迦太基的城市部队(切勿与也在那里驻扎的第三军团分遣队混淆),我们估计总数约为27 000人。兵力不多,远远少于今日法国的兵力,但罗马不必应付伊斯兰教,不像法国的受保护国占据广袤地区。此外,罗马显然依靠一些说服手段:已被罗马化的柏柏尔人——通过服役——就凭享有特权,为他们仍旧拒不服从的同胞树立了榜样。最终,防御工事似乎不再像我们今天有助于实现和平安宁,因为存在许多建有防御工事的农庄,尽管我们没有理由认为它们的占有者有权持有武器。[46]这个国家的要塞特别是沿边界分布的,我们仍不清楚知晓前戴克里先时代其防御系统[47],我们手头有关东罗马帝国历史的史料,除去罗列枯燥的名单、提及霍诺里乌斯时期的一道壕沟,对此毫无述及。[48]

法国治下的阿非利加从商务中获利,海盗已消失,而在整个罗马时代乃至后来海盗仍很猖獗,尤其是里夫山各民族,他们现在也在陆上让人闻风丧胆,在那些日子里也在海岸之外传播恐惧。叙利亚和埃及的舰队分队被派去剿灭他们,基地在恺撒里亚,那里一个古代大港口的遗迹已经重见天日。[49]

经济条件[50]

在罗马对阿非利加政策的每一处细节,我们都能觉察出处处谨慎以避免打击或冒犯当地人,通过授予那些最有利用价值的人以特权来赢得支持。这一计划在增加帝国财富的同时,通过让人民安居乐业的办法,与这块土地的经济发展相一致。维持稳定、传入先进工具、发展道路和航海，都成为让所有人发财致富的来源，除去唯一目的便是起义的难以统治的因素。

　　然而我们必须承认一个事实，即罗马在这里又一次没有被要求扎根，迦太基人掩饰不了自己的腓尼基血统。尽管也许不比他们的亚细亚祖先是能工巧匠，但他们继承了商业天赋，可以说扮演着在西地中海之边不同国家间的中间商的角色。他们在每个地方都积极投身土地耕作，迦太基人的农业专家，像闻名古今的马戈（Mago），使一些农业门类臻于完善。如此一来，迦太基及其领土已达到自给自足，无需国外进口，谷物、葡萄、橄榄、水果和蔬菜提供当地人日常所需。这一繁荣景象让努米底亚国王印象深刻，他们从迦太基土地上使用的方法得到灵感，把许多游牧民变为农业劳动者，却没损害到为骑兵提供如此骄人坐骑的畜牧业。

　　罗马人不仅仅是在继续他人的工作。首先，贸易开拓了新的交通线，不再有垄断商业大道的海运者，此后阿非利加与意大利的商业往来最为频繁，是有利可图的生意，意大利从其新臣民那里进口的远比梦想着出口给他们的多得多。意大利的要求即刻决定了阿非利加经济发展的进程。[51]谷物短缺、以面包为主食的意大利人从各行省进口谷物，对他们而言，北非是第一大粮仓。大麦满足这块土地的穷人，他们无疑也用同样的谷物饲养马匹；小麦丰产，尤其在这个执政官行省的南部，今天那里出产绝佳的牧草。在罗马有谷物派发（frumentationes），分配粮食给首都贫民，为皇帝们赢得人民的爱戴，许多都是阿非利加的小麦。阿特拉斯山出产的黄褐色野兽是娱乐场竞技的抢手货。

　　在安敦尼诸帝时期，其他产品开始生产，那在我们现代仍旧为马格里布带来财富：现在橄榄园在突尼斯南部和的黎波里边界上为数众多，但在当时已在这些地区以及恺撒瑞安锡斯—毛里塔尼亚海岸扎下根。如果廷基塔纳仅种植谷物，其他地方的葡萄园则获得了一直没有削减的重要地位。至于矿山，主要为铁矿，带动起重要性次之的产业，因小规模矿藏所限。

　　阿非利加农业的辉煌成果得益于罗马，不仅因为意大利对谷物需求不可估量的价值，也因为罗马技师建造的大规模水利设施。[52]那似乎稳下了根基，既然北非的气候实际上在当时与现在一样[53]，只是可能在阿拉伯人入侵后像亚细亚一样因采伐森林而受到影响。无论如何，农业因水分不足所受的影响在当时要

292

比在 20 世纪小。北非不缺水,但需要灌溉,不然一些地方的土地过于干旱,而其他土地沦为沼泽。迦太基人就已开始了这项必要的工程,但他们的领土尤其涵盖水资源最丰沛的地区。罗马人向南推进,成为努米底亚和毛里塔尼亚的主人,在灌溉那些地区方面表现出令人赞叹的热情。他们让泉水涌出,在河谷建水坝控制水流,在平原挖掘运河和沟渠,在偏远乡村开凿水井和蓄水池,利用引水渠给城市输水。如铭文所示,这里也由军队提供非常宝贵的劳动力。至于对水的利用,是河畔居民的权利和责任,也许技师通过长期参与这些事务而获利,尼罗河谷的专家们就得到了回报。详细的规定发现于巴特纳(Batna)地区[54],与在罗马和里昂为同样目的而下达的命令相似。所有这项令人瞠目的工程因为穆斯林传统上的懒惰而在阿非利加消亡了。

这些行省,像帝国的其他地区一样,被用以多种用途。在迦太基统治时期耕作自己土地的贫苦农民没有被他们的拉丁主人剥夺土地权,尽管必须交纳土地税,迦太基也不可能让他们免缴此税。另外,政府通过征服获得了一些领地,此后因没收而增加,在这些土地上通过授予老兵份地而建立起新型的小农。这些居住区使得代行执政官的阿非利加行省南部、多半位于努米底亚以及在几个毛里塔尼亚行省的一些被闲置的地区得到开垦。大地产的祸水[55]快速波及这块土地。如果我们相信普林尼的记载,那么尼禄时期,六个人已拥有阿非利加的一半。当时没有足够的殖民者来耕种所有的公地,相当一部分不久后被贵族以少量抑或虚构出来的租金攫取。这些广大地产多数又逐渐为皇帝们所有,但往往保留第一位所有者的名字,尽管皇帝已通过遗嘱继承或几乎为法律没收得到。所谓的林地(saltus)不包括在市政组织之内,被交给农夫公司[56],农夫听命于土地所有者,后者居住在意大利,甚至不光临自己的领地。每个公司实际上都不依靠奴隶劳动。作为一项规则,将小块土地转租给殖民者,他们除了有与恺撒和奥古斯都老兵一样的名字外一无所有,却是土地上真正的农奴,世代耕种自己的小块土地,并为之按比例交纳地租。有官方的征收比例,由总督进行监督。这些需全神贯注的监督任务,足以说明为何给予毛里塔尼亚诸行省的总督以财税使的头衔。滥用权力不可避免,或是承包人(conductores),或是行省代理本人,所以我们看到殖民者组成协会,互助互保。布鲁尼塔努斯关隘(saltus Burunitanus)劳动者的请愿书[57]特别有益,向我们说明了一件不寻常的事,即在绝大多数居民为本地人的地区,一些罗马公民也加入到请愿者的行列中。

这些贫穷的殖民者住在类似今天棚屋的小屋里,聚居在小村子里,构成了附属物齐全的农庄。这般组合退化为大地产,对穷人进行剥削,以至于农业生活在任何情况下都远没有导向村庄的建立。[58]

罗马纪念物[59]

如果富裕地主住在自己的土地上(极少如此)或经常去巡视(更常发生),那么他最先要做的就是建立一处宏伟的别墅[60],由建在一个宽敞庭院周围的时尚建筑组成,如果必要,给他的管理员留下住处。同样类型的房宅为拥有一块地产的重要农民或负责一处皇帝领地的代理人所有。这种别墅在发现于当地、美轮美奂的马赛克画中被描绘出来[61],描绘了"乡绅"的生活,他们的房子有时毗邻农场建筑(这么说没错),有时与之相距较远。房子有专门的一套房间、浴室、花园和果园、鸽舍和鸟笼,有时有一群马,喂马是为赛马。"庄园夫人"也出现在这些画面里,斜倚在阴凉处。

至于小的独立农夫,他们极少像在今日法国一样安心住在偏远的住所中。他们家住城里,从遗址规模判断,城里一定住着很多人,并占据较为重要的地点,和法国大区类似。农夫在那里觉得更安全,因为从 3 世纪起,罗马公民的数量大幅增长,他们改善的地位要求跟上罗马的风尚,换句话说,过城市生活。

这解释了拉丁类型的城市为何数量惊人,大量遗址仍存在于阿尔及利亚和突尼斯,随着考古挖掘的成果日益为我们所知。沿海的城镇要比其他城镇较少被考察。水漫上土地,或改变土质,或留下冲积的沉淀物,仍在使用的港口需要建起新建筑,拆毁旧建筑。我们可以描绘出内陆城镇更为清晰的画面,如杜伽、阿努纳(Announa)、提姆加德、兰贝撒、贾米拉[62]、吉格提(Gighti)[63]、阿尔西布罗斯(Althiburus)。[64]我们发现简陋寒碜的私人住宅(偶有例外,因为当地贵族对舒适度的要求更高)和公共建筑迥异,后者不仅是共同体的骄傲,也是每个公民的自豪:广场[65]、浴场[66]、长方形会堂、神庙、各式娱乐场所、剧院[67]和竞技场,还有如纪念性大门和凯旋门等仅为展示性的工程[68],以及将阿非利加城镇与意大利城镇紧密联系起来的奢侈物。

罗马化

这些纪念物向肤浅的观察者表明，阿非利加完全罗马化了。最典型的帝国类型的建筑风格无疑在那里广泛分布，甚至坟墓，或者说至少是其中最为奢华的坟墓，按从意大利引入的一致风格修建。但准确地说，以首都为蓝本的严格仿效完美地揭示出城市文明的人工特征，那属于一个狭小阶级，是罗马费力地笼络在左右并附属于自身利益的唯一阶级。他们极少为大众着想，只要他们懂得唯命是从就可赢得物质上的好处。

显然拉丁语在阿非利加广泛传播，但重要的是这件事的意义和结果都不应被夸大。拉丁语扎下根相对较晚，一定很大程度上是源于基督教。当塞普提米乌斯·塞维鲁的姊妹——的黎波里塔纳的莱普提斯本地人——来罗马看望他时，她因不懂拉丁语而令他蒙羞。那些学拉丁语的人口音也并不纯正：马达乌拉（Madaura）本地人阿普列乌斯，在到达首都时害怕说话暴露自己的出身。这一细节要比穷人墓志铭上完全出错的拼写更有意义，那不是如阿普列乌斯一样的职业作家所写，而是因做生意与各色人等打交道而被迫略通多种语言的工匠所写，相似的情况也许在今天仍可发现。然而在法庭、市政会议和军中则强制使用拉丁语，众多当地人都要经历这一关。这足以带动起学校教授通用语，往往远不止是基本原理。尤其在迦太基、锡尔塔和马达乌拉，有些学校一定颇似意大利的学校。学校通过让学生阅读名家作品来教授文学史，不讲在帝国各地扩大其不良影响的修辞学。城镇为本地的学者而自豪，竖立他们的雕像，石碑上刻录他们的成就。而这块土地上的文学[69]若不是有基督教的帮助将会平淡无奇，基督教将阿非利加推向一流水平[70]：最为固执、精力无穷的护教者和好辩作家就出生在那里。不幸的是，不可能判定他们是本地人还是拉丁后裔，但似乎难以推翻一个结论，即他们中不止一位是被同化了的柏柏尔人。

甚至在罗马占领的晚期，罗马的语言也没有削弱从前的方言：人们仍讲迦太基语，所谓的"利比亚语"保留在游牧民的通用语中。[71]另一方面，定居的大众乐于接受在政治上统治他们的民族的语言,他们依次采用迦太基语和拉丁语,如同后来采用阿拉伯语一样。这一民族拥有"截然相反的混合特质,没有哪个民族混合到同一程度;它似乎服从,却没有完全屈服;它让自身适应国外的生活方式,却在骨子里保留自身的。一句话,它没表现出多少抵制,却表现出更多的坚持"[72]。它愿意接受罗马的一些实际做法,有助于更大的舒适度,以及迎合结成协会的趋势,那通过宗教或职业团体和更大规模的城市团体表现出来。该民族积极务实的本能促使其以这些为榜样。

为了使这些充分发挥作用,坚实确立起罗马和平是极为重要的。[73]然而从 3 世纪起,混乱和不安定的浪潮席卷整个帝国,在阿非利加人眼中,所有的声望都在于展示出不可抗拒的力量。继而是严重的后果,其他行省所发生的都无法与之相比。罗马化了的柏柏尔人感到自己的忠诚正在动摇,开始梦想着独立,他们清楚地看到军队正稳步地渐少罗马化,渐多蛮族化。起义反抗中央政府的当地酋长没有如我们已经谈到的其他起义者一样有在罗马称帝的野心,目标是为自己勾刻出一个独立王国,他们已经对帝国的持久失去信心,力图将之打破。

这一分裂也受到宗教纷争的推波助澜。[74]从 4 世纪初起,罗马化的阿非利加民众被多纳图派信徒的教派分成两派,正统教派和对手之间的仇恨愈演愈烈。贫困也开始分化农村人口。被多纳图派信徒煽动的殖民者造反,席卷这块土地,得名"流浪者"(circumcelliones),因为他们徘徊在农田周围(circum cellas)、设埋伏、劫掠、搞破坏甚至屠杀,他们再无法忍受安分良民的生活,最后宣布放弃这种生活,让土地荒芜。如果有哪个蛮族国家有足够的力量利用那时的局势,那么阿非利加与帝国分裂不会拖到 430 年。

汪达尔人当时在那里落脚,没有流露出对国王们假意接受的罗马文明的任何特殊偏爱,他们只对劫掠情有独钟。但因为这一原因,他们把选择固定在城市最多的富裕地区,不屑于内地[75],任居民自由发展,逐渐沦为野蛮人。拜占庭的查士丁尼的统治也一样,尽管以罗马为蓝本,但对高原和撒哈拉沙漠边缘地区的影响微乎其微,许多坚固的堡垒,在不到两个世纪后,没有阻止人们向萨拉森人的进攻屈服。

因此,对柏柏尔人的接受度、对获得欧洲文化外表的强烈愿望不应被误解。

297

首都把许多稍纵即逝的事物传入阿非利加,但少了其影响和精神可以长久生根的人口因素。覆盖这片土地的遗迹是没有未来的人造工程的完美标志。

【注释】

[1] CLVII, map and chap. III.

[2] LXXIV, p.x.

[3] LXVII, p.182.

[4] Tac., *Agric.*, 14.

[5] LIX, 25.

[6] R.Cagnat, *A travers le monde romain*, Paris, 1912, p.259 *et seq.*

[7] LXXIV, p.(3—99).

[8] L.Cantarelli, VI, III(1901), p.3 *et seq.*

[9] J.Toutain, XXVI, XII(1907), p.341 *et seq.*

[10] Ém. Masqueray, *De Aurasio Monte*, Lut., 1886.

[11] CLXII, XI, p.277.

[12] 有关公元 253 年的起义,参见 J. Carcopino, *Revue africaine*, 1919, pp.369—383。

[13] LVIII; CLXXXVIII; CXXXVI, I.

[14] J.Carcopino, XXXII, XXV(1923), pp.33—48; Id., Revue archéologique, 1924, II, pp.316—325, and XXXVII, VI(1925), pp.30—57 and 118—149.

[15] Rouland-Mareschal, XV, 1924, p.155.

[16] R.Cagnat, *La Frontière militaire de la Tripolitaine à l'époque romaine*[XXV, XXXIX(1912), pp.77—109]; LXXIV, pp.524—568.

[17] XLI, VIII, 10990.

[18] De Pachtère, XV, 1916, pp.273—284.

[19] LXXV, pp.127—155.

[20] *Ibid.*(军营图), pp.44 and 48; p.50; Cagnat, *Les deux camps de la legion*, III, *Augusta à Lambèse*, XXV, XXXVIII, I(1908), pp.219—277。

[21] L.Chatelain, *Bulletin de l'Éicole des Hautes-Études marocaine*s, I(1920), pp.153—163.

[22] LXVI, p.315 *et seq.*

[23] CCVIII, Appendix; CLVII, p.91 *et seq.*

[24] R.Cagnat, XX, 1914, pp.473—484.

[25] G.Costa, VI, XIV(1912), pp.1—40; CXXXVI, II.

[26] J.Toutain, XXVII, LVII(1898), pp.271—294; Dr. L.Carton, *Les Musulamii*, Tunis[1925].

[27] CLXIII, V, pp.470—492.

[28] CLVII, p.110.

[29] Graillot and Gsell, XXIV, XIII(1893), p.472.

[30] St. Gsell, *Promenades archéologiques aux environs d'Alger*, Paris, 1926, I.

[31] *Ibid.*, II.

[32] CLVII, p.157 *et seq.*

［33］CLXII，XI，p.292 *et seq.*

［34］CLXXXIII，p.249 *et seq.*

［35］例证见 LXVI，p.194。

［36］CLXII，XI，pp.285，288.

［37］LIV，p.45；Kornemann，*Die Cäsarische Kolonie Carthago*，XXX，LX（1901），pp.402—426；LXXV，pp.13—33.

［38］LXXV，pp.76—87.

［39］参见摩尔人的神（*Dii Mauri*），例如司泉水的神；LXXIV，p.353 *et seq.*；p.771 有关明显的同化过程。

［40］LXXVII，I，pp.437—442.

［41］Pallu de Lessert，*Bullelin des antiquités africaines*，II（1884），pp.5—67，321—344.

［42］LXXIV，p.104.

［43］上文，p.393。

［44］LXXIV，p.146 *et seq.*

［45］XXXVII，VI（1925），pp.118—119.

［46］*Ibid.*，p.270 *et seq.*；687 *et seq.*

［47］*Ibid.*，p.680 *et seq.*

［48］*Cod. Theod.*，VII，15，1.

［49］*Ibid.*，pp.275—284.

［50］CLXII，XI，p.295 *et seq.*；L，p.23 *et seq.*；LXXXIII，pp.132—148；CXC bis，pp.274—293.

［51］R.Cagnat，*L'Annone d'Afrique*，XXV，XL（1910），pp.247—277.

［52］P.Gauckler，*Enquête sur les installations hydrauliques romaines en Tunisie*，Tunis，1897—1912；CXVI，I，p.200 *et seq.*

［53］St. Gsell，*Histoire ancienne de l'Afrique du Nord*，Paris，I（1913），chap.III.

［54］XLI，VIII，4440.

［55］CLXII，XI，p.291；LXVI，p.152 *et seq.*；CLXXXIII，p.319 *et seq.*；Schulten，*Die römischen Grundherrschaften*，Weimar，1896，p.28 *et seq.*；Kornemann，XLVII，Suppl. IV，col.249 *et seq.*有关马赛克镶嵌的大型设防别墅的图片，参见 CXC bis，pl. LVIII，I；LIX，II.

［56］J.Carcopino，XXIV，XXVI（1906），pp.365—461，and XXXII，XXIV（1822），pp.13—36；Tenney Frank，*American Journal of Philology*，XLVII（1926），pp.55—73，153—170.

［57］XLI，VIII，10570；CLXIII，III，pp.153—176.

［58］L，p.34 *et seq.*

［59］CXVI.

［60］XLIII，art. *Villa*.

［61］LXXVII，II，pp.149—152.

［62］LXXV，pp.111—120.

［63］L.A.Constans，*Gightis*（Notes et documents publiés par la Direction des Antiquités et des Arts），Paris，1916.

［64］A.Merlin，*Forum et maisons d'Althiburos*（Ibid.），Paris，1913.

［65］LXXV，pp.61—75.

［66］*Ibid.*，pp.94—98.

［67］*Ibid.*，pp.88—94.

［68］*Ibid.*，pp.53—59.

［69］CLXII，XI，p.301 *et seq.*

[70] H.Leclercq, *L'Afrique chrétienne*, Paris, 1914; P. Monceaux, *Histoire littéraire de l'Afrique chrétienne*, Paris, 1901—1923(7 vols.).

[71] CLXII, XI, p.280 *et seq.*

[72] LXVI, p.359; CLXII, XI, p.250 *et seq.*

[73] LXXIV, p.772 *et seq.*

[74] Leclercq, *op. cit.*, I, chap. IV; J.Mesnage, *Le Cristianisme en Afrique*, *Origines*, Paris, 1915.

[75] E.Albertini, XV, 1925, p.261 *et seq.*

结　语

　　根据考古和历史的证据，以上就是如此深远地让人类的想象力所铭记的庞
杂[1]帝国。甚至蛮族入侵者都为此着迷，在数个世纪里，唯有这个名字才被看作
由神指定并赋予永恒的国家的名称。不考虑是否可行的奇怪想法，就在帝王的
权威受到最猛烈攻击的中欧，继承其名字的德国皇帝（Kaiser）直到 1806 年一直
保留着罗马帝国旧时的幽灵。

　　很容易解释传统的钦佩态度为何存续了那么久，尽管有增进的知识和批判
工作，但通过历史性重建工作而在这一领域取得多少成绩，合理地猜想未来可以
从中得到什么，都是难解的问题。无可否认，我们的罗马世界图景的诸多细节正
逐渐变得清晰，而值得怀疑的是我们是否对其所有局部都揭示出了实质。我们
的资料，不管是书籍、铭文抑或艺术品，尤其揭示出各个行省共有的那些特点。
要把握存在于下层人民却没表达出来，因此仅能推测的不同之处难得多。总之，
哪里都不缺少考古研究，每个行省考古发现的详细总录，或已出版或正在编排，
那一定都是暂时性的。偶然发现或经发掘提供的数据已揭示或纠正了许多小
点，这种重建前景无限。但现在似乎不可能揭示出任何大事，或对结论中必然考
察的基本问题发现新的结论。

　　对所有这些不同地区统一在一个首脑之下如此印象深刻合理吗？旧时的作
家不厌其烦地详述统一之下显露出具有奇迹般力量的组织机构。我们不会否认
帕拉丁山上的小邦在将其统治扩大到周边地区、赢得对整个意大利的统治、瓦解
迦太基的威力方面表现出的非凡能力，还有征服马其顿是一项费尽千辛万苦的

计划,但在本书起始年代开始的第一阶段后完成的每件事相比之下都显得微不足道。

具有牢固确立并受人尊敬的制度的中央集权强国,其士兵是公民或在将来许以公民权,按照被认可的战争学来训练,着手进攻一些新地区。罗马发现什么在反对它?在东方,它发现公民们乐得自由的外表,长久以来对统治者是谁漠不关心;在西方,它发现与邻族敌对的氏族部落,有时是一群暴民,不构成威胁,只是小股兵力。根据用兵数量,胜利或多或少可能被延误了,总体上却是不可避免的。

一个吸引人的论点[2]指责罗马为希腊化东方所吸引,没有立即以全部精力投身蛮族世界,在那里他们会找到真正使命的所在。因为他们深思熟虑地首先选择更容易的任务,我们就要冒险在他们身上挑错吗?亚洲大陆呈现出易于解释的诱惑:衰落的王国引来入侵,罗马甚至在将之兼并前表露出一定的政治犹豫。有时国王们让罗马人民成为继承人,无论自发地抑或对慷慨的回报都关系不大,大众没有大力反抗便接受了更换的主人。谴责者宣称,意大利让自己为东方的财富眼花缭乱。但财富是统治的工具,远征需要花费,如果这些"战争的肌腱"事先无法保证,罗马会发现难以开始远征。若没有以劫掠富庶、勤勉的东方而使之成为可能的那些慷慨赠与,如此献身于马略、庞培或恺撒的士兵们会盲目甚至违法地追随率他们展开新征服的将领吗?比如,若首先进攻高卢,那么将在寄希望于发现掠夺物而进发的士兵中间分发什么战利品呢?有着草地和灌木丛的寒碜小屋,里面住着过简单生活的半裸农夫就够了吗,还是与罗马贵族大同小异的贵族的战车和武器就够了?

不仅西方更贫穷,而且罗马从与之最早接触中就知道其居民将进行激烈顽强的抵抗。祖国的观念与小块领土联系在一起,让他们头脑里没有以国家机构为标志的让人困惑的选举权概念,唯有这块土地及其占有者的独立。对伊比利亚缓慢而艰难的征服十分清楚地说明了,罗马为何在以建立阿尔卑斯山以外的军事区来保卫意大利北部边疆之前,就已在远至巴勒斯坦的土地上立足。直到帝国时代,罗马才冒供应不足的风险,随后在那里经受了一些打击。然而到那时,罗马已达到全盛,一定有最新成就,而即便如此,它觉得有必要、不管情愿不情愿地要约束自己的野心。

那些野心往往在不经意间通过统治能力获得,关于这一事实我们还有例证。

在晚近的历史中,我们可以发现引人注目的事例,"责任"不断变重,导致被认为必不可少的"控制"。同样,罗马在兼并一块新地区时,认为以占领一块掩护区来保护居民对他们来说是公平的,对自身利益也是明智的。因此高卢被不列颠掩护,并将被日耳曼连同多瑙河上游地区掩护。毛里塔尼亚掩护西班牙和努米底亚;达西亚对防御默西亚是必不可少的;叙利亚北部缺少坚固的边界线,所以有了寄希望于夺取美索不达米亚,以及在许多情形下许多人的残杀,接下来又要求抵御伊朗的壁垒。无论服膺于萨珊王朝还是帕提亚帝国的那个波斯王国,都做出了令人不可容忍的要求,即要与罗马国平起平坐,时常成为入侵者。但当它把注意力转向亚美尼亚时,同样完全需要得到一处牢固的防御堡垒。

于是每一步进展都暗示甚至要求新的一步。海洋至少提供了一种界限(terminus ad quem),除非在海上仍可见另一条海岸,因为英吉利海峡仅被看作一条河。至于沙漠——另一片沙海,勇敢地从阿非利加诸行省向南推进,说明沙漠并非完全可以倚赖。对安全无法满足的愿望甚至因对方的软弱无力而强烈了。帝国扩张得越大,那时出现的敌人就越渺小、越可鄙,帝王们几乎不必征服一个联盟,同时展开的进攻不曾是敌人间达成协议的结果。简言之,对于世界性的统治,一切都往往不可抵挡。若没有瓦鲁斯的惨败和在底格里斯河畔不断的失利,罗马会朝两个方向一直更深入地渗透进真空地带。

为何罗马当时觉得两条拦截线不可逾越? 前面各章已经做出了部分解释,但对把帝国引向灭亡的原因做一简要重述会使我们理解得更清楚。

这些在很久以前就被指出来,最近的研究[3]只能积攒证据和实例,几乎没有一份新文件增加到诉讼清单上。帝国在慢性自杀,在其心脏[4]要比在边疆更快衰竭,不可能产生其他的结果,因为它是世界上最伟大的权力,只能亡于自身内在的虚弱。

从一开始,罗马的目的就是获得财富,在每个时期,它都把少部分人让其他人沦为附庸并从其劳动和财产中获利视为理所当然。最初,早期的城(Urbs)瞧不起城郊,随后这座扩大了的城视意大利半岛低它一等,最终,后者必须在帝国的领土中间占特权地位。被认为是投机活动的每次征服,必须以尽可能少的代价取得,因此罗马把经济原理运用到了可笑的广度。[5]罗马征服呈现颓势的东方易如反掌,这激励它继续使用类似的方法,这在一些情形下是不够的。国家的所

300

有军事资源没有集中打击单一目标,各个战事同时进行,不止一个可能被拖延了。我们将避免与后期欧洲战争投入的巨大兵力做任何比较,但运用小股分遣队仍是帝国时代的惯常做法,尽管其资源庞大。当两个势不两立的对手角逐最高权力时才调集最大兵力。大军投入国内战争,但对国外战争则认为少得多的兵力足矣。这些远征中有代表性的,野心勃勃地筹划但三心二意地落实的,是奥古斯都时期入侵日耳曼。每次出兵波斯也犯同样的错误,无论是防卫还是进攻。于是计划失败了,尽管他们倘若成功,只会迎来更多的难题。

罗马逐渐减少征服的根本原因是一种不同的秩序,我们将以几句话来归纳别处更详尽论述的事。[6]

各民族的自决权利是现代观念,在古人的想法中从未有之。至少在较为发达的民族里比较乐于屈服,尽管这必然是不稳固的忠诚,与其说是热忱,不如说是顺从,还有他们倾向于依靠君主权力并不令人吃惊,尽管该权力必然无处不在,这些都要记述。帝国建立在仅占总人口极小部分的拉丁民族至高地位的基础之上。罗马公民权会以更大的自由度授予,但在贵族圈子之外,行省居民没有完全被接纳,他们尊崇帝国,没想过大规模反叛[7],但也从没到想为之献身的地步。各行省都没有发生大规模起义,但有个别分裂尝试,某个野心勃勃的领导者大胆冒险,往往得到广泛程度上的容忍,持续很久直到他们似乎可能成功。此外,每个觊觎帝位者均摆出罗马事业拥护者的姿态。帝王们是神,但不是世袭的,任何跃居到权力顶峰的人都会变得神圣,事先没有可以被认作神的标志。奥古斯都之名的传布不是用寻常的制度法规管理的,是通过打败对手获得的,元老院只是批准军队的决定。这个不祥之兆在元首制的第一个世纪变得清楚,元首制迄今为止仅是军事独裁的延续。

如我们所说,意大利的人口有另一个目标,胜过在统治世界上的自命不凡;其目标是获得舒适,对拥有一切精致奢侈品的闲适生活的愿望,带来的结果如今天一样。分享财富时,财富减少,从此他们本能地或有意地减少出生率。在共和时代末期,意大利正经受日益明显的人口减少,一直持续到最后,尽管政府采取各项措施来阻挡这一趋势。帝国的中心,其头脑和重要的动力,都在弱化。但同样的祸患逐渐殃及所有行省[8],随后各行省也经历了起初曾主要破坏意大利的那些因素:内战不仅消灭人口,而且破坏土地,其影响与可恶的经济制度的影响联系在一起,后者我们不得不提。

罗马通过城市机构发展为一个辽阔国家的起点,这给予其施加至高权力以最好的配备(此外从无法追忆的时代开始已被希腊东方采用),但罗马促进或容忍地方自治并非出于宽容或是默许。不仅臣民因之受益,中央权力也从中发现管理机器可达到实现其希望并使各民族接受压在他们肩上的重负的作用。此外,该方法缺少原创性,是从希腊化王国借鉴来的。罗马认识到其优点,但没顾及其致命后果,尽管已清晰可见。因此富有的等级垄断行政官职,为恢复财税负责——一项日益加重、费力不讨好的任务,因为这个国家在所有征伐及与之相伴的掠夺偃旗息鼓时财政长期亏空。最后一大批战利品是图拉真在达西亚取得的。我们已经看到,东罗马帝国治下市政职责被取消,议事会形同虚设,国家采取可悲的权宜之计,指定每个人所在等级和他在该等级中的位置。这么做一无所获,税收收入不足,因为小所有者被内战、入侵、抢劫和横征暴敛搞得一贫如洗。我们看到他们中一些人有意限制产量(如同在土耳其,一些农夫宁可砍倒橄榄树,也不付过分攀升的什一税),一些人则在蛮族人中寻求庇护[9],或成为元老的依附人,元老实际上是独立并拒绝纳税的大土地所有者。

城镇的遭遇不比人口减少的乡村好,许多城镇陷入低迷,不止一个一同消亡。曾是城镇繁荣原因的工匠阶层被阻碍商贸的连绵战事和危险、劣质铸币、私有财产减少、几个大富豪不正当的敛财摧毁了。其他业务在3世纪末被建于每座城周围的防御土墙中断了,尽管所有这些只是不周全的保护形式。城墙通常没有环绕整个城市领土,而是相对较小,可以说是最后卫城的地方;城墙阻挡敌人,激怒敌人,使其在开阔乡村的进攻更猛烈,增加了城乡居民间长久以来就很尖锐的敌意,乡村居民有目前全部从他们中间招募的军队的支持。[10]

总之,社会各等级间极不和睦,在面对管理混乱时表现出某种普遍的懈怠。最终国家被曾是其主要脊梁——也就是军队——的逐渐变化击中要害,其实力现在全部放在蛮族成员身上。

我们是否该为制度和帝国的垮台而惋惜取决于对下述问题的回答:如此多国家臣服罗马是福是祸?

回答往往是肯定的,但有一些严厉的批评,在其用词中可发现仇视一切帝国主义的表述。[11]我们似乎注定无法从罗马人的回答中得到满意的答案:他们的

303

对外政策稍显机械,政府几乎总是让自己为当时的形势所牵动。

> 罗马人,记住,你应以权力统治万民,这将是你的技艺。
>
> ——AEN.IV,851—852

那句格言比维吉尔还老。我们不必考察征服的方法,孟德斯鸠[12]毫无偏私地对之做过判断。留待我们思考的只是臣服各国得到的是否可以弥补失去的自由。

宣称[13]臣民们从为达到另一目的——意图征服世界并从中盈利——所采取的措施中获益是有根据的。无论军用或民用的罗马道路,都带来了从前不为人知的便捷交通和贸易。确实已在东方国家发挥高水平效能的经济手段仍在进一步发展,难以被希腊文化触碰的各民族要感谢罗马人,在这一领导下获得宝贵的指导,罗马人觉得没必要加以改进便将之传给他人。诸如引水渠的一些规模宏大的公共工程,把财富带到目前为止仍被荒弃的地区。在最遥远的市场通用罗马钱币和拉丁语有助于商业,即使前者为劣质合金,后者从一开始便被搞不清楚的投机商滥用。教育在普遍为文盲的许多地区至少普及富有阶级[14],舒适和炫富进入新城市。再要说的是许多行省居民——从长远看来几乎全部——得到了罗马公民权,但我们必须记得他们只是因为臣服罗马帝国才有此特权。

但按照罗马人自己的想法,最大的福气——现代人习惯于接受他们的表述——是罗马和平,广泽仁善,涵盖遵守同样法律的所有地区。确实必须立即做出保留意见:这一壮伟的和平是共和国所赐吗?按照被接受的观点来看,那是帝国的产物,很大程度上是因行省的恶劣处境所致或加速的。

归根结底,这一和平到底是什么?它可以被设想为存在于不同国家间、不同群体间,抑或就在这些之中。

当然,尤其对东方而言,希腊化时期是冲突不断的时代,大君主国之间无法和平共处,但罗马让行省民众免受罗马与感到身处险境的各民族的战争的后果了吗?意大利遭受与密特里达提战争的冲击了吗?无疑那位"亲希腊"国王希望如此,他屠杀的都是意大利人,但他连累了希腊人,遭致对他们的复仇,每场战斗都在东方开战。甚至在元首制时期,中央权力不总能及时阻止境外民族的侵犯,不止一次侵袭到小亚细亚和叙利亚北部。在西方则情况迥异:没有该词本意上的国家,而蛮族同盟形成了,主要是在后期,对罗马采取的政策常常因对各行省造成的伤害而使各行省更加齐心。

"群体"一词,在东方我们指的是城市,在西方我们指的是部落或小国。在这里,我们会期望发现罗马活动更突出、更有用的结果。众所周知在高卢、在也许程度略轻的西班牙,各部落经常反目,兵戈相向,但这却给他们带来了快乐的消遣。在兼并之后,这些举动销声匿迹,对安定生活的新憧憬在坚固防御的莱茵河边界的保护之下萌生。至于希腊城市,我们不能对在臣服于罗马权位的国王们治下相互争斗的重要性夸大其词。此外,它们已经诉诸仲裁,罗马为之欣喜。但有助于建立城市间和平关系乃至钱币上呼唤的和睦(Homonoia)[15]的却是对其所有公共生活的破坏,从此以后唯一的抗争来自愚蠢的愿望,希望对外炫耀,或是罗马为投其所好奖予的美称。

最终,每个小群体中的派别冲突画上了句号。在恺撒时代的高卢,上层阶级时常遭到民众派的反对。几个世纪里,这也是希腊各城市的祸患。但在此,和平再次成为衰落的产物:罗马把贵族派,或说得更明确些,富人的最高地位作为一项原则以消除不睦。一言以蔽之,无论何处,这一有失体面的和平仅仅是奴役的结果。[16]

迄今为止,大众愿意臣服是因为他们的主要愿望是摆脱战争强加给个人的负担。从共和国末期起,军队变成雇佣军,新兵自愿入伍,从中找到新职业,国家不要求不愿服役的人卖命。普遍免兵役的做法有助于散播一种印象,即每个人都可专注于自己的事并得到保护,而不必亲自为安全保障做出贡献。再者从另一观点来看,和平对于胆小者甚至其国家来说意味着可以不打仗。职业军在安敦尼诸帝统治时期最后一位之前还算充足,但之后不再充足。我们该怎么讲康茂德之后的罗马和平呢?军队在所有地方来回调动,从不停歇,投身内战或对外战争。在最终灭亡后,只能有一种和平——落在被摧毁的城市或被毁坏的土地上的和平。

有时,不甚重要的最后控诉加入我们的讨论中。习惯使然,把罗马的事业颂称为文明的力量,认为罗马把各民族从极类似于自然的状况下提升,把定居生活带给游牧民,发展了城市生活,在新的人口中心带动起社交习惯、教育、对奢侈品乃至艺术的品位。所谓的罗马化是无可否认的事实,只要不夸大。拉丁语取代了旧语言,众多罗曼语证明了其成功。我们在阿非利加核心地区发现的建筑证

305

明了在与意大利相距遥远的地方真正拉丁式住宅的存在。

但这一文化无论在哪里生根,都要付出极大的代价。通过强加自身的想法和用法以及生活在其中的装饰风格,罗马最终摧毁了大众的灵魂,扼杀了会发展起来的原创文化的幼芽。世界从来不需要千篇一律,一个世界性的人类是以牺牲智识为代价产生的,那只会产生平庸的结果——如罗马的例子令人信服地证实的。

这一批评牵涉到高卢[17],对高卢尤其恰当,需要深入思考。如果罗马文化通过说服或自由接触以外的其他方式被强加给被征服民族,我们自己就会成为对罗马文化的严厉批评者。[18]但实际上,它无论出现在哪里都是自由生长,纵然有抄袭和精神上的平庸,但远胜于接受方的落后社会。因此东方几乎完全没受其影响。[19]在如毛里塔尼亚和一些多瑙河地区的行省,我们自问是否有根本不受其影响的文化。在西班牙、高卢和不列颠,情况不同:一些产业顺应民族天性兴旺起来,尽管征服者至高无上,其天性从未停止表现出一些特别的本地特征,就像难有星火在灰烬中闪耀。我们将宣称行省中的这一拉丁风格仅被在那里定居的当地罗马人和对首都亦步亦趋的行省富人采用[20],但这一反对理由不够有力,因为如果艺术家往往是出身卑微的人,那么他会应富人的需要,得到他们的订单。当有钱雇主只求他模仿时,他的创造性事先便被损害掉了。

306　那么我们一定要为已成为我们国家生活一部分的古罗马的东西——管理形式和方法、法律理论、私人习惯等等——感到遗憾吗?那便是忘恩负义;但在文艺复兴前很大程度上被弃之一边的拉丁遗产,仅能从意大利传给我们,数个世纪里没有停滞不前。

在这一争论中,赞成任何一方的人都会为把既成的东西和可能形成的东西相较感到为难。让我们考察一个确切的例子:罗马消灭了高卢的凯尔特风俗,但没有触碰爱尔兰的。爱尔兰从这一自由中得到了什么?它觉醒缓慢,直到基督教传入才开始。在那一影响下——拉丁影响——产生了一批据说在艺术的细小分支上展现价值的书法家和美工师。无论如何,对他们要比对绝对为本地产物的史诗文学萌芽有更多理由感到自豪。

最后,如果北方的蛮族风俗可以压倒久受尊重的罗马文化,我们不该认为它可以像破坏本土文明一样——不会来势凶猛,因为本土文明才刚起步——轻松做到吗?

我们看到有太多未解的难题。

罗马帝国是意志、精力、技艺和毅力无法忘怀的范例,也是永无止尽的野心的例证,为自身成就的方式而争论不休,且不久后不再依靠民事职责的全部履行。罗马帝国经历了同等时长的三阶段:在第一阶段,把各王国收入囊中,夺走其居民;在第二阶段,适度统治他们,在臣民的帮助下发展其经济资源;在第三阶段,逐渐瓦解,尽管结局因总体上的混乱和各种权宜之计而拖延。

对第二阶段的仰慕常常使我们忘记另外两个阶段,那无论如何让人觉得是项造福于人类的事业,不完美但令人瞩目。

【注释】

[1] 有关帝国内的民族混杂,参见 Tenny Frank, *American Historical Review*,XXI(1916),pp.689—716,CVI,p.565 *et seq*。

[2] L.Homo, *Primitive Italy*, etc., p.416 *et seq.*

[3] CIII;CCI;LXIV,pp.236—299;CXXXIV,pp.330—392;XVII,LXXXIV(1900),p.1 *et seq.*;CXC *bis*,pp.478—487.

[4] L.Homo, *Les Institutions politiques romaines*,etc.

[5] 的确是在小规模用兵方面,佩斯(CLXXII,pp.55—98)找到了自己的罗马帝国主义防卫性理论。

[6] 奥格登主编的"文明史"丛书即将问世的诸卷。

[7] F.Haverfield,XXII,V(1915),p.252 *et seq.*

[8] CCI,I,chap.V.

[9] *Ibid.*,II,p.295.

[10] M.Rostovtzeff,XXVIII,XXVII(1923),pp.233—242;CXC *bis*,Preface.

[11] 前者中有德国哲学家赫德(Herder)(*Rev. Arch.*,1024,II,p.249)。利特雷(Littré)称:"恺撒确立的只是由一场灾难结束的衰落。"如今,尤其是 C.尤利安,CXLII,VI,*ad fin.*;Albert Grenier, *Les Gaulois*,Paris,1923,Conclusion. Cf. also II,Von Poehlmann, *Aus Altertum und Gegenwart*,2 Aufl.,München,1911,II,p.262.

[12] *Grandeur et decadence des Romains*,chap.VI.

[13] CXXXIV,p.296 *et seq.*;also *The Legacy of Rome*,edited by Cyril Bailey,Oxford,1923.

[14] CLXXII,pp.175—205.

[15] Zwicker,XLVII,VIII,col.2265 *et seq.*

[16] Clifford H.Moore, *Transactions and Proceedings of the American Philological Association*,XLVIII(1917),pp.27—36.

[17] 见上文,p.340。

[18] Harrer, *Classical Journal*,XIV(1918—1919),p.550 *et seq.*

[19] CXX.

[20] M.Gelzer, *Das Römertum als Kulturmacht*(XVII,CXXVI[1922],pp.189—206).

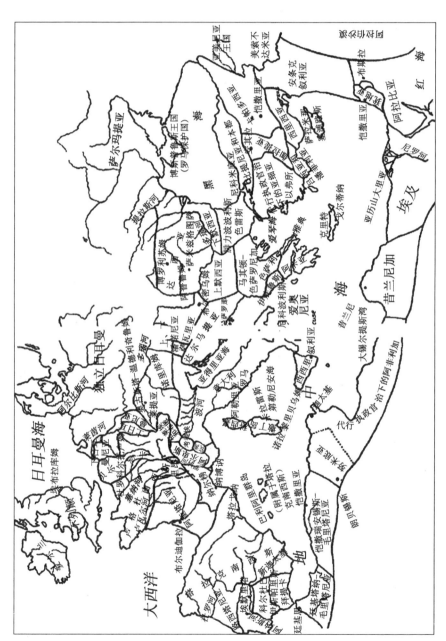

地图 12　征服时代末的罗马帝国（公元 2 世纪中期）

参考文献

期　　刊

Ægyptus I

Annuario della R. Scuola archeologica di Atene II

Annual of the British School at Athens III

Archæologia IV

Archiv für Papyrusforschung V

Atene e Roma VI

Athenische Mittheilungen VII

Boletin de la Real Academia de la Historia VIII

Bonner Jahrbücher IX

Bulletin de Correspondance hellénique X

Bulletin de l'Académie royale de Belgique XI

Bulletin de la Société nationale des Antiquaires de France XII

Bulletin hispanique XIII

Classical Philology XIV

Comptes rendus de l'Académie des Inscriptions et Belles-Lettres XV

Hermes XVI

Historische Zeitschrift XVII

Jahrbuch des deutschen archæologischen Instituts XVIII

Jahreshefte des archæologischen Institutes in Wien XIX

Journal des Savants XX

Journal of Egyptian Archaeology XXI

Journal of Roman Studies XXII

Klio, Beiträge zur alten Geschichte, XXIII

Mélanges d'archéologie et d'histoire(École française de Rome) XXIV

Mémoires de l'Académie des Inscriptions et Belles-Lettres XXV

Mémoires présentés par divers savants a l'Académie des Inscriptions et Belles-
    Lettres XXVI

Mémoires de la Société nationale des Antiquaires de France XXVII

Musée belge XXVIII

Neue Jahrbücher für das klassische Altertum XXIX

Philologus XXX

Revue de Philologie, de Littérature et d'Histoire ancienne XXXI

Revue des Études anciennes XXXII

Revue des Études grecques XXXIII

Revue des Études juives XXXIV

Revue historique XXXV

Rheinisches Museum XXXVI

Syria XXXVII

Zeitschrift des deutschen Palästina-Vereins XXXVIII

匿 名 辑 录

Anatolian Studies presented to Sir William Mitchell Ramsay, edited by W. A.
    BUCKLER and W.M.CALDER, Manchester, 1923 XXXIX

British Museum, A Guide to the Antiquities of Roman Britain, London,
    1922 XL

Corpus inscriptionum Latinarum XLI

Dictionnaire d'archéologie chrétienne, publ. par Fernand CABROL et Henri LE-

CLERCQ, Paris, 1903 *et seq.* XLII

Dictionnaires des antiquités grecques et romaines, sous la direction de Ch. DAREMBERG, Edm. SAGLIO, Edm.

POTTIER et Georges LAFAYE, Paris, 1877—1919, 10 vol XLIII

Inscriptiones Groecoe ad res Romanas pertinentes, Paris, 1901 *et seq.* XLIV

Map of Roman Britain, published by the Ordnance Survey, Southampton, 1924 XLV

Mélanges Cagnat, Paris, 1912 XLVI

Pauly's Real-Encyclopädie der klassischen Altertumswissenschaft, Neue Bearbeitung, herausgegeben von Georg WISSOWA, Wilhelm KROLL, Kurt WITTE, 1894 *et seq* XLVII

Studia Pontica, Bruxelles, 1903—1910, 3 vol. XLVIII

ABBRUZZESE(Antonio), *L'Impero romano nella storia della civiltà*, Milano, etc., 1921 XLIX

ALBERTINI(Eugène), *L'Afrique romaine*, Alger, 1922 L

—*Les Divisions administratives de l'Espagne romaine*, Paris, 1923 LI

ALLARD(Paul), *Julien l'Apostat*, 3e éd., Paris, 1910, 3 vol. LII

ASDOURIAN(P.-Pascal), *Die politischen Beziehungen zwischen Armenien und Rom von 190 v. Chr. bis 428 n. Chr.*, Venedig, 1911 LIII

AUDOLLENT(Auguste), *Carthage romaine*(Bibliothèque des Écoles françaises d'Athènes et de Rome, 84), Paris, 1904 LIV

BARBAGALLO(Corrado), *Le Relazioni politiche di Roma con l'Egitto delle origini al 50 a. C.*, Roma, 1901 LV

BARTHEL(Walther), *Zur Geschichte der römischen Städte in Afrika*, Greifswald, 1904 LVI

BELI, (H.IDRIS), *Jews and Christians in Egypt*, London, 1924 LVII

BESNIER(Maurice), *Géographie ancienne du Maroc*(Archives marocaines), Paris, 1904 LVIII

—*Lexique de géographie ancienne*, Paris, 1914 LIX

BEURLIER(Émile), *Le Culte impérial depuis Auguste jusqu'à Dioclétien*, Paris, 1891 LX

BEVAN(J.O.), *The Towns of Roman Britain*, London, 1917 LXI

BLANCHET(Adrien), *Les Enceintes romaines de la Gaule*, Paris, 1907 LXII

—*Les Trésors de monnaies romaines et les invasions germaniques en Gaule*, Paris, 1900 LXIII

BLOCH(Gustave), *l'Empire romain, Évolution et décadence*, Paris, 1922 LXIV

—*La Gaule romaine* (Histoire de France d'Ernest Lavisse, I, 2), Paris, 1901 LXV

BOISSIER(Gaston), *L'Afrique romaine*, 5e éd., Paris, 1912 LXVI

BOISSIÈRE(Gustave), *Esquisse d'une histoire de la conquête et de l'administration romaine dans le Nord de l'Afrique et parliculièrement dans la province de Numidie*, Paris, 1878 LXVII

BOUCHÉ-LECLERCQ(Auguste), *Histoire des Séleucides*, Paris, 1913—1914 LXVIII

BOUCHIER(E.S.), *Sardinia in Ancient Times*, Oxford, 1917 LXIX

—*Spain under the Roman Empire*, Oxford, 1914 LXX

—*Syria as a Roman Province*, Oxford, 1916 LXXI

BRAUN (Franz), *Die Entwicklung der spanischen Provinzialgrenzen in römischer Zeit*(Quellen und Forschungen von Sieglin, XVII. Heft), Berlin, 1909 LXXII

BRÜNNOW(R.E.) and Alfred von DOMASZEWSKI, *Die Provincia Arabia*, Strassburg, 1904—1909, 3 vol.LXXIII

CAGNAT(René), *L'Armée romaine d'Afrique et l'occupation militaire sous les Empereurs*, 2e éd., Paris, 1912 LXXIV

—*Carthage, Timgad, Tébessa et les villes antiques de l'Afrique du Nord*, Paris, 1909 LXXV

CAGNAT (René), Ernest BABELON and Salomon REINACH, *Atlas archéologique de la Tunisie*, Paris, 1892—1900 LXXVI

CAGNAT(René) and Victor CHAPOT, *Manuel d'archéologie romaine*, Paris, 1917—1920, 2 vol. LXXVII

CARCOPINO(Jérôme), *La Loi de Hiéron et les Romains*, Paris, 1919 LXXVIII

CARETTE(Ernest), *Les Assemblées prownciales de la Gaule romaine*, Paris, 1895 LXXIX

CHABOT(J.-B.), *Choix d'inscriptions de Palmyre*, Paris, 1922 LXXX

CHAPOT(Victor), *La Frontière de l'Euphrate de Pompée à la conquête arabe* (Bibliothèque des Écoles françaises d'Athènes et de Rome, 90), Paris, 1907 LXXXI

—*La Province romaine proconsulaire d'Asie* (Bibliothèque de l'École des Hautes Études, sciences historiques et philologiques, 150), Paris, 1904 LXXXII

CHARLESWORTH (M. P.), *Trade-Routes and Commerce of the Roman Empire*, Cambridge, 1924 LXXXIII

CODRINGTON(Th.), *Roman Roads in Britain*, 3rd ed., London, 1918 LXXXIV

COLIN(Gaston), *Rome et la Gréce de 200 à 146 av. J.-C.* (Bibliothèque des Écoles françaises d'Athènes et de Rome, 04), Paris, 1905 LXXXV

COLLINGWOOD(R.G.), *Roman Britain*, Oxford, 1923 LXXXVI

CONS(Henri), *La Province romaine de Dalmatie*, Paris, 1882 LXXXVII

CONYBEARE(E.), *Early Britain. Roman Britain*, 3rd ed., London, 1915 LXXXVIII

CRAMER(Franz), *Deutschland in römischer Zeit* (Sammlung Goeschen, 633), Berlin-Leipzig, 1912 LXXXIX

—*Römisch-germanische Studien*, Breslau, 1914 XC

CUMONT(Franz), *Comment la Belgique fut romanisée*, 2e éd., Bruxelles, 1919 XCI

—*Études syriennes*, Paris, 1917 XCII

DERENBOURG(Joseph), *Essai sur l'histoire et la géographie de la Palestine*, Paris, 1867 XCIII

DE RUGGIERO(Ettore), *Dizionario epigrafico di antichità romane*, Roma, 1895 *et seq.* XCIV

DESJARDINS(Ernest), *Géographie historique et administrative de la Gaule romaine*, Paris, 1876—1893, 4 vol.XCV

DESSAU(Hermann), *Geschichte der römischen Kaiserzeit. I. Bis zum ersten Thronwechsel*, Berlin, 1924 XCVI

DJEMAL PASHA(by order of), *Antike Denkmäler aus Syrien, Palästina und Westarabien*, Berlin, 1918 XCVII

DRUMANN(W.), *Geschichte Roms in seinen Uebergängen von der republikanischen zur monarchischen Verfassung*, 2. Aufl., hsgg. von P. GROEBE, Berlin, 1899—1912, 5 vol.published XCVIII

DURUY(Victor), *Histoire des Romains*, nouv. éd., Paris, 1888—1904, 7 vol.XCIX

DUSSAUD(René), *Les Arabes en Syrie avant l'Islam*, Paris, 1907 C

FABRICIUS(Ernst), *Die Besitznahme Badens durch die Römer*, Heidelberg, 1905 CI

FERRERO(Guglielmo), *Grandeur et décadence de Rome*, trad. Urbain MENGIN, Paris, 1904—1908, 6 vol.CII

—*La Ruine de la civilisation antique*, Paris, 1921 CIII

FILOW(Bogdan), *Die Legionen der Provinz Mœsia von Augustus bis auf Diokletian*(Klio, VI. Beiheft), Leipzig, 1906 CIV

FOUGÈRES(Gustave), *De Lyciorum communi*, Lut. Paris, 1898 CV

FRANK(TENNEY), *History of Rome*, London, 1924 CVI

—*Roman Imperialism*, New York, 1914 CVII

FRANZISS(Franz), *Bayern zur Römerzeit*, Regensburg, 1905 CVIII

FUCHS(L.), *Die Juden Ægyptens in ptolemäischer und römischer Zeit*, Wien, 1924 CIX

FUSTEL DE COULANGES(N.D.), *La Gaule romaine*, revue par C.JULLIAN, Paris, 1891 CX

GARDTHAUSEN(V.), *Augustus und seine Zeit*, Leipzig, 1891—1904, 2 vol.CXI

GRAHAM(Alexander), *Roman Africa*, London, 1902 CXII

GRENIER(Albert), *Quatre villes romaines de Rhénanie: Trèves, Mayence, Bonn, Cologne*, Paris, 1925 CXIII

GSELL(Stéphane), *Atlas archéologique de l'Algérie*, Alger, 1902—1911 CXIV

—*Essai sur le règne de l'empereur Domitien*(Bibliothèque des Écoles françaises d'Athènes et de Rome, 65), Paris, 1894 CXV

—*Les Monuments antiques de l'Algérie*, Paris, 1901, 2 vol.CXVI

GUIRAUD(Paul), *Les Assemblées provinciales dans l Empire romain*, Paris, 1887 CXVII

HAGEN, (J.) *Römerstrassen der Rheinprovinz*, Bonn-Leipzig, 1923 CXVIII

HAHN(Ludwig), *Das Kaisertum*(Das Erbe der Alten, VI), Leipzig, 1913 CXIX

—*Rom und Romanismus im griechisch-römischen Osten*, Leipzig, 1900 CXX

HARRER(Gustave Adolphus), *Studies in the History of the Roman Province of Syria*, Diss. Princeton, 1915 CXXI

HASEBROEK(Johannes), *Untersuchungen zur Geschichte des Kaisers Septimius Severus*, Heidelberg, 1921 CXXII

HAVERFIELD(F.), *The Roman Occupation of Britain.*, Six Ford Lectures revised by George MACDONALD, Oxford, 1924 CXXIII

—*The Romanization of the Roman Britain*, 4th ed., Oxford, 1923 CXXIV

HEITLAND(W.E.), *The Roman Republic*, Cambridge, 1909, 3 vol.CXXV

HENDERSON(Bernard W.), *The Life and Principate of the Emperor Nero*, London, 1903 CXXVI

—*The Life and Principate of the Emperor Hadrian*, London, 1923 CXXVII

HERTZBERG(Gustav Friedrich), *Histoire de la Grèce sous la domination des Romains*, trad. sous la direction d'A. BOUCHÉ-LECLERCQ, Paris, 1887—1890, 3 vol.CXXVIII

HIRSCHFELD(Otto), *Die kaiserlichen Verwaltungsbeamten bis auf Diocletian*,

2. Aufl., Berlin, 1905 CXXIX

—*Kleine Schriften*, Berlin, 1913 CXXX

HOHLWEIN(Nicolas), *L'Égypte romaine*(Académie royale de Belgique, Classe des Lettres. Mémoires in-8°, 2e série, t. VIII), Bruxelles, 1912 CXXXI

HOLM(Adolf), *Geschichte Siciliens im Alterthum*, III, Leipzig, 1898 CXXXII

HOLMES(T. RICE), *The Roman Republic and the Founder of the Empire*, Oxford, 1923, 3 vol. CXXXIII

HOMO(Léon), *L'Empire romain*, Paris, 1925 CXXXIV

—*Essai sur le règne de l'empereur Aurélien*(270—275)(Bibliothèque des Écoles françaises d'Athènes et de Rome, 89), Paris, 1904 CXXXV

—*Expériences africaines d'autrefois et d'aujourd'hui : Maroc, Tripolitaine, Cyrénaique*, Paris, 1914 CXXXVI

HUGUES(Gustave d'), *Une Province romaine sous la République. Étude sur le proconsulat de Cicéron en Cilicie*, Paris, 1876 CXXXVII

HUMANN(Carl) and PUCHSTEIN(Otto), *Reise in Kleinasien und Nordsyrien*, Berlin, 1890 CXXXVIII

JENISON(Elsie Safford), *The History of the Province of Sicily*, Diss. Columbia University, Boston, 1919 CXXXIX

JOUGUET(Pierre), *La Vie municipale dans l'Égypte romaine*(Bibliothèque des Écoles françaises d'Athènes et de Rome, 104), Paris, 1911 CXL

JULLIAN(Camille), *De la Gaule a la France. Nos origines historiques*, Paris, 1922 CXLI

—*Histoire de la Gaule*, Paris, 7 vol. published: I, 5e éd. (1924); II, 4e éd. (1921); III, 3e éd. (1923); IV, 2e éd. (1921); V—VI(1920); VII—VIII (1926) CXLII

—*Les Transformations politiques de l'Italie sous les empereurs romains*(Bibliothèque des Écoles frantçaises d'Athènes et de Rome, 37), Paris, 1884 CXLIII

JUNG(Julius), *Römer und Romanen in den Donauländern*, Innsbruck, 1873 CXLIV

JUSTER(Jean), *Les Juifs dans l'empire romain, leur condition juridique, économique et sociale*, Paris, 1914, 2 vol.CXLV

KIEPERT(Heinrich), *Formoe orbis antiqui*, Berlin, 1901 *et seq.* CXLVI

KOEPP(Friedrich), *Die Römer in Deutschland*(Monographien zur Weltgeschichte, 22), Leipzig, 1905 CXLVII

KUBITSCHEK(Wilhelm), *Heimatkunde von Nieder-Oesierreich: Die Römerzeit*, Wien, 1924 CXLVIII

LA BERGE(Camille de), *Essai sur le régne de Trajan*(Bibliothèque de l'École des Hautes Études, sciences historiques et philologiques, 32), Paris, 1877 CXLIX

LANCKORONSKY, (Ch.), G.NIEMANN and E.PETERSEN, *Les Villes de la Pamphylie et de la Pisidie*, Paris, 1890, 2 vol.CL

LEHMANN-HAUPT(C.F.), *Armenien einst und jetzt*, Berlin, 1910 CLI

LESQUIER (Jean), *L'Armée romaine d' Égypte, d'Auguste a Dioclétien* (Mémoires de l'Institut français d'archéo-logie orientale, 41), Cairo, 1918 CLII

LIEBENAM (Willy), *Städtevenvaltung im römischen Kaiserreiche*, Leipzig, 1900 CLIII

LUMBROSO(Giacomo), *L'Egitto dei Greci e dei Romani*, 2a ed., Roma, 1895 CLIV

MACDONALD(George), *The Roman Wall in Scotland*, Glasgow, 1911 CLV

MARQUARDT(Joachim), *L'Organisation de l'Empire romain* (t. VIII-IX du Manuel des Antiquités romaines de Th. MOMMSEN et J.MARQUARDT, trad. par André WEISS et P.-Louis LUCAS), Paris, 1889—1892, 2 vol.CLVI

MESNAGE(Le P.J.), *Romanisation de l'Afrique: Tunisie, Algérie, Maroc*, Paris, 1913 CLVII

MEYER(Eduard), *Cæsars Monarchie und das Principat des Pompejus*, 3. Aufl., Stuttgart-Berlin, 1922 CLVIII

MEYER(P. M.), *Das Heerwesen der Plotemäer und Römer in Ægypten*,

Leipzig，1900 CLIX

MILLER(Konrad)，*Itineraria Romana*，*Römische Reisewege aus der Hand der Tabula Peutinseriana*，Stuttgart，1916 CLX

MODICA(Marco)，*Contributi papirologici alla ricostruzione dell' ordinamento dell' Egitto sotto il dominio grecoromano*，Roma，1916 CLXI

MOMMSEN(Theodor)，*Histoire romaine*，t. I-VIII，trad. par C.-A. ALEXAN-DRE，Paris，1863—1872；t. IX—XI，trad. par R. CAGNAT et J. TOUTAIN，Paris，1887—1889 CLXII

—*Gesammelte Schriften*，Berlin，1905 *et seq.* CLXIII

MOURLOT(Félix)，*Essai sur l'histoire de l'augustalité dans l'empire romain* (Bibliothèque de l'École des Hautes Études，sciences historiques et philologiques，108)，Paris，1895 CLXIV

MUCHAR(A.)，*Das römische Noricum*，Graz，1825 CLXV

NISCHER(E.)，*Die Römer im Gebiete des ehemaligen Oesterreich-Ungarn*，Wien，1923 CLXVI

NISSEN(Heinrich)，*Italische Landeskunde. I. Land und Leute. II. Die Städte*，Berlin，1883—1902，3 vol.CLXVII

OBERZINER(Giovanni)，*Le Guerre di Augusto contro i popoli alpini*，Roma，1900 CLXVIII

ORMEROD(Henry A.)，*The Piracy in the Ancient World*，Liverpool，1924 CLXIX

OTTO(Walter)，*Priester und Tempel im hellenistischen Aegypten*，Leipzig，1905—1908，2 vol.CLXX

PAIS(Ettore)，*Delle guerre puniche a Cesare Augusto*，Roma，1918 CLXXI

—*Imperialismo romano e politica italiana*，Bologna[1920] CLXXII

—*Storia della Sardegna e della Corsica durante il dominio romano*，Roma，1923 CLXXIII

PALLU DE LESSERT(Clément)，*Fastes des provinces africaines*，Paris，1896—1901，2 vol.CLXXIV

PEAKS(Mary Bradford), *The General Civil and Military Administration of Noricum and Rœtia* (Extr. from the University of Chicago Studies in Classical Philology), Chicago, 1907 CLXXV

PERROT(Georges), Edmond GUILLAUME and Jules DELBET, *Exploration archéologique de la Galatie et de la Bithynie*, Paris, 1862—1872, 2 vol.CLXXVI

PICHLER(F.), *Austria Romana*, *Geographisches Lexicon* (Quellen und Unter-suchungen zur alten Geschichte und Geographie, hsgg. von W. SIEGLIN, Hefte II—IV), Leipzig, 1902—1904 CLXXVII

PLANTA(P.C. von), *Das alte Rätien*, Berlin, 1872 CLXXVIII

PREISIGKE(Friedrich), *Städtisches Beamtenzvesen im röm-ischen Aegypten*, Halle, 1903 CLXXIX

RAMSAY(William Mitchell), *The Historical Geography of Asia Minor*, London, 1800 CLXXX

RAWLINSON(George), *The Sixth Great Oriental Monarchy or...Parthia*, London, 1873 CLXXXI

—*The Seventh Great Oriental Monarchy or...Persia*, London, 1876 CLXXXII

REID(J. S.), *The Municipalities of the Roman Empire*, Cambridge, 1913 CLXXXIII

REINACH(Theodore), *Le Gnomon de l'idiologue* (Extr. de la Nouvelle Revue historique du droit), Paris, 1920—1921 CLXXXIV

—*Mithridates Eupator*, *König von Pontos*, übertr. von A. GOERTZ, Leipzig, 1895 CLXXXV

REINHARDT(Ludwig), *Helvetien unter den Römern*, Berlin Wien, 1924 CLXXXVI

RINDFLEISCH(Georg), *Die Landschaft Haurân in römischer Zeit*, Diss. Marburg, 1898 CLXXXVII

ROGET(R.), *Le Maroc chez les auteurs anciens*, Paris, 1924 CLXXXVIII

ROHDEN(Paul von), *De Palaestina et Arabia Romanis provinciis*, Diss. Berolini,

1885 CLXXXIX

ROSTOWZEW (Michel) , *Studien zur Geschichte des römischen Kolonats* (I. Beiheft zum Archiv für Papyrusforschung) , Berlin-Leipzig, 1910 CXC

—*The Social and Economic History of the Roman Empire* , Oxford, 1926 CXC bis ROUILLARD(Germaine) , *L'Administration civile de l'Égypte byzantine* , Paris[1923] CXCI

SACHAU(Eduard) , *Reise in Syrien und Mesopotamien* , Leipzig, 1883 CXCII

SAGOT(François) , *La Bretagne romaine* , Paris, 1911 CXCIII

SALVADOR(Joseph) , *Histoire de la domination romaine en Judée* , Paris, 1847, 2 vol.CXCIV

SCHNEIDERWIRTH(J. Hermann) , *Die Parther, oder das neupersische Reich unter den Arsaciden nach gnechischrömischen Quellen* , Heiligenstadt, 1874 CXCV

SCHUBART(Wilhelm) , *Aegypten von Alexander dem Grossen bis auf Mohammed* , Berlin, 1922 CXCVI

SCHULTEN(Adolf) , *Numantia. Eine topographisch-historische Untersuchung* (in the Abhandlungen der kön. Gesellschaft der Wissenschaften zu Göttingen, philol. hist. Klasse, Neue Folge, VIII, 4) , Berlin, 1905 CXCVII

—*Numantia. Die Ergebnisse der Ausgrabungen 1905—1912. I. Die Keltiberer und ihre Kriege mit Rom* , München, 1914 CXCVIII

—*Das römische Afrika* , Leipzig, 1899 CXCIX

SCHÜRER(Emil) , *Geschichte des jüdischen Volkes im Zeitalter Jesu Christi* , 3—4. Aufl. , Leipzig, 1901—1909, 4 vol CC

SEECK(Otto) , *Geschichte des Untergangs der antiken Welt* , Berlin, 1895—1921, 6 vol.CCI

STAEHELIN(Felix) , *Geschichte der kleinasiatischen Galater* , 2. Aufl. , Leipzig, 1907 CCII

STEIN(Arthur) , *Untersuchungen zur Geschichte und Verwaltung Aegyptens unter römischer Herrschaft* , Stuttgart, 1915 CCIII

STOUT(Selatie Edgar), *The Governors of Mœsia*, Diss. Princeton, 1911 CCIV

TAEUBLER(Eugen), *Imperium Romanum*, *Studien zur Entwicklungsgeschichte des römischen Reichs*, Leipzig, 1913 *et seq.* CCV

TISSOT (Charles), *Géographie comparée de la province romaine d'Afrique* (Atlas par Salomon REINACH), Paris, 1884—1888, 2 vol. CCVI

TOCILESCO (Gr.), *Fouilles et recherches archéologiques en Roumanie*, Bucarest, 1900 CCVII

TOUTAIN(Jules), *Les Cités romaines de la Tunisie* (Bibliothèque des Écoles françaises d'Athènes et de Rome, 72), Paris, 1895 CCVIII

VAN DE WEERD(H.), *Étude historique sur trois légions romaines du Bas-Danube*, Louvain, 1907 CCIX

VASCHIDE(Victoria), *La Conquête romaine de la Dacie* (Bibliothèque de l'École des Hautes Études, sciences historiques et philologiques, 142), Paris, 1903 CCX

VOGT(Joseph), *Römische Politik in Aegypten* (Beihefte zum "Alten Orient"), Leipzig, 1924 CCXI

WAGNER(F.), *Die Römer in Bayern*, München, 1924 CCXII

WALLRAFEN(Wilhelm), *Die Einrichtung und kommunale Entwicklung der römischen Provinz Lusitanien*, Diss. Bonn, 1910 CCXIII

WALTZING(J.P.), *Étude historique sur les corporation professionelles chez les Romains depuis les origines jusqu'à la chute de l'Empire d'Occident*, Louvain, 1895—1902, 4 vol. CCXIV

WARD(John), *The Roman Era in Britain*, London, 1911. CCXV

—*Romano-British Buildings and Earthworks*, London, 1911 CCXVI

WEBER (Wilhelm), *Untersuchungen zur Geschichte des Kaisers Hadrianus*, Leipzig, 1907 CCXVII

WILCKEN(Ulrich), *Griechische Ostraka aus Aegypten und Nubien*, Leipzig, 1899, 2 vol. CCXVIII

WILCKEN(Ulrich) and Ludwig MITTEIS, *Grundzüge und Chrestomathie der*

Papyruskunde，Leipzig，1912，4 vol.CCXIX

WINDLE(Bertram C.A.)，*The Romans in Britain*，London，1923 CCXX

XENOPOL(A. D.)，*Histoire des Romains dans la Dacie Trajane*，Paris，I，
1896 CCXXI

ZIPPEL(G.)，*Die römische Herrschaft in Illyrien bis auf Augustus*，Leipzig，
1877 CCXXII

索　引

索 引

索　引

索 引

译后记

　　罗马往往被简化为一体，以"罗马世界"、"罗马帝国"的名称简而言之，而"罗马"本身是一个变动不息、不断延展的概念。台伯河边的小村落、整个意大利，甚至环绕地中海的罗马统治下的整个地区都可以算作罗马。我们在赞叹伟大属于罗马时，千万不可忘记伟大属于细处的罗马，属于它灵活实效的行政管理制度，属于讲实际重规范的罗马法律，属于遍布帝国境内坚固美观的公共建筑设施，属于罗马治下每一块土地焕发出的生机，更属于拼嵌出罗马壮阔图景的每一块当地马赛克镶嵌。如果说没有罗马就没有现代的欧洲，这不仅是政治法律层面的论说，也因为罗马在文明步伐和经贸活动上带动起欧洲世界的发展。以罗马时代蛮族生活的不列颠和高卢为例，征服给当地带来了无尽的战火和杀戮，也为那里带来了所谓的"罗马和平"，历经岁月沧桑最后驻留那里的是罗马的文明遗迹。

　　这不是一本把罗马文明简化为几种文明特征和几段历史时期的书籍，而是一本把罗马文明细化为罗马世界各地区的历史概貌和文明特征的书籍。作者怀以野心勃勃的想法，以一本书囊括整个罗马世界，以尽可能多的丰富资料——铭文、考古遗迹、历史和宗教典籍，尽可能全面地展现一个极富生机与活力的世界，这也向我们宣告他成功地完成了这项宏大的计划。尽管无法细致无遗地研究罗马画卷中的每一道笔触，岁月使它块块剥落，已现斑驳，但从依然保存完好的部分画幅中我们仍能感受罗马的伟大造诣和深厚功力。作者沙波在总体史之下关注每一地的生活方式，那些掩藏在帝国整体相对统一性之下的地方特色，在作者看来才是最跃动的部分。借由作者笔下描述的罗马世界各区域的发展，我们可以真切领悟到罗马缘何伟大，伟大与细微如此完美的结合。从细微处领略罗马的宏大之美便是本书一个独特的视角。

　　本书内容主要分三部分：第一部分是罗马扩张的各个阶段，第二部分是罗马的管理办法，第三部分是以十二章分述帝国境内各地的发展状况，各地如何被纳入罗马版图，罗马统治带来了何种影响，当地又以怎样独特的轨迹发展。前两部分为介绍性文字，以罗马在公元前2世纪对希腊化东方的平定为例，切中主要问题，笔锋清晰明了。作者对民事管理的兴趣远胜于军事征服，关注政府机器如何受行省特定环境影响并实际运作的。第三部分中帝国东部所着笔墨重于帝国西部，其中有四章篇幅较长，即第十六章、第十七章、第十八章、第二十章，从中可以看出作者对帝国东部兴趣颇浓，如对亚细亚行省的描写十分详尽，对多瑙河和日耳曼边疆的组织则显梗概。

　　本书虽距出版时隔近一个世纪，但其学术价值依然不朽，直到近年仍多有再版，可见本书魅力不衰。在本译文付梓之际，首先要感谢恩师日知先生和张强教授的谆谆教诲，感谢陈恒教授的信任，感谢编辑顾悦的辛苦付出。由于本人学识所限，尤其是书中涉及地区甚广，重心所在的东部帝国又是历史文化异彩纷呈、民族宗教错综复杂的地区，因此遗漏讹误之处自不必言，在此恳请各位有识之士不吝赐教。

王悦

2015年4月于上海

图书在版编目(CIP)数据

罗马世界/(法)沙波(Chapot，V.)著；王悦译.
—上海：格致出版社：上海人民出版社，2015
(格致人文读本)
ISBN 978-7-5432-2498-8

Ⅰ.①罗… Ⅱ.①沙… ②王… Ⅲ.①罗马帝国-历
史 Ⅳ.①K126

中国版本图书馆CIP数据核字(2015)第052694号

责任编辑　顾　悦
装帧设计　路　静

格致人文读本

罗马世界

[法]维克多·沙波　著

王　悦　译

出　版	世纪出版股份有限公司　格致出版社 世纪出版集团　上海人民出版社 (200001　上海福建中路193号　www.ewen.co)	印　刷	苏州望电印刷有限公司
		开　本	787×1092　1/16
		印　张	24.75
	编辑部热线　021-63914988 市场部热线　021-63914081 www.hibooks.cn	插　页	2
		字　数	382,000
		版　次	2015年5月第1版
发　行	上海世纪出版股份有限公司发行中心	印　次	2015年5月第1次印刷

ISBN 978-7-5432-2498-8/K·194　　　　　　　　　　　　　　　　　定价：58.00元

· 格致人文读本 ·

《罗马世界》
[法]维克多·沙波/著　王悦/译

《形成中的学科——对精英、学问与创新的跨文化研究》
[英]G.E.R.劳埃德/著　陈恒　洪庆明　屈伯文/译

《政治学、社会学与社会理论——经典理论与当代思潮的碰撞》
[英]安东尼·吉登斯/著　何雪松　赵方杜/译

《苏格拉底之城——古典时代的雅典(第二版)》
[英]J.W.罗伯兹/著　陈恒　任劳　李月/译

《希腊人:历史、文化和社会(第二版)》
[美]伊恩·莫里斯　巴里·鲍威尔/著　陈恒　屈伯文　苗倩　贾斐/译

《罗马》
[美]M.罗斯托夫采夫/著　邹芝/译

《西方世界:碰撞与转型》
[美]布赖恩·莱瓦克　爱德华·缪尔　迈克尔·马斯　梅雷迪斯·威尔德曼/著　陈恒　等/译

《全球文明史——人类自古至今的历程》
[美]坎迪斯·古切尔　琳达·沃尔顿/著　陈恒　等/译

《世界妇女史》(上卷)
[美]凯瑟琳·克莱　钱德里卡·保罗　克里斯蒂娜·塞内卡尔/著　裔昭印　张凯/译

《世界妇女史》(下卷)

[美]帕梅拉·麦克维/著　洪庆明　康凯/译

《中世纪文明(400—1500年)》

[法]雅克·勒高夫/著　徐家玲/译

《三种文化:21世纪的自然科学、社会科学和人文学科》

[美]杰罗姆·凯根/著　王加丰　宋严萍/译

《希腊共和国:公元前5世纪雅典的政治和经济》

[英]阿尔弗雷德·E.齐默恩/著　龚萍　傅洁莹　阚怀未/译